普通高等教育"十二五"金融学专业规划教材
国家优秀教材

总主编 李 成

保 险 学

【第二版】

主　编　颜卫忠
副主编　刘　珺　刘　月

西安交通大学出版社
XI'AN JIAOTONG UNIVERSITY PRESS

内 容 提 要

本书是根据全国普通高等院校的教学需要编写的，立足我国保险实际，注意吸收国内保险学教材的长处，从保险学教学实践出发，注重理论联系实际，着重介绍了保险学的基本理论、基本原理、基本原则和保险实务，力求较全面地反映我国保险研究中的最新成果。

本书共分为十二章，分别从风险与保险的基本理论、保险实务、保险经营、保险市场与监管等方面，对保险学的理论体系作了全面分析与阐述。全书由五大部分组成：第一部分为保险学基本理论部分(第一章至第五章)，主要介绍风险与风险管理，保险的产生与发展，保险的概念、职能与作用，保险合同，保险的基本原则等内容；第二部分为保险的实务部分(第六章至第八章)，主要介绍保险的业务种类，包括财产保险、责任保险、人身保险等内容；第三部分为保险经营部分(第九章)，主要介绍保险经营的原则、保险经营的环节与方法等内容；第四部分为保险市场与监管部分(第十章、第十一章)，主要介绍保险市场的基本理论、保险市场的组织形式、保险市场的供给与需求、保险市场监管的理论、保险市场监管的内容、保险监管的模式及其比较等内容；第五部分为社会保险部分(第十二章)，主要介绍了社会保险的基本原理、种类和社会保险的产生与发展。

本书可供高等院校金融学、保险学专业以及经济和管理类其他各专业教学使用，也可供相关行业的从业人员业务培训及自学之用。

普通高等教育"十二五"金融学专业规划教材

编委会

学术指导：赵海宽

总 主 编：李　成

编 委 会（以姓氏笔画为序）：

王建喜　王政霞　申尊焕　李　成　李忠民
李富有　任　远　刘　月　祁敬宇　陈卫东
陈永生　孟钊兰　周好文　胡　碧　胡　智
徐璋勇　强　力　程婵娟　翟立宏　颜卫忠

策　　划：魏照民

总　序

　　现代市场经济中,金融已经成为整个经济的核心。第一,金融在市场资源配置方面发挥着核心作用,是连接商品市场和其他要素市场的枢纽。在价值规律作用下,金融机构将资金投向效益好、前景好的产业和企业,使社会资源得到优化配置。第二,金融在宏观经济调控中发挥着核心作用,是宏观经济调控的重要杠杆。国家运用利率、汇率等多种金融手段,调节货币供应量,争取经济的总量平衡,实现物价稳定、经济增长、充分就业和国际收支平衡,促进经济又好又快发展。第三,金融在维护国家经济安全方面发挥着核心作用。经济发展中最大的不安全因素之一是金融危机;要保证国家经济安全发展,首先必须掌握金融发展状况,保证金融业的健康运行。第四,金融在决定国家经济综合竞争力中发挥着核心作用。发达的金融业能给科技创新、实业发展、政府公共支出等提供源源不断的低成本资金,带动投资、消费的增长,推动社会经济的繁荣和居民生活的改善。没有现代化的金融,不可能有现代化的经济。掌握和控制国际银行系统、拥有硬通货以及主宰国际资本市场,被视为西方强国控制世界的三大战略手段。美国之所以能够称霸世界,美元的霸主地位和金融业的高度发达是重要因素。根据洛桑国际管理发展学院发布的 2007 年世界竞争力年度报告,名列前 6 位的美国、新加坡、香港、卢森堡、丹麦和瑞士,都具有十分发达的金融业,其中有的是世界的金融中心。

　　在经济全球化趋势加快的背景下,金融在经济中的核心地位将越来越突出。谁能率先实现产业结构的调整和升级,优先发展金融为主的服务业,尽快建立发达的金融体系,谁就能站在全球竞争的最前沿。

　　近些年来,发达国家开始放松对金融业的管制。美国在 1999 年颁布《金融服务现代化法》以后,取消了银行、证券、保险业之间传统的跨业经营限制。俄罗斯、印度等一些新兴市场经济国家也纷纷加快了金融自由化步伐,放松或取消金融管制,为金融发展创造更加宽松的制度和条件。与此同时,世界金融业的并购、整合加快,创新能力和风险管理能力提升,金融格局正在发生重大变化。这种变化主要表现在三个方面:第一,全球金融资产迅速膨胀。美国和日本等发达国家长期的低利率政策,造成了全球货币的超额供给和流动性过剩,大量资金涌入金融市场,扩大了金融市场的规模。反过来,金融市场的快速扩张,又刺激了全球流动性的进一步膨胀。据国际权威机构统计,目前全球金融业核心资产总额已达 140 万亿美元,占全球GDP总额之比,由1980年的109%提高到316%;全球金融衍生产品的名义价值已达370多万亿美元,超过全球GDP的7倍。第二,资本市场进一步成为金融市场的主体。全球银行资产占金融资产的比重,由1980年的42%下降为2005年的27%。第三,新型金融投机资本迅速兴起。全球对冲基金、私人股权投资基金数量增长很快,拥有的资产数额急剧膨胀,世界金融业的风险增加。

我国改革开放以来,充分发挥金融在现代经济中的核心作用,果断推出了一系列重大金融改革措施,不失时机地实施国有商业银行股份制改革,推进建立现代金融制度,大力推进以深化农村信用社改革为重点的农村金融改革,发挥金融在支持社会主义新农村建设中的重要作用。积极推行互利共赢的开放战略,不断提高金融对外开放水平。强调金融创新的重要位置,全面提升银行业的竞争力和服务水平。坚持把金融监管作为金融工作的重中之重,维护金融体系稳健、安全运行。由于采取了一系列强有力措施,我国金融业取得了长足进步,发生了历史性的剧变。金融体系不断完善,金融资产迅速增加;金融企业的公司治理加强,盈利能力提高,财务状况和资产质量明显改善;金融改革迈出重大步伐,商业银行改革、农村信用社改革取得了阶段性进展;人民币汇率形成机制和利率市场化改革进展顺利;资本市场基础性制度建设全面加强;保险业改革成效显著,保险公司整体实力和承保能力大幅提高;金融监管明显加强,防范和处置金融风险的力度加大;金融对外开放水平不断提高。截至2006年底,中国金融资产总量已突破60万亿元,其中,银行业金融机构资产为44万亿元。中国的经济货币化程度(M2/GDP),已由改革初期1978年的30%跃升至当前的180%强。至2007年7月底,沪深两市股票市值为20万亿元,占GDP的比重达98%。金融业在推动我国经济转型、支持经济发展方面发挥了重要作用。当然,同国际先进水平相比,中国金融业的发展水平还不算高,如结构仍然不够合理,区域发展不平衡,创新能力、服务水平与实际需求还有差距等。必须进一步深化金融改革,加快金融发展,扩大金融开放,加强金融监管,提升我国金融业的水平。

金融大业,人才为本。面对新形势新任务,迫切需要一大批经济、金融理论基础扎实、对现代金融业务熟悉、能适应国际竞争需要的高级专业人才。只有培养和造就一大批这样的人才,才能应对国际竞争和挑战,更好地服务经济、服务社会。

金融业的发展依靠人才,人才培养依靠教育,发展教育离不开高质量的教材。作为知识载体和教学工具,教材质量关系教育质量和人才质量。西安交通大学李成教授组织编写的这套金融学专业系列教材,适应新形势对培养金融人才的需要,以面向世界、面向未来、体现学术性、系统性和前瞻性为宗旨,注重培养学生的创新能力和实践能力,为塑造高素质、创造性、复合型人才提供了条件。教材编写者,大都是具有扎实经济、金融理论基础和较丰富的教学经验的年轻学者。他们思维活跃,思路开阔,善于学习和借鉴国内外研究成果,具有宽广的国际视野。在吸收国内外重要专业文献、教材内容的同时,有不少创新。我相信,这套系列教材的推出,必将有助于我国金融教学和金融研究水平的提高。

赵海宽

2007 年 7 月 28 日
于北京

注:赵海宽先生是我国老一辈著名金融专家,中国金融理论研究和金融改革的开拓者,中国人民银行研究生院创始人之一。曾任中国金融学会副会长,中国人民银行研究所所长,《金融研究》主编等职。现任国家政治协商委员会委员,中国人民银行研究生院博士生导师、教授,国内多家著名大学特聘教授。

第二版前言

《保险学》系普通高等教育"十一五"金融专业规划教材，由西安交通大学出版社2008年9月出版发行。本教材出版以来，得到了广大教师和学生的欢迎。

进入21世纪以来，我国保险业正以前所未有的速度发展。2009年10月1日我国修订并颁布实施了新的《中华人民共和国保险法》、《保险公司管理规定》。为了适应保险业快速发展对人才培养的需要，以及近年来保险理论、保险实践，尤其是保险法的修订与发展变化的需要，主编对《保险学》进行了重新修订和再版，对有关章节内容进行了补充与调整，更新了部分章节的数据与案例，以使本教材与时俱进，反映最新的保险理论研究成果和保险管理的实践。

本教材由西安财经学院、西安交通大学、兰州商学院、西北政法大学、西安欧亚学院等院校联合编写。西安财经学院颜卫忠教授任主编，西安财经学院刘珺老师和西安欧亚学院刘月老师任副主编，全书由颜卫忠教授负责制订编写大纲、总纂、修改和定稿，并进行了第二版全面修订。本教材编写分工如下：

第一章、第十二章由颜卫忠老师编写；第二章由刘月老师编写；第三章、第五章由刘珺老师编写；第四章由兰州商学院裘红霞老师编写；第六章、第七章由西安财经学院卢燕老师编写；第八章由西安欧亚学院葛联迎老师编写；第九章由西安交通大学王仲建老师编写；第十章由西安欧亚学院郭亚红老师编写；第十一章由西北政法大学王巨贤老师编写。

在编写过程中，我们参考了许多专家学者的论著、论文及翻译资料等最新的研究成果，从中吸取了教益，在此深表谢意！

本书的再版，得到了陕西省教育厅、西安交通大学出版社等单位的关心和大力支持。在此，我们谨致以衷心的感谢！由于时间仓促及编者水平有限，书中定有不当之处，恳请专家和读者批评指正。

颜卫忠
2013年7月

目 录

	总序
	第二版前言
1	**第一章 风险与风险管理**
1	第一节 风险的概念及其特点
6	第二节 风险的分类
10	第三节 风险管理
20	第四节 可保风险
24	**第二章 保险的产生与发展**
24	第一节 保险产生与发展的条件
26	第二节 保险的起源与发展
31	第三节 中国保险业的产生和发展
39	第四节 世界保险业的现状与趋势
43	**第三章 保险的概念、职能与作用**
43	第一节 保险的概念
47	第二节 保险的特征
50	第三节 保险的职能
52	第四节 保险的作用
55	第五节 保险的分类
58	**第四章 保险合同**
58	第一节 保险合同的概念及特征
60	第二节 保险合同的主体、客体和内容
69	第三节 保险合同的订立、生效和履行
73	第四节 保险合同的变更与终止
78	第五节 保险合同的争议处理
84	**第五章 保险的基本原则**
84	第一节 保险利益原则
88	第二节 最大诚信原则
91	第三节 近因原则

93	第四节	损失补偿原则
99	**第六章**	**财产保险**
99	第一节	财产保险概述
101	第二节	火灾保险
108	第三节	海上保险
114	第四节	运输保险
119	第五节	工程保险
125	第六节	农业保险
135	**第七章**	**责任保险**
135	第一节	责任保险概述
139	第二节	产品责任保险
141	第三节	雇主责任保险
143	第四节	职业责任保险
145	第五节	公众责任保险
147	第六节	信用保证保险
154	**第八章**	**人身保险**
154	第一节	人身保险概述
161	第二节	人寿保险
167	第三节	人身意外伤害保险
174	第四节	健康保险
183	**第九章**	**保险经营**
183	第一节	保险经营的特征与原则
185	第二节	保险经营的环节
192	第三节	保险经营的方法
218	**第十章**	**保险市场**
218	第一节	保险市场概述
223	第二节	保险公司的设立
227	第三节	保险市场的组织
232	第四节	保险市场的供给与需求
240	**第十一章**	**保险市场的监管**
240	第一节	保险监管概述
244	第二节	保险监管体系与方式
247	第三节	保险监管的内容
256	第四节	保险监管模式及其比较
258	第五节	我国保险监管的完善

266	**第十二章 社会保险**
266	第一节 社会保险概述
272	第二节 社会保险的种类
276	第三节 社会保险的产生与发展
291	**主要参考书目**

第一章 风险与风险管理

本章要点

1. 风险和风险管理的基本概念
2. 风险的特点、构成要素与风险分类
3. 风险管理的方法以及可保风险的理论

第一节 风险的概念及其特点

一、风险的概念

俗话说,"天有不测风云,人有旦夕祸福"。在日常生活中,每天都会发生各种各样不确定的事件。风险作为一种客观存在无处不在、无时不有,而且人们在自己的生活中也经常自觉或不自觉地以各种方式同风险作斗争。在形形色色的不确定事件中,经常会出现损失或破坏的情况,打乱我们的生活秩序,如火灾、洪水、车祸、伤残等。然而,在人们的主观意识上,对风险却有不同的认识,因而在理论上便形成了对风险的不同观点和定义。

何谓风险?上述的不确定的损失或破坏的事件,均可称为风险。但对风险这一基本概念,即使在经济学家、统计学家、决策理论家和保险学者中间目前也尚无一个公认的定义。概括起来,关于风险的定义,主要有客观风险说和主观风险说两种观点。

持客观风险说观点的学者认为:风险是客观存在的,风险是一种不确定性,包括不幸事件发生与否的不确定性、损失发生的不确定性或可测定的不确定性等;是实际与预期结果的离差,是实际结果偏离预期结果的概率,是可以用客观尺度加以衡量的现象,它在客观上存在着几种可能发生的结果,其结果的差异性即为风险性,差异性为0,则风险为0。如英国学者威廉姆斯和汉斯就持这一观点。

持主观风险说观点的学者则认为风险是一种疑虑,包括对客观存在的遭受损害可能性的疑虑,或在一定情况下关于未来结果的疑虑等。如美国学者罗伯特·麦尔就持这一观点。

上述这些解释虽都有一定的道理,但都未能准确表达风险的真正含义。因为,任意事件或意外事故所造成的损失是确定的。风险的真正含义是指在特定的期间内,在特定的客观情况下,引致某种损失的事件发生的可能性。风险的这种定义强调的是"在特定的期间内和特定的客观情况下",这是前提,是条件;而"引致损失的事件发生的可能性"是实质性的内容。

当然,"引致损失的事件"并非特指"不幸事件"。因为风险不仅与损失相联系,而且与盈利相联系。比如股价下跌,作为一个事件,空头可以从中获益,而多头则遭受损失。应该说明的是,保险中的引致损失事件是指不幸事件。

此外，定义中的"可能性"与"可测定性"、"不确定性"在含义上有一定的区别。可能性是指客观的存在，在概率上既不能等于0，也不能等于1，因为概率为0的风险是不存在的，而概率为1的风险是一种必然性风险；而可测定性则存在于各种场合；不确定性也仅仅是风险的特征之一，并不反映风险的全部特征，不确定性的概率既可为0，亦可为1。

综上所述，我们认为风险是可以被感知和认识的一种客观存在，无论从微观角度，还是从宏观角度都可以对其进行判断、估计和度量，从而对风险进行有效管理。

二、风险的特点

风险的特点是风险的本质的外在表现。正确理解和把握风险的特点，对于社会经济的发展和家庭生活的稳定，都具有重要的意义。风险具有以下五种特点：

（一）客观性

风险是不以人的意志为转移的、独立于人的意识之外的客观存在。例如，洪水、地震、台风、车祸、战争等会对人的生命和财产造成巨大的破坏；尽管随着科学技术的进步，人类认识、管理和控制风险能力增强了，对自然灾害、意外事故、决策失误等风险可以进行有效的控制，但是，从总体上说，由于受制于对风险及其运行规律的认识上的局限性，仍然不可能真正消除各种影响人类生命和财产安全的风险，而只能在一定时间和空间条件下降低风险发生的频率和损失幅度。风险是不可能完全排除和彻底消灭的。

承认风险的客观性，有助于我们客观地、实事求是地认识风险及其发生的规律，估计风险，进行风险管理，把风险造成的损失减少到最低程度。正是风险的客观性，决定了保险存在的必要性。

（二）损害性

风险与人们的利益密切相关。损害是风险发生的后果，所以，凡是风险都会给人们的利益造成损害。经济上的损害（或称损失）可以用货币进行衡量。人身损害虽然不能用货币衡量，但一般都表现为所得的减少、支出的增加，或者两者兼而有之，最终还是表现为经济上的损失（当然亦有精神上的损害）。无损害或损失，也就无风险。因此，我们通常所说的"无风险、无保险"，在这里则可改称为"无损失、无保险"。必须指出：保险不是保证风险的不发生，而是保证消除风险发生的后果，即对损失进行经济补偿。风险的损害性是保险产生的根本原因之一。

（三）不确定性

虽然风险是客观存在的，但就某一具体风险而言，它的发生是不确定的、偶然的，即风险发生的时间、地点和状态是事前不可预见的，是一种随机现象。风险发生的不确定性表现在以下三个方面：

1. 空间上的不确定性

风险的现实存在决定了任何经济组织和个人都无法事先确定某种风险的发生地点。以火灾为例，总体来说，所有的建筑物都面临火灾的危险，并且也必然有些建筑物会发生火灾，但是具体到某一栋建筑物，什么时间发生火灾，则是不确定的。

2. 时间上的不确定性

风险运行的特殊性决定了任何经济组织和个人都无法事先确定某种风险的发生时间。比如我们不能确定地震一定会在某时发生；又比如人总是要死的，但是何时死，在健康状况正常的情况下是不可预知的。

3. 损失程度的不确定性

比如台风区、洪涝区，人们往往知道每年或大或小要遭受台风或洪水的袭击，但是人们却无法预知未来年份发生的台风或洪水是否会造成财产损失或人身伤亡及其程度如何。

承认风险发生的不确定性，就要求我们从科学的角度认识和研究风险，运用积极、科学的方法评估风险和控制风险，避免唯心和消极地看待风险。

风险发生的偶然性，促使经济组织和个人产生了对保险的需求，而风险发生的不确定性使之成为可保风险。

(四) 可测定性

风险的不确定性说明风险基本上是一种随机现象，是不可预知的，其发生是偶然的，但这是就个别风险或单位而言。就风险总体而言，大量风险事故的发生是必然的，往往呈现出明显的规律性。根据数理统计原理，随机现象一定服从于某种概率分布。也就是说，对一定时期内特定风险发生的频率和损失率，是可以依据概率论原理加以正确测定，即运用统计方法去处理大量相互独立的偶发风险事故，把不确定性化为确定性。风险管理学通常运用概率论和大数法则分析大量相互独立的偶然发生的风险事故，从而比较准确地测定风险发生的规律，并可构造出损失分布的模型。最典型的要算生命表，生命表是反映人的死亡过程和死亡规律的统计表；它表明死亡对于个体来说是偶然的不幸事件，但是通过对某一地区人的各年龄死亡率的长期观察统计，就可以准确地得出该地区各年龄别稳定的死亡率，从而测定出各个年龄别的人群的死亡率。生命表就是根据这一原理编制的。西方学者通过对人身伤亡的风险事故的统计分析，测算出一个人在一年中遭受意外伤害的概率为三分之一、在家受伤的概率为八十分之一，等等。

风险的可测定性，为保险费率厘定奠定了科学基础。

(五) 发展性

运动带来了人类社会的变化和发展，运动是人类社会永恒的规律。风险也在运动过程中因时间和空间等因素的不断地变化而有所发展与变化。各种风险正是在不断运动过程中实现新的变化，发展着新的风险。人类在创造和发展物质资料生产的同时，也创造和发展了风险。尤其是当代高新技术的开发与应用，使风险的发展性更为突出。同样，在人类认识、研究和控制风险的过程中，由于外因和内因的相互作用，各种风险在运动过程中不断变化，形成了与原有的风险不同的新的状态，表现为风险量的增减、风险质的改变、原有风险的衰减和新的风险的产生。例如，盲目砍伐森林、破坏草场导致了土地沙化，形成了沙尘暴。

风险的发展性还表现为在一定条件下可以转化。这种转化表现在以下三个方面：

(1) 风险量的变化。随着人类对风险认识的增加和风险管理方法的完善，某些风险在一定程度上得以控制，降低了其发生的频率和损失程度。

(2) 某些风险在一定的空间和范围内被消除。比如，像天花等疾病已经在一些国家被消灭。

(3) 一些新的风险将产生。比如：向太空发射卫星，把风险拓展到外层空间；建立核电站带来了核污染；等等。

承认风险的发展性、变化性，就是要求我们应该从运动和发展的角度出发，去认识、衡量风险，在变化中分析风险形成和运动的规律，科学、全面地建立控制风险的机制。

风险的发展为保险业的发展创造了广阔的空间。

三、风险的构成要素

风险是由多种要素构成的,这些要素的共同作用决定了风险的性质、风险的存在与风险的发展。一般认为,风险是由风险因素、风险事故、损失三大要素构成的。分析风险因素、风险事故和损失,可以加深对风险的定义和本质的准确、全面的认识与理解。

(一)风险因素

1. 风险因素的概念

风险因素也称风险条件,是指引发风险事故或在风险事故发生时致使损失增加的原因或条件。它是风险事故发生的潜在原因。风险因素是就产生或增加损失频率与损失程度的情况来说的。风险因素通常是由两个以上的子因素组成的集合构成,子因素之间的相互作用,增加了损失发生的概率,导致了损失的形成及扩大。例如:对于机动车辆来说,风险因素是指驾驶员的疏忽大意、饮酒、疲劳驾驶等;对于建筑物来说,风险因素是指建材与建筑结构等;对于人的身体来说,风险因素是指其健康状况、年龄等。

2. 风险因素的种类

风险因素通常可分为物质风险因素、道德风险因素和心理风险因素三类。

(1)物质风险因素。物质风险因素,也称实质风险因素,是指客观存在的、可能导致有形的社会财富损毁和危及人的生命安全的、并能直接影响事物的物理功能的因素,即物质本身所具有的足以引起或增加损失频率和损失程度的原因和条件。比如,干燥的气候可能引起或增加火灾发生的频率和损失程度、潮湿的路面容易引发车祸、电器设备短路可能导致火灾、环境污染会影响人类健康等;又比如,汽车厂家生产的刹车系统、发动机功能,建筑物的坐落地址、建筑材料、结构、消防系统等,均是物质风险因素。这类风险因素具有一定的规律性,只要保险人采用一定的技术手段对其进行预测、分析和判断,是能够予以认识的。

(2)道德风险因素。道德风险因素,也称非实质性风险因素,是指与人的品德修养有关的、由于当事人的故意行为而导致社会财富的损毁和人身伤亡的原因或条件。例如,诈骗、纵火等恶意行为或不良企图,以及故意拖欠债务,为骗取保险赔款而故意纵火等,均属道德风险因素。在保险经营中,构成道德风险有两个要件:一是被保险人丧失道德观念,二是被保险人有欺诈的欲望。欺诈欲望是导致投保人产生道德风险的关键,无欺诈欲望,道德风险很难产生。在保险实际业务中,无论是财产保险还是人身保险,都不同程度地存在道德风险因素。

(3)心理风险因素。心理风险因素,也称非实质性风险因素,是指与人的心理状态有关的无形因素,即由于疏忽、过失、粗心大意等不谨慎行为导致增加风险事故发生的机会及扩大损失程度的原因或条件。例如,违章作业、玩忽职守、投保后片面依赖保险等,均属心理风险因素。

心理风险因素与道德风险因素在本质上并无多大区别,即它们都是因主观意识而导致的。在保险经营中,道德风险因素和心理风险因素所造成的后果同样严重。但两者还是有区别的:道德风险因素是由于被保险人的故意行为所致,具有明显的欺诈意图;而心理风险因素是因被保险人的疏忽大意或不负责任所致。在每一个被保险人身上都不同程度地存在心理风险,所以,较之道德风险,保险人更难以预防被保险人的心理风险因素。

综上,物质风险因素与人无关,道德风险因素和心理风险因素均与人密切相关;道德风险因素侧重于人的恶意行为,心理风险因素侧重于人的善意行为,因此这两类风险因素也可合并称为人为风险因素。

随着人类社会的发展,生产力水平的提高,又出现了一类新的风险因素,即社会风险因素,它是指由社会经济发展引发的风险因素,如战争、动乱、罢工、通货膨胀等。

(二) 风险事故

风险事故,也称风险事件,是指造成损失的直接原因或条件,即风险由可能变为现实以致引起损失的结果。风险事故的发生意味着损失已成为现实。由于风险因素的客观存在及风险因素的增加,不确定的损失事件转变为损失或伤亡事件的概率也在增加,一旦条件具备,必将造成财产价值的灭失或减少以及人的生命丧失、身体机能的破坏。一般而言,造成财产损失的风险事故主要是火灾、爆炸、地震等;导致车毁人亡的风险事故主要是交通肇事和车祸等;导致人的生命丧失的主要风险事故是疾病、意外、衰老、死亡等。

风险事故是损失的媒介物。风险事故和风险因素的区分有时并不是绝对的。例如暴风雨:如果是毁坏房屋、庄稼等,暴风雨就是风险事故;如果是造成路面积水、能见度差、道路泥泞,引起连环车祸,暴风雨就是风险因素,车祸才是风险事故。在这里,判定的标准就是看是否直接引起损失。

(三) 损失

损失是风险管理和保险经营的一个重要概念。从风险管理的角度看,损失是指非故意的(unintentional)、非计划的(unplanned)和非预期的(unexpected)经济价值(economic value)的减少及灭失。其主要有:财产本身的毁损或灭失、因财产的毁损或灭失所导致的收益的损失,以及由于财产的毁损或灭失致使额外费用增加、人身伤害、责任损失等。这种对损失的定义与传统意义上的"损失"的字面含义是有区别的。传统意义上的"损失"是指可以用货币度量的物质财产、经济利益或人的生命及身体机能的破坏与灭失。但是,风险管理理论关于损失的定义应包含两个重要的条件:一是偶然性,即损失是"非故意的、非计划的、非预期的";二是经济性,即损失是可以用货币衡量的"经济价值或经济利益的减少",两者缺一不可,否则就不构成损失。例如,锈蚀、馈赠、折旧、面对正在受损失的物资可以抢救而不抢救造成的后果等等,虽然可以反映所有者经济价值或经济利益的减少,但因不符合偶然性的条件要求,它们分别属于故意的、有计划的和预期的,因而不能称为损失。再如机动车辆的驾驶员因交通事故造成记忆力的下降,虽然满足偶然性的条件,但不满足经济性的条件,即很难用货币衡量记忆力下降所引起的经济价值或经济利益的减少,因而也不是损失。但是,车祸使受害人丧失一条胳膊,便是损失,因为车祸的发生满足第一个要素,而人的胳膊虽不能以经济价值来衡量,即不能以货币来度量,但丧失胳膊后所需的医疗费以及因残废而导致的收入减少却可以用金钱来衡量,所以车祸的结果满足了第二个要素。显然,风险管理中的"损失"的范围比一般意义上的"损失"要小得多。

损失通常分为两种形态,即直接损失与间接损失。直接损失指风险事故直接造成的有形损失,即实质损失(physical loss);间接损失是由直接损失进一步引发或带来的无形损失,包括额外费用损失(extra expense loss)、收入损失(income loss)和责任损失(liability loss)。由于任何风险造成的损失,都不会脱离上述形态,所以有人将损失直接分为四类,即实质损失、费用损失、收入损失和责任损失。其中,责任损失包括两方面:一是无法履行契约责任的损失;二是因为过失或故意而导致他人遭受人身伤害或财产损失的侵权行为依法应负的赔偿责任。

(四) 风险因素、风险事故与损失三者之间的关系

通过上述分析,我们可以看出,风险因素、风险事故与损失三者之间存在因果关系,即风险因素引发风险事故,而风险事故则导致损失。风险因素是损失的间接原因,风险事故是损失的

直接原因；风险因素只能通过风险事故，才能导致损失。当然，风险因素的存在，也可能引起损失，这种损失主要表现为三类：一是由于风险的客观存在，导致人们在心理及生理上的紧张、痛苦；二是由于风险的客观存在，使土地、劳动力、资本、技术、知识等资源过多地流向风险相对较小的部门和行业，使资源的利用和使用效率降低；三是由于风险的客观存在，处理风险的费用增加，资本收益率降低。

必须指出的是，风险因素、风险事故与损失三者之间的上述关系并不具有必然性。因此，尽管风险是客观存在的，我们还是可以通过运用适当的方法减少、避免事故的发生，或在事故发生后减少损失。

四、与风险有关的几个基本概念

(一)概率

如前所述，风险是某种损失发生与否以及损失结果的不确定性，因此，我们一般可通过概率来描述风险。

概率是指若在相同的条件下，重复作 n 次试验，设事件 A 在 n 次试验中出现了 m 次，如果当 n 充分大时，事件 A 的频率稳定地在某一数值 P 附近摆动，则称这个数字 P 为事件 A 的概率，即在客观条件不变的前提下，某一事件发生的频率。比如，过去曾有人在相同条件下，把同一枚质地均匀的硬币重复掷许多次，他所得到的实验结果如下：

掷硬币次数	正面出现次数	出现正面的频率
4 040	2 048	0.5069
24 000	12 012	0.5005

我们可以看出，当掷硬币的次数增加时，出现正面的频率总是在常数 0.5 左右摆动而趋于稳定，从而我们可取 0.5 作为"出现正面的概率"。

某一事件发生的频率与其结果的不确定性之间的关系是：发生频率等于 1 或等于 0，其不确定性均为 0，也就是说其结果都是确定的，即或者发生或者不发生。只有在发生频率大于 0、小于 1 时，才存在着不确定性，才存在着风险。

风险与概率有密切的联系，风险可以用概率来形象地描述。概率有客观概率与主观概率两种。

(二)危险

危险与风险既有相同点，又有不同之处。英语中危险称为"danger"，而风险则称为"risk"。危险与风险都是有可能发生而尚未发生的现象。危险与风险的区别之处是：危险的后果是相对确定的；而风险的后果则是不确定的。危险只有一种可能性的结果，而风险则有多种可能性的结果。如人们穿戴好防护设施从事带电作业，与不穿防护设施从事带电作业，前一种行为可能产生不触电或触电两种结果，后一种行为只能有触电这一种结果；前者为风险，后者为危险。在下一节中，我们将进一步详细讨论危险的概念。

第二节　风险的分类

风险是危险的集合，不同的危险相互作用的结果形成不同的风险。所以，研究风险的分类首先应从认识危险开始。人类社会所面临的风险多种多样,不同的风险有着不同的性质和特点,它们发生的条件、形成的过程和对人类造成的损害是大不相同的。因此,为了便于对各种危险进行识别、测定和管理,对种类繁多的风险按照一定的方法进行科学分类是十分必要的,尤其对于保险的经营,更具有特别重要的意义。

通常而言,危险被解释为"有遭受损失或失败的可能"(商务印书馆《现代汉语词典》)。显然,危险决非已经成为损失或失败事实的确定事件,而是处于安全、成功与失败临界点的偶然事件,其最终结果只能存在两种状态:安全或损失。危险一般有基本危险和特定危险、纯粹危险和投机危险、静态危险和动态危险之分。现实生活中,可能出现损失的不确定事件通常由多项危险组成。例如,一场损失不能事先确定的台风,使得相关的经济单位必须根据自身情况,做出多项危险处理预案。比如:台风可能造成财产损失、人身伤害的处理预案,台风可能造成供电、通信系统中断的危险处理预案等等,其中每一项预案针对一项具体的危险。如果将台风对于经济单位可能造成损失的各种危险集合起来,就成为经济单位应对台风的总预案。因此,一项可能产生损失事实的不确定事件在运行过程中必然包含了多项危险,而任何不确定损失事件所包含的多项危险的集合就是我们要研究的风险。

关于风险与危险定义的差别一直存在着许多争议,也经常看到将两个词混用的情况,但风险和危险在实际使用过程中是有区别的。通常将相对宏观和抽象的不确定损失事件称之为风险,而将相对微观和具体的不确定损失事件称之为危险。例如,地震可能导致财产危险、火灾危险和生命危险,如果不能够有效控制各种危险,就可能直接演变为某种风险。因此,商务印书馆《现代汉语词典》将"风险"一词解释为"可能发生的危险"。

根据上述的分析,我们认为,应结合危险的定义和种类,从不同的角度出发,运用不同的分类方法,对风险进行分类。

一、按风险产生的环境分类

按风险所产生的环境不同,可将风险分为静态风险和动态风险。

(一)静态风险

静态风险是指在经济条件没有发生变化的情况下,自然力的不规则变动或人们的错误行为或失当行为所可能导致损失的风险。需要特别强调的是,静态风险是在社会经济与政治环境没有发生变化,完全与人类群体行为、宗教因素无关的个人行为。静态风险对社会无任何益处,但它们具有一定的规律性,可以运用概率论和数理统计的方法和社会管理的手段进行测定、处理、控制和预测。当然,在任何社会经济条件下静态风险都是不可避免的。例如,各种自然灾害(洪水、地震、风暴、台风等)造成经济损失等。

(二)动态风险

动态风险是一种非常规的、不断变动的、社会不能够普遍接受的,由经济的、政治的变动以及人类群体活动而产生的,可能给政治、经济、社会造成破坏的不确定性事件的风险。动态风险的形成与人类群体的活动有着直接的关系。这种风险既有积极的作用,也有消极的作用,其变化和发展通常处于不稳定的状态。比如,人口的增加、资本的成长、技术的进步、产业组织效率的提高、消费者爱好的转移、政治经济体制的改革、个人不诚实的品质等,都可能引起风险,造成经济损失。动态风险往往与人的主观意识直接相关,因此,动态风险的处理技术和控制的方法有相当的难度。

(三)静态风险与动态风险的区别

静态风险与动态风险既有联系,又有区别。静态风险与动态风险均具有不确定性,同时,均可运用统计分析方法,这是它们的共性。静态风险与动态风险的区别在于:①损失不同。静态风险对于个体和社会来说,都是纯粹损失;而动态风险对于一部分个体可能有损失,但对另一部分个体则可能获利,从社会总体上看也不一定有损失,甚至受益,所以说动态风险更注重盈利的结果。例如:消费者爱好的转移,会使旧产品失去销路,增加对新产品的需求。②影响范围不同。静态风险通常只影响到少数个体;而动态风险的影响则比较广泛,往往会带来连锁反应。③发生特点不同。静态风险在一定条件下具有一定的规律性,也就是服从概率分布;而动态风险则不具备这一特点,无规律可循。④性质含量不同。静态风险一般均为纯粹风险,如果不做保险的安排,一旦风险发生,只能产生损失,对社会只能造成危害;而动态风险包含纯粹风险和投机风险,随着财富的增加,投资者和经营者在一定程度上主动承担动态风险,可能损失,也可能盈利,对社会有可能发挥积极的作用。比如商业萧条时期,商品大量积压,此属投机风险;而商品积压,遭受各种意外事故所致损失的机会就大,此为纯粹风险。

二、按风险的性质分类

按风险的性质不同,可将风险分为纯粹风险和投机风险。

(一)纯粹风险

纯粹是指简单的、单纯的、不包含其他成分。因此,纯粹风险是指那些只有损失机会而无获利可能的风险。纯粹风险的发生,可能有两种情况:损失或非损失。在损失的情况下,不可能产生任何收益,而在非损失的情况下只是原有利益的保全,没有产生收益的可能。典型的纯粹风险有自然灾害、车祸、意外事故,以及人的生老病死等。纯粹风险是可以通过风险管理的技术和社会管理的手段进行预测、处理和控制的。

(二)投机风险

投机是一种相对复杂的、多变的、包含多种成分的行为。投机风险是指那些既有损失机会,又有获利可能的风险。投机风险的发生可能有三种情况:损失、非损失和收益。在损失的情况下,既可能产生纯粹损失,也可能产生收益;例如商业行为上的价格投机、投资、企业经营决策、收藏、赌博等,就属于投机风险。投机风险与当事人的主观意思有直接的关系,对于这种风险而言,处理的技术和控制方法的运用具有相当的难度。

纯粹风险与投机风险相比,纯粹风险在一定的情况下,其发生具有规律性,服从一定的概率分布,适用大数法则;加之纯粹风险因只有净损失的可能性,对社会、企业、家庭均是损失,人们往往必然避而远之,采取规避的态度。而投机风险则无规律性,不适用大数法则,同时,投机风险有获利的可能,甚至获利颇丰,使其更具有诱惑性,偏好风险的人们必为求其利甘冒风险而为之。

从保险的角度看,纯粹风险又可分为可保风险和不可保风险两种。大多数纯粹风险都是可保风险。

三、按风险损失危及的对象分类

按风险损失危及的对象来划分,风险可分为财产风险、责任风险、信用风险和人身风险。

(一)财产风险

财产风险是指可能导致一切有形财产及与财产有关的利益毁损、灭失或贬值的风险。例如:建筑物及设施等财产有遭受火灾、地震、爆炸等事故造成的损失的风险,这种损失不仅包括财产的经济价值的减少,还包括其所有者或使用者由于丧失建筑物和设施所带来的直接或间接的经济利益的减少;船舶在航行中,有遭到沉没、碰撞、搁浅等事故造成的损失的风险;露天堆放或运输中的货物有遭到雨水浸泡、损毁或贬值的风险;汽车行驶中有因碰撞、倾覆所致损失的风险;等等。这些风险都是财产风险。至于因市场价格跌落致使某种财产贬值,则不属于财产风险,而是经济风险。

(二)责任风险

责任风险是指个人或团体在从事社会活动和交往过程中,由于行为上的疏忽或过失,造成他人的财产损失或人身伤亡,依照法律、合同或道义应负的经济赔偿责任的风险。如驾驶机动车不慎撞人,造成对方伤残或死亡;医疗事故造成病人的病情加重、伤残或死亡;生产销售有缺陷的产品给消费者带来损害;雇主对雇员在从事职业范围内的活动中身体受到伤害等应负的经济赔偿责任。这些风险均属于责任风险。

(三)信用风险

信用风险是指在经济交往中,权利人与义务人之间,由于一方的违约或违法行为给对方造成经济损失的风险。

(四)人身风险

人身风险是指可能导致人的伤残死亡或损失劳动力的风险。如疾病、意外事故、自然灾害等。这些风险都会造成当事人的经济收入的减少或支出的增加,影响本人或其所赡养的亲属经济生活的安定。

四、按风险产生的原因分类

(一)自然风险

从人类社会的编年史可以看出,地震、水灾、火灾、风灾、雹灾、冻灾、旱灾、虫灾以及各种瘟疫等自然灾害是经常、大量发生的。这种因自然力的不规则变化引起的种种现象,所导致的对人们的经济生活和物质生产及生命造成的损失和损害,就是自然风险事故。自然风险是保险人承保最多的风险,其具有如下特征:①自然风险形成的不可控性。自然灾害的发生是受自然规律作用的结果。人类对自然灾害具有基本的认识,但对灾害的控制往往束手无策,如地震、山洪、飓风等自然灾害。②自然风险形成的周期性。虽然自然灾害的形成具有不可控性,但它却具有周期性,使人类能够对灾害予以防御。如夏季可能出现涝灾和旱灾,冬季可能出现冻灾,秋季可能出现洪灾,春季可能出现瘟疫流行,等等。③自然风险事故引起后果的共沾性。自然风险事故一旦发生,其后果所涉及的对象往往很广(某一地区、某一国家,甚至全世界)。一般地讲,自然风险事故引起后果的共沾性越大,人类所蒙受的经济损失就越惨重;反之,人类所受的经济损失则较轻。

(二)社会风险

社会风险是指由于个人或团体的行为,包括过失行为、不当行为及故意行为对社会生产及人们生活造成的损失的可能性,如盗窃、抢劫、玩忽职守及故意破坏等行为对他人的财产或人身造成损失或损害的可能性。

(三)政治风险

政治风险又称为国家风险,它是指在对外投资和贸易过程中,因政治原因或订约双方所不能控制的原因,使债权人可能遭受损失的风险。如因输入国家发生战争、革命、内乱而中止货物进口;或因输入国家实施进口或外汇管制,对进口货物加以限制或禁止输入;或因本国变更外贸法令,使输出货物无法送达输入国,造成合同无法履行而形成的损失;等等。

(四)经济风险

经济风险是指在生产和销售等经营活动中由于受各种市场供求关系、经济贸易条件等因素变化的影响,或经营者决策失误,对前景预期出现偏差等,导致经济上遭受损失的风险。比如生产的增减、价格的涨落、经营的盈亏等方面的风险。

五、按风险发生造成损失的范围分类

(一)重大风险

重大风险是指非个人行为引起的风险。这种风险实际上是一种团体风险,即个人不能预防的风险。比如经济制度的不确定性、社会与政治的变化、特大自然灾害等造成的风险。

(二)特定风险

特定风险是指风险的产生及后果,只与特定的人或部门相关的风险。如火灾、爆炸、破坏、盗窃、对他人财产损失及人身伤害负法律责任的风险均属于特定风险。特定风险通常是纯粹风险,一般它只影响个人或企业、部门,并且较易为人们所控制及防范。

重大风险和特定风险之间的区别在于损失的起因和后果不同。重大风险所涉及的损失在起因和后果方面都是非个人和单独的,它们属于团体风险,大部分是由经济、巨大自然灾害、社会和政治原因引起的,影响到相当多的人,乃至整个社会。失业、战争、通货膨胀、地震、洪水都属于重大风险。特定风险所涉及的损失在起因和后果方面都是个人和单位的。住宅发生火灾和银行被盗窃属于特定风险。

既然重大风险或多或少是由遭受损失的个人无力控制的原因所引起的,社会对处理这类风险负有责任。例如,失业是使用社会保险来处理的重大风险。对付地震和洪水灾害也需要动用政府基金。对付特定风险主要是个人和单位自己的责任,一般使用商业保险、防损和其他方法来加以处理。

此外,从风险的界定角度来讲,风险还可分为客观风险和主观风险。

客观风险可以定义为实际的损失与预期的损失之间的相对差异;随着风险单位的数量增加,客观风险就会减少。

主观风险则是一种由精神和心理状态所引起的不确定性。其含义也非常接近于损失的可能性或事件出现的概率,即根据一些基本条件不变和进行无限次观察的假设所得出的一种事件出现的长期的相对频率。

第三节 风险管理

一、风险管理的概念

风险管理是指人们对各种风险的认识、控制和处理的主动行为。它要求人们研究风险的发生和变化规律,估算风险对社会经济生活可能造成损害的程度,并选择有效的手段,有计划有目的地处理风险,以期用最小的成本代价,获得最大的安全保障。

风险管理的对象是风险,作为人类社会对客观存在的风险的主观能动行为和经验总结,古已有之。但是,作为一门独立的新兴学科,则是到了20世纪50年代才在美国开始兴起,迄今风险管理的科学方法尚未充分发展完善。尽管如此,它的一般适用原则已经形成,各经济单位都凭此处理风险,其所涉及的范围也已超出静态风险,包括了动态风险。

二、风险管理的基本程序

风险管理的基本程序包括编制风险管理计划、风险识别、风险估测、风险评价、选择风险管理技术、风险管理效果评价等环节。

(一)编制风险管理计划

编制合理的风险管理计划是风险管理的第一步。风险管理计划的主要内容包括风险管理目标和风险管理人员的职责制定、风险管理的内部组织结构、与其他职能部门协作、风险管理计划的控制、编制风险管理方针书等。这里主要介绍风险管理目标的内容。

风险管理的目标可以分为损失发生之前和损失发生之后两种。

1. 损前目标

(1)经济目标。企业应以合理的方法预防潜在的损失。这要求对安全计划、保险以及防损技术的费用进行财务分析。

(2)减轻企业和个人对潜在损失的烦恼和忧虑。

(3)遵守和履行外界赋予企业的责任。例如,政府法规可以要求企业安装安全设备以免发生工伤。同样,一个企业的债权人可以要求贷款的抵押品必须被保险。

2. 损后目标

(1)企业生存,保持企业经营的连续性。在损失发生之后,企业至少要在一段合理的时间内能部分恢复经营的连续性。这对公用事业尤为重要,这些单位有义务提供不间断的服务。

(2)收入稳定。保持企业经营的连续性便能实现收入稳定的目标,从而使企业保持生产持续增长。

(3)社会责任。尽可能减轻企业受损对他人和整个社会的不利影响,因为企业遭受一次严重的损失会影响到员工、顾客、供货人、债权人、税务部门以至整个社会的利益。

(二)风险识别

风险识别是风险管理的第二步,它是指对企业面临的以及潜在的风险加以判断、归类和鉴定风险性质的过程。一般要设法识别下列五种类型的潜在损失:①财产的物质性损失以及额外费用支出;②因财产损失而引起的收入损失和其他营业中断损失以及额外费用支出;③因损害他人利益引起的诉讼导致企业遭受的损失;④因欺诈、犯罪和雇员不忠诚行为对企业造成的损失;⑤因企业高级主管人员的死亡和丧失工作能力对企业造成的损失。存在于企业自身周围的风险多种多样、错综复杂,无论是潜在的,还是实际存在的,是静态的,还是动态的,是企业内部的,还是与企业相关联的外部的,所有这些风险在一定时期和某一特定条件下是否客观存在,存在的条件是什么,以及损害发生的可能性等,都是在风险识别阶段应予以回答的问题。

识别风险的技术主要包括感知风险和风险分析两种。这里重点介绍风险分析方法。

1. 风险分析的步骤

第一步,分析潜在的损失原因。风险分析要求对未知的损失原因进行分析,而不能仅局限于识别已知的损失原因。

第二步,分析已知损失原因与风险的关系。

第三步,分析评价风险对于整个组织的影响。

2. 风险分析的方法

风险分析方法,包括定量分析方法和定性分析方法,具体有:现场调查法、组织结构图示法、流程图法、危险因素和可行性研究法、事故树法、风险指数法。这些方法通常用于解决实务中的问题,并且在实务中得到了全面推广。

(1)现场调查法。现场调查法的目的在于识别实际的风险。其内容包括:

①做好调查前的准备工作。调查前的准备工作包括:安排调查时间;制作调查项目表;参考过去的损失记录;选择重点调查项目;明确负责人。

②进行现场调查。

③现场调查的后续工作。

④现场调查法的优缺点。优点:通过现场调查风险管理者可以获得第一手的资料,而不必依赖别人的报告。现场调查还有助于建立和维持良好的关系。缺点:现场调查耗费时间多,而且定期的现场调查可能使其他人忽视风险管理的重心,疲于应付调查工作。

(2)组织结构图示法。组织结构图示法,是一种以案头工作方式为基础的风险识别方法。组织结构图用于描述经济单位的活动及结构的不同组成部分。组织结构图示法的目的旨在描述风险发生的领域。

①绘制经济单位结构图。

②绘制管理结构图。

③绘制经济单位的综合图表。

④识别风险范围。

(3)流程图法。流程图法是一种识别经济单位面临的潜在风险的常用方法。它可以用来描绘经济单位内任何形式的流程。比如生产流程、服务流程、财务会计流程、市场营销流程、分配流程等。对风险管理来说,最重要的应该是生产流程。从生产流程图中可以看到原料的来源、加工、包装、存储、装配、运输等不同的生产阶段和产品的最终销路。绘制生产流程图就是为了便于风险管理者对每一个生产环节的风险因素、风险事故及可能的损失后果进行识别和分析。流程图并不是为了识别诸如火灾、盗窃、责任等损失的具体原因,它主要是用来考察特定事故的影响,风险管理者可以据此提出大量的假设,通过运用流程图来解释可能存在的后果。

流程图法的步骤:

①识别生产过程的各个阶段。

②设计流程图。

③解释流程图。

④绘制综合流程图。

⑤预测可能的风险状况并制订计划。

流程图法的优点是:流程图法能把一个问题分成若干个可以进行管理的部分;流程图法可以使风险管理者通过一幅图就认识到整个生产过程。

流程图法的缺点是:首先,流程图法的主要缺点就在于需要耗费大量的时间;其次,流程图可能过于笼统,它描述了整个生产过程,但它却不能描述任何生产的细节,这就可能遗漏一些潜在风险;最后,流程图无法对事故发生的可能性进行评估。对于那些不善于定量分析的人来说,流程图法不失为一种有用的风险识别方法,但缺乏定量分析是它的一个缺点。

(4)危险因素和可行性研究法。危险因素和可行性研究法是项目计划期采取的风险识别的定性方法。它是从风险的角度对工厂的生产经营进行研究。遵循的原则是:将许多极端复杂的问题分解为可以处理的部分,然后对每一部分分别进行仔细研究,以发现所有与之相关的风险。整个研究过程主要解决四个问题:受检部分的目的,与目的之间的偏差,偏差产生的原因及偏差产生的后果。

具体地说,第一步,选择企业的一个部分,明确其目的。第二步,列出与目的之间的偏差,这些偏差是危险因素和可行性研究的中心。第三步,找出偏差产生的所有可能原因,而不仅仅是最可能的原因或者已经发生过的原因。第四步,列出偏差会导致的后果及相应对策,对风险进行控制。

危险因素和可行性研究法的优点是:能识别所有可能的风险而极少会忽略任何重要的风险;风险识别工作由小组共同完成,可以发挥集体的智慧;通过事先的组织安排,能对复杂系统的所有部分开展细致的研究工作。

危险因素和可行性研究法的缺点是:首先,所需花费的时间很多;其次,为了画出指导工作的图表,必须将系统简化,这势必会忽略某些风险。

(5)事故树法。事故树法最早是由美国贝尔电话实验室在20世纪60年代从事空间项目时发明的,现在对这一领域的研究已经取得了长足的进展,广泛应用于国民经济各个部门。

事故树法用图表来表示所有可能引起主要事件(即事故)发生的次要事件(即原因),揭示了个别事件的组合可能会形成的潜在风险状况。

事故树法的优点是:第一,事故树法可以很好地描述一个复杂的系统或加工过程。第二,事故树法在一开始就考虑了风险的识别,有助于发现内在的风险。第三,事故树法可以用于考察对系统变化的敏感性,确定系统中的哪些部分对风险的影响最大。第四,事故树法可以考察所有导致主要事件发生的次要事件,更重要的是可确定导致主要事件发生的最小量的次要事件组合。

事故树法虽然在风险识别时有突出优点,但是,事故树法也存在以下缺点:一是掌握该技术和使用其进行研究需要大量的时间。二是概率数据的偏差。如果概率数据不精确,那么计算的主要事件发生的概率就值得怀疑了。因此,我们要把好数据来源关,建议使用的数据来源包括:经济单位自己内部的经验数据,行业或职业机构的相关数据,等等。

(6)风险指数法。风险指数法是指用具体的数值来表示风险程度的方法。最常用的是道氏火灾与爆炸指数(简称道指)。它的基本原理是:衡量损失可能性并以数值表示出来,用于比较风险大小并对每年的变化进行管理。

风险指数的编制:

①确定对火灾有最大影响或者最可能导致火灾或爆炸的那些加工单位,分别计算出其原材料系数。

②考虑一些额外风险。

③计算出加工过程中一般风险系数和特殊风险系数后,将二者相乘,就得到了单位风险系数。

$$单位风险系数=特殊风险系数×一般风险系数$$

④单位风险系数和原材料系数相乘,就得到了火灾和爆炸指数。

$$火灾和爆炸风险指数=单位风险系数×原材料系数$$

⑤引入损害系数的概念,损害系数表示火灾或爆炸可能造成的损失程度,它可以用来对风险进行衡量。

⑥确定火灾和爆炸可能影响的地区范围。

⑦计算最大可能财产损失。

⑧计算最大可信损失。将置信系数与最大可能财产损失相乘就得到了最大可信损失。最大可能财产损失是考虑所有可能增加风险的因素所得出的。但在一般情况下,实际损失往往小于最大可能财产损失。可以使用置信系数对最大可能财产损失作一定的扣除。这些置信因素包括:添置消防器材,建立紧急事故控制系统,保持排水装置状况良好,合理的操作程序等。这些置信因素扣除的值在 0~1 之间,所有的扣除相乘就得到了置信系数。

此外,在风险识别中,除了运用风险分析的方法外,还可以使用下列方法:

a. 对企业财产和生产经营进行定期或经常性的实地检查,及时发现事故隐患。

b. 使用内容广泛的风险分析征求意见表,收集生产和经营第一线人员对损失风险的意见。

c. 编制生产和经营的流程图,分析每个环节中的潜在损失风险。它可以描述从原材料入库到制成品售给顾客的全部经营过程,也可以描述单个制造过程:原材料从供货商的仓库运输到制造厂,经过储存、制造、包装等阶段,再把制成品搬运到自己的仓库。现代的安全系统工程使用故障树分析等方法详细描述生产和经营过程中的事故因果关系,可以用来进行定性和定量分析。

d. 使用财务报表、以往的损失报告和统计资料识别重大的损失风险。例如,按会计科目分析重要资产的潜在损失及其原因。

e. 请保险公司、保险代理人和经纪人提供风险评估咨询服务,包括分析企业外部环境的风险因素。

一种风险分析的方法不可能解决所有风险识别中的问题;事实上任何一种风险分析的方法也不可能适合于所有的行业。

(三)风险估测

在识别损失风险之后,下一步是衡量损失对企业的影响,即风险估测。风险估测是指在风险识别的基础上,通过对所收集的大量的详细损失资料加以分析,运用概率论和数理统计,估计和预测风险发生的概率和损失幅度,包括衡量潜在的损失频率和损失程度。损失频率是指一定时期内损失可能发生的次数。损失程度是指每次损失可能的规模,即损失金额大小。

对损失频率的测定可以估算某一风险单位因某种损失原因受损的概率,如一辆汽车因火灾发生而受损的概率,也可以估算几辆汽车因火灾发生而受损的概率,或者估算某一风险单位因多种损失原因受损的概率。

对损失程度的测定可分为每次事故造成的最大可能损失和每次事故造成的最大可信损失。最大可能损失是估计在不利的情况下可能遭受的最大损失额。最大可信损失则是估计在通常情况下可能遭受的最大损失额,最大可信损失对风险估测很有价值,但也最难估计。在估计每种损失风险类型的损失频率和损失程度后,再按其重要性分类排队。

之所以要估测潜在的风险是为了今后能选择适当的对付损失风险的方法,损失频率和程度不同的风险需要采用不同方法去应对。与损失程度比较,损失频率的估计更为重要。巨灾能使一个企业毁灭,然而其损失频率很低;相反,某些损失风险,如汽车损坏,损失频率很高,但每次损失的金额相对要小。此外,对风险损失估计的时间性也要加以重视,持续 20 年的每年

10 000元的损失就不如发生一次 200 000 元损失那么严重,这是由于货币具有时间价值。损失频率乘上平均的损失程度就可得出平均损失总额,运用平均损失总额可与保险费等对比,这也为购买保险提供了依据。

总之,风险估测不仅使风险管理建立在科学的基础上,而且使风险分析定量化。损失分布的建立、损失概率和损失程度估测,为风险管理者进行风险决策,选择最佳的风险管理技术提供了科学依据。

(四)风险评价

风险评价是指在风险识别和风险估测的基础上,把风险发生的概率、损失的严重程度,结合其他因素综合起来考虑,得出系统发生风险的可能性及其危害程度,并与公认的安全指标比较,确定系统的危险等级;根据系统的危险等级,决定是否需要采取控制措施,以及控制措施采取到什么程度。风险评价通过定性、定量方法分析风险的性质以及比较处理风险所支出的费用,来确定风险是否需要处理和处理的程度。

(五)选择风险管理技术

根据风险估测、评价结果,为了实现风险管理目标,风险管理者必须选择最适当的对付风险的方法或综合方案。因此,选择最佳风险管理技术并实施是风险管理中最重要的内容。风险管理技术分为控制型技术和财务型技术两大类。风险控制型技术的目的是控制风险源,改变引起意外事故的各种条件,降低损失频率和减少损失程度。避免风险、损失管理、转移风险等均属于控制型技术。风险财务型技术的目的是以提供基金的方式,消化发生损失的成本,对已发生的损失提供资金补偿,对无法控制的风险进行财务安排;财务型技术是风险补偿的筹资措施,保险、自保方式和自担风险等均属于财务型技术。

(六)风险管理效果评价

风险管理效果评价是指对已实施的风险管理技术适用性及收益性情况的分析、检查、修正和评估。风险管理效益的大小取决于是否能以最小风险成本取得最大安全保障,同时,还取决于整体风险管理目标是否一致,也取决于具体实施的可行性、可操作性和有效性。因此,在风险管理的决策方案贯彻和执行之后,必须进行检查和评价。原因有两点:一是风险管理的过程是动态的,风险是在不断变化的,新的风险会产生,原有的风险会消失,上一年度对付风险的方法也许不适用于下一年度。二是风险管理者作出的决策有时可能是错误的,这需要通过检查和评价来加以发现,然后加以纠正。

对风险管理工作业绩的检查和评价有两种标准:一是效果标准。例如,意外事故损失发生的频率和程度下降,责任事故损失降低,风险管理部门经营管理费用减少,责任保险费率降低,因提高自担风险水平而减少财产保险费用等。二是作业标准。它注重对风险管理部门工作的质量和数量的考核。例如,规定设备保养人员每年检查的次数和维修的台数。单纯使用效果标准来检查和评价风险管理工作会有不足之处,因为意外事故损失发生具有随机性。同样,单纯使用作业标准来检查和评价风险管理工作也有缺陷,因为它没有把风险管理工作对经济单位的贡献或影响表现出来。因此,对风险管理工作业绩的检查和评价应该综合使用效果标准和作业标准。

确定了检查和评价的标准后,就要运用风险管理效果评价方法,对风险管理工作的实际结果与效果标准和作业标准加以比较,如果低于标准,就要加以纠正,或者调整检查和评价标准。

三、风险处理方式及其比较

(一)避免风险

1. 避免风险的概念

在风险识别、风险分析和风险衡量工作完成以后,若风险管理者发现某些风险发生损失的可能性很大,或者一旦发生损失且其损失程度严重时,采取主动放弃原先承担的风险或完全拒绝承担该种风险的行动方案,这就是避免风险。

2. 避免风险的形式

避免风险有两种方式,一种是完全拒绝承担风险,另一种是放弃原先承担的风险。换言之,避免风险是不取得某种损失风险或消除现存的损失风险。例如,一个企业不在洪水区域建造工厂就可以避免洪灾损失。如果单纯地从处置特定风险的角度来看,避免风险自然是最彻底的方法,然而,这种方法的适用性很有限。

3. 避免风险的局限性

①某些风险是无法避免的,如地震、海啸、暴风等自然灾害对人类来说是不可避免的。②避免风险方法有时并不可行,例如,避免一切责任风险的唯一办法是取消责任,但这很难做到。③风险的存在往往伴随着收益的可能,避免风险就意味着放弃收益,会使企业错失从风险中取得收益的可能。在现代经济社会中,任何一种经济活动都必然存在一定的风险,风险和收益一般是成正比例的,要想获得收益,就必须承担相应的风险。④避免某一种风险可能会产生另一种风险,如某人为避免飞机坠毁的风险而改乘火车旅行,但从行驶相同路程的意外事故的死亡率来看,乘火车和乘飞机的风险是一样的。

从上述分析不难发现,避免风险主要适用于以下几种情形:损失频率和损失程度都较大的特定风险;损失频率虽不大,但损失后果严重且无法得到补偿的风险;采用其他风险管理措施的经济成本超过了进行该项经济活动的预期收益。

(二)损失管理

1. 损失管理的概念

损失管理,是指有意识地采取行动防止或减少灾害事故的发生以及所造成的经济及社会损失。

2. 损失管理的目标

损失管理的目标分为两种:一是在损失发生之前,全面地消除损失发生的根源,尽量减少损失发生频率;二是在损失发生之后努力减轻损失的程度。因此,损失管理计划分为防损计划和减损计划。防损计划旨在减少损失发生频率,或消除损失发生的可能性。建造防火建筑物、驾驶技术考核等均是降低损失频率的措施。减损计划可进一步分为尽可能减轻损失后果计划和损后救助计划,其目的是设法控制和减轻损失程度。限制车速、安装自动喷水灭火系统和防盗警报系统等均是减轻损失程度的措施。当然,有一些损失管理措施既是防损措施又是减损措施。

3. 损失管理的技术

损失管理的技术一般分为工程管理和人为因素管理两种。工程管理方法强调事故的机械或物的因素,如查找有缺陷的电线、审核高速公路交叉口的设计。但现代的损失管理愈来愈重视人为因素。人为因素管理方法强调损失管理应重视人为因素管理,即加强安全规章制度建设,重视安全教育,以杜绝容易导致事故的不安全行为。近年来,对人为因素的重视已扩大到对易出事故的个人进行心理研究。

4. 损失管理的原则

损失管理是风险管理的一项重要职能。在进行风险管理时,运用损失管理技术应遵循以下原则:

(1)防损措施和减损措施并重。损失预防措施能够减少损失发生的频率,消除造成损失的原因,保护处于危险环境下的人或物。损失预防的措施多种多样,而且与所要防止的损失种类有关。在意外事故发生后,则需要采用减损措施,以减轻损失的程度和不利后果,即尽力保护受损财产的价值和受伤人员的身体机能。

(2)人为因素和物质因素兼顾。经济活动的主体是人,绝大多数意外事故的发生,都与人的行为过失有直接或间接的联系。比如,粗心大意、缺乏专业技术知识、责任心不强等。现代的损失管理愈来愈重视对人为因素的管理。其主要管理手段是加强对员工的安全教育。除了加强安全教育外,风险的物质因素绝不容忽视,同样需要加强安全工程管理。

(3)加强系统安全的观念。系统安全的概念最初是在1962年由美国空军当做工程规范提出的,旨在保证兵器系统的成功运作。在风险管理工作中,系统安全要求把企业的各个工作部分同时纳入考察范围,将企业视作一个完整的系统,而不是只把可能受损的标的物作为一个个割裂的分析对象;运用系统工程的原理和数理方法,如事故树、概率统计和运筹学等工具,分析潜在的缺陷之间的关系及后果,作出定量和定性分析,预测事故发生的可能性,然后采取相应的安全措施。

(三)非保险方式的转移风险

1. 转移风险的概念

转移风险,是指将自己面临的损失风险转移给其他个人或单位去承担的行为。非保险方式的转移风险的实现大多是借助于合同、租赁和转移责任条款,将损失的法律责任或财务后果转由他人承担。例如,一家公司在与某建筑承包商签订新建厂房的合同中可以规定,建筑承包商对完工前厂房的任何损失负赔偿责任。又如,机器设备的租赁合同可以规定租赁公司对机器设备的维修、保养、损坏负责。

2. 非保险方式转移风险的途径

非保险方式的转移风险,一般可通过以下途径进行:

(1)出售财产。财产出售的同时也就将与财产有关的风险转移给购买该项财产的人或经济单位。

(2)财产租赁。通过租赁可以使财产所有人部分地转移自己所面临的风险。

(3)建筑工程中的承包商可以利用分包合同转移风险。

(4)签订免除责任协议。在许多场合,转移带有风险的财产或活动可能是不现实的或不经济的,那么签订免除责任协议是一种较好的方法。但在日常生活中,能够见到一些意欲免除责任的单方约定,但由于涉及有关的法律,无法达到免除责任的目的。

(5)利用合同中的转移责任条款。在主要针对经济活动的合同中,变更某些条款或巧妙地运用合同语言,可以将损失责任转移给他人。转移责任条款的运用相当灵活,无论哪一方实际上都存在着利用此类条款转移责任的可能性。

(四)自担风险

1. 自担风险的概念

自担风险,是指企业使用自有资金或借入资金补偿灾害事故损失。自担风险的实质是:当损失发生后受损单位通过资金融通来弥补经济损失,即在损失发生后自行提供财务保障。自担风险也许是无奈的选择。任何一种对付风险的方法都有一定的局限性和适用范围,其他任何一种方法都无法有效地应用于处理某一特定风险,或者处理风险的成本太高,令人无法接受,在这种情况下,自担风险就是无可奈何的唯一选择。自保是自担风险的特殊方式,它具有商业保险的某些特点:一是必须有大量同质的风险单位存在,从而可根据大数法则较精确地预计损失;二是损失必须由专用基金或专业自保公司补偿。

2. 自担风险的分类

自担风险可分为主动自担和被动自担。风险管理人员识别了风险的存在并对其损失后果和各种管理措施的利弊进行评价、比较之后,有意识地决定不转移有关的潜在损失而由自己承担时,这就是主动的、有计划的自担风险。被动的自担风险即无意识、无计划的自担,被动的自担风险一般有如下两种表现:一是没有意识到风险存在而导致损失发生,自担了风险;二是虽然意识到风险的存在,但怀有侥幸心理,低估了风险的程度而自担了风险。

3. 自担风险的适用条件

自担风险的方法主要适用于下列情况:

(1)在其他对付损失风险的方法不能使用的情况下,自担风险是最后一种办法。例如,企业因战争造成的财产损失只能自己承担了。

(2)在最大可信损失并不严重的情况下,也可以使用自担风险的方法。

(3)在损失能被较精确地预测的情况下,自担风险也是适当的方法。例如,工伤事故就属于这类可预测的损失风险。

4. 自担风险的选择

风险管理者在决策时经常在保险和自担风险中进行选择。下列因素有利于风险管理者选择自担风险:

(1)自担风险的管理费用比保险公司的附加费用低。

(2)预期的损失比保险人估计的数字低。

(3)最大可能损失和最大可信损失低,企业的财力在短期内能够承受。

(4)保险费的支付和损失赔偿在相当长的时期内延续,导致机会成本大量增加,并且企业有着高收益的投资机会。

(5)企业内部具有自保和损失管理的优势。

至于企业自担风险的水平则要根据财务状况、近年的损失资料以及保险费用,确定单次意外事故和每年总的损失风险的自担水平。作为一般规则,企业每年自担风险最高额应为公司纳税前年收入的5%。自担风险的财务补偿方式可采用直接补偿、设立专用基金等。

5. 自担风险的主要形式

自担风险的形式主要有:现收现付、非基金制、专用基金、借入资金、专业自保公司等。其中,专业自保公司是自担风险的高级形式。专业自保公司(captive insurer)一般是由母公司为保险目的而设立和拥有的保险公司,它主要向母公司及其子公司提供保险服务。目前美国已有2000多家专业自保公司,美国500家最大企业中已有1/3以上的企业建立了专业自保公司。美国大多数的专业自保公司都设在百慕大,其主要原因是当地拥有良好的外资环境,资本要求和税收标准都很低。专业自保公司的主要特点是:①减少企业的保险费用。专业自保公司能以更经济的办法提供保险业务。②可使用再保险来分散风险。这是因为许多再保险公司只与保险公司做交易,而不与被保险人打交道。③经济单位利润来源之一。专业自保公司除了向母公司及其子公司提供保险外也向其他单位提供保险业务。④税收考虑。向专业自保公司缴付的保险费可从公司应税收入中扣除。

6. 自担风险的优缺点

自担风险既有优点也有缺点。

(1)自担风险的优点:一是节省保险费开支,保险公司除了赔付损失外还要支付理赔、代理人和经纪人的佣金、税收等费用,而且要保留一定的利润;二是增加经济单位对防损工作的内在动力。

(2)自担风险的缺点:一是企业有可能遭受高于保险费支出的损失,尤其在短期内,企业受损的可能性难以捉摸;二是企业有可能增加费用支出,如聘请安全工程师和防损专家,需要支出工资等费用。

(五)保险

1. 保险的概念

保险是一种转移风险的办法,它把风险转移给保险人;保险也是一种分摊风险和意外损失的方法,一旦发生意外损失,保险人就补偿被保险人的经济损失。实际上保险是把少数人遭受的损失分摊给同险种的所有投保人。由于少数投保人遭受的损失为同险种的所有投保人所分担,因此,所有投保人的平均损失就代替了个别投保人的实际损失。保险人一般只承保纯粹风险,然而并非所有的纯粹风险都具有可保性。

2. 保险计划的主要内容

保险在风险管理中的运用,是通过制订保险计划来实现的。保险计划的主要内容包括以下四个方面:

(1)选择保险的范围。首先,根据轻重缓急,将保险的需要分为必须购买的保险和自愿购买的保险,确定保险的范围。必须购买的保险是由法律、法规或合同规定的保险项目,如医疗保险、工伤保险、失业保险、巨灾损失保险、责任保险等;自愿购买的保险是除上述保险以外的那些保险。其次,根据风险可能带来的损失大小,决定是使用免赔额或是投保超额损失保险。免赔额在本质上是一种自担风险的形式,可以消除小额索赔及其理赔费用,从而降低保险费;超额损失保险,是指保险公司只赔偿实际损失超过企业自担风险损失金额以上的那部分损失,自担限额可按最大可信损失确定。

(2)选择保险人。一般根据保险公司的财务实力、所提供的风险管理服务以及保险的费用,来选择一家或数家保险公司。

(3)保险合同条件谈判。

(4)定期检查保险计划。必须检查索赔是否及时得到了赔偿,评估保险公司损失管理服务的质量,以便决定是否还要继续购买这家公司的保险。

保险虽然仅仅作为整个风险管理过程中财务管理手段之一,但它却比其他风险的财务处理手段优越得多,因而能得到广泛运用。

综上所述,在风险管理过程中,究竟选择哪一种风险管理的技术和方式最为合理,需要根据风险的不同特性并结合行为主体本身所处的环境和条件而定。

一般而言,选择的方法是:先将风险进行分析,然后确定不同类型的风险应选择的技术和方式。根据风险发生的损失频率的高低及损失程度的大小,可将风险划分为四种类型。第一类是损失频率低、损失程度小的风险;第二类是损失频率高、损失程度小的风险;第三类是损失频率低、损失程度大的风险;第四类是损失频率高、损失程度大的风险。

对第一类的风险采用自担风险的方法最为适宜;对第二类风险应该加强损失管理,并辅之以自担风险和超额损失保险;保险方法最适用于对付第三类风险,因为损失程度严重意味着巨灾可能存在,而损失概率低表明购买保险在经济上能承担得起,这种类型的风险包括火灾、爆炸、各种自然灾害、责任诉讼等,当然,可结合使用自担风险和商业保险来对付这类风险;对付第四种风险的最好方法是避免风险,因为对这类风险,采用自担风险的办法是不可行的,同时也难以取得商业保险的保障。

第四节 可保风险

一、风险与保险的关系

风险与保险之间有着非常密切的关系,具体表现在以下几个方面:

(一)风险的客观存在是保险产生的前提和条件

风险是不以人的意志为转移的,是客观存在的,时时刻刻威胁着人的生命和物质财富的安全。风险的发生直接影响社会生产过程的持续进行和家庭正常的生活。一旦发生风险事故就会造成物毁人亡,影响正常的家庭生活和社会再生产过程的持续进行。正因为此,人们产生了对损失进行补偿的需要,而保险是一种被社会普遍接受的经济补偿方式。保险产生的过程表明:保险是基于风险的存在和对因风险发生所引起的损失补偿的需要而产生的。可以说,如果没有风险的存在、损失的发生以及人们对经济损失补偿的需要,就不会产生以处理风险为对象、以承担经济损失补偿为职能的保险。无风险则无保险。风险是保险产生和存在的前提和条件。

(二)风险的发展为保险的发展提供了客观依据

我们说风险的客观存在是保险产生的前提和条件,表明了风险对保险的产生具有决定意义。不仅如此,保险的发展仍然需要以风险的发展为依据,靠风险的发展来推动。社会进步、生产发展、现代科学技术的应用,给社会、企业和个人带来了更多的新风险。风险的增多对保险提出了新的要求,促使保险业不断设计新险种、开发新业务。从保险的现状和发展趋势看,现代科学技术的发展和应用,会给人类带来更多的新风险。比如原子能的应用,出现了核污染及核爆炸的新风险。新风险的出现,对保险业提出了新的要求,促使了新的险种不断出现。比如卫星发射的风险很大,一颗卫星造价少则数千万美元,多则几亿美元,如果发射一旦失败,将会造成巨额损失,因而产生了卫星发射保险这一新险种。从目前世界保险业发展的现状和趋势看,作为高风险的太空开发、核电、石化行业、航空业、运输业和海上工程等方面的风险,都已成为保险公司开发新业务的重要领域。

目前,世界保险业保障的范围正由静态风险逐步向动态风险的方向发展。过去,保险人仅承保静态风险,但随着商品经济的发展,人们的保险需求日益增强,投保人不仅要求保险人为他们承保纯粹风险,而且还要求承保投机风险。从保险公司自身的偿付能力看,也可以将承保投机风险作为拓展业务的方向。可见,风险的不断发展,为保险的发展提供了客观的基础。

(三)保险是风险管理中传统有效的措施

人们面临的各种损失风险,一部分可以通过控制的方法或手段消除或减少,但不可能全部消除,另一部分可以通过转换的方法或技术,将损失转嫁给他人。因为面对各种风险造成的损失,单靠自身力量解决,就需要提留与自身财产价值等量的后备基金,这样既造成资金浪费,又难以解决巨灾损失的补偿问题,因此转移就成为风险管理的重要手段。保险作为转移方法之一,长期以来被人们视为传统的处理风险手段。他们通过保险,把不能自行承担的集中风险转嫁给保险人,以小额的固定支出换取对巨额风险的经济保障,使保险成为处理风险的有效措施。

(四)风险管理技术制约保险经营效益

保险与风险管理之间是相辅相成、相得益彰的关系,一方面,保险人对风险管理有丰富的经验和知识,企业与保险人合作,会使企业更好地了解风险,并通过对风险的系统分析,提出哪些需要保险,以及承保什么险种等,从而促进了风险管理,另一方面,由于经济单位加强和完善了风险管理,就要求提供更好的保险服务,以满足自身的发展要求,这又促进了保险业的发展。

保险经营效益的大小受多种因素的制约,风险管理技术作为非常重要的因素,对保险经营效益产生了很大的影响。如,对风险的识别是否全面,对风险损失的频率和造成的损失的程度估测是否准确,哪些风险可以接受承保,哪些风险不可以承保,保险的范围应有多大,程度应如何,保险的成本与效益的比较等,都制约着保险的经营效益。

二、可保风险的概念及条件

(一)可保风险的概念

可保风险,是指可以被保险公司接受的风险,或可以向保险公司转嫁的风险,或保险公司所承担的风险。这说明,并非所有的风险都是可保的。可保风险必须是纯粹风险,保险人一般承保纯粹风险,对有可能获利的投机风险一般是不承保的。因为如果保险人承保了投机风险,那么很可能会引起道德风险,或者投保人从保单中赚取收益,这显然是违反保险基本原则的。另外,不接受投机风险,通常还有其他的原因,比如,保险人缺乏有关风险的经验数据等。

(二)可保风险的条件

可保风险是个相对的概念,它是对一定时期的保险市场而言的,即可保风险是一个动态的概念,是根据保险市场的供需关系决定的。它表明保险人对保险商品供给是附有条件的,保险人对承保的风险是有选择的,即保险人所承保的风险是有条件的。可保风险必须具备以下条件:

1. 风险不是投机的

保险人承保的风险,一般是纯粹风险,即仅有损失机会并无获利可能的风险。例如火灾风险,只有给人的生命财产带来损害的可能,而绝无带来利益的可能。而投机风险则不然,它既有损失的可能,又有获利的机会。例如股市风险,投机股票既有因股市下跌遭到损失的可能,又有因股市上扬而获利的机会,对这类投机风险(包括商业风险),保险人是不能承保的。当然,既不是一切纯粹风险都可以承保,均可向保险公司转嫁,也不是投机风险一概都不予承保。

2. 风险必须是偶然的

风险的偶然性是对个体标的而言,比如对某个人、某个家庭、某个企业等。偶然性包含两层意思:一是发生的可能性,不可能发生的风险是不存在的。二是发生的不确定性,即风险发生的对象、时间、地点、原因和损失程度等,都是不确定的。如果风险是确定的,那么损失就必然要发生。因此,对个体标的必然发生的风险,保险人是不予承保的。比如某人患了绝症,并已确诊,他就不能向保险公司投保死亡保险,因为在可预见的时间内,死亡对他来说已是必然的。

3. 风险必须是意外的

风险的意外性包含两层意思：一是风险的发生或风险损害后果的扩展都不是投保人的故意行为。投保人故意行为引发的风险事件或扩大损害后果均为道德风险，保险人是不予赔偿的。二是风险的发生是不可预知的，因为可预知的风险往往带有必然性。比如适航的海轮在海上出险是不可预知的。而不适航的海轮由于出险机率相当大，在海上出险可以说是可预知的，因此，保险人就不予承保。若船东瞒过保险人投保了，出险时一经查出，保险人也不负赔偿责任。可见，如果故意制造的损失能得到赔偿，则道德上的风险会明显增加，保险费就会相应提高，大数法则就会失灵。

4. 风险必须是大量标的均有遭受损失的可能性

某一风险必须是大量标的均有遭受损失的可能性（不确定性），但实际出险的标的仅为少数（确定性），即存在大量同质的风险单位，比如火灾对于建筑物。只有这样的风险，才能计算出合理的保险费率，被投保人在经济上能承担得起，付得起保费。唯有保险费经济合理，保险人才能建立起相应的保险基金，保险公司才能拓展其业务，从而实现保险的"千家万户帮一家"的宗旨。如果某种风险只是一个单位或个人所具有，如果保险对象的大多数在同时遭受损失，保险的分担职能就会丧失，就失去了保险的大数法则基础，保险人承保该类风险等于是下赌注进行投机。这一条件是要满足保险经营的大数法则要求。据此，保险人能比较精确地预测损失的平均数额和程度。但实际情况并不尽如人意，洪水、台风、地震等自然灾害经常造成大范围内的多数风险单位遭受巨灾损失。对此，保险公司可采用两种方法来对付这种损失：一是再保险；二是把保险业务分散在广大地域，从而避免风险的集中。

5. 风险应有发生重大损失的可能性，且损失必须是确定的或可以测定的

风险的发生会导致重大或比较重大的损失可能性，且损失具有确定性，能用货币计量其损失，才会有对保险的需求，例如，死亡就可能是因某一具体原因，在某一确定的时间、地点发生的，具有这种确定性。如果导致损失的可能性只局限于轻微损失的范围，就不需要通过保险来获取保障，因为这在经济上是不合算的。

以上五个可保风险条件是相互联系、相互制约的，缺一不可。在确认可保风险时，应将五个条件综合考虑，全面分析。

必须指出，在保险的发展史上，可保风险的范围并不是一成不变的。随着保险市场需求的不断扩大，以及保险技术的日益进步，可保风险的范围也会随之改变。很多原来不可保的风险在先进的保险技术条件下也可以成为可保风险。但应强调的是，那些诸如购买股票、期货等投机风险，总是被排除在可保风险之外的。

根据上述条件，人身风险、财产风险和责任风险均能为保险公司所承保，而市场风险、生产风险、财务风险和政治风险一般都不能为保险公司所承保。

本章小结

1. 在比较了两种关于风险学说的基础上阐明了风险的定义。风险是指损失发生的不确定性。研究风险要注意风险的构成要素：风险因素、风险事故、损失等。

2. 概括了风险所固有的五个特征，并说明了这些特征分别对保险运行机制的意义。

3. 阐明风险事故与风险因素和引起风险的原因，对风险的不同分类等，有助于风险的识别、衡量和处理。

4.对风险管理目标、过程及处理方法进行了介绍,目的在于明确保险是风险管理的重要手段之一,保险是一种转移风险的方式,而且相比较而言,通过保险的方式转移风险是最有效的措施。

5.通过对可保风险内涵的界定,阐明只有静态风险才可能向保险公司转嫁,但又不是所有的静态风险均可向保险公司转嫁,即可承保的风险必须具备一定的条件。

关键术语

风险 危险 静态风险 动态风险 纯粹风险 投机风险 风险事故 实质风险因素 道德风险因素 心理风险因素 风险管理 可保风险

思考练习题

1. 关于"风险"的定义有哪些?你支持哪一种?为什么?
2. 风险的特征对保险运行机制有何意义?
3. 风险的分类对风险管理有何意义?
4. 如何理解保险在风险管理中的地位与作用?
5. 简述损失、风险事故、风险因素的含义及相互之间的联系。
6. 简述风险管理的意义。
7. 试评述各种风险处理方法的利弊。
8. 试分析保险在经济决策中的意义。
9. 你认为保险与风险管理有何联系和区别?

第二章 保险的产生与发展

本章要点

1. 保险产生与发展的条件
2. 中国保险业的产生与发展
3. 我国保险市场的现状与发展前景
4. 世界保险业的现状与发展趋势

第一节 保险产生与发展的条件

一、自然灾害和意外事故的客观存在是保险产生的自然条件

人类的生产活动是最基本的实践活动,它决定了其他一切活动,而人类进行生产活动的过程就是同自然的斗争过程。人类一方面利用自然,创造社会财富,另一方面又受到自然灾害的威胁。与此同时,各种意外事故也往往会不可避免地发生。自然灾害和意外事故的客观存在,直接影响着人们正常的生活与工作。自然灾害和意外事故一旦发生,将不可避免地给社会物质财富造成损失,给人民的生命带来威胁。为了人类自身生存和发展的需要,人们采取了许多办法和措施来防止和减少灾害事故的发生。然而由于灾害事故的发生在时空上的不确定性,种种防范措施只能起到防止损失扩大的作用。

正是由于灾害事故存在的客观性、不可避免性,以及人们对灾害事故防范措施的有限性,所以才迫切需要有一种用于对灾害损失进行补偿的有效手段,并建立一种补偿损失的后备基金,以弥补单纯的抢救措施的有限性,保证社会生产的正常运行和人们生活的安定。这种有效的经济补偿手段就是保险,对灾害事故进行补偿的后备基金就是保险基金。

因此,可以这样说,没有风险的客观存在和损失的发生,就没有进行经济补偿的必要,也就没有以经营风险为对象、以承担经济损失补偿为责任的保险制度的产生。所以,风险的发生及其引起的对损失的补偿要求的存在是保险产生的自然条件。

二、剩余产品的存在为保险的产生和发展奠定了物质条件

剩余产品只有在生产力发展到一定阶段时才会出现。在生产力水平极其低下的原始社会,人们使用的是最简单的劳动工具,从事的是最简单的生产劳动,他们身无分文,衣食无着,在这一阶段无任何剩余产品可言。随着生产力的发展和社会分工的出现,人们的产品除了维持生活外还有一定的剩余,这时产生了私有制。私有制的出现,使原始社会解体,人类社会由此进入奴隶社会。在这一时期,出现了高利贷商人,社会生产被分裂成许多具有独立经济利益

的私有生产者,这时有了较低层次的商品生产与商品交换,但人们的劳动所能提供的剩余产品相当有限,因而无力建立物资后备,当然也就无从谈起保险。封建社会的生产力水平较前两个阶段有了长足发展,剩余产品有所增加,但其经济特征或经济主体是自然经济,难以形成社会性的后备基金;当人类社会进入资本主义社会以后,生产力水平有了大幅度的提高,生产和贸易的规模不断扩大。产业革命的爆发,使资本主义社会出现了较多的剩余产品,保险的产生才具备了相应的物质条件。

保险是通过由众多投保人缴纳保险费而形成的保险基金来补偿其中少数投保人受到的经济损失,因此,在全社会的范围中集合起大批投保人是发展保险的内在要求。而这在分散、封闭的以自然经济为基础的社会里是难以实现的。只有在生产社会化、商品经济高度发展的条件下,当生产者之间形成了普遍的社会经济联系的时候,他们才有可能为求得保障这个共同利益而结合起来,从而推动保险的发展。因此,剩余产品是保险产生和发展的物质条件。

三、商品经济的发展是保险产生的经济条件

虽然说人类社会的任何历史阶段,都有保险产生的自然条件,但是这并不意味着在任何历史阶段都有保险产生的物质条件和经济条件。保险的产生、形成和发展,是和社会商品生产的发展,商品交换活动的频繁,社会第三次大分工的完成,市场的形成,国际贸易的扩大以及生产日益社会化紧密联系在一起的。

保险关系是一种保险人与被保险人之间的交换关系。保险关系的产生和发展不过是交换关系本身发展的结果和表现。而且,保险是以众多被保险人缴纳的保险费所形成的保险基金,来补偿其中少数被保险人受到的经济损失,因此,在社会范围内集合起大批被保险人,是保险的内在要求。显然,在分散、封闭、小生产的自然经济条件下,是无法实现这一要求的,因此,社会化大生产的发展才能满足保险的需要;因此,商品经济的发展是保险产生和发展的经济条件。

四、国家的建立和社会的稳定与发展是保险产生与发展的社会条件

保险是社会经济发展到一定阶段的产物,其产生需要一定的条件,自然灾害和意外事故的客观存在是保险产生的自然基础,剩余产品和商品经济是保险产生的经济基础,因为保险需要建立保险基金作为保险补偿的后备基金,而国家的建立和社会的稳定为保险的产生与发展提供了社会基础。国家的建立和稳定,促进了商品经济的快速发展,为人们提供了更多的剩余产品,人们的生活水平和消费水平日益提高,人们的消费意识也会有所改变,对保险的需求的增加和经济上足够的购买力,为保险的产生和发展提供了更广阔的空间和前景。随着商品经济的高度发展,社会信用日益扩大,保险作为一种以风险为对象,以信用为基础的现代商品经济的产物,需要强有力和规范的市场秩序加以保证实施,社会稳定发展有利于社会法制的不断完善和健全,为保险的产生和发展提供了必要的法律保证。同时,保险已逐渐渗透到社会经济生活的各个领域,保险业经营的经济效益和社会效益如何,会直接影响到社会稳定和人们生活的稳定,因此保险对社会的发展又起到了稳定器的作用。保险与国家的稳定和发展是相辅相成、相互作用的。国家的建立和社会的稳定与发展是保险产生与发展的社会条件。

第二节 保险的起源与发展

一、保险的起源

人类社会从一产生就遇到自然灾害和意外事故的侵扰,所以在古代社会里就萌生了对付灾害事故的保险思想和原始形态的保险方法,这在中外历史上均有记载。回顾历史有助于我们掌握保险产生和发展的规律,加深对现代保险制度的认识。

(一)西方古代保险思想和原始形态保险

西方最早产生保险思想的并不是现代保险业发达的资本主义大国,而是处在东西方贸易要道上的文明古国,如古代的巴比伦、埃及、希腊和罗马。据英国学者托兰纳利论证,"保险思想起源于巴比伦,传至腓尼基(今黎巴嫩境内),再传入希腊"。在公元前2000多年的古代巴比伦的《汉谟拉比法典》中有这样一条规定:商人可以雇用一个销货员去外国港口销售货物,当这个销货员航行归来时,商人可以收取一半的销货利润;如果销货员未归,或者回来时既无货也无利润,商人可以没收其财产,甚至可以把他的老婆孩子作为债务奴隶;但如果货物是被强盗劫夺,可以免除销货员的债务。据说这是海上保险的一种起源。这部法典中还有关于火灾保险的规定,巴比伦国王命僧侣、官员和村长向居民征税以筹集火灾救济基金。运输保险是沙漠商队根据合同规定要对运输货物负绝对责任,对没有把货物运到目的地的承运人处以没收财产、扣押亲属,甚至判处死刑;但在遇到强盗、原始人和其他抢劫时,承运人可以对货物被盗不承担责任。

在古希腊,一些哲学家或宗教组织由会员摊提形成一笔公共基金,专门用于意外情况下的救济补偿。在古罗马历史上曾出现过丧葬互助会,还出现过一种缴付会费的士兵团体,在士兵调职或退役时发给旅费,在死亡时发给继承人抚恤金。上述这些都是人身保险的原始形态。

到了中世纪,欧洲各国城市中陆续出现了各种行会组织,这些行会具有互助性质,其共同出资救济的互助范围包括死亡、疾病、伤残、年老、火灾、盗窃、沉船、监禁、诉讼等不幸的人身和财产损失事故,但互助救济活动只是行会众多活动中的一种。这种行会或基尔特制度在13—16世纪特别盛行,并在此基础上产生了相互合作的保险组织。

(二)我国古代保险思想和救济后备制度

据国外一些保险书籍记载,远在公元前3000年,中国一些商人在长江的危险水域运输货物时就知道不将货物装在一条船上,因为这样可以避免遭受全部损失的风险,这是水险起源的最早实例。这种分散风险的方法体现了一些现代保险和风险管理的基本原理。

公元前2500年,我国的《礼记·礼运》中有这样一段话:"大道之行也,天下为公。选贤与能,讲信修睦,故人不独亲其亲,不独子其子,使老有所终,壮有所用,幼有所长,矜寡孤独废疾者皆有所养。"这一记载足以证明在我国古代就有谋求经济生活安定的强烈愿望,这可以说是最古老的社会保险思想。

我国历代有着储粮备荒,以赈济灾民的传统制度,如春秋战国时代的"委积"制度,汉朝的"常平仓"制度、隋唐的"义仓"制度。这些都是实物形式的救济后备制度,由政府统筹,带有强制性质。此外,宋朝和明朝还出现了民间的"社仓"制度,它属于相互保险形式;在宋朝还有专门赡养老幼贫病不能自我生存的"广惠仓",这可以说是一种人身救济后备制度。

尽管我国保险思想和救济后备制度产生很早,但因中央集权的封建制度和重农抑商的传统观念,商品经济发展缓慢,缺乏经常性的海上贸易。所以,在中国古代社会没有产生商业性的保险。

二、现代保险业的发展

(一)海上保险的起源与发展

海上保险是一种最古老的保险,近代保险也首先是从海上保险发展而来的。

1. 共同海损是海上保险的萌芽

公元前2000年,地中海一带就有了广泛的海上贸易活动。当时由于船舶构造非常简单,航海是一种很大的冒险活动。要使船舶在海上遭遇风浪时不致沉没,一种最有效的抢救办法是抛弃部分货物,以减轻载重量,为了使被抛弃的货物能从其他受益方获得补偿,当时的航海商提出了一条共同遵循的原则:"一人为众,众为一人。"这个原则后来为公元前916年的《罗地安海商法》所用,并正式规定为:"凡因减轻船只载重投弃入海的货物,如为全体利益而损失的,须由全体分摊归还。"这就是著名的"共同海损"基本原则,它可以说是海上保险的萌芽。但共同海损是船主与货主分担损失的方法,而非保险补偿,对它是否属于海上保险的起源尚有争议。

2. 船舶和货物抵押借款是海上保险的雏形

船舶和货物抵押借款在公元前800年—公元前700年起就出现了,而且从希腊、罗马传到意大利,在中世纪也盛行一时,船舶抵押借款契约(bottomry bond),又称冒险借贷,它是指船主把船舶作为抵押品向放款人取得航海资金的借款。如果船舶安全完成航行,船主归还贷款,并支付较高的利息;如果船舶中途沉没,债权即告结束,船主不必偿还本金和利息。船货抵押借款契约(respondentia bond)是向货主放款的类似安排,不同之处是把货物作为抵押品。

这种方式的借款实际上是最早形式的海上保险。放款人相当于保险人,借款人相当于被保险人,船舶或货物是保险对象,高出普通利息的差额(溢价)相当于保险费。公元533年,东罗马皇帝查士丁尼在法典中把这种利息率限制在12%,而当时普通放款利率一般为6%。如果船舶沉没,借款就等于预付的赔款。由此可见,船舶和货物抵押借款具有保险的一些基本特性,作为海上保险的起源已成为定论。这两种借款至今仍存在,但与古代的做法不同,它们是作为船长在发生灾难紧急情况下筹措资金的最后手段。有趣的是,今日放款人可以购买保险来保护自己在抵押的船舶中的利益。

船舶和货物抵押借款后因利息过高被罗马教皇格雷戈里九世禁止,当时利息高达本金的1/4或1/3。由于航海需要保险作支柱,后来出现了"无偿借贷"制度。在航海之前,由资本所有人以借款人的地位向贸易商借得一笔款项,如果船舶和货物安全抵达目的地港,资本所有人不再偿还借款(相当于收取保险费);反之,如果船舶和货物中途沉没和损毁,资本所有人有偿债责任(相当于赔款)。这与上述船舶抵押借款的顺序正好相反,与现代海上保险的含义更为接近。

3. 意大利是近代海上保险的发源地

在11世纪后期,十字军东侵以后,意大利商人曾控制了东西方的中介贸易。在14世纪中期,经济繁荣的意大利北部出现了类似现代形式的海上保险。意大利的伦巴第商人因代替教会征收和汇划各地缴纳的税款而控制了欧洲大陆的金融枢纽。他们还从事海上贸易,并在1250年左右开始经营海上保险。起初海上保险是由口头缔约,后来出现了书面合同。现在世界上发现的最古老的保险单是一个名叫乔治·勒克维伦的热那亚商人在1347年10月23日出立的一张承保从热那亚到马乔卡的船舶保险单,这张保险单现在仍保存在热那亚国家博物馆。保单的措辞类似虚设的借款,即上面提及的"无偿借贷",规定船舶安全到达目的地后契约无效,如中途发生损失,合同成立,由资本所有人(保险人)支付一定金额;保险费在契约订立时以定金名义缴付给资本所有人。该保单还规定,船舶变更航道将使契约无效。但保单没有订明保险人所承保的风险,它还不具有现代保险单的基本形式。至于最早的纯粹保险单是一组保险人在1384年3月24日为四大包纺织品出立的从意大利比萨到沙弗纳的保险单。到1393年,在佛罗伦萨出立的保险单已有承保"海上灾害、天灾、火灾、抛弃、王子的禁止、捕捉"等风险,开始具有现代保险形式。

当时的保险单同其他商业契约一样,是由专业的撰状人草拟。13世纪中期在热那亚一地就有200名这样的撰状人。据一位意大利律师调查,1393年,在热那亚的一位撰状人就草拟了80份保险单。可见,当时意大利的海上保险已相当发达。莎士比亚在《威尼斯商人》中就写到了海上保险及其种类。第一家海上保险公司于1424年在热那亚出现。

随着海上保险的发展,保险纠纷相应增多,这就要求国家应制定法令加以管理。1468年,威尼斯制定了关于法院如何保证保险单实施及防止欺诈的法令;1523年,佛罗伦萨制定了一部比较完整的条例,并规定了标准保险单的格式。

善于经商的伦巴第人后来移居到英国,继续从事海上贸易,并操纵了伦敦的金融市场,而且把海上保险也带进英国。今日伦敦的保险中心伦巴第街就是因当时意大利伦巴第商人聚居该处而得名。

4. 英国海上保险的发展

在美洲新大陆发现之后,英国的对外贸易获得迅速发展,保险的中心逐渐转移到英国。1568年12月22日,经伦敦市市长批准开设了第一家皇家交易所,为海上保险提供了交易所,取代了从伦巴第商人沿袭下来的一日两次在露天广场交易的习惯。1575年,由英国女王特许在伦敦皇家交易所内设立保险商会,办理保险单登记和制定标准保单和条款。当时在伦敦签发的所有保险单必须在一个名叫坎德勒的人那里登记,并缴付手续费。1601年,伊丽莎白一世女王颁布了第一部有关海上保险的法律,规定在保险商会内设立仲裁法庭,解决日益增多的海上保险纠纷案件。但该法庭的裁决可以被大法官法庭的诉讼推翻,因此取得最终裁决可能要等待很长时间。

17世纪的英国资产阶级革命为英国资本主义发展扫清了道路,大规模的殖民掠夺使英国逐渐成为世界贸易、航海和保险中心,1720年成立的伦敦保险公司和皇家交易保险公司因向英国政府捐款30万英镑而取得了专营海上保险的特权,这为英国开展世界性的海上保险提供了有利条件。从1756年到1778年,首席法官曼斯菲尔德收集了大量海上保险案例,编制了一部海上保险法案。

劳合社是当今世界上最大的保险组织之一,它是从劳埃德咖啡馆演变而来的,其演变史可以说是英国海上保险发展的一个缩影。1683年,一个名叫爱德华·劳埃德的人在伦敦泰晤士河畔开设了一家咖啡馆。该处逐渐成为经营远洋航海业务的船东、船长、商人、经纪人和银行高利贷者聚会的场所。1691年,劳埃德咖啡馆从伦敦塔街迁至伦巴第街,不久成为船舶、货物和海上保险交易的中心。当时的海上保险交易只是在一张纸上写明保险的船舶和货物,以及保险金额,由咖啡馆内的承保人接受保险的份额,并签名。劳埃德咖啡馆在1696年开始每周出版三期《劳埃德新闻》,着重报道海事航运消息,并登载有关拍卖船舶的广告。劳埃德于

1713年去世后,由他的女婿接管咖啡馆。1734年,劳埃德咖啡馆又出版了《劳合社动态》。据说,除了官方的《伦敦公报》外,《劳合社动态》是英国现存历史最悠久的报纸。随着海上保险业务的发展,在咖啡馆内进行保险交易已变得不方便了。1771年,由79个劳埃德咖啡馆的顾客每人出资100英镑另觅新址专门经营海上保险。这笔资金由经过无记名投票选出来的一个委员会管理,它是第一个劳合社委员会。但直到1871年,经议会通过法案,劳合社才正式成为一个社团组织。1774年,劳合社迁至皇家交易所,从而成为英国海上保险交易的中心。起初的法令限制劳合社的成员只能经营海上保险,1911年的法令取消了这个限制,允许其成员经营一切保险业务。1906年,英国国会通过的《海上保险法》规定了一个标准的保单格式和条款,它又称为劳合社船舶与货物标准保单。

劳合社不是一个保险公司,而是一个社团,更确切地说,它是一个保险市场。它与纽约证券交易所相似,只是向其成员提供交易场所和有关的服务,本身并不承保业务。在劳合社保险是向该市场的承保人投保,并由经纪人代找承保人。一般由经纪人填一份要保单,递交给从事某种保险业务的承保组合,再由一个牵头的承保人确定费率,并承保一个份额,其余份额由同一组合中的其他成员承保。经纪人还可与其他承保组合联系,直到承保人认足份额后,再送签单部签单。至1996年,劳合社约有34 000名社员,其中英国26 500名,美国2 700名,其他国家4 000多名,并组成了400多个承保组合。每位社员至少要有10万英镑资产,并缴付37 500英镑保证金,每年至少要有15万英镑保险费收入。据统计,劳合社近年来每年的保险费收入约120亿美元。劳合社历来规定每个社员要对其承保的业务承担无限的赔偿责任,即要把他们的动产作为赔付的抵押。但由于劳合社近年累计亏损80亿英镑,已改为有限赔偿责任。1993年,罗兰接任劳合社主席后,对劳合社的业务经营和管理进行了整顿和改革,于1995年5月提出了一项"重建和恢复计划"。根据该计划,劳合社将允许接受有限责任的法人组织作为社员,并允许个人社员退社,或合并转成有限责任的社员。因此,今后劳合社的个人承保和无限责任的特色将逐渐淡薄。另外,劳合社计划成立一家名为EQUITAS的再保险公司,由其接管和处理劳合社的亏损。

劳合社由其社员选举产生的一个理事会来管理,下设理赔、出版、签单、会计、法律等部,并在100多个国家设有办事处。劳合社的大厅长110米、宽40米,使用的是狄更斯时代的长椅子、大桌子和高高的书架。1986年4月24日,劳合社又迁至新的大楼。新大楼从设计到落成历时8年,耗资1.64亿英镑,共有15层,并专设了供人参观的长廊。在历史上,劳合社设计了第一张盗窃保险单,为第一辆汽车和第一架飞机出立保单,近年来又成为计算机犯罪保险、石油能源保险和卫星保险的先驱。劳合社承保的业务十分广泛,简直无所不保,包括钢琴家的手指、芭蕾舞演员的双脚、赛马优胜者的腿、演员的性命等。但是,它在海上保险和再保险方面起了最为重要的作用。

(二)火灾保险的发展

火灾保险是财产保险的前身,在海上保险中也包括了火险。如前所述,中世纪的行会对成员遭受的火灾损失给予补偿。在15世纪,德国的一些城市出现了专门承保火灾损失的相互保险组织(火灾基尔特)。到了1676年,由46个相互保险组织合并成立了汉堡火灾保险社。

1666年9月2日,在英国伦敦发生了一场大火,烧毁了全城的一半,起因是皇家面包店的烘烤炉过热,火灾持续了5天,有13 000幢房屋和90个教堂被烧毁,20万人无家可归,造成了不可估量的财产损失。这场特大火灾促使人们重视火灾保险。次年一个名叫尼古拉斯·巴蓬的牙科医生独资开办了一家专门承保火险的营业所,开创了私营火灾保险的先例。由于业务发展,他于1680年邀集了3人,集资4万英镑,设立了一个火灾保险合伙组织。保险费是根据房屋的租金和结构计算的,砖石建筑的费率定位在2.5%的年房租,木屋的费率为5%。正因为使用了差别费率,巴蓬有"现代保险之父"的称号。

18世纪末到19世纪中期,英、法、德、美等国相继完成了工业革命,大机器生产代替了原先的手工操作,物质财富大量集中,对火灾保险的需求也变得更为迫切。这个时期的火灾保险发展异常迅速,而且火灾保险组织以股份公司形式为主。最早的股份公司形式的保险组织是1710年由英国查尔斯·波文创办的"太阳保险公司",它不仅承保不动产保险,而且把承保业务扩大到动产保险,营业范围遍及全国,是英国迄今仍存在的最古老保险公司之一。英国在1714年出现了联合火灾保险公司,它是一个相互保险组织,费率计算除了考虑建筑物结构外,还考虑建筑物的场所、用途和财产种类,即采用分类法计算费率,实为火灾保险的一大进步。

美国于1752年由本杰明·富兰克林在费城创办了第一家火灾保险社。这位多才多艺的发明家、科学家和政治活动家还在1736年组织了美国第一家消防组织。1792年建立的北美洲保险公司在两年后开始承办火险业务。

到了19世纪,欧美的火灾保险公司如雨后春笋般涌现,承保能力大为提高。如1871年芝加哥一场大火造成了1.5亿美元的损失,其中1亿美元损失是保了险的。而且,火灾保险从过去只保建筑物损失扩大到其他财产,承保的责任也从单一的火灾扩展到风暴、地震、暴动等。为了控制同业间的竞争,保险同业公会相继成立,共同制定火灾保险统一费率。在美国的火灾保险早期,保险人各自设计自己的保单,合同冗长且缺乏统一性。1873年,马萨诸塞州成为美国首先使用标准火险单的州,纽约州在1886年也通过了类似的法律。标准火险单的使用解决了损失理算的麻烦和法院解释的困难,也是火灾保险的一大进步。为了消化吸收火灾保险业务,再保险也开始发展。由原保险公司设立一个子公司或部门经营分保业务。世界上最早独立经营分保业务的再保险公司是德国1846年设立的科仑再保险公司。到1926年,各国共建立了156家再保险公司,其中德国的再保险公司数目最多。

至20世纪中期,在世界各国由于火灾保险的保险责任范围的不断扩大,火灾保险逐渐被更名为财产保险。加上各种责任保险发展十分迅速,后又出现了承保财产保险、责任保险和犯罪保险等多种险种的一揽子保单和综合普通责任保单。

(三)人身保险的发展

如前所述,人身保险起源于欧洲中世纪的基尔特制度。起初行会对其成员的人身伤亡或丧失劳动能力给予补偿,后来有些行会逐渐转化为专门以相互保险为目的的"友爱社",对保险责任和缴费有了比较明确的规定。这种相互保险组织形式对以后的人身保险发展影响很大。美国最大的人寿保险公司——美国谨慎保险公司——就是相互保险公司,它的前身是1873年成立的"孤寡友爱社"。

海上保险也包括人身保险。15世纪后期,奴隶贩子把贩运奴隶作为货物投保,后来船长和船员也可以保险。到16世纪,安特卫普的海上保险对乘客也进行保险。

1551年,德国纽伦堡市市长博尔茨创立了一种儿童强制保险,规定父母在子女出生后每年必须缴存1塔来尔(古普鲁士银币),当子女达到结婚年龄时可以取得3倍于本金的给付。

到了17世纪中期,洛伦·佟蒂在任法国宰相秘书时提出了一种不偿还本金的募集国债计划,但遭到议会反对。时隔30年以后,法王路易十四为了筹集战争经费于1689年采用了"佟蒂法",以每人缴纳 300 法郎筹集到 140 万法郎的资金。"佟蒂法"是养老年金的一种起源。它规定在一定时期以后开始每年支付利息,把认购人按年龄分为 14 个群,对年龄高的人群多付利息。当认购人死亡时,利息总额在该人群生存者中间平均分配。当该人群认购人全部死亡时,就停止付息。由于这种办法不偿还本金,引起了相互残杀,后被禁止。但"佟蒂法"引起了人们对生命统计研究的重视。

英国数学家和天文学家埃德蒙·哈雷于 1693 年根据德国布勒斯劳 1687—1691 年间的市民按年龄分类的死亡统计资料,编制了第一张生命表,为现代人寿保险奠定了数理基础。1762 年,由英国人辛浦逊和道森发起的人寿及遗属公平保险社(简称老公平),首次将生命表用于计算人寿保险的费率,标志着现代人寿保险的开始。

工业革命以后,机器的大量使用以及各种交通工具的发明和推广使人身职业伤亡和意外伤害事故增多,这为广泛开展人身保险业务开辟了市场。加上人身保险带有储蓄性质,年金能提供养老收入,准备金能用于投资,这就加速了人身保险的发展。美国人身保险业务的快速发展,反映了人身保险发展的过程。美国人身保险发展史可分为三个阶段:第一阶段为 1843 年以前,这时出现了人身保险公司,其业务主要为满足少数特权阶层需要,如商人和官员。第二个阶段是从 1843 年至 1945 年,随着工业的发展,人口和国民收入的迅速增加,人身保险也进入快速发展时期;1843 年只有两家相互人身保险公司,到 1869 年美国已有 110 家人身保险公司;1875 年,美国谨慎保险公司和大都会人身保险公司开始办理简易人身保险,以满足低收入工人的需要;到 1910 年有 25 家公司开始经营简易人身保险,有效保单有 2 500 万份,保险金额达 32 亿美元。1912 年美国公平人身保险会社开始采用团体人身保险办法,之后团体人身保险业务发展迅速,被誉为美国对保险营销的一大革新。第三个阶段是在第二次世界大战以后,人身保险的覆盖率进一步扩大,大多数家庭有了人身保险,人身保险种类增多。人身保险业务与金融市场的投资紧密结合,出现了变额年金、变额寿险和万能寿险等投资型保险,人身保险公司已成为仅次于商业银行的投资机构。

第三节 中国保险业的产生和发展

我国现代保险制度已有将近 200 年的历史,是随着英帝国主义的经济入侵而输入的,分为旧中国和新中国两个历史阶段。

一、中国保险业的产生

1805 年,英商首先在广州开设广州保险社(Canton Insurance Society),又称谏当保安行。第一次鸦片战争结束后,1842 年清政府与英国签订了不平等的《南京条约》,迫使中国割让香港,把广州、福建、厦门、宁波、上海列为通商口岸。1848 年上海英租界区域划定后,外国商人纷纷从香港和广州到上海设立办事处,上海逐渐成为中国的外贸中心。1862 年,美商旗昌洋行在上海设立扬子保险公司。外商人寿保险公司较早在中国开设分支机构的是 1884 年美商公平人寿保险公司(The Equitable Life Insurance Co.)在上海设立的分公司和 1898 年美商永福人寿保险公司(The Standard Life Assurance Co.)在上海设立的分公司。

当时受到西方经济和文化影响的中国知识分子也开始宣传保险的作用。魏源在他 1852 年完成的百卷本《海国图志》中有两处介绍英国近代的保险办法。太平天国的洪仁玕曾在香港生活过一段时间,他在1859年的《资政新篇》中写道:"外国有兴保人物之例,凡屋宇、人命、货物、船舶等有防水火者,先与保人议定,每年纳粮若干,有失则保人赔其所值,无失则赢其所奉。若失命,则父母妻子有赖,失物则己不致尽亏。"

概括起来,旧中国保险业的产生和发展可划分为四个时期。

(一)民族保险业创办时期(1885—1914年)

19世纪中期,上海已成为远东第一大商埠,海运业日趋发达。当时外商普遍使用轮机船运输货物,而且有保险保障,而我国仍使用落后的船舶,无法与外商竞争。为此,1872年洋务派首领李鸿章派浙江漕运督办朱其昂在上海设立轮船招商局,购置轮船承接运输业务。当时中国没有自己的保险公司,只得向英商在上海的保险公司投保。英商保险公司为了配合英商轮船公司,先借口中国船只悬挂龙旗拒绝承保,后又用提高费率(年费率高达10%)、缩短保险期、降低保险金额来百般刁难。因此,李鸿章主张"须华商自立公司,自建行栈,自筹保险"。1875年轮船招商局获准创立了保险招商局,自办船舶保险和货物运输保险业务。1876年和1878年又招股集资在上海先后成立了"仁和"、"济和"两家保险公司,后于1886年合并为"仁济和保险公司",承保招商局所有轮船、货栈及运输货物。这是我国第一家资金雄厚的保险企业。中国第一家民族保险企业是1865年在上海成立的义和公司保险行。1907年由九家民营保险公司在上海成立了华商火险公会。1912年6月成立的华安合群保寿公司是我国第一家实力较为雄厚的人寿保险公司。

(二)民族保险业发展时期(1914—1937年)

第一次世界大战期间,由于帝国主义国家忙于战争,暂时放松了对中国的经济侵略,使中国的民族工业有了迅速发展的机会。五四运动后,民族反帝斗争情绪高涨,爱国工商业者转向华商保险公司投保,在这种有利形势下,我国民族保险业初步形成,从1911年到1917年的6年内,每年都有新的保险公司设立。到1917年,华商火险公会已有会员14家,其中兼营水险的有12家,于是改名为华商水火险公会。在1928年又改名为上海保险公会。

第一次世界大战结束后,帝国主义卷土重来,又有许多外商来华开设保险公司。美国人斯塔尔于1919年在上海南京路两间小办公室开设了美亚保险代理公司,业务发展迅速,他不久便成为百万富翁。这个在上海发迹的公司现已成为世界上著名的国际保险集团,即美国国际集团(AIG),2000年资产高达3 065.77亿美元。当时的保险市场为外商保险公会操纵,保险各费率均由外商规定,而且规定不得与华商保险公司共保和分保。后因华商保险公会开展分保业务,自己制定费率,并使用中文保险单,迫使外商保险公司做了让步,保险单上中英文并列,但在有争议时仍以英文条款为准。

20世纪20年代后期,第一次国内革命战争期间,内地富豪聚集上海,游资充斥,银行为了吸收更多资金,竞相开设保险公司。交通、中南、国华、东莱四家银行合股开办了安平保险公司,四明银行开办了四明保险公司,金城银行独资开办了太平水火保险公司。当时银行发放抵押贷款都要求客户提供保险单。各保险公司锐意改革,力求创新,网罗人才,派员赴欧美考察,以改善经营。例如:华安合群保寿公司起初聘英国人为精算师,后来自己培养精算人才,并聘用刚从美国回来取得美国人寿保险精算学会会员资格的陈思度。此外,华安还在广州、汉口、南京等地和华侨集中的印度尼西亚开设分支机构。又如太平水火保险公司在1933年联合大陆、盐业、交通、国华、中南等银行,合并安平、丰盛、中国天一保险公司,组成了太平保险公司(集团),资本增加到1 000万元,专门设立了太平人寿保险公司,并与瑞士再保险公司订立再保险合同。20世纪30年代是旧中国保险业的鼎盛时期。1931年以国民党政府资本为后盾的中国银行开办了中国保险公司。1935年,中央信托局成立了保险部。经酝酿并由多家保险公司发起,1935年8月2日中国保险学会在上海成立。学会出版刊物,并与上海保险公会联合举办保险教育。外商保险公司看到中国民族保险业阵营不断壮大,不得不改变政策,与华商大搞合作经营与分保。例如,英国太古洋行与上海商业储蓄银行合股开设宝丰保险公司;美亚保险公司与浙江兴业银行合股开设泰山保险公司;伦敦保险市场和美国再保险公司与中央信托局保险部、中国保险公司建立了分保关系。但是,大部分中国民族保险公司资金微薄,难以与外商保险公司竞争,要依靠外商保险公司分保。

在保险立法方面,国民党政府曾于1929年颁布《保险法》,1935年又公布了《保险业法》。但由于外商保险公司群起反对,无法实施,只有1935年4月26日颁布的《简易人寿保险法》得到了实施,它指定邮政局负责这项业务,取缔了低薪阶层需要的人寿小保险业务,使30余家中国小型人寿保险公司遭殃。

(三)抗日战争时期的民族保险业(1937—1945年)

1937年抗日战争爆发,"八·一三"事变后,在上海的中央信托局保险部迁往重庆,中国、太平、保丰、四明这几家规模大的保险公司也把业务重心转移到重庆,有的还在香港和新加坡设立分支机构。随着国民党政府迁都重庆,重庆逐渐成为该时期的保险中心。官僚资本的中国农业银行于1941年1月成立了中国农业保险公司,国家资源委员会于1943年7月成立了保险事务所,交通银行于1943年12月成立了太平洋保险公司。这样,国民党官僚资本的四大银行都有了保险机构。当时重庆有华商保险公司50余家,其中新设立的有20余家。

1941年12月太平洋战争爆发,日军侵入上海租界。英、美、法等国的保险公司纷纷停业。日本便在上海和其他沦陷区开设保险公司,大部分是人寿保险公司。敌伪政权也开设了一些保险公司。在敌伪统治时期,上海出现了不少新的华商保险公司,但大部分是利用保险吸收的资金进行投机。这时期上海保险公司与欧洲的分保关系曾中断,华商保险公司又不愿与日商保险公司建立分保关系,于是自己建立了太平、久联、大上海、中保和华商联合五个分保集团。中共地下党员谢寿天同志在上海组织开设了大安保险公司,在重庆有地下党投资开办的民安保险公司。在上海,地下党还领导保险界人士于1938年7月1日成立了"上海保险业业余联谊会",以"联络感情,交换知识,调剂业余生活,促进保险业之发展"为宗旨,团结保险业中上层人士和广大职工,支持抗战,并举办保险理论和实务讲座。

(四)民族保险业虚假繁荣时期(1945—1949年)

抗战胜利后,国民党官僚资本保险公司纷纷将其总公司迁往上海,并对日伪保险公司进行了接管,外商保险公司也在上海复业,上海又成为旧中国的保险业中心。当时,外商中的美亚保险公司捷足先登,首先在上海复业,并取代了英商在中国保险市场的垄断地位。据估计,美亚保险公司在1946年至1949年期间共攫取保费1 000多万美元。这时期投机性保险公司不断出现,上海一地的保险公司曾多达300余家,一时出现虚假的繁荣。

在国民党政权行将覆灭之前,经济面临全面崩溃,并发生恶性通货膨胀,保险公司无法正常经营。部分保险公司签发外币保险单,以图保值,大部分华商公司处境艰难,奄奄一息。1949年4月20日,中国人民解放军胜利渡过长江,先后解放了南京和上海,宣告了中国半殖民地保险业的结束。

二、新中国保险业的发展

中华人民共和国的诞生开创了中国历史的新纪元,从而也揭开了中国保险史的新篇章,使保险事业发展纳入社会主义轨道,为社会主义建设事业和人民福利服务。

(一)整顿改造旧的保险业,建立人民保险事业

1949年5月上海解放后,在上海市军管会财政经济接管委员会金融处下设立了一个保险组,专门负责接管官僚资本的保险机构和管理私营保险公司。当时共接管了官僚资本保险机构21家,实行监理的有两家。对私营保险业实行重新登记,并缴存规定的保证金,经批准后复业。当时复业的华商保险公司有63家,外商保险公司42家。与新中国成立前比较,华商保险公司减少了2/3,外商保险公司减少了1/3,淘汰了不少投机性保险公司。为了迅速恢复国民经济,接管后的中国保险公司首先复业,并按规定可以单独办理对外分保业务。这是因为中国保险公司内部组织和制度比较健全,保险技术力量较强,并设有多个海外机构。对外商保险公司采取切断业务来源,而不是取缔的办法。对私营华商保险公司则采取联合的办法。随着国营外贸系统和新的海关的建立,对外贸易由国家专营,外商保险公司招揽不到业务,纷纷申请停业,到1952年底全部撤离。从1951年末到1952年初由28家私营保险公司合并成为太平和新丰保险公司,在1956年这两家保险公司合并成为太平保险公司,专营海外保险业务。

其他城市解放后,在原有私营保险公司的基础上,由当地国营银行拨资建立一些国营或公私合营的保险公司,如哈尔滨的公私合营新华保险公司,沈阳的国营东北保险公司,北京、天津、汉口等地的原中国保险公司分公司在中国人民银行的支持下也恢复办理保险业务。

1949年8月,陈云同志在上海主持召开了第一次全国财经会议,在这次会议上各人民银行区行负责人提议建立中国人民保险公司。后经中央人民政府政务院批准,中国人民保险公司于1949年10月20日正式成立,总公司设在北京,在各大区设立区分公司,由中国人民银行总行直接领导。在正式成立前召开的第一次全国保险工作会议上,确定了以"保护国家财产、保障生产安全、促进物资交流,增进人民福利"为社会主义保险事业的基本方针。

(二)人民保险事业的蓬勃发展

中国人民保险公司刚成立时主要经营的也是火灾保险与运输保险,沿海口岸还承保运输保险,并强调保险必须与防灾相结合。与此同时,对旧的保险制度作了一系列改革,修改了保险单,扩大了保险责任的范围,降低了费率和简化了手续。1951年2月3日,中央人民政府政务院正式颁布了《关于国家机关、国营企业、合作社财产强制保险及旅客强制保险的决定》。在国民经济恢复时期,中国人民保险公司相继开办了团体和个人人寿保险、国家机关和国营企业财产强制保险、旅客意外伤害保险、物资运输保险和运输工具保险等业务,并试办了农村牲畜保险和棉花收获保险业务。

进入第一个五年计划后,中国人民保险公司在机构方面作了整顿和精简,并贯彻自愿原则办理农业保险业务,停办了部分强制保险,并在巩固业务的基础上试办了一些新的业务。

据统计,从1949年到1958年的10年时期内,各种保险费收入总计16亿元,共支付赔款3.8亿元,上缴国库5亿元,积累保险资金4亿元,拨付防灾费用2 300万元,结余的资金全都存入银行作为信贷资金使用。在这一时期里,社会主义保险事业取得了可喜的成就,完成了对私营保险业的社会主义改造任务,在全国范围内建立了比较完整的社会主义保险体系,普遍设立了保险机构,制定了新的规章制度,恢复和开办了许多业务,培养了一大批保险干部,并与世界上大部分国家和地区建立了直接和间接的分保关系和货损、毁损检验的代理关系。

(三)国内保险业务中断

由于受极"左"思想的影响,加之对保险的作用认识不清,在1958年全国人民公社化的高潮中,错误地认为生老病死和灾害事故统统可以由国家和集体包下来,保险在中国已完成了历史使命。1958年10月在西安召开的全国财贸会议决定停办国内保险业务,对外保险业务转入中国人民银行总行国外局办理,编制人数只定为30人,旅客人身意外保险分别交给铁路、民航和交通部门自保。但实际上有些大城市的国内保险业务没有完全停办,上海市的国内保险业务一直延续到"文化大革命"初期才被迫停办,这说明企业和群众确实需要保险。国内保险业务在全国范围内停办20年的结果是使人员和资料大量散失,拉大了与国外同行业的差距,以致后来再恢复国内保险业务时,保险成了一门要抢救的学科。

(四)保险业的新发展

党的十一届三中全会以后,经过拨乱反正,1979年召开的中国人民银行分行行长会议提出恢复国内保险机构和业务。经国务院批准,国内保险业务从1980年起开始恢复,这使我国保险事业获得新生。国务院在1982年批转中国人民银行《关于国内保险业务恢复情况和今后发展意见的报告》的通知中肯定保险是"一种利国利民的好事,是国民经济中不可缺少的一环",根据"为生产服务、为群众服务和自愿"的原则,开办了企业财产保险、家庭财产保险和汽车保险等业务。

1985年,党的十二届四中全会通过的《中共中央关于制定国民经济和社会发展第七个五年计划的建议》中把建立各种保险制度提高到"是保证经济体制改革顺利进行和取得成功的重要条件,也是社会安定和国家长治久安的根本大计",这充分显示了社会主义的中国保险事业有着强大的生命力和广阔的发展前景,各级党政领导也愈来愈重视和支持保险事业的发展。1985年,国务院颁布了《保险企业管理暂行条例》,对中国人民保险公司的性质和业务活动作了规定,并对建立一个多层次保险体系作了规定。

自从国内业务恢复以来,保险业务有了迅速发展。为了配合"四化建设"和经济改革、对外开放政策,我国陆续开办了有百余种的新险种,如建筑工程保险、安装工程保险、海洋石油开发保险、中外合资企业财产和人身保险、履约保险、政治风险保险、产品责任保险、卫星发射保险、核电站保险等。我国已和120个国家和地区建立了分保和代理关系。

1986年10月,恢复组建的我国第一家股份制综合性银行——交通银行——在开业后不久由其上海分行开展保险业务,从而打破了我国保险市场上独家经营保险业务的局面。1991年4月,交通银行保险业务部按分业管理的要求而分离出来,组建了中国太平洋保险公司,将其总部设在上海。它是我国第一家全国性、综合性的股份制保险公司。

1988年3月,经中国人民银行批准,由深圳蛇口工业区招商局等单位合资创办了我国第二家股份制保险企业——平安保险公司,总公司设在深圳市。1992年9月,该公司更名为中国平安保险公司,经营区域扩大至全国。

1992年,邓小平同志的南巡讲话使我国的改革开放出现了崭新局面,保险业也开始对外开放。"美国国际集团"的子公司美国友邦保险公司于同年9月经中国人民银行批准在上海设立分公司。其后,日本的东京海上火灾保险公司经批准于1994年11月在上海设立了分公司。它标志着我国保险市场迈出了国际化的第一步。与此同时,中国天安保险有限公司和大众保险有限公司这两家区域性保险公司分别于1994年12月和1995年1月在上海设立。

1995年6月《中华人民共和国保险法》(以下简称《保险法》)的颁布,为规范我国保险市场提供了有力的法律依据,也为发展我国保险市场创造了良好的法律环境。1996年,中国人民银行又批准成立了五家中资保险公司,其中华泰财产保险股份有限公司、泰康人寿保险股份有限公司和新华人寿保险股份有限公司三家是总部设在北京的全国性保险公司,永安保险股份有限公司和华安保险股份有限公司是总部分别设在西安和深圳的区域性公司。在该年11月,中国第一家中外合资的寿险公司——中宏人寿保险有限公司——在上海成立。在1997年5月9日,瑞士丰泰保险(亚洲)有限公司上海分公司正式开业。此后,又相继批准英国皇家太阳联合保险公司、美国丘博保险公司、韩国三星火灾海上保险公司、日本三井产物保险公司等在上海设立分公司,中外合资的安联大众、太平洋安泰、金盛、中保康联、恒康天安、信诚等人寿保险公司纷纷成立,随着中国加入世贸组织(WTO),中国保险市场对外开放的步伐进一步加快。

1998年11月18日,中国保险监督管理委员会正式成立,中国保险业从此有了独立的监管机构,保险监管开始走上了专业化和规范化的道路。

2001年12月11日,中国成为世贸组织正式成员。中国保险市场抓住入世契机,迎接世界保险市场的挑战和竞争。

2003—2004年,我国的保险市场主体纷纷开始进行改革。根据《保险法》中分业经营的规定,原中国人民保险公司改制为中国人民保险公司、中国人寿保险公司、中国再保险公司和中国保险(集团)公司四家独立的公司。中国太平洋保险股份有限公司、中国平安保险股份有限公司也先后变更为中国太平洋保险(集团)股份有限公司、中国平安保险(集团)股份有限公司,集团控股设立财产保险股份有限公司和人寿保险股份有限公司。中国人民财产保险股份有限公司、中国人寿保险股份有限公司和中国平安保险(集团)股份有限公司分别于2003年、2004年在境外上市。2007年中国人寿和中国平安成功登陆中国A股市场。

三、我国保险市场的现状与发展前景

(一)我国保险市场的现状

1. 保险公司数量明显增加

截至2009年12月,全国共有保险公司120家。我国保险业的对外开放稳步推进,共有15个国家和地区的51家外资保险公司在华设立195个营业性机构。

2. 保险中介机构得到了较快发展

2009年,全国已开张保险代理公司和保险经纪公司的数量分别为1903家和378家。全年保险中介机构实现保费收入573.53亿元,同比增长11.75%,占全国保费收入的5.15%。

3. 保费收入持续高速增长,并且已经进入稳步增长时期

自1980年恢复国内保险业务起,保费收入从当时的6.4亿元增至2009年的10 216.76亿元,同比增长11.65%。其中,人身险业务保费收入7 576.58亿元,同比增长8.37%;财产险业务保持较高增速,保费收入2 640.18亿元,同比增长22.28%;农业保险、工程保险、信用保险三大险种增幅较大,分别达到23.19%、36.77%和67.87%;农业保险签单保费129.8亿元,同比增长23.2%;提供风险保障3 676亿元,同比增长70%。

4. 保险法律法规体系已经初步形成

在法律和行政法规的框架下,中国保监会制定了28个规章和一系列规范性文件,保险法律法规体系已经基本形成。自1998年成立中国保监会以来,保险监管力量不断加强。目前,保监会在全国设立了31个派出机构。根据新的编制方案,保监会将在大连、青岛、宁波和厦门新设立4个派出机构。1995年《保险法》颁布实施,2001年国务院颁布了《外资保险公司管理条例》,2002年全国人大常委会修改了《保险法》。2009年10月1日,新《保险法》正式实施,这是保险业的一件大事。新法对被保险人利益的保护主要体现在保险合同法的修改方面,同时提高了市场准入门槛。

5. 保险市场不断扩大对外开放

(1)准入原则。中国将按照审慎原则,而非经济需求测试指标进行保险公司市场准入的审批,外资寿险公司只能以合资公司的形式来中国设立营业性机构,且外资股比例不得超过50%。

(2)地域限制。中国加入WTO时,除已开放的上海、广州外,又增加北京、大连、广州、深圳、苏州、天津、福州等10个城市作为保险业对外开放城市,随着地域的开放,经批准,外资保险公司可以在中国境内设立分支机构。截至2009年底,外资公司保费份额占全国寿险市场3%左右,占全国原保险公司业务收入总量约3.8%。

(3)业务范围。外资保险公司按照中国保监会核定的业务范围,可以全部或者部分依法经营下列种类的保险业务:

①财产保险业务,包括财产损失保险、责任保险、信用保险等保险业务;

②人身保险业务,包括人寿保险、健康保险、意外伤害保险等保险业务;

③以上财产保险和人身保险业务的分出、分入再保险业务。

同一外资保险公司不得同时兼营财产保险业务和人身保险业务。

6. 保险资金运用渠道进一步放开

截至2009年6月,保险资产和资金运用的余额分别达到3.7万亿元和3.37万亿元,比年初分别增长10.9%和10.38%,其中,包括银行存款10 445.2亿元,占31%;债券16 923.8亿元,占50.2%;证券投资基金2 284.5亿元,占6.8%;股票(股权)3 317.9亿元,占9.8%;其他投资753.5亿元,占2.2%。保险公司逐步成为资本市场主要的机构投资者。

中国保监会于2010年8月5日发布实施了《保险资金运用管理暂行办法》(下称《办法》),对保险公司投资于股票和股票型基金的账面余额比例明确为合计不超过本公司上季末总资产的20%,之前的规定为10%。该《办法》是《保险法》自2009年重新修订实施后,中国保监会发布的关于保险资金运用的重要基础性规章,这意味着保险资金的投资渠道进一步放开,投资比例进一步提高,从长远看这不仅有利于保险行业的发展,也给保险资金获得高收益提供了更大的可能。

(二)我国保险市场的发展前景

目前,我国保险业正处于大变革的前夕,保险公司将在竞争大潮中优胜劣汰,分化组合;保险业市场结构也正在重新"洗牌"并逐渐向着合理化方向演变,驱使这种变革的主要力量是:保险市场国际化和保险制度市场化,保险市场结构合理化和保险市场主体多元化。

1. 保险市场国际化

未来三至五年,更多的国外大公司将进入中国,与中资公司同场较量,与中资公司争夺市场份额。由于竞争的"鲶鱼效应",中资公司必将励精图治,奋力拼搏,提高自己的经济绩效。外资公司还会以与中资公司合资经营或与中资公司建立战略联盟的方式进入中国市场。由于合资经营或战略联盟的"干中学效应",中资公司能获得较为先进的技术和管理方法,从多方面提高自身的竞争力。所以尽管保险国际化过程中,中资公司暂时失去了部分市场份额,外资公司增加了部分市场份额,但由于中国保险市场的深度和密度都很低,在未来的保险业竞争和经济的稳定发展中,保险业务的"蛋糕"将做大,中资公司业务的绝对量仍会上升。经历激烈的竞争生存下来的中资公司将变得更有效率,并将带来有效率的结构调整。

2. 保险制度市场化

由于目前保险市场超额利润的存在,将吸引更多的资本进入,而政府也会顺势而为地放松市场准入,供给主体将增加。从长期来看,大量保险公司的进入,保险供给增加,保险价格将逐步下降。各保险公司在政府有效监管的环境下,将充分利用市场机制展开竞争,根据自身的特点制定发展战略和竞争策略,其结果是促进保险公司行为市场化和经营高效化。

在保险市场国际化和保险制度市场化背景下,保险市场必然出现资本的积聚和集中。发生在发达国家的保险公司间兼并与收购、保险公司与其他经济组织如银行的竞争与联合的"大戏"必将在我国上演。

3. 保险市场结构合理化

保险业是一种特殊的行业,是经营投保人转嫁过来的风险,它一方面为了获取一定的利润,但更重要的功能是促进整个社会生产、生活的顺利进行,保障了广大被保险人的利益。如果采取完全竞争的市场模式,保险企业逐利润而居,则在保险业利润率下降时,保险企业会采取各种方法退出,在利润率提高时则一窝蜂拥进保险市场,势必造成过度竞争。虽然在短时间内保险费率将下降,但伴随保险费率下降而来的利润率的降低则会导致保险企业偿付能力的不足,最终损害被保险人的利益。因此,未来中国保险市场的结构是既有垄断又有竞争。

垄断竞争型市场并不排斥竞争。在国外成熟的保险市场中,几乎都存在着一定程度的垄断,占绝大部分市场份额的均是几家大的保险公司;而市场上的中小保险公司因其专业性强,经营灵活,则一直活跃于保险市场中。大型保险集团应是在竞争中逐步扩大自己的市场占有率,否则依靠原有的计划经济体制取得的份额将在以后的市场竞争中逐步地被别人所吞食。

4. 保险市场主体多元化

(1)现有保险市场的主体格局将被调整。中资保险公司的数量将会大幅增加。目前国内外资公司的数量超过内资保险公司的情况,不适应保险市场发展的需要。保险市场的开放,首先应该是对内的开放。

对中资保险公司组织形式的限制应该放宽。按照现行《保险法》的规定,保险公司的组织形式只能是两种:国有独资公司或股份有限公司。目前,国际上通行的保险公司形式很多,除国有独资保险公司及股份有限保险公司外,还有相互保险公司、保险合作社和个人保险等,虽然股份有限保险公司是国际保险市场上最主要的保险公司的组织形式,但是相互保险公司在日本、美国和英国的保险市场上也占有重要的地位。如果组织形式的限制不能放宽,将在一定程度上阻碍保险市场的发展。

(2)现有中资保险公司的体制将会发生变化。

首先,国有保险公司将进行股份制改造。通过鼓励国有保险公司与国内大型产业集团、大型金融集团实行交叉持股的方式,提高国有保险公司的实力,逐步建立大型保险公司、大型产业集团、大型金融集团之间相互持股的新型保险经济体制。

其次,少数几个中资保险公司,将成为能够主导国内保险市场,抗衡外资保险公司的大型保险集团。这种大型保险集团具有较高的管理水平,可以跨地区、跨行业、跨所有制、跨国界经营。

最后,中、小型保险公司具有专业性强、经营灵活的特点。未来世界保险市场竞争呈现的趋势是"大鱼吃小鱼"、"快鱼吃慢鱼"和"活鱼吃死鱼"。这种情况为中、小保险公司的发展留下了发展空间;加之中国是一个发展中的大国,各地区的经济发展不平衡,保险市场的需求也参差不齐,因此更需要中、小型保险公司的适度发展。

5. 保险中介市场将会进一步发展

(1)发展兼职保险代理人市场。中国在规范专业代理人行为的同时,应利用目前的行业管理优势,以大型行业为重点,建立一批兼职保险代理人,如航空系统、铁路系统、水运系统、公路系统、医疗系统、邮电系统等。可以利用其规模效应来降低营销成本,占领市场,扩大发展空间。

(2)保险经纪人、保险公估人市场将蓬勃发展。保险公估人业务是最近几年发展起来的,是指以第三者的身份,站在公正的立场,从事保险标的的评估、勘验、鉴定、估损、理算等业务的保险中介人。公估人迎合了保险公司为客户提供主动、专业、迅速、公正的保险服务的要求,提高了行业的服务质量,也有利于扩大保险市场的容量。目前,西方保险公司委托保险公估人处理理赔事项的情况较为普遍,中国保监会已根据《保险公估人管理规定(试行)》,于 2000 年 12 月 23 日举行了中国第一次保险公估人考试。

(3)建立专属自保公司。建立专属自保公司,是增加保险市场供给主体的现实选择。自保公司是隶属于一个本身并不从事保险业务的母公司或集团公司,主要为其母公司提供保险服务的保险机构。自保公司可以直接对其母公司承保或通过母公司及其子公司所在地的直接保险公司办理再保险。因此,自保公司通常行使的是再保险公司的职能。自保公司一般不和母公司在同一地注册,而是在相对管制较松、税率较低的地区注册。目前,全世界约有 4 000 家自保公司,保费总收入约占全球商业保险市场份额的 6%,大约为 210 亿美元。我国有较好的建立专属自保公司的条件,可以在条件比较成熟的行业或大型企业集团进行试点,比如航空、铁路、邮电、航运、石化集团、粮油系统等,待取得经验后再推广。

第四节 世界保险业的现状与趋势

一、世界保险业的现状

(一)保险业务范围日益扩大,新险种不断增加

随着科学技术的发展,各种新的风险不断产生。原来的传统险种已不能满足需要,保险已从水险、火险、汽车险等险种扩大到卫星保险、核电站保险、航天飞机保险等等。保险范围的不断扩大,已成为当今保险业发展的特点之一。

(二)保险金额巨大,索赔增多

由于保险财产的价值越来越大,为获得足够的保险保障,保险金额日益提高。如一艘万吨油轮、一颗人造地球卫星,价值都有在几千万至几亿美元以上,一旦保险标的损毁,索赔数额将相当巨大。保险金额巨大,索赔案件增多,使保险公司面临严峻的考验。

(三)保费收入增加,业务竞争激烈

一些西方国家对保险的依赖程度越来越高,保费收入迅速增长,保险业务竞争加剧。为了招揽业务,世界各国保险公司争相降低保险费率,而赔付率居高不下。为了弥补经营亏损,他们纷纷进行保险投资,以投资收入弥补承保亏损。

(四)发展中国家的民族保险市场逐步形成与壮大

发展中国家为了开拓民族保险事业,建立民族保险市场,颁布了法令、条例、法规,规定某些项目和种类必须在国内进行投保,限制外国保险公司进入本国市场,以促进民族保险事业的发展。

二、世界保险业的发展趋势

考察世界保险事业的发展历程，可以明显地看出，保险业是整个国民经济体系中不可缺少的一个组成部分，其发展同国民经济的发展成正比。纵观现代保险事业的发展，大体上呈现以下几种趋势：

(一)组织形式多样化

为了适应现代保险事业不断发展的需要，世界各国根据本国的经济特点，分别采取了符合国情的保险组织形式。这些组织形式，既有国营保险公司，又有私营保险公司；既有公私合营的保险公司，又有合作形式的保险组织；此外还有一些专业自保的机构。

(二)保险业务扩大化

保险事业是伴随着人类科学技术水平的提高而发展起来的"朝阳工业"。保险业务的蓬勃发展表现在如下几个方面：

1. 保险服务领域不断扩大

生产技术的日新月异，尖端科学的广泛应用，使各种新的风险因素不断增加，也给保险事业开辟了广阔的服务领域。如技术性较高的新险种——建筑工程险、安装工程险、石油开发险、卫星险等——纷纷问世。随着国际贸易方式的多样化，合作企业不断兴办、联合开发资源的出现，使产品、职业、个人等责任保险和信用保证保险成为国际间普遍关注的保险业务。各种社会福利性的保险，作为国家和社会福利制度的补充，越来越受到人们重视。新兴的综合保险，由于把一些互相关联的险种结合在一起，实行一揽子保险，则更能适应投保人的需要。此外，适应保险商业化的要求，各种名目繁多的险种不断出现，从承担"哥伦比亚"号航天飞机的风险，到保障"百老汇"芭蕾舞演员脚尖的安全，几乎是无所不及。保险事业的飓风，已席卷人类生活的每一个角落。

2. 再保险业务领域不断被拓展

生产规模的扩大及科学技术的高度发展，使保险业承担了前所未有的经济责任，促使再保险业务的拓展。尽管国际再保险市场屡次发生危机，但是国际金融寡头、保险业投资者们对于国际再保险市场每年 550 亿美元的巨额仍垂涎欲滴。大约有 300 家专业再保险公司和近 3000 家直接公司或混合公司在国际再保险市场角逐。从国际再保险市场的发展情况来看，随着保险业进入宇宙空间和其他新兴科技领域，国际再保险业务的规模将不断扩大。

由于世界经济不景气，使国际保险和再保险市场竞争激烈，造成保险费率下降，承保力量超过需求，使许多保险人在通货膨胀和国际金融市场的利率较高的情况下，以较低的保险费率，接受看来可能亏损的业务。其目的在于把收取的保险费用于投资，在发生赔款之前就可以获得巨额的投资利益，以弥补保险业务的亏损。

3. 利用投资方式扩大保险事业对国民经济的影响

拥有年保险费收入 4 500 亿美元，并拥有非常雄厚的保险基金为支柱的保险业，已成为许多国家的金融核心之一，特别是在美国、日本和西欧工业发达的国家，保险公司可以运用的资金力量已超过其他金融组织，有的保险公司已成为许多工商企业的资金后台。如美国最大的埃脱那人寿和损害保险公司，是 20 世纪 80 年代美国 15 个大型企业之一。埃脱那公司通过其巨大的资金投资，渗透到许多重要金融、工业、商业、交通、石油企业中去，对其所投资的企业，有直接的控制权。

（三）保险市场自由化

保险市场的自由化，是为了适应市场经济的发展，满足投保人或被保险人的客观要求而采取的必要政策。保险市场的自由化主要体现在以下几个方面：

(1) 放宽费率管制。过高的保险费率必然损害被保险人的利益，使保险企业获得不合理的利润。适度地放宽费率管制，对于保险企业的竞争十分有利，除具有地域性的业务仍采用管制费率之外，凡是具有国际性的业务，其费率的厘定尽可能自由化。

(2) 保险服务自由化。由于民众的保险意识提高，消费者对保险商品的需求在内容和形式上都有很大变化。保险企业为了满足消费者的保险需求，必须开发新险种，为被保险人服务。这样，必须放宽对保险商品的管制，准许保险企业开辟新的保险服务领域。

(3) 放宽保险公司设立的限制。根据保险业相关法律的规定，只要符合设立条件的申请者，就可成立公司。特别是在保险业不发达的国家，增加保险市场的主体，有利于改变保险市场卖方垄断的局面，形成竞争势态。适应国家经济往来的需要和世界贸易组织的要求，在发展本国保险业的同时，适当开放本国保险市场。

（四）国际保险业的竞争激烈化

近年来，由于作为主要国际货币的美元定期存款利率长期保持在一个较高的水平上，使保险公司从保险费的投资收入或存款利息中取得相当可观的好处，从而促进了保险公司的竞争，使得国际保险市场承保能力过剩，供大于求。竞争的结果，使得保险费率大幅度下降，保险业务本身出现连年亏损。

美国的财产险保险费收入占全世界财产险保险费收入的一半左右，美国保险业务的好坏，在国际保险市场上起着举足轻重的作用。保险公司激烈竞争的结果，使美国的财产保险在过去25年中，有15年是亏损的。美国的水险和航空险业务尤为糟糕，即使加上投资收入，也难以弥补保险业务本身的亏损。

由于国际保险和再保险市场竞争激烈，给正常的保险业务带来了严重的影响。如阿拉伯地区由于石油出口赚取了大量外汇，进行大规模的建设，从而给保险业务带来生机，许多保险公司纷纷而至，相互竞争，破坏了正常保险业务的开展。非洲国家的保险业务，长期以来一直发展正常，但由于外国保险商接踵而至，展开竞争，也对其保险市场造成了一定影响。

（五）从业人员专业化

保险业是专业性和技术性较强的行业，一般而言，为了在激烈竞争的保险市场上发展新业务，增加市场份额，除降低费率外，关键是在承保技术上进行创新。所以，保险组织的业务人员必须具有较高的专业技术知识水平。对于保险公司高级管理人员和核保、理赔和财务人员要经常进行专业训练。保险代理人和保险经纪人要经过专业考试并取得资格后才能开展业务。

（六）服务手段现代化

随着现代世界从工业社会过渡到信息社会，对保险业的工作效率提出了新要求。它要求保险业能够适应信息社会不断变化的经济动态，提供最迅速的保险服务，使保险公司在竞争中立于不败之地，并且更好地运用保险费收入进行投资收益。

在经济发达的工业化国家中，使用电子计算机处理保险业务，已经成为保险公司巩固和发展业务的重要手段。使用电子计算机处理业务，给保险公司带来了以下几方面好处：

(1) 节约了大量的人工。电子计算机的高速度、高可靠性、高灵敏性的特点，使过去需要大量人工和时间的工作变得迅速，节约了劳动力，对资方经济效益的提高有比较明显的促进作用。

(2) 加强了业务竞争能力。电子计算机能迅速处理案情,支付赔款,增强了被保险人对于保险公司的信任,改善了服务质量,增强了业务竞争能力。

(3) 提高了科学管理水平。电子计算机存贮量大,可以将各种情报资料存贮在计算机内,使管理人员能够迅速地掌握国内外保险市场的动态,及时进行分析研究,制定保险发展的中长期战略。

本章小结

1. 自然灾害和意外事故的客观存在是保险产生的自然条件;剩余产品的存在为保险的产生和发展奠定了物质条件;商品经济的发展是保险产生的经济条件;国家的建立和社会的稳定与发展是保险产生与发展的社会条件。

2. 海上保险是一种最古老的保险,近代保险首先是从海上保险发展而来的。共同海损是海上保险的萌芽;船舶和货物抵押借款是海上保险的雏形;意大利是近代海上保险的发源地;17世纪的英国是世界贸易、航海和保险中心,也是当今保险最发达的国家之一,对保险业的发展起着举足轻重的作用。

3. 劳合社是当今世界上最大的保险组织之一,是从劳埃德咖啡馆演变而来的,其演变史可以成为英国海上保险的一个缩影。劳合社不是一个保险公司,而是一个社团,更确切地说,它是一个保险市场。劳合社由其社员选举产生的一个理事会来管理,下设理赔、出版、签单、会计、法律等部,并在100多个国家设有办事处。在历史上,劳合社设计了第一张盗窃保险单,为第一辆汽车和第一架飞机出立保单,近年又是计算机犯罪保险、石油能源保险和卫星保险的先驱。劳合社承保的业务十分广泛,简直无所不保。它在海上保险和再保险方面起了最为重要的作用。

4. 我国现代保险制度已有将近200年的历史,可分为旧中国和新中国两个历史阶段。中华人民共和国的诞生开创了中国历史的新纪元,从而也揭开了新中国保险史的篇章,使保险事业发展纳入社会主义轨道,为社会主义建设事业和人民福利服务。

5. 我国保险业正处于大变革的前夕,保险公司将在竞争大潮中优胜劣汰,分化组合;保险业市场结构也正在重新"洗牌"并逐渐向着合理化方向演变,驱使这种变革的主要力量是:保险市场国际化、保险制度市场化、保险市场结构合理化和保险市场主体多元化。

关键术语

基尔特制度　共同海损　劳合社　仁济和保险公司

思考练习题

1. 简述我国古代保险思想和救济后备制度。
2. 简述船舶和货物抵押借款在哪些方面具有保险的一些基本特征。
3. 简述劳合社的性质和经营方式。
4. 简述旧中国保险业发展的几个阶段。
5. 简述新中国保险事业建立与发展的过程。
6. 简述我国保险业发展的现状。
7. 简述世界保险业的现状和发展趋势。

第三章 保险的概念、职能与作用

> **本章要点**
> 1. 保险的概念
> 2. 保险的基本职能和派生职能
> 3. 保险的微观作用与宏观作用

第一节 保险的概念

一、对于保险性质学说的评价

保险是应对风险损失的重要善后措施,具有分散风险、补偿损失或给付保险金的基本职能。关于保险的性质,特别是关于保险的概念问题,长期以来各国学者站在不同的角度提出了不同的观点。归纳起来,大体可以分成两派:一元说和二元说。所谓一元说,即主张不区分保险的对象,给保险下一个统一定义的各种学说,它又可以分为损失说与非损失说两个流派。二元说,即将财产保险与人身保险分别看待,认为两者不能统一;对于财产保险,认为损失是其本质,继承了"损失说"的观点;对人身保险,学者则有不同的观点。日本著名保险学家园乾治把历来西方学者关于保险性质的学说归纳为三种流派:损失说、非损失说和二元说。

(一)损失说

损失说又可以分为损失赔偿说、损失分担说和风险转嫁说三种。

1. 损失赔偿说

损失赔偿说起源于海上保险,其代表人物为英国学者马歇尔(Samuel Marshall)和德国学者马修斯(E. A. Masius)。他们认为保险的目的在于补偿人们在日常生活中,因各种偶然事件发生所导致的损失。马歇尔说:"保险是当事人的一方授受商定的金额,对于对方所受的损失或发生的危险予以补偿的合同。"马修斯说:"保险是约定当事人的一方,根据等价支付或商定承保某标的物发生的危险,当该项危险发生时,负责赔偿对方损失的合同。"

该学说认为保险是一种损失赔偿合同,保险人与被保险人之间是一种合同关系,保险人根据合同约定收取保费,在被保险人遭受合同规定范围以内的损失时,保险人立即给予补偿。

在保险中,凡属海上保险以及其他财产保险,其目的都在于赔偿损失。因此,就财产保险而言,认为保险赔偿损失是适当的,但是对于其他有关人的生命和身体的各种保险,用损失的概念来进行解释,显然是不恰当的。因此,以赔偿损失作为所有保险种类的共同性质是不妥当的。

2. 损失分担说

该学说的代表人物为德国学者瓦格纳(A. Wagner)。瓦格纳认为:"从经济意义上说,保险是把个别人由于未来特定的、偶然的、不可预测的事故在财产上所受的不利结果,使处于同一危险之中,但未遭遇事故的多数人予以分担以排除或减轻灾害的一种经济补偿制度。"瓦格纳强调保险即由众多人互相合作,共同分担损失,并以此来解释各种保险现象。这一学说着眼于事后之损失。

损失赔偿说着重于合同双方当事人的关系,与此相反,损失分担说则强调损失赔偿中多数人互相合作的事实,因此把损失分担这一概念视为保险的性质。瓦格纳有意识地避开损失字样而说在财产上所受的不利结果,使之多少带有广泛的含义。但是这种说法,除了所谓损失之外并无其他意义,并不能像他所说的那样,既能适用于财产保险,也能适用于人身保险,甚至适用于自保。

3. 风险转嫁说

该学说的代表人物为美国学者魏莱特(A. H. Willett)和休伯纳(S. S. Huebner)。魏莱特说:"保险是为了赔偿资本的不确定损失而积累资金的一种社会制度,它是依靠把多数的个人的危险转嫁给他人或团体来进行的。"他们强调,保险就是风险转移,保险赔偿是通过众多的被保险人将风险转移给保险人来实现的。这一学说着眼于事前之风险。

该学说把被保险人的危险转嫁给保险人视为保险的性质。另一代表人物克劳斯塔(B. Krosta)主张客观主义学说,认为"被保险人转嫁给保险人的仅仅是危险,也就是损失发生的可能性,所以是可以承保的,保险人把这种共同性质的危险,大量汇集起来,就能将危险进行均衡"。从而克劳斯塔给保险所下的定义是"保险是以收受等价、实现均衡为目的而进行的危险汇集"。从这点来看,危险的转嫁也可以说是危险的均衡。

损失赔偿说、损失分担说和风险转嫁说都是以损失补偿的概念来阐述保险的性质。相比较之下,其中损失分担说给保险下的定义在经济学上是比较严谨的。

(二) 非损失说

上述各种学说,都与损失这个概念有关,而坚持损失概念就会带来一个新的问题:人身保险的性质问题,即人身保险是否是保险。所以出现了完全排除损失这一概念,而以其他概念作为保险性质的学说,即非损失说。

非损失说不从损失的角度阐明保险的概念,认为损失不能包括保险的全部内容,应撇开损失寻找一种能全面解释保险含义的途径,于是产生了技术说、欲望满足说、经济生活确保说、金融说等。

1. 技术说

此学说从保险基金建立的技术角度出发,指出无论财产保险还是人身保险,其存在的基础都在于使保险费与保险金持平的特殊技术,这种特殊性区分了保险和其他现象。

主张技术说的代表人物是费芳德(C. Vivante),他认为保险不能没有保险基金,保险基金要通过特殊技术,保持保险费和保险价值的平衡。保险的特性就在于采用这种特殊技术,科学地建立保险基金,这样也就没有必要在保险合同是否以损失赔偿为目的的问题上争论不休了。

技术说为了弥补损失说强调保险职能的缺点,不免有些过分。因为经营赌博、发行彩票也需要特殊的技术,从这点来看,可以说保险和赌博、彩票就同出一辙了。因此,不宜将技术作为保险的特性。

2. 欲望满足说

该学说避开法学,完全从经济学的观点探索保险的性质,认为保险是以损失赔偿和满足经济需要为其性质的。该学说以戈比(U. Gobbi)和马纳斯(A. Manes)为代表。

该学说的主要代表人物德国的马纳斯认为,"保险是保障因保险事故引起金钱欲望的组织,如果发生保险事故,必须以引起金钱欲望为前提条件。"他认为保险是处于同样经济不安定的情况下,许多企业经营单位把偶发的且能计算出来的财产上的欲望,根据互助原则,予以保障的经济手段。戈比认为,保险的目的是当意外事故发生时,以最小的费用满足该偶发欲望所需的资金,并予以充分可靠的经济保障。以上两种学说在保险理论界的影响较大。

3. 经济生活确保说

该学说的代表人物为奥地利学者胡布卡(J. Hupka)、日本学者小岛昌太朗和近藤文二。这一学说认为,现实中偶然事件的发生,将导致经济生活不安定。保险即根据大数定律,集合多数经济单位,由此形成一种最经济的社会后备基金的制度。人身保险与财产保险的目的都在于确保经济生活的安定。

4. 金融说

该学说的代表人物为日本的潞隆三和酒井正三朗。该学说认为,保险与银行和信用社一样,是一种在互助合作基础上的金融机构,它起着一种融通资金的功能。

(三)二元说

损失说是以损失这个概念作为保险性质的,尽管损失这个概念不能适用于所有的保险,但是坚持损失这个概念的,还有一个流派,即"二元说"。二元说主张根据财产保险和人身保险的不同特点分别给予解释,认为人身保险和财产保险一样,也是保险,但是由于人身保险又有储蓄和投资的特性不能与财产保险作统一解释。这一学说的代表人物是德国学者爱伦伯格。二元说一般包括三种流派:一是人格保险说,二是否认人身保险说,三是择一说。

1. 人格保险说

此学说将人身保险的性质定位于人格保险,即人身保险不在于能赔偿由人身事故造成的经济损失,而在于能赔偿道德方面和精神方面的损失,且不能用金钱来评价。

柯勒主张人格保险说。他认为人身保险之所以是保险,不仅是因为它能赔偿由于人身上的事故所引起的经济损失,而在于它能赔偿道德方面和精神方面的损失。

精神方面的损失,有由于经济的冲击造成的,有纯粹的精神刺激引起的。因为前者来自经济上的原因,能用经济评价,通过经济补偿以抵消损失或减轻损失程度,而后者不可能利用这种经济手段予以补救。柯勒所说的精神损失是纯粹的精神损失,是不允许以金钱来评价的,这正是人格保险说的特点。但是一般认为,人身保险和伤害保险既然是对人格的保险,就应该属于非损失保险。

2. 否认人身保险说

此学说把人身保险和财产保险对比,否认人身保险的保险性质,认为人身保险是和财产保险不相同的另外一种合同,甚至是一种单纯的金钱支付合同。

损失这个概念,无论从经济方面进行狭义的解释,或进行包括精神损失在内的广义解释,都不能阐明人身保险的性质。因此,如果坚持损失概念是保险的性质,其当然的结论就不得不断定人身保险不是保险了。

否认人身保险说是由多数法学家所倡导的,有些经济学者也予以支持。他们认为,人身保险并不体现保险的性质,它是和保险不相同的另外一种合同,有的认为是一种单纯金钱支付的合同,有的认为是用现在的支付购买将来某种金额的合同。此外,有的学者还完全否认人身保险是保险,或认为它是保险合同和其他合同的混合物。经济学家科恩(G. Cohn)就倡导这种学说,他说:"因为在人身保险中,损失赔偿的性质极少,它不是真正的保险而是混合性质的保险。"埃斯特(L. Elster)则直截了当地说:"在人身保险中完全没有损失赔偿的性质,从国民经济来看,人身保险不过是储蓄而已。"还有威特(J. D. Witt),他认为,"人身保险不是保险而是一种投资。"

3. 择一说

此学说不同意前两种观点,把保险看成保险合同,并认为保险合同不是损失赔偿的合同,就是以给付一定金额为目的的合同。

这个学说认为不能找出人身保险和财产保险的共同概念,但是也不同意否认人身保险的那种强调人身保险不是保险的说法。此学说明确承认人身保险是真正的保险,并主张把人身保险和财产保险分别以不同的概念进行阐明。

二元说的观点被许多国家的保险立法所采用。如,日本商法效仿德国商法对损失保险合同和人身保险合同分别下了定义;中国的《保险法》中也是对财产保险和人身保险分别下定义和规定管理办法的。但是从经济学的角度出发,有很多学者认为财产保险和人身保险之间具有共性,应该给予一个统一的定义。

二、保险的概念及要素

从保险学说的发展可以看出,保险可以从不同的角度进行定义。从经济的角度看,保险是分摊意外事故损失的一种财务安排。通过保险,少数不幸的被保险人的损失由包括受损者在内的所有被保险人分摊,是一种非常有效的财务安排。

从法律的角度看,保险是一种合同行为,是一方同意补偿另一方损失的一种合同安排,提供损失赔偿的一方是保险人,接受损失赔偿的另一方是被保险人。投保人通过履行缴付保险费的义务,换取保险人为其提供保险经济保障的权利,体现了民事法律关系主体之间的权利和义务关系。

从社会的角度看,保险是社会经济保障制度的重要组成部分,是社会生产和社会生活"精巧的稳定器"。

从风险管理的角度看,保险是风险管理的一种方法,通过保险,可以起到分散风险、消化损失的作用。

《中华人民共和国保险法》将保险定义为,"投保人根据保险合同约定,向保险人支付保险费,保险人对于合同约定的可能发生的事故因其发生所造成的财产损失承担赔偿保险金责任,或者当被保险人死亡、伤残、疾病或者达到合同约定的年龄、期限等条件时承担给付保险金责任的商业保险行为"。

(一)保险的定义

保险是以合同的形式确立双方的经济关系,集合多数单位或个人,用科学的计算方法,共同聚资,建立专用基金,对于特定的风险事故所致的经济损失或约定事件的发生所引起的经济需要进行补偿或给付的经济形式。

(二)保险的要素

1. 多数经济单位的结合

保险是具有社会经济互助性质的活动,体现"人人为我,我为人人"的精神。保险需要最大限度地集合有共同风险顾虑的法人或自然人,以集体的力量分摊损失,这是保险建立的基础大数法则的要求,这也是风险的性质的要求,因为风险事故的发生对于个体来讲具有偶然性,只有集合了多数单位和个人,风险事故的发生才具有规律性;同时集合的单位和个人越多,越有利于降低平均不变成本,实现规模经济。

2. 科学的计算方法

保险人对于风险所可能造成的损失,是用科学方法计算出来的,并不是主观任意估计的,这种"科学的方法"就是大数法则和概率理论的运用。大数法则和概率理论作为统计抽样调查的数理依据,其作用是通过个别来概括总体,通过偶然性来发现必然性。保险人运用大数法则和概率理论可以比较精确地预测风险及其损失程度,从而制订合适的保险费率。保险费率的高低与风险发生频率、损失程度相适应,以保证缴付的保险费能够抵补风险事故发生后保险金的支出和保险业务经营管理所需费用的开支。

3. 建立专用基金

保险基金是通过商业保险形式建立起来的后备基金,它是仅用于补偿或给付由自然灾害、意外事故和人生自然规律所致的经济损失以及人身损害的专项货币基金。保险基金具有其来源的分散性和广泛性,还具有退还性、专项性、增值性、赔付责任长期性等特点。可见,无保险基金,则无保险赔付的保障,也就无保险可言。

4. 特定风险或约定事件的存在

保险是处理风险的一种方法,对风险损失给予经济补偿和保险金给付,并与风险构成既相互依存又相互排斥的辩证统一体,没有风险就没有保险。保险以风险的存在作为自身存在和发展的前提,离开这个前提,保险就没有存在的意义。

"约定事件"主要是就人身保险而言的。在人身保险中,保险标的是人的身体和生命等,其保障范围除了灾害和意外事故之外,还有某些特定的"事件",如疾病、失业、年老,其取得保障的方式都是以合同的形式事先约定的。

保险的这一特征表明了保险与风险及风险管理的关系,风险是保险存在的前提,保险是风险管理的一种重要的方法。

5. 经济补偿或给付

经济补偿是相对于财产保险而言,因为在保险学中补偿有其特定的含义,即通过一定的经济形式,能而且只能使受损的保险标的恢复到受损以前的状态。人身保险的保险标的是人的身体或生命,一旦遭受了伤害造成残疾或死亡,通过任何的经济形式,也无法使其恢复到约定事件发生以前的状态,因此保险对于人身风险不能是补偿,只能是给付。

第二节 保险的特征

一、保险与类似制度比较

(一)保险与政策性保险比较

保险按照保险标的不同进行分类,分为人身保险和财产保险,与此相对应,政策性保险分为社会政策保险和经济政策保险。人身保险是以人的身体或生命为保险标的的保险,社会政策保险即社会保险,是指国家通过立法的形式,为依靠工资收入生活的劳动者及其家属提供基本生活条件,促进社会安定而举办的保险,主要险种有社会养老保险、失业保险和医疗保险三种;经济政策保险是政府为实现某种经济政策而举办的保险。

保险与政策性保险的共同之处主要有两点:一是保险对象相同;二是保险与政策性保险均以缴纳一定的保险费为条件。

保险与政策性保险的主要区别有以下五点:

1. 实施方式不同

保险一般是自愿保险,只有少数险种是强制保险。而社会保险的险种均为强制性险种,体现社会公平,兼顾效率。

2. 举办的主体不同

保险由专营的保险人经营,遵循等价有偿的商业原则;而社会保险一般由政府举办,是以社会安定为目的的非营利性保险。

3. 保费来源不同

保险的保险费由投保人缴纳;而社会保险的保险费则一般由雇主和雇员一起承担,雇主和雇员分别承担的比例各国有所不同,基金不够则由政府补贴。

4. 保险金额不同

人身保险的保险金额是由投保人的需要及其支付能力所决定的,而社会保险的保险金额是由国家统一规定的,一般只能保证基本的生活费、基本的医疗保健费用。

5. 承保机制不同

保险的品种多,可以由投保人任意选择,同时在保险利益的价值范围内由投保人自己决定保险金额,甚至保险费率也可谈判。政策性保险则不同,它有特定的险种、单一费率,保险人为了防止逆选择,还要求投保人将政策性保险项目的所有对象都必须投保,这种做法近乎以经济手段强制投保,从而达到有效消除逆选择因素的效果。

(二)保险与储蓄比较

保险和储蓄都是应付灾害和意外事故的方法,即提取自身一部分资金作为后盾,在一定程度上保障未来的经济生活。从这个意义上看,保险与储蓄有相同的一面。特别是在人身保险中,两者的共同点更多。但是,不能由此而认为保险和储蓄就是同样的事物。其区别主要体现在:

1. 危险管理的技术不同

储蓄是纯粹的个人行为,是增强个人或家庭未来应对自然灾害和意外事故的能力的一种办法,是将生活费的结余存到银行,逐步形成一定数量的储金,作为个人或家庭的后备。储蓄是属于自保范围的应付危险的方法之一,自存自用,目的是应付未来支出的增加。

保险是一种互助行为,是由众人共同参加,缴付保险费,建立保险基金,帮助少数人克服自己或他人因发生危险而引起的人员伤亡和财产损失。保险体现的是"人人为我,我为人人"的保险宗旨,目的在于分散风险、分摊损失。

2. 所得性质不同

储蓄资金是个人单独形成的财产准备,是所有权与使用权暂时分离的后备资金。原则上可以自由地、无条件地提取使用,因此人们常听到"存款自愿,取款自由"的说法。

保险,尤其是人身保险缴纳的保险费中,其中自然保险费在使用权转移的同时,所有权其实也同时转移到保险人的名下,不再是投保人的资产;而储蓄保险费部分则积存成保险费准备金。人身保险积聚的保险基金是多数人之间的财产准备,专门用于未来发生保险事故的保险金给付,不得任意使用。而投保人也会受到合同的制约,无法自由提取已经缴纳的保险费;即使可以提取,也要由保险人审核后执行,不同于个人行为。

3. 保障性不同

储蓄投资的回报是存款利息,它经过一定时间的积储形成,由固定利率或自由浮动利率计算而来,而储户最终收回的只能以本息之和为限,但是只要银行正常营业,这笔资金的收回是确定无疑的。

保险投保人回收资金的情况大不相同。在保险期限内,如果没有发生保险事故或约定事件,那么投保人不能得到赔偿或给付。如果发生保险事故或约定事件,那么投保人将会得到赔偿或给付,而且得到的赔偿或给付金额在数量上一般都会大大超出所缴保费的本息之和。可见保险的保障性优于储蓄。

4. 经营技术不同

储蓄的计息方法有单利、复利两种,一般采用后者,因为它更能反映利息的实质。储蓄的关键是利率的确定,称为存款的价格,受一国金融市场及金融政策影响,是物价等多种因素作用的结果。

保险的价格体现在保险费率上。保险人通过运用概率论、大数定律等特殊计算技术,求取对危险费用的合理分担。在确定保险费率的时候要考虑的因素更多,比如对于人身保险,不仅要考虑投保人的年龄、性别、职业、爱好习惯、健康状况,而且要考虑投保人的家庭概貌、经济情况和社会地位等等,所以保险的保险费率的精算技术要求更高,考虑的问题更复杂,要求的专业性更强,这些都远远超出对储蓄的要求。

(三)保险与救济比较

保险和救济都是为抵抗灾害事故和意外事件而实行的一种经济补偿制度,在谋求社会经济生活正常和安定方面具有共同的目的。但是在实施形式、体现的关系及保障程度上有着根本的区别。

1. 性质上的区别

保险是一种法律行为,保险完全按照合同办事,一旦签订合同,对双方都有约束。对合同任何一项内容的修订或合同的终止,都必须严格按照法律规定进行。而救济是政府部门、社会团体或个人单方面的行为。救济方和被救济方不受任何限制,也没有合同制约,没有权利和义务的对等。

2. 保障程度不同

救济作为无偿的赠予,其补偿一般只能维持在低水平上,并且救济对象和数额一般是由救济方单方面确定。与此相反,保险的经济补偿和保险金的给付都是按合同规定,予以准确计算的,与投保人缴付的保险费有一定的对应关系,保险金领取对象也由保险合同所规定。一般保险合同所承担的保险责任,都能够使被保险人在遭受保险事故后,恢复正常的生产和生活。

(四)保险与赌博比较

保险和赌博二者同属于由偶然事件所引起的经济行为,并且给付和反给付的总量都是相等的。但是两者存在着本质上的区别。

1. 风险的性质不同

保险承保的是可保风险,可保风险一定是纯粹风险;而赌博应对的是投机风险。

2. 作用不同

保险的目的在于当被保险人一旦遭受保险责任范围内的经济损失时,给予经济补偿或进行保险金给付,以保障被保险人的生活稳定,进而维护社会的安定;赌博则相反,它以损人利己为目的,是一种投机取巧的行为,是社会的不安定因素。

3. 目的不同

对于被保险人来说,投保的目的是在发生损失时,从保险人那里获得与损失额相等的赔款,绝无获利的可能,保险行为是为了减少风险的发生;赌博所获取的是非分之财,只能给家庭和社会带来新的风险。

4. 合法性不同

保险是国家法律保护的一种经济行为,符合社会经济发展的道德规范,具有保障经济、稳定社会的功能,因此需要与经济社会同步发展;而赌博增加了人们唯利是图的不健康心理,不符合社会道德规范,一般都会受到法律的制裁。

5. 过程和结果不同

保险是在大数法则下,将个体风险事故发生的偶然性变为大量风险标的的风险事故发生的必然性,它是一种风险的转移,变风险为安全,从而减少了风险;赌博是将必然性转变为偶然性,变安全为风险,因而是一种风险的制造。

6. 利益要求不同

保险要求投保人或被保险人对保险标的必须具有保险利益,一旦投保人或被保险人对保险标的丧失了这种具有利害关系的合法经济利益,保险合同就变得无效或非法;但是赌博并无这种要求,仅凭个人的意志行使。

二、保险的具体特征

人类对事物的认识,总是从事物的特征开始,从不同角度展开。特征是事物本质的外部表现,它从事物的外部反映事物的质。保险的特征就是保险内在质的规定性的外在反映。因此,可以从不同角度考察保险这一现象。

(一)经济性

保险的经济性体现为以小额保费支出,获得较高的风险保障。

(二)互助性

个别经济单位的经济损失,并不是由保险机构承担的,而是由参加了保险且面临同质风险的单位和个体共同承担。保险机构在这里仅仅是风险的损失分摊机制的实施者,是风险的集中和分散者。隐藏在表象背后的是一种"一人为众,众为一人"的互助关系。人类崇高的互助精神在这里得到了充分体现。

(三)科学性

保险的科学性充分体现在基金筹集方面。保险基金的筹集依据是风险发生频率等。通过运用概率论和数理统计方法,使人们能够准确测定风险发生的概率,进而为合理厘定费率奠定了基础,并为保费负担公平提供了科学保障。保险的科学性还体现在具体保险运作过程中,其他学科知识和技术为保险业务提供的各种技术和手段等。

第三节 保险的职能

保险职能是保险本身所具有的、由保险质的规定性所决定的,对其他事物所具有的特殊作用。它是事物的内在本质的外在反映。关于保险的职能,学术界有多种不同的看法,比如基本职能论、多元职能论等。

一、保险的基本职能

商业保险最初发轫于 14 世纪后半叶意大利的海上保险,是从行会合作保险的基础上发展起来的,会员既是保险人又是被保险人。当时尚未引进精算技术,仍处在保险的低级形态,保险的唯一功能就是经济补偿,体现为会员之间的保险分配关系。由于缺少科学合理的数理技术支持,保险的功能发挥受到了很大限制。17 世纪后半叶,保险精算学产生,使理论意义上的人寿保险转化为现实意义上的人寿保险,开创了人寿保险发展的新局面。从数理技术上来说,保险作为一种风险转移手段,主要是运用风险汇聚机制,集合具有风险厌恶偏好的投保人并收取保费建立保险基金,对少数发生保险事故的被保险人进行经济补偿或给付,从而实现风险在投保人之间的分散,这就是保险的基本职能,即经济补偿和给付功能。保险经营技术的解决,大大促进了保险经济补偿和给付功能的发挥。这一阶段,社会对保险的经济补偿功能有了充分认识,传统的"经济补偿说"主要形成于这个阶段。

二、保险的派生职能

随着资本主义生产关系的确立,市场经济得到了极大的发展,金融市场逐渐成为经济生活的主动脉。现代金融最基本的功能是对储蓄资源进行时间和空间的配置,实现储蓄向投资的转化。作为金融产业链中的一环,保险业承载和发挥了资金融通的功能。保险业的金融功能主要体现在:一方面通过承保业务获取并分流部分社会储蓄,另一方面又通过投资将积累的保险资金运用出去,满足未来的支付需要。保险体系吸收的资金(特别是寿险)大部分是长期资金,这是其区别于银行储蓄资金的主要特点。随着保险业的壮大,西方发达国家中许多商业保险公司作为"契约型储蓄机构",发挥资金来源稳定、期限长、规模大的优点,通过持股和相互参股方式,成为资本市场上重要的机构投资者和稳定力量,作为金融中介最活跃的成员之一,其资金融通的功能逐渐深入人心。这一功能一直延续至今并保持良好发展势头,保险的资金融通功能也越来越受到社会的重视。

保险除了具有资金融通的派生职能以外,还具有防灾减损职能。防灾减损职能是指保险人为提高保险的经济效益和社会效益,主动协助被保险人或其他部门加强灾害预防和损失控制活动的职能。防灾减损是社会的共同任务,随着保险业务活动的不断扩展,防灾减损逐渐成为保险经营的重要手段,保险公司参与防灾减损工作的特点是积极配合有关防灾减损主管部门和被保险人进行工作。保险人之所以主动参与防灾减损活动是由保险经营的特点决定的。首先,保险公司的日常业务,从承保、计算保险费率到理赔都是与灾害事故打交道,掌握了财产的设置分布和各种灾害事故损失的统计资料,对灾害事故的原因也进行了分析和研究,从而积累了丰富的防灾减损工作经验,作为风险管理的保险公司有积极参与各种防灾减损工作的社会责任。其次,减少灾害事故能相应减少保险的赔付,从而增加保险资金积累和降低费率,保险公司从自身的经营利益出发也会加强防灾减损工作,并乐于花费资金宣传防灾减损和向防灾减损部门投资。最后,保险公司可以通过业务经营来促使投保单位和个人重视防灾减损工作。在保险合同条款中都明文规定,"保险方对被保财产的安全情况可以进行检查,在对不安全因素提出合理消除建议后,投保方应及时采取措施消除,否则,由此引起保险事故造成的损失,保险方不负赔偿责任。"除此以外,保险公司还可以在费率上鼓励投保单位和个人加强防灾减损工作。保险公司既管"赔",又管"防",可以从根本上减少灾害事故给社会带来的损失,有利于进一步树立保险公司良好的社会形象,使社会公认保险公司是防灾减损工作中不可缺少的一个综合部门。

三、保险的社会管理职能

对保险社会管理功能的认识,也是伴随着保险业的发展和保险研究的深入而不断深化的。一般来说,不同时代、不同经济背景的学者,对保险相关问题仁者见仁,智者见智,认识难有统一,但对于保险的社会管理功能的认识则出现了显著的趋同现象。随着世界经济一体化和金融全球化步伐的加快,世界保险业的发展日益呈现国际化、专业化的显著趋势,社会的发展和人们的需求也呈现出多样化的特点,保险作为金融业三大支柱之一,在发挥传统基本职能和派生职能的同时,也以更加积极的姿态融入现代经济生活的各个领域中,发挥着协调社会经济生活、提高社会运行效率、提升人们生活质量的重要作用,充分体现了保险的社会管理功能。

从本质上讲,保险的社会管理功能主要是通过促进社会资源的配置效率来推动经济的发展。对于金融推进经济增长的方式,理论界有两种观点:一种观点认为,一国的金融体系通过提高资本积累率为经济发展作出贡献,因此要倚重储蓄性金融机构和积极引进外资;另一种观点认为,金融通过提高社会资本配置的效率,来帮助经济发展,因此金融机构对于生产率和经济效率的促进功能,在经济发展中的重要性并不亚于资本积累。而保险恰恰具有这两种观点所主张的特点,保险业通过集聚风险补偿基金提高了社会的资本积累率,同时参与经济建设和社会生活的各个领域,通过特有的交换机制促进社会资源的合理分配,提高了整个社会的资本配置效率,客观上起到了"稳定器"和"助推器"的双重作用,为社会经济健康运行提供了可靠的制度支持。传统的保险单一功能说,认为保险人仅仅是一种风险传递机制。但事实上,保险这一功能对经济发展的作用可能还没有保险的其他要素重要。因为,保险不仅仅是简单的财务平衡表,还为经济活动和长期增长提供其他有力支持。保险企业在构建公司治理结构和日常经营时应注重保护利益相关者的利益,履行相应的社会责任,不仅追求经济效益,还要追求社会效益,充分发挥社会管理功能,促进社会整体进步。反过来,社会经济的进步又会推动保险业的发展,二者存在相互促进的客观联系。一般来说,不同发展水平的国家,市场经济的各个子市场之间存在很大差别,保险市场也是如此。如果其他条件相同,一国的保险市场越发达,越有效率,对经济的繁荣贡献就越大。

因此,经济补偿和保险金给付是保险的基本功能,资金融通和防灾减损是保险的传统派生职能,社会管理是现代保险的衍生功能。随着经济发展和社会进步,保险的社会管理功能将得到不断加强,发达国家保险业的发展实践已经验证了这一点。

第四节 保险的作用

保险的作用是保险的职能在具体实践中表现的效果。保险的作用分为微观作用和宏观作用两个层次,微观作用是保险对个人、家庭和企业的作用,保险在微观经济中的作用是指保险作为经济单位或个人风险管理的财务处理手段所产生的经济效应,保险的宏观作用是保险对全社会和整个国民经济总体所产生的经济效应。

一、保险在微观经济中的作用

(一)有利于受灾企业及时恢复生产

风险是客观的,是不以人的意志为转移的,而且风险的存在是永恒的,是发展的,自人类出现以后,就面临着各种各样的风险,如自然灾害、疾病、战争等。人类为了生存和发展,必须与各种各样的风险进行斗争。在与风险斗争的过程中,科学技术得到了发展,生产力也得到了提高,某些风险得到了控制。但是,随着科学技术的发展,新的风险也在不断产生。从总体上来看,风险不是减少了,而是增加了,风险事故造成的损失也是越来越大。

保险是一种有效的风险管理方法,保险赔偿具有合理、及时、有效的特点。投保企业一旦遭受灾害事故,造成损失,就能够按照保险合同约定的条件得到保险金补偿,重新购置资产,继续生产经营,使投保企业能而且只能恢复到损失发生以前的状态。同时,由于企业及时恢复生产,还可以减少投保企业的利润和费用等间接经济损失。

(二)有利于企业加强经济核算

保险作为企业风险管理的财务手段之一,能够把企业不确定的巨额灾害损失,转化为固定的少量的保险费支出,并摊入企业生产成本或流通费用,这是完全符合企业经营核算制度的。因为企业通过缴纳保险费,把风险损失转嫁给保险人,不仅不会因保险事故所导致的损失而影响企业经营成本的均衡,而且还保证了企业财务成果的稳定。

(三)促进企业加强风险管理

投保企业通过保险的补偿仅仅能够恢复到受损以前的状况,而且一般的保险都将间接损失作为一种除外责任,因此保险企业有一种防灾减损的内在需求。保险人终日在与风险和风险管理打交道,他们已经成为了风险管理方面的专家,而且通过防灾减损,有利于减少保险公司的赔偿数额,保险人有向投保企业提供防灾减损的能力和积极性,从而可以促进企业进行有效的风险管理。

(四)有利于家庭经济的稳定

家庭是劳动力再生产的基本单位,家庭生活安定是人们从事生产劳动、学习、休息和社会活动的基本保证。但是,自然灾害和意外事故对于家庭来说同样是不可避免的,参加保险也是家庭风险管理的有效手段。家庭财产保险可以使受灾家庭恢复原有的物质生活资料。当家庭成员,尤其是当家庭经济支柱遭受生、老、病、死、残等意外事件时,人身保险作为社会保险和社会福利的有利补充,对家庭和个人的正常经济生活起保障作用。

(五)有利于民事赔偿责任的顺利履行

人们在日常的生产活动和社会活动中不可能完全排除民事侵权或他侵而发生民事赔偿责任或民事索赔事件,具有民事赔偿责任风险的单位或个人可以通过责任保险,将这种风险转移给保险人,不仅有利于保证被保险人的生产生活的正常继续,而且有利于民事赔偿责任的顺利履行,从而维护受害人的合法权益,同时在有些时候还可以减少政府的财政负担。

(六)有利于提高企业和个人信用

保险不仅是一种有效的风险管理办法,而且是一种金融工具,保险单作为一种有价的证券,可以提高企业或个人的信用。而且有些保险产品本身就是为了提高企业和个人的信用而设计的,比如信用保险和保证保险。

二、保险在宏观经济中的作用

(一)有利于国民经济持续稳定发展

在现代社会生产中,灾害和意外事故越来越多。灾害和意外事故的发生总是会造成生产或经营的中止或缩小,还有可能造成各种间接损失,引起一系列的不良反应,影响国民经济计划的顺利执行。由于保险具有经济补偿和保险金给付职能,任何生产单位只要在平时缴付少量的保险费,在发生保险责任范围内的保险事故或约定事件时,就可以得到及时、充分的经济补偿或保险金给付,有利于企业及时恢复生产和家庭经济的平稳过渡,从而保证国民经济持续稳定的发展。

(二)有利于社会的稳定

风险代价是指由于风险的客观存在和发生所产生的物质损失和精神负担。直接损失成本是指风险事故发生造成的财产损失和人员伤亡所必须支付的费用。例如,企业因为火灾,厂房、机器设备被毁损,该企业要恢复正常的生产秩序,必须支付修复这些厂房、机器设备的费用以及与修复相关的人员工时费用等,如有人员伤亡,还必须支付伤亡人员的医疗费用、丧葬费用等。

间接损失成本是指风险事故发生后,因相关物质财产损失和民事赔偿责任等而支付的费用或经济利益的减少。

风险的社会成本指风险的存在给整个社会造成的种种危害。这种成本包括由于风险的存在导致的资源配置成本、效率损失成本和精神成本等。

保险通过保险事故发生后的经济补偿和保险金给付可以消除自然灾害和意外事故给社会带来的许多不安定因素,而且更重要的是通过购买保险,可以消除由于风险的客观存在,使人们产生的忧虑感和恐惧感,有利于社会的安定。

(三)有利于科学技术的推广

在社会生产中采用新技术、新工艺是提高劳动生产率和促进经济发展的重要因素,但是新技术、新工艺都伴随着新的风险。人们不可能完全了解新的科学技术可能带来的财富和造成的风险。保险可以通过转移采用新的科学技术所带来的风险,鼓励人们致力于科学技术的推广,比如产品责任保险、产品质量保证保险、职业责任保险等,进而有利于整个社会的进步。

(四)有利于扩大对外经济的交往

保险是对外贸易和经济交往中不可缺少的重要环节。在当今的国际贸易中,货物运输保险已经成为国际贸易商品价格的重要的组成部分,而且有些险种就是为了鼓励对外经济交往而产生的,比如出口信用保险和投资保险,不仅鼓励本国的有形商品出口,而且鼓励对外的直接经济投资。同时对于保险业发达的国家来讲,保险本身就是国家争取外汇资金的一个重要渠道。

(五)有利于社会文明的发展

保险是一种社会互助共济的经济形式。参加保险,一方面可以转移风险,把可能发生的风险转移给保险人;另一方面,也帮助了别人。因为参加保险的绝大多数人是为了获得心理上的安全感,不是为了经济补偿或保险金给付。因此保险确立的是一种人与人之间的相互关心、相互帮助的关系和精神,有助于社会文明的发展。

第五节　保险的分类

一、保险分类的意义

在保险业的发展过程中，出于实用和管理的目的，人们对保险业务从学理上、法律上和业务管理上作出了多种多样的分类。保险分类的意义主要有以下几点。

(一)加深对保险的认识和掌握

分类是人们认识事物和进行科学研究的基本方法。世界上的种种事物，都有其共性和个性，共性是归纳事物的根据，个性是区分事物的根据，分类就是通过对事物的共性、个性的对比分析来进行归纳和区别。通过分类，可以加深对客观事物的认识和理解，并逐步掌握事物相互对立、相互依存又相互转化的规律。保险分类也是如此，通过保险分类，既能使我们从微观上更好地认识各类保险的个性特征，又能使我们从宏观上把握各类保险的共性，并在此基础上正确认识某类保险在保险整体中的地位和作用。这对于认识和掌握保险业务发展变化规律，加强对保险业的法律管理和改进保险业务经营，都有重要意义。

(二)加强对保险业的法律监管

各国政府为了加强对保险业的监管，都以立法的形式对保险业务进行分类，并根据不同的保险业务特点，在资本金、经营范围、财务管理和资金运用等方面，制定不同的规范和要求。

(三)改进保险企业的经营

对保险业务进行科学的分类，有利于保险企业根据不同险别的特点，制定经营的策略和规范，实行统筹规划、系统管理和科学经营，并有利于拓展保险的新领域，开发新险种。在内部业务管理上，可以根据业务性质分设几个不同的业务部门，业务量大的部门可以再分为几类；业务量小的，可以将几个部门合并。

二、保险分类的标准和方法

(一)按实施方式分类

按实施方式，可将保险分为自愿保险和法定保险。

1. 自愿保险

自愿保险是投保人和保险人在平等互利、等价有偿与协商一致的基础上，通过签订保险合同而建立的保险关系。

2. 法定保险

法定保险又称强制保险，即由国家或政府颁布保险法规，凡在规定范围之内的单位或个人，不管愿意与否，都必须依法参加保险。

3. 自愿保险与法定保险比较

(1)保险关系建立的根据不同。自愿保险的保险关系是通过订立保险合同建立的，法定保险的保险关系是根据国家法规建立的。

(2)涉及的风险性质不同。自愿保险所承保的风险具有特定风险的性质，风险的产生及后果一般仅与个别单位或个人的利益有关，而法定保险所承保的风险一般涉及多数单位或个人的利益，带有一定程度的社会性，具有基本风险的特征。

(3)实施的目标不同。自愿保险主要是为了满足经济单位或个人基于灾害和意外事故损失补偿的要求,保险的办法和形式比较灵活,投保人可以自由选择,容易满足不同人的不同需求。法定保险是政府为了解决某个领域里的特殊风险,实现一定的社会目标或政策目标而实施的,由于其强制性,保险范围大,可以是全国性的,也可以是地方性的,能最大限度地分散风险,费用省,费率低,容易满足社会对保险的共同需求。

(4)保障的水平不同。自愿保险的保障水平一般由投保人根据保险财产的实际价值和个人的经济需要并结合负担能力来确定,如果按规定缴纳了保险费,保障的水平比较高;而法定保险的保障水平一般是根据法定标准确定,多数属于基本保障的性质,保障水平比较低。

(二)按保险的标的分类

按照保险的标的,可将保险分为财产保险和人身保险。这是一种基本的分类方法,也是我国《保险法》所采取的分类方法。

1. 财产保险

财产保险是以各种物质财产及其相关利益为保险标的的保险。它又可分为有形财产保险和无形财产保险。

2. 人身保险

人身保险是以人的身体或生命为保险标的的保险。它又可分为人寿保险、意外伤害保险和健康保险。健康保险包括医疗保险和残疾收入补偿保险。

3. 财产保险和人身保险的比较

(1)赔偿和给付的性质不同。财产保险的保险标的是各种有形财产及其相关利益,其价值一般都能客观地用货币加以衡量或估算,因而财产保险金额的确定和损失赔偿都是以财产的实际价值和实际损失为依据的。而人身保险的保险标的是人的身体或生命,是无法用货币来衡量其价值的,人身保险的保险金额只能由投保人根据自己的保障需要和缴费能力与保险人协商确定。

(2)风险性质和经营技术不同。财产保险所保的风险为自然灾害和意外事故,其发生频率和损失程度很不规则,并且各个保险单位的价值相差悬殊,在保险经营上必须保持比较多的准备金,并需要采取再保险的方法,以防止风险的过分集中。人身保险所保的风险事件为死亡、生存或残疾,发生的概率较为规则,并且保险金额比较均衡,在保险经营上比较稳定,其准备金相对较少,一般不需要运用再保险。

(3)保险期限不同。财产保险多属于短期保险,保险期限通常为一年或一年以内。合同的数量、保险费收入和赔款支出不稳定,要求其资金保持比较高的流动性,因而其中可用于融资的比重较小。人身保险的保险期限比较长,可以达到五年、十年,甚至人的一生,因此,其合同的数量、保险费收入和保险金给付较为稳定,保险资金积存的时间比较长、金额比较大,在融资功能上比财产保险强大。

(4)保险费率的构成不同。财产保险的保险费是以过去长时间的保险财产损失统计资料为依据计算的,但是由于构成财产风险损失事故的因素复杂、多变,计算误差较大,其保险费主要用于损失补偿。人身保险的保险费率是以人的死亡率或生存率、利率等为依据计算的,由于构成风险事件的因素较为简单,大部分人身保险都含有储蓄因素,被保险人不仅可以享受保险的权利,并且可以享受储蓄方面的权利,其保险金的给付也是确定的和必然的。

(三)按经营的目的分类

按经营的目的,保险可分为社会保险和商业保险两类。

社会保险一般由国家作为经营主体,通过法律或法规强制实施,凡是符合条件的对象,无论他同意与否,均强制参加。社会保险以实施社会政策为目的,是国家实施劳动政策和社会保障政策,安定人民生活的一种重要手段。

商业保险要求保险人自负盈亏,保险费则全部由投保人承担。保险人经营商业保险的目的是取得经济效益,获得利润。

(四)按保险人所负责任的次序分类

按保险人所负责任的次序,可将保险分为原保险和再保险。

原保险是保险人对被保险人因保险事故所致的损害,直接承担原始的赔偿责任的保险,也叫第一次保险。

再保险是原始的保险责任,即第一次保险的保险责任再予以转嫁的保险。再保险以原保险的存在为前提,其作用主要体现在稳定保险业的经营,提高保险人的承保能力,即扩大其承担风险的规模、类型和业务数量。

本章小结

1. 通过对保险学说的比较和评价,明确"损失说"、"非损失说"和"二元说"三者各自的立论依据,提供保险学基本理论线索,并对本书所采用的保险的概念进行明确的界定。

2. 通过对保险与类似经济活动的比较,来阐明保险的特征。

3. 在研究保险的基本职能和派生职能的基础上,对目前我国保险业关于保险的社会管理职能的探讨进行了介绍。

4. 保险的作用是保险职能的发挥所产生的社会效应,通过对保险宏观作用和微观作用的研究,来深化对保险存在的意义的认识。

5. 为了更好地认识保险,必须对保险进行分类研究,分别根据实施方式、保险标的、经营目的和保险的层次对保险进行不同的分类。

关键术语

保险　损失说　非损失说　二元说　法定保险　自愿保险　商业保险　原保险　再保险

思考练习题

1. 比较并评论"损失说"、"非损失说"和"二元说"。
2. 简述保险与储蓄、保险与赌博的区别。
3. 简述保险的基本职能、派生职能和社会管理职能。
4. 举例说明保险的宏观作用和微观作用。
5. 按照保险实施的方式,对保险进行分类,并简述它们的区别。
6. 按照保险标的的不同,对保险进行分类,并简述它们的区别。

第四章 保险合同

> **本章要点**
> 1. 保险合同的定义和特征
> 2. 保险合同客体——保险利益,以及其与保险标的的不同
> 3. 保险合同的无效、复效、终止

第一节 保险合同的概念及特征

一、保险合同的概念

在经济生活中合同是我们经常要涉及的概念,合同也被称为契约。根据《中华人民共和国合同法》的定义,合同是平等的自然人、法人、其他组织之间设立、变更、终止民事权利义务关系的协议。保险合同也属于经济合同的一种。

(一)保险合同的定义

保险合同也称为保险契约,是保险双方当事人约定保险权利义务关系的具有法律约束力的协议。合同约定,投保人一方支付保险费给保险人,保险人一方在发生约定事故时,承担经济补偿责任,或当约定事故发生时履行给付保险金义务。

我国保险合同主要分为财产保险合同和人身保险合同。

(二)保险合同必备的条件

保险合同是经济合同的一种,具有一般经济合同的共同的法律特征,其必须具备的条件如下:

第一,保险合同双方当事人必须具有完全的民事权利能力和民事行为能力。

民事权利能力是民事主体依法享有民事权利和承担民事义务的资格;民事行为能力是指民事主体以自己的行为享有民事权利和承担民事义务的资格或能力。依照《中华人民共和国民法通则》的规定,年满18周岁的公民具有完全民事行为能力;16周岁以上不满18周岁的公民,以自己的劳动收入为主要生活来源的,视为完全民事行为能力人;不满18周岁的未成年人和虽满18周岁,但不能辨认自己行为的公民,则不具有完全行为能力。因此,未成年人、精神病患者、嗜酒成性者不能成为合同当事人。对于保险人一般都要求具有法人资格。

第二,保险合同必须是合法合同。所谓合法主要是指合同的主体、客体、内容、订立程序等都必须符合国家的法律、法规。不合法的合同即使已经订立也是无效合同。另外,当一方不履行义务,或做出违法违约行为,影响保险合同的正常履行时,另一方可以要求解除合同,形成纠纷双方难以解决的,可向国家规定的合同管理机关申请调解或进行仲裁,也可向法院提起诉讼。

第三,保险合同双方当事人的法律地位必须平等。保险合同双方当事人为实现一定的经济目的,在双方意思表示一致的前提下自愿达成的合同,不是单方的法律行为,其中任何一方不得把自己的意志强加给对方;任何单位或个人不得对当事人的意思表示进行非法干预。

二、保险合同的特征

保险合同具有一般经济合同共有的法律特征。同时,它作为特殊类型的合同有着不同于其他合同的个性特征。

(一)保险合同是双务性合同

合同具有双务合同与单务合同之分。单务合同是对当事人一方只发生权利,对另一方只尽义务的合同。如赠与合同、援助合同等都属于单务合同。合同的双务性是指双方当事人都享有权利并承担义务。双务合同的当事人双方承担的义务和享受的权利互为关联,互为条件,而且承担的义务有对价关系。在保险合同中,投保人尽缴纳保险费的义务,在保险事故发生时获得保险金补偿或得到保险金给付;保险人有收取保险费的权利,在发生保险事故时要对投保人或被保险人、受益人承担保险金补偿或保险金给付的义务。

(二)保险合同是射幸性合同

射幸是碰运气、赶机会的意思。保险合同是射幸性合同,也就是说保险合同具有机会性特点。保险合同的射幸性是合同成立生效后,由于发生风险损失的不确定性决定的。投保人缴纳了保险费而没有发生风险损失无任何"回报";保险人刚好相反,当风险损失发生时,其所赔偿的金额远远超过其所收取的保险费,无风险发生时只收保费而无赔偿支出。此特点在财产保险合同中表现得尤其明显。人寿保险中储蓄性比较明显,射幸性较弱。就个别合同而言射幸性是存在的。而就总体而言,保险合同不存在射幸性的问题。

(三)保险合同是保障性合同

保险合同成立生效后,按照合同的规定发生保险责任范围的事故时,保险人要给被保险人提供经济保障。即保险标的遭受保险事故发生损失,保险人按合同约定要给被保险人赔偿经济损失或给付一定的保险金额。

保险合同的保障性体现为,就个别保险合同而言,由于保险标的遭受损失具有偶然性,其保障是相对的;就保险合同保障的整体而言,保险合同的保障是绝对的。因为根据概率论推算,保险事故肯定会发生,保险人支付损失赔偿金或给付一定的保险金额是一定的。

(四)保险合同是条件性合同

保险不可能承保所有风险,它是有条件的承保。只有在合同规定的条件得到满足的情况下,合同的当事人一方才履行自己的义务;否则不履行义务。保险合同对保险标的的状况及保险利益都是有条件限制的。每一份保险合同都明确规定自己的保险保障的责任范围及除外责任。投保人没有按合同规定去履行相应的义务,那么合同就会失效乃至无效。比如,投保人应该在规定的时间内足额缴纳保费,超过一定时间不缴保费合同就会失效或无效。投保人有如实告知的义务,否则他就有可能得不到赔偿。

(五)保险合同是附和性合同

附和性合同也称为格式合同,是指合同的主要条款事先由当事人的一方拟订,另一方只有作出接受或不接受该合同条款的选择,而一般无对合同进行修改和变更的权利。若经协商必须修改和变更合同中的某项条款,多数情况下,也只能采用保险人事先准备的附加条款或附属保单,而不能完全依据投保人的意图加以修改。因此,在附和性合同中,保险人较之投保人、被保险人处于明显的优势。由于保险合同附和性的特性,当合同双方对合同条款内容、词义理解等发生分歧时,法院依据相关法律一般会作出有利于被保险人的解释。

随着市场竞争的日益激烈,目前,也不是所有保险合同都采用标准合同的形式,所以不是所有的保险合同都是附和性合同。有部分保险合同也会采取双方协商的办法订立合同。

(六)保险合同是个人性合同

保险合同是个人性合同的特性在财产保险合同及人身保险合同中都适用。所谓个人性合同是指保险合同所保障的是遭受损失的被保险人本人,是被保险人的保险利益受到了保障,而不是遭受损失的标的本身。保险是价值形式的分配活动,最终都是对经济价值损失的补偿和给付,是以货币形式体现的,这种关系的成立是以保险利益的存在为前提、为条件的。

保险是限制条件的承保,对于不同的人其禀性、行为喜好、生活习惯、职业特点等将极大地影响到风险标的发生风险事故的几率。在财产保险和人身保险中都会受到该因素的影响。

第二节 保险合同的主体、客体和内容

任何民事法律关系都包括主体、客体和内容三大要素。同样,保险合同的三大要素也是由主体、客体和内容构成。保险合同的主体主要包括保险合同的当事人、关系人和辅助人,保险合同的客体是保险利益,保险合同的内容是保险合同的当事人和关系人的权利义务关系。

一、保险合同的主体

保险合同中订立合同的当事人是合同规定的权利义务主体。保险合同的当事人就是投保人和保险人。由于保险分散风险、经济保障的基本功能,保险的运行机制是有别于其他经济合同的,保险合同中一般会涉及投保人、被保险人、受益人的相关权利和义务。所以,被保险人、受益人是保险合同的关系人。另外,保险代理人、保险经纪人和保险公估人在保险合同的订立过程中起着重要的辅助性作用。

(一)保险合同的当事人

1. 保险人

保险人,亦称承保人,是与投保人订立保险合同,并根据保险合同规定收取保险费,在保险事故发生时承担赔偿或者给付保险金责任的人。保险人是合同的一方当事人,也是经营保险业务的人。各国法律对从事保险业务的保险人一般有严格的资质限制。一般要求保险人必须具有法人资格,必须依照法定程序申请注册批准,取得经营资格;同时还对其经营的业务范围等事项有相关规定。不具备法律规定资格的法人是不可以经营保险业的。

2. 投保人

投保人,亦称要保人,是与保险人订立保险合同并按照保险合同规定负有支付保险费义务的人,是保险合同的一方当事人。投保人可以是法人也可以是自然人。作为投保人一般应该具备以下条件:

首先,应该具有完全的权利能力和行为能力。未取得法人资格的组织(无权利能力和行为能力)不能成为投保人,无行为能力的自然人也不能成为投保人。否则,所签订的保险合同无效。

其次,要对保险标的具有保险利益。投保人对保险合同无保险利益是不能签订保险合同

的。就算已订立了的合同,也是无效合同。

最后,要及时足额缴纳保险费。保险合同是有偿合同,投保人要获得保险合同的经济保障,就必须缴纳保险费。这也是保证保险运行机制正常运转的关键所在。

(二)保险合同的关系人

1. 被保险人

被保险人是指其财产或者人身受保险合同保障,享有保险金请求权的人。

在财产保险合同中,被保险人是对财产保险标的具有所有权或其他法律上认同的权利的自然人或法人,有形的财产、物或无形的与财产、物有关的利益是财产保险的保险标的,在发生保险事故时,被保险人有权要求保险人进行赔偿;在人身保险合同中,被保险人就是保险保障的对象,被保险人的身体、生命、健康为保险标的,所以被保险人是保险事故发生的本体;在责任保险中,被保险人是对他人的财产损毁或人身伤亡负有法律责任,因此要求保险人代其进行赔偿,通过保险对自己的利益进行保障的人,而保险标的是民事赔偿损害责任;在信用保证保险中,被保险人是因信用被他方破坏或合同的另一方不履行义务而遭受经济损失的人,信用保证保险的保险标的是权利人所蒙受的经济损失责任。

被保险人和投保人在有些合同中是同一人。人身保险中,投保人以自己的生命、身体或健康为保险标的的投保订立保险合同的就是这种情况;财产保险中,基本上投保人就是被保险人。

在保险合同中必须明确被保险人。确定的方式有以下几种:

(1)订立保险合同时必须在合同中明确列出被保险人名字。被保险人可以是一个也可以是多个,但必须明确列出。当被保险人之一死亡后,其他被保险人可以继续享受保险保障的权利,保险合同继续有效,直到履行终止或届满终止。

(2)被保险人是可以变更的,变更后的被保险人要在保险合同的批单中被明确。有的保险合同中有变更被保险人的条款,一旦该条款所约定的条件成立时,补充的对象就自动取得了被保险人的地位。这也是被保险人变更的方式。这一方式通常用于财产的承租人或受托人等。变更后的被保险人资格与原被保险人相同。

(3)订立多方面适用的保险条款确认被保险人。这种方式不具体指明被保险人的姓名;与前种变更被保险人方式不同的是,它不是采取排序方式列明被保险人,而是采取扩展被保险人的方法。在这种方式中每个被保险人都有相同的地位。

2. 受益人

受益人亦称保险金受领人,是由被保险人或投保人在保险合同中指定的,在发生保险事故后享有保险金请求权的人。

受益人的受益权具有以下特点:

(1)受益人由被保险人或投保人指定,但投保人指定受益人必须征得被保险人同意。被保险人或投保人可以指定一人也可以指定多人为受益人。

(2)受益人本身具有不确定性。因为受益人是可以变更的,受益人可以在保险合同中被明确规定,也可以规定指定受益人的方式。例如,规定以法定继承人为受益人。

(3)受益人享受的受益权是一种期待利益,只有在被保险人死亡后才能享受,所以在国外又称等待权。

(4)受益权不能继承,受益人可以放弃受益权但不能行使出售、转让等任何处置的权利。这是由受益权的不确定性决定的。

(5)被保险人或投保人可变更受益人,但投保人变更受益人须征得被保险人同意而无需征得保险人同意,只要通知保险人即可。通常有不可撤销受益人和可撤销受益人两种方式。前一种方式,只有在受益人同意时才可以变更受益人;后一种方式,在合同有效期间内变更受益人无须征得受益人同意,但必须通知保险人,否则,受益人变更无效,原受益人仍享有保险金请求权。

(6)受益权只能由受益人独享,具有排他性,其他人都无权剥夺或分享受益人的受益权。受益人领取的保险金不是遗产,无需交遗产税,不用抵偿被保险人生前债务。

(7)当受益人先于被保险人死亡,受益人被指定变更。受益人放弃受益权或丧失受益权时,由被保险人的法定继承人领取保险金,并作为遗产处理。

(8)在保险合同中没有明确规定受益人的,在保险事故发生时,可推定被保险人是为自己的利益投保,即以自己为受益人。这样,受益金可作为遗产归被保险人的法定继承人按继承法继承。

(9)受益人资格不受行为能力和保险利益的限制。凡有权利能力的公民都可以作为受益人;同时受益人与被保险人或投保人有无保险利益关系,不影响受益人资格。

(10)受益人与被保险人同时死亡的,受益金可作为遗产归被保险人的法定继承人所有。(美国1940年制定的《共同死亡法案》规定,人身保险的受益人与被保险人同时死亡的,无法证明死亡的先后顺序的,推定受益人先于被保险人死亡,保险金作为被保险人的遗产由被保险人的法定继承人继承。受益人与被保险人同时死亡的,受益金如何给付,我国保险法规对此无明确规定。)

(三)保险合同的辅助人

保险合同的辅助人是协助保险合同当事人办理保险合同有关事项的人。保险合同的辅助人一般包括:

1. 保险代理人

保险代理人是根据保险代理合同或授权书,向保险人收取保险代理手续费,并以保险人的名义代为办理保险业务的人。对保险代理人的含义可理解为:①保险代理人既可以是法人,也可以是自然人。②要有保险人的委托授权,其授权形式一般采用书面授权即委托授权书的形式,有明示权利、默示权利、追认权利。③以保险人的名义办理保险业务,而不是以自己的名义。④向保险人收取代理手续费。⑤代理行为所产生的权利和义务的后果直接由保险人承担。

2. 保险经纪人

保险经纪人是基于投保人的利益,为投保人与保险人订立保险合同提供中介服务,并依法收取佣金的人。《中华人民共和国保险法》第128条规定:"保险经纪人因过错给投保人、被保险人造成损失的,依法承担赔偿责任。"

保险经纪人是投保人的代理人。与保险代理人是保险人利益代表的属性不同,保险经纪人通过向投保人提供保险方案、办理投保手续、代投保人索赔并提供防灾、防损或风险评估、风险管理等咨询服务,使投保人充分认识到经营中自身存在的风险,并参考保险经纪人提供的全面专业的保险建议,使投保人所存在的风险得到有效的控制和转移,达到以最合理的保险支出获得最大的风险保障,降低和稳固了其风险管理成本。

保险经纪人的类型有:原保险经纪人、再保险经纪人两类。保险经纪人较多地活动于非寿险领域。

3. 保险公估人

保险公估人是指接受保险合同当事人的委托,为其办理保险标的的查勘、鉴定、估损及赔款的理算等,并出具证明的人。保险公估人主要有两种职能:评估职能和公证职能。保险公估人站在中间人的立场公正地对保险标的进行查勘、定责、检验、鉴定、估损。保险公估人可以接受投保人的委托也可以接受保险人的委托,并向委托人收取劳务费用。

二、保险合同的客体

保险合同的客体是保险合同的保险利益,即投保人对保险标的所具有的保险利益。投保人或被保险人将保险标的投保,订立保险合同,其目的不是保障保险标的本身,而是保险标的发生损失后,投保人或被保险人能够从经济上得到补偿,使其经济利益不受损失或减少损失。

(一)保险利益

保险利益亦称可保利益,是指投保人或被保险人对保险标的的具有的法律上承认的利益。投保人不得以非法所得利益投保,保险人也不能承保;若不知情而订立了保险合同,最终合同也是无效合同。例如,以盗窃、贪污、非法占有等手段获得的物品投保相关险种,或者以违禁品投保海洋货物运输险等,合同均为无效合同。

(二)保险标的

保险标的是指作为保险对象的财产及其有关利益或者人的寿命、身体和健康,是保险事故发生的本体。保险合同中必须明确保险标的。明确了保险标的,对投保人来说,就是肯定了转嫁风险的范围,在发生事故时才能向保险人提出索赔;对保险人来说,是明确了哪些财产、权利责任或哪些生命、身体是保险人应该承担的保险责任。因保险种类不同保险标的也不同。特定的保险标的是保险合同订立的必要内容。

保险利益以保险标的的存在为条件;保险标的转让保险利益将不存在;保险标的遭受损失,投保人或被保险人的保险利益也将蒙受经济上的损失。

三、保险合同的内容

保险合同的内容有广义和狭义之分。广义的保险合同的内容是指保险合同记载的全部事项,包括合同的主体、权利义务和具体事项。狭义的保险合同的内容仅仅包括双方的权利义务。这里我们从广义的角度阐述保险合同的内容。

(一)保险条款的内容

保险条款是保险单列明的反映保险合同内容的文件,是保险人履行保险责任的依据。保险条款主要包括:

1. 基本条款

基本条款是标准保险单的背面印就的保险合同文本的基本内容,即保险合同的法定记载事项,也称保险合同的要素,主要明示保险人和被保险人的基本权利和义务,以及依据有关法规规定的保险行为成立所必需的各种事项和要求。

2. 附加条款

附加条款是对基本条款的补充性条款,是对基本责任范围内不予承保的责任,通过协商特别在合同中约定扩展的条款。

3. 法定条款

法定条款是法律规定合同必须列出的条款。

4. 保证条款

保证条款是保险人在签发保险单或承担保险责任之前，要求投保人或被保险人必须履行某项规定所作出承诺或确认的有关条款。

5. 协会条款

协会条款是专指由伦敦保险人协会根据实际需要而拟定发布的有关船舶和货运保险条款的总称。

(二) 基本条款的主要内容

1. 当事人和关系人的名称和住所

明确当事人和关系人的名称和住所为保险合同的履行提供了必要的前提。保险合同订立后，保险费的缴纳、保险金的赔偿或给付都与当事人、关系人的名称及其住所有关。保单由保险人印制，上面已注明保险公司的名称、地址和电话等事项，保单上需要填明的是被保险人及其相关人的名称、住所和电话等事项，如果被保险人为多名，需要在保险单上注明。

2. 保险标的

当事人在订立保险合同时，必须在保险合同中载明保险标的，以此确定保险种类并判断投保人、被保险人对保险标的是否具有保险利益。在同一保险合同中，保险标的可以是一个也可以是多个，比如团体保险合同和综合保险合同的保险标的就是多个。

3. 保险金额

保险金额简称保额，是由保险当事人确定，在保单上载明的保险标的的可保金额，是保险人承担赔偿或给付的最高限额。保险金额直接关系到合同双方的权利义务，是投保人转嫁风险的资产规模，是投保人缴纳保费的依据，也是投保人索赔和获得保险保障的最高数额。

保险利益、保险价值、支付能力、费率水平、保障程度以及投保人的风险偏好程度都会影响保险金额的确定。我国保险法与保险实践遵循以下原则：

(1) 保险金额以保险标的的价值为限。在财产保险中，以保险财产标的估价核定保险金额。在人身保险中，由于生命无价所以不存在保险价值的概念，保险金额的确定是在订立合同时由当事人双方协议确定，具体保险金额的多少，一般按投保人的需要、被保险人的年龄、健康情况、职业等以及投保人支付保费的经济能力决定。

(2) 保险金额以保险利益为限。保险标的属于投保人全部所有，投保人对保险标的的保险利益与保险价值相等；保险标的归投保人部分所有，投保人对保险标的只有部分保险利益，其保险价值根据部分保险利益确定，赔偿也以此为依据。

4. 保险费及其支付方式

保险费是指投保人、被保险人参加保险时，根据其保险合同所定的保险费率，向保险人交付的费用。保险费的数额与保险金额的大小、保险费率的高低和保险期限的长短成正比。缴纳保险费是投保人、被保险人的义务。如投保人、被保险人不按期缴纳保险费，在自愿保险中，则保险合同失效；在强制保险中，就要附加一定数额的滞纳金。缴纳保险费一般有两种方式：一次缴纳(趸缴保费)和分期缴纳。

5. 保险价值

保险价值指投保人与保险人订立保险合同时，作为确定保险金额基础的保险标的的价值，也即投保人对保险标的所享有的保险利益在经济上用货币估计的金额。保险价值确定的方法有三种：①依据市价变动确定；②由双方当事人约定；③依据法律规定。

在财产保险合同中，保险价值的确定有两种方式：一种是定值保险，另一种是不定值保险。在人身保险合同中，由于人的身体和生命无法用金钱衡量，不存在保险价值的问题，只需在保险合同中约定一个保险金额，由保险人在保险事故发生时依约定给付保险金。因此，确定保险价值对于财产保险合同的履行具有重要的意义。

6. 保险责任、附加责任和责任免除

保险责任是指保险合同约定的保险事故或事件发生后，保险人所应承担的保险金赔偿或给付责任。其法律意义在于确定保险人承担风险责任的范围。

附加责任即在合同的基本条款之外，当事人可以另外约定具有某些特定内容的条款，以使基本条款中具有伸缩性的条款所涉及的权利与义务更为明确。附加责任一般不能单独承保，多数是附加在基本责任之上的。有些除外责任可以通过双方协商以附加责任形式特约承保。

责任免除亦称除外责任，是指保险人依照法律规定或合同约定，不承担保险责任的范围，是对保险责任的限制。责任免除条款的内容应以列举方式规定。其法律意义在于进一步明确保险责任的范围，避免保险人过度承担责任，以维护公平和最大诚信原则。除外责任通常要对地点、风险、财产和损失等方面作出明确的限制性规定。

7. 保险期间和保险责任开始的时间

保险期间又称保险期限，指保险合同的有效期限，也即保险人依约承担保险责任的期限，也叫保险责任的起讫期限。通常保险期限有两种计算方法：

(1) 用公历年、月计算。如财产保险一般为 1 年，期满后可以再续订合同。人身保险的保险期限较长，有 5 年、10 年、20 年、30 年等。

(2) 以某一事件的始末作为保险期限。如货物运输保险、运输工具保险有可能以一个航程为保险期限，而建筑安装工程则以工程开工日至竣工预约验收日为保险期限。

对于具体的保险责任起讫时间，各国法律规定不同。我国目前的保险条款通常规定保险期限为约定起保日的零时开始到约定期满日 24 小时止。需要注意的是，保险期限与一般合同中所规定的当事人双方履行义务的期限不同，保险人实际履行赔付义务可能不在保险期限内。

8. 保险金赔偿或者给付方法

保险金的赔偿给付是保险人承担保险责任的方法。原则上保险补偿以现金履行赔偿给付责任。但是，对于财产保险，也可以采取修复、重置等办法补偿损失。明确保险金的赔偿给付办法，有利于保险人履行保险责任。

财产保险保的是实物财产或无形财产，其价值都可以找到一个客观的标准，保险事故发生后，按约定的保额与保险标的出险时的实际价值之间的比例计算赔偿金额。

人身保险与财产保险不同，人的生命和肢体器官是无价的，一般是兼顾投保方的实际保障需求和保费负担能力来确定保险金的给付。财产保险赔偿金额最多不能超过财产本身的价值，而人身保险则以约定的保险金额为限。

人身保险给付保险金一般还有观察期的规定。不同公司、不同险种对观察期的规定不尽相同。在时间上，有的规定投保后一年为观察期，有的规定投保后 180 天为观察期，如发生保险事故，观察期内有的给付保额的 10%，有的不予给付，有的退保费；观察期外则大多会全额给付。

此外,如果客户是在保险条款列明的责任免除情形下发生的保险事故,则不会得到补偿或给付;反之,如果客户发生了保险责任内的保险事故,则不仅可以得到保险公司补偿或给付的保险金,而且是免税的。

9. 违约责任和争议处理

(1)保险违约是指签订保险合同的一方违反或者不履行合同约定的义务或责任。保险违约的主要类型有:投保人、被保险人违约,保险人违约,等。

(2)争议处理是指保险合同订立以后,双方当事人在履行合同过程中,围绕理赔、追偿、缴费以及责任归属等问题产生争议所采取的解决纠纷的方式。因此,是否采用适当方式,公平合理地处理,直接影响到双方的权益。

对保险业务中发生的争议,可采取协商、调解、仲裁和司法诉讼四种方式来处理。

10. 订立合同的年、月、日

保险合同中要明确载明订立保险合同的年、月、日,以及保险合同到期的年、月、日。

(三)保险合同的形式

1. 投保单

投保单又称要保单,是投保人向保险人申请订立保险合同的书面文件。投保单是由保险人事先准备、具有统一格式的书面文件。投保人必须依其所列项目一一如实填写,以供保险人决定是否承保或以何种条件、何种费率承保。投保单本身并非正式合同的文本,但一经保险人接受后,即成为保险合同的一部分。投保人提出保险要约时,均需填具投保单。如投保单填写的内容不实或故意隐瞒、欺诈,都将影响保险合同的效力。

投保人填写投保单时,应实事求是地如实填写各项内容,确保填写的资料完整、内容真实。否则,投保人在投保单中填写不实或有意隐瞒真实情况,则会导致保险人拒绝承保。即使侥幸订立了保险合同,一经查证属实,保险人亦有权解除保险合同。

投保人填写投保单时应注意如下问题:

(1)投保人的姓名或名称,应当用投保之时的法定姓名或名称——户口簿(身份证)上登记的公民姓名或在主管机关(如工商行政管理部门或民政部门)登记注册的法人名称。

(2)投保人要详细写清地址全称。如果住所地(户籍所在地或法人注册地)与其居所地(居住地或法人营业地)不一致时,应当分别填写清楚。

(3)投保人的职业或经营范围,应当填写投保人在投保之时,所从事的职业或主管机关批准的经营范围。具体的职业应当写出具体的工作性质,如司机、教师、纺织工、大学生等。

(4)投保人欲投保何种险种、险别,是否已就同一保险标的、保险风险向其他保险人投保同一险种及其投保人的保险金额等有关事项要真实清楚地填写。

(5)投保的保险标的应当填写清楚。比如,投保财产保险的标的的名称、种类、数量及其所处地点等均应填写清楚。而人身保险的投保单,则应就投保生存、死亡、伤残、劳动能力、疾病及其医药费支出等标的予以明确填写。

(6)投保人身保险时,投保人还必须如实填写被保险人的姓名、年龄(出生年月日)、从事的职业或工作岗位等。其中,被保险人的年龄应当采用公历年的实足年龄。不足一年的,大于6个月的计算为上一年,不足6个月的计为下一年。例如,被保险人年龄为31岁又6个月的,则填写为31岁;31岁又7个月的,则填写为32岁。

(7)投保人身保险时,投保人应当根据被保险人出于真实意志所指定的受益人,在投保单中填写受益人的姓名、住址。如果该受益人在国外或其他地方工作或居住的,还应当将其通讯地址予以填写。如果被保险人未指定受益人时,投保人可在受益人一栏内暂填"法定继承人"。

(8)填写投保金额时,投保人应当根据投保标的的具体情况和自己对保险保障的需要,以及保险人在有关保险条款中的要求,填写适当的数额。

(9)投保人应当在投保单上亲自签名或盖章。如果是文盲的,可用"十"画押,不要用手指模来替代。

关于投保单还应注意以下几点:

一是保险合同是个整体概念,单独的凭证不能成为完整的保险合同。保险合同作为要式合同,投保单是其中的重要组成部分,它与保单、批改申请、批单等重要凭证共同组成了保险合同。

二是投保单的内容必须完整、准确和真实。作为体现投保人购买保险意向的书面邀约凭证,投保单的内容必须完整、准确和真实。所谓完整是指投保单所列明的栏目应当全部填写,无空缺;准确是指对各项填写要严谨无误,例如标的地址、投保金额、投保日期、客户联系方式等;真实是指投保单填写的主体资格人是投保人,而不是保险公司业务员代理填写并代签名。真实的最大体现是投保人自己在投保单上盖章或签名,这是合同的重要要素。如果投保人盖章(签名)栏空缺或由业务员代填写则属于无效要约,要约本身是不完整的,对投保人不产生法律约束力。因此,保险单丧失了成立的基础,日后必将产生保险纠纷,使投保人和保险人双方置于法律上的被动局面。因此,要严格操作程序。凡对公业务,必须在"投保人签单"栏加盖与投保人名称完全一致的公章,对私业务必须在"投保人签章"栏由投保人签名并提供身份证影印件作为投保单附件一并存档,方可为完整有效的要约与接受要约的行为。

2. 保险单

保险单简称保单,它是保险人和投保人之间订立正式保险合同的一种书面文件。保险单必须完整地记载保险合同双方当事人的权利、义务及责任。保险单记载的内容是合同双方履行的依据。

保险单是保险合同成立的证明。但根据我国《保险法》规定,保险合同成立与否并不取决于保险单的签发,只要投保人和保险人就合同的条款协商一致,保险合同就成立,即使尚未签发保险单,保险人也应负赔偿责任。保险合同双方当事人在合同中约定以出立保险单为合同生效条件的除外。

投保人填写了投保单并按合同缴纳了保险费后,如保险公司同意承保,投保人将收到一份保单,这时投保人应注意以下事项:

投保人(或被保险人)接收保单时要看是否有下列文件:①保单正本;②保险条款;③保险费正式收据;④变更通知书/出险通知书;⑤现金价值表。上述文件齐备投保人方可在保单送达书上签字并填写保单号码及收单日期。

对保单正本及保险费收据上所列明项目应逐条核对,如有错误应及时通知保险公司及业务员予以更正。

从收到保单之日起10天内称为冷静期或犹豫期,允许保户"反悔"。投保人应抓紧时间仔细阅读研究保险条款,对保险期限、保险责任等要格外关注。如撤保,投保人应以书面形式提出,可以通过业务员或直接送达(邮寄)保险公司,保险公司将无息退还保费,保险合同无效。

尤其人寿保险一般时间较长,10年、20年甚至终生,因此应将保单的有关重要资料(如公司名称、险种、保单生效日、交费日期、保费金额、业务员姓名及联系电话、保险公司地址、电话等)记下,以备不时之需。保单及有关单证票据务必妥善保管,注意防水、防潮、防火、防虫蛀,最好放在塑料文件夹里然后存放在安全之处。万一保单丢失了,应及时到保险公司挂失补办,以免延误保险金的给付或赔偿。

投保人如申请变更保单内容(如更改交费方式,更改投保人或受益人,修改身份证明文件,更改通讯地址或联系电话,增加保险金额等)应认真填写变更申请书,随同保单通过业务员或本人亲自送(寄)到保险公司,及时办理有关事宜。

若被保险人出险,投保人应及时报险,要详细说明出险时间、地点、情况,并于规定的期限内将出险通知书通过业务员或本人亲自送(寄)达保险公司办理索赔手续。

投保人在保单生效两年并交满两年的保险费后,可提出退保申请。保险公司按现金价值表上载明的金额给付退保,保单效力即终止。

3. 保险凭证

保险凭证又称"小保单",指在保险凭证上不印保险条款,实际上是一种简化的保险单。保险凭证与保险单具有同等效力,凡是保险凭证上没有列明的,均以同类的保险单为准。

为了便于双方履行合同,这种在保险单以外单独签发的保险凭证主要在以下几种情况时使用:①在一张团体保险单项下,需要给每一个参加保险的人签发一张单独的凭证;在货物运输保险订有预约合同的条件下,需要对每一笔货运签发单独的凭证。②对于机动车辆第三者责任险,一般实行强制保险。为了便于被保险人随身携带以供有关部门检查,保险人通常出具保险凭证。③我国还有一种联合保险凭证,主要用于保险公司同外贸公司合作时附印在外贸公司的发票上,仅注明承保险别和保险金额,其他项目均以发票所列为准。当外贸公司在缮制发票时,保险凭证也随即办妥。这种简化凭证大大节省了人力,目前对港澳地区的贸易业务也已大量使用。

4. 暂保单

暂保单亦称临时保单,是保险单或保险凭证未出立之前保险人或保险代理人向投保人签发的临时凭证。暂保单的内容较为简单,仅表明投保人已经办理了保险手续,并等待保险人出立正式保险单。暂保单不是订立保险合同的必经程序,使用暂保单一般有以下三种情况:

(1)保险代理人在争取到业务时,还未向保险人办妥保险单手续之前,给被保险人的一种证明。

(2)保险公司的分支机构,在接受投保后,还未获得总公司的批准之前,先出立的保障证明。

(3)在签订或续订保险合同时,订约双方还有一些条件需商讨,在没有完全谈妥之前,先由保险人出具给被保险人的一种保障证明。

暂保单具有和正式保险单同等的法律效力,但一般暂保单的有效期不长,通常不超过30天。当正式保险单出立后,暂保单就自动失效。如果保险人最后考虑不出立保险单时,也可以终止暂保单的效力,但必须提前通知投保人。

5. 批单

批单又称背书,是保险人应投保人或被保险人的要求出立的修订或更改保险单内容的证明文件。在保险合同有效期间,合同双方均可通过协议变更保险合同的内容。对于变更合同的任何协议,保险方都应在原保单或保险凭证上批注或附贴批单,以资证明。

第三节 保险合同的订立、生效和履行

一、保险合同的订立

保险合同的订立是投保人与保险人双方就保险合同的条款达成协议的过程。双方当事人的意思表示一致是该合同得以产生的基础。它由两个阶段构成：

(一)要约

要约是当事人一方希望和他人订立合同的意思表示。要约可以是书面的，也可以是口头的。要约具有三个特点：一是要约的内容必须明确具体，要约愿望不能含糊其辞、模棱两可；二是要约必须具备合同的主要内容；三是要约一经受要约人承诺，要约人就受该意思表示的约束，不得反悔。

保险合同的要约一般是投保人提出，投保人的要约行为必须是自愿的，是其真实意思的表示。

(二)承诺

承诺是受要约人同意要约的意思表示。作出承诺的一方即为承诺人或受约人。合同当事人一方一旦作出承诺合同即告成立。承诺需受约人本人或合法的代理人作出；承诺需在要约的有效期内作出。

保险合同的承诺也称承保，它是由保险人作出的。保险实务中，投保人填写投保单即为要约，保险人收到投保单经过审查认为符合要求，将作出承保表示即签发保险单。

二、保险合同的生效

有人认为保险合同效力应开始于保险人的承诺，也有人认为保险合同开始于保险人收取了投保人缴纳的保险费，也有人认为保险合同效力的开始以保险单载明的起始时间为准。曾经有法院根据《中华人民共和国合同法》判定保险合同效力开始于保险人收取保险费并出具保险费收据，但保险业界人士大多认为保险合同效力应开始于保险单载明的起始时间。

保险合同的成立与生效是不同的法律现象。一般情况下，保险合同承保（承诺）之时成立。因此，合法、有效的承保时间，也是保险合同成立的时间。但是，由于承保的方式不同，投保人和保险人所处的地点不同，则保险合同的成立时间也不能一概而论。在很多国家的保险法律中，保险人的承保，可以是口头形式或书面形式。对于口头承保的(如当面交谈、电话洽商)，口头承诺时间就是保险合同成立的时间。而对于书面承诺，除了要约人在投保要约中明确表示以承保发出的时间为保险合同成立时间以外，原则上是以要约人(投保人)收到承保表示的时间作为保险合同成立的时间。

如果要约人(投保人)在投保时规定了承保期限，从而保险人应当在此期限内承保，保险合同才成立。超出此期限的承保表示就不产生承诺的效力，而只是一个新的要约。而在我国的保险实践中，承保一般是书面形式，因此，确定保险合同成立的时间，就是投保人在承诺期限内收到承保表示的时间。

保险合同成立，并不一定立即生效。如果当事人另行约定了保险合同生效的时间(比如双方约定保险合同自投保人交付第一期保险费时起生效)或法律特别规定了保险合同生效的时间，则保险合同自该特定时间起产生法律效力，只有在当事人没有另有约定，法律也没有特别规定时,保险合同的生效才与其成立时间相一致。

(一)保险合同的成立

保险合同的双方当事人经过要约与承诺,意见达成一致,保险合同即成立。

保险人应当及时向投保人签发保险单或者其他保险凭证,并在保险单或者其他保险凭证中载明当事人双方约定的合同内容。

保险合同成立后,投保人按照约定交付保险费;保险人按照约定的时间开始承担保险责任。

(二)保险合同生效的条件

保险合同的生效是指保险合同对当事人双方发生约束力,即合同条款产生法律效力。保险实践中多数保险公司在合同中会作出如下规定:公司所承担的保险责任自本公司同意承保、收取首期保险费并签发保险单的次日零时开始生效,开始生效的日期为生效日,生效日每年的对应日为生效对应日。除非合同中另有特别规定的生效日,一般合同一经依法成立,即发生法律效力。

(三)保险合同的成立不等于生效

保险合同的"生效"与"成立"是两个不同的概念。保险合同的成立,是指合同当事人就保险合同的主要条款达成一致协议;保险合同的生效,指合同条款对当事人双方已发生法律上的效力,要求当事人双方恪守合同,全面履行合同规定的义务。保险合同的成立与生效的关系有两种:一是合同一经成立即生效,双方便开始享有权利,承担义务;二是合同成立后不立即生效,而是等到合同生效的附加条件成立或附加期限到达后才生效,如健康保险中的观察期的规定。

三、保险合同的履行

(一)投保人的义务

投保人应当履行如下义务:

1. 缴纳保险费义务

投保人必须按照约定的时间和方法缴纳保险费。此义务为投保人的基本义务。投保人缴纳保险费可以采取多种形式,多数为现金方式,也可以采取票据和其他方式。通常财产保险是采取一次性缴纳保险费的形式。人身保险可以采取趸缴、分期缴纳、终身缴纳等方式。

投保人应及时缴纳保险费,否则将发生下列法律后果:

(1)在约定的按时缴纳保险费为合同生效的前提条件的场合,保险合同不生效。

(2)在财产保险合同中,保险人可以请求投保人缴纳保险费及迟延的利息,也可以终止合同。

(3)在人身保险合同中,若投保人未按约定期限(含宽限期)缴纳保险费,保险人应进行催告。投保人应在规定的期限内缴纳保险费,否则合同自动终止。

2. 告知义务

告知义务是指被保险人实事求是填写保单。美国标准火险保单在保险条件和条款的开头部分,对隐瞒、欺诈作了规定,即被保险人对于有关保险合同的重要事项故意隐瞒或作出不实表示时,或进行欺诈或有虚伪证言时,保险单全部无效。按照国际惯例,即使在保险事故发生之后才发现违反告知义务的事实,也可拒赔保险金。

3. 通知义务

告知义务是保险合同签署前的义务,而通知义务是签署后的义务。通知义务主要包含三个内容:

(1)保险危险发生的通知义务。投保人、被保险人或受益人,在保险事故发生时,要及时通知保险人,此通知义务是必须履行的,耽误此通知,被保险人理所当然地得不到保险金或可以扣除延时通知给保险人带来的损失。保险人及时得知情况,可以采取适当的措施防止损失的扩大;可以迅速查明事实,确定损失,明确责任,不致因延时调查丧失主要的、可靠的证据。关于通知的期限,一般有几小时,几天或几周等不同规定,也有不规定具体时间,但在合同中使用"及时通知"、"立即通知"等字样。

(2)危险变动的通知义务。当保险标的危险状况变动时,投保人或被保险人有及时通知保险人的义务。危险的增加可分为属于投保人或被保险人负责的主观的危险增加和不属于其负责的客观的危险增加。前者导致保险合同无效,后者负有通知义务。

(3)追加签署其他保险合同的通知义务。按照国际惯例,保险合同签署后,对同一保险标的追加签署相同保险事故及保险期限的其他保险合同时,投保人或被保险人具有将此事实通知保险人的义务。

4. 防止损失扩大的义务

投保人或被保险人在发生保险事故时有施救、尽力防止损失扩大的义务。该义务为投保人或被保险人的主要义务之一。我国《保险法》第57条规定:"保险事故发生时,被保险人应当尽力采取必要的措施,防止或减少损失。保险事故发生后,被保险人为防止或者减少保险标的的损失所支付的必要的、合理的费用,由保险人承担;保险人承担的费用数额在保险标的的损失赔偿金额以外另行计算,最高不超过保险金额的数额。"故在保险事故发生后,投保人不仅应及时通知保险人,还应采取积极措施,以减少物质损失。投保人因此而支出的费用,保险人负赔偿责任。

5. 维护保险标的处于安全状态的管理义务

维护保险标的处于安全状态的管理义务是将保险事故防患于未然。如国际汽车保险条款中都规定,投保人、被保险人以及被保险汽车的运行管理者有维修保养汽车,使之处于安全行驶状态,并接受官方机关检查的义务。保险标的投保后投保人、被保险人有义务做好防灾防损的工作。此外,我国《保险法》第51条还规定:"被保险人应当遵守国家有关消防、安全、生产操作、劳动保护等方面的规定,维护保险标的的安全。保险人可以按照合同约定对保险标的的安全状况进行检查,及时向投保人、被保险人提出消除不安全因素和隐患的书面建议。"可见,在我国,防灾防损亦是投保人或被保险人的重要义务之一。它将保险与加强安全、防灾防损结合起来,是我国保险制度的重要标志之一。这项义务要求投保人不能以为参加了保险就可高枕无忧,而应该像未投保一样维护保险标的的安全,防止那些本来可以避免的损失。

6. 索赔时提供相关证明和资料

投保人或被保险人还负有向保险人说明发生保险事故的调查情况、决定保险金赔付额等必要事项、提供有关证据和资料的义务。

(二)保险人的义务

保险人履行保险义务是保险合同成立生效的重要保证。保险人的基本义务是赔付保险事故发生时的保险金。作为附带义务,保险人收到投保人请求时,负有发给保险单的义务。保险人的义务主要有如下几个方面:

1. 及时签发保险单

保险人收到要约人的投保单后,要在规定的时间内作出承保与否的表示,不得拖延时间。

同意承保要在规定时间内及时签发保险单。

2. 确定损失赔偿责任

保险合同成立生效后,保险人的基本义务是在保险事故发生时履行赔偿或给付保险金的义务。但在履行该义务之前,保险人首先要确定损失赔偿责任。保险合同通过规定保险责任范围来明确发生保险事故时保险人应该履行的义务。保险合同中一般采取以下三种方式来具体规定保险的责任范围。

(1)基本责任,是保险人依据保险合同的基本条款对被保险人所承担的赔偿或给付的责任。

(2)附加责任,是在保险人基本责任范围的基础上进行附加的责任。这部分责任是由投保人或被保险人提出要求并经过保险人同意而增加的承保责任范围。附加责任一般都是附加在基本责任之上的而不能单独承保。

(3)除外责任,是保险标的损失不属于由保险责任范围内的保险事故所导致的结果,所以保险人不予赔偿的责任。

规定除外责任是与保险的有条件承保的性质密不可分的。保险具有盈利性,因而具有商业行为性。规定除外责任可以更好地保证其盈利性,进而保证其偿付能力。规定除外责任作用如下:

其一,可以限制对非偶然事故的赔偿。非偶然事故难以预测,不符合保险的数理基础,可能会发生高昂的赔偿。某些自然磨损也不属于保险赔偿范围。

其二,可以避免保险人遭受重大的损失。只承保单个价值极高的保险标的容易遭受重大灾难,或者承保众多保险标的都可能同时受损的风险,这样也会造成重大的损失。所以对如战争、核辐射、地震等损失面大、补偿价值太高的风险采取责任免除的方式在合同中明示,可以避免保险人遭受重大的损失。

其三,可以避免逆选择。在保险领域,逆选择是遭受风险损失大的人比一般人更愿意购买保险。这样可能导致该风险发生的几率变大,使保险公司的赔付率增高。所以保险合同中会对可能发生的逆选择作出限制规定。如对身体健康情况、年龄等作出限制条件,或者对某些贵重品现金等规定除外责任。

除外责任主要包括以下主要内容:

除外地点,有些保险合同对承保地点作出特殊规定,如房屋的地点,货物运输的区域、航线等。除外风险,对可能使保险人遭受重大的损失的风险加以规避。除外财产,有些保险合同把某些财产作为除外责任,防止某些财产重复保险的可能。除外损失,有一些由于法令和法规所引起的损失是不包括在财产保险合同中的,例如:为了社会公共利益,政府颁布禁令所造成的损失;进口货物带菌政府当局下令焚毁造成的损失;为了修路导致房屋被拆毁造成的损失;等。

通过规定保险基本责任、附加责任、除外责任来明确保险人的责任范围,可以使保险人的责任范围更清晰明确,可以防止不必要的纠纷发生。

3. 履行赔偿或给付保险金的义务

在保险期限内发生保险事故,保险人要履行赔偿或给付保险金的义务。保险人不得以任何非法理由延期赔偿给付或不足额进行赔偿给付。

4. 有关退还保费的义务

当保险合同的全部或一部分无效时,只要投保人和被保险人是善意的,而且无重大过失时,保险人有将保险费的全部或一部分退还的义务。在保险人的保险责任开始前,如解除保险合同及保险人所承担的危险损失,保险人也有退还一定保险费的义务。

5. 依法支付施救费用、调查费用、诉讼或者仲裁费用

我国《保险法》也规定,在保险事故发生时,被保险人为防止或者减少保险标的的损失所支付的必要合理的施救费用,以及在确定损失责任时发生的调查费用,或由于双方就合同有关条款产生纠纷进行诉讼或者仲裁的费用等费用由保险人承担。

6. 保险人拒保要及时通知投保人,对所知道的投保人、被保险人、保险标的和受益人情况必须保密

第四节 保险合同的变更与终止

一、保险合同的变更

保险合同的变更是指在合同的有效期内,基于一定的法律事实而改变合同内容的法律行为。

(一)保险合同主体的变更

保险合同主体的变更指合同当事人及关系人的变更。其主要指投保人、被保险人的变更。保险合同主体的变更不改变合同的权利义务和客体。保险合同主体的变更通常又叫做保险合同的转让。由于保险合同的主要形式是保单,因此,这种变更在习惯上又叫做保单的转让。

1. 财产保险合同主体的变更

在财产保险中,保单的转让往往因保险标的的所有权发生转移(包括买卖、让与和继承)而发生。保单转让的程序有两种国际惯例:

一种是转让必须得到保险人的同意。如果要想继续保持保险合同关系,被保险人必须在保险标的的所有权(或管理权)转让时,事先书面通知保险人,经保险人同意,并对保单批注后方才有效。否则,保险合同从保险标的所有权(或管理权)转移时即告终止。

另一种是允许保单随着保险标的的转让而自动转让,不需要征得保险人的同意。货物运输的保险合同一般属于这种情况。这样定的理由在于,货物运输,特别是海洋运输路途遥远,流动性大,在货物从起运到抵达目的地的整个过程中,物权可能几经易手,保险利益也会随之转移,如每次被保险人的变更都需征得保险人的同意,必然影响商品流转。鉴于此,各国保险立法一般都规定:除另有明文规定外,凡运输保险,其保险利益可随意转移,换句话说,凡运输保险,其保单可随货权的转移而背书转让。

2. 人身保险合同主体的变更

在人身保险中,合同主体的变更不涉及保险标的的转移问题,保单一般不需要经过保险人的同意即可转让,但在转让后须通知保险人。其主要有下列情形:

一是投保人的变更。投保人的变更需要征得被保险人的同意并通知保险人,经保险人核准方为有效。

二是受益人变更。一般情况下受益人是可以随时变更的,除非是不可撤销的受益人。变更受益人包括改变和撤销受益人。一般变更受益人时要征得被保险人的同意,同时要通知保险人。否则,保险人"善意"地对原受益人进行给付后不再向后指定的受益人承担责任。

(二)保险合同内容的变更

1. 保险合同可变更的主要内容

保险合同内容的变更表现为:财产保险在主体不变的情况下保险合同中保险标的的种类、数

量、存放地点、保险险别、风险程度、保险责任、保险期限、保险费、保险金额等内容的变更;人身保险合同中被保险人职业、保险金额及保险期限发生变化;等等。

2. 保险合同内容的变更程序

依照我国法律规定,保险合同的内容变更须经过下列主要程序:①投保人向保险人及时告知保险合同内容变更的情况;②保险人进行审核,若需增加保险费,则投保人应按规定补交,若需减少保险费,则投保人可向保险人提出要求,无论保险费的增减或不变,均要求当事人取得一致意见;③保险人签发批单或附加条款。

保险合同的变更一般采取出立批单的形式。批单与原合同具有同等的法律效力,批单与原合同内容有矛盾之处,以批单规定的内容为准。

(三) 保险合同效力的变更

保险合同具有法律效力。但是,由于保险经营的性质及其具体保险险种的特点,保险合同的效力在合同存续期间会涉及变更的问题,保险合同效力的变更包括合同的无效、合同的解除、合同的复效、合同的失效、合同的终止等多种情况。

1. 合同的无效

因保险合同违反保险人及被保险人的公平性、违反法律、违反行政法规或者违反社会公共利益的,虽然已经成立,但是属于无效保险合同。无效保险合同自始至终没有法律效力,当事双方都不得依据合同履行权利和义务。

2. 合同的解除

它是指保险合同一方当事人依照法律或合同规定行使解除权,而消灭了法律效果。保险合同的解除分为协议解除和法定解除。

协议解除就是经保险合同双方当事人约定在发生某些事项时行使解除权。协议解除属于双方民事法律行为。因此,要求双方当事人同意。

法定解除则是在出现法律规定的原因时,保险合同的一方当事人依法行使解除权。

合同的解除与合同的无效是不同的。前者是行使解除权而效力溯及既往;后者则是根本不发生效力。解除权有时效规定,可因时效而丧失解除权;而无效合同则并不会因时效而成为有效合同。行使解除权的法律效力是双方都负有恢复到合同订立以前状态的义务。因此,已受领的给付应返还给对方;责任方对他方所造成的损失,需承担损失赔偿的责任。但如果保险合同的解除系由投保人的不当行为所致,在这种情况下,要求保险人返还保费,显然不利于行使解除权的保险人。因此,有时在法律或合同条款上明确规定,在上述情况下,保险人无需返还保费。

3. 合同的失效

人身保险合同中,由于投保人未能及时缴纳保险费,导致合同的效力暂时丧失,处于中止的状态,合同成立但合同不发生效力。投保人或被保险人在法律规定或保险合同约定的申请期限内提出复效申请,合同可以继续生效。

造成保险合同效力中止的主要原因主要是:超过宽限期限,投保人仍未缴付保费;垫缴保费的本息超过责任准备金;保险单抵押贷款的本息已超过责任准备金等。但是,因被保险人依法或根据约定享受免交部分保费优待的保险合同失效时,保险人仍应按免交保险费的比例,继续承担相应的保险责任。

4. 合同的复效

保险合同的效力自保险人宣告失效之时起,处于中止的状态。但是,投保人在保险合同效力中止以后,在规定的期限内,依法可以申请恢复保险合同的效力,法律上叫做复效(人寿保险中使用较多)。

保险合同复效,必须符合法律要求的下列条件:

首先,投保人或被保险人必须是在法律规定或保险合同约定的申请期限内提出复效申请。复效期限一般从合同失效中止之日算起。(人寿保险中复效期限一般为两年。人寿保险宽限期内未缴费的合同仍然有效,超过宽限期未缴费的,合同中止失效。)到期不申请的,其复效申请权随之消灭,保险合同的效力完全终止。如果在保险合同效力中止后领取了退保金的,申请复效的权利亦予消灭。

其次,申请复效时,被保险人的身体状况应当符合相应保险险种要求的投保条件。按照规定,被保险人在投保时需要体检。对于不符合投保条件的,如申请复效死亡保险的被保险人已经生命垂危的,保险人有权拒绝复效。

再次,投保人应当补缴所欠缴的保费及其欠缴期间的利息,如果在保险单上存在着借款,投保人还应当付清借款或重新办理借款手续。这是保险合同复效的经济条件。

最后,投保人或被保险人的复效申请,必须经保险人审核同意,才能产生复效的结果。复效后的合同视为原合同,效力与原合同等同。

5. 合同的终止

所谓保险合同效力的终止,是指保险合同的法律效力因法定或约定的事由出现而永远消灭。

(四)保险合同的转让

保险合同的转让是指投保人或被保险人将保险合同中的权利和义务转让给他人的法律行为。其实质是合同主体的变更。

二、保险合同的无效

(一)保险合同无效的含义与原因

1. 保险合同无效的含义

保险合同的无效是指当事人所缔结的保险合同因不符合法律规定的生效条件而不产生法律约束力。

2. 保险合同无效的原因

保险合同无效的原因主要包括:缔约主体资格不合格、当事人意思表示真实性有瑕疵、客体不合法、内容不合法、形式不合法等。具体分析如下:

(1)合同主体不合格。保险人一方要具备经营保险业务的合规、合法的法人资格。不是随便哪个经济组织都可以经营保险业务的;投保人一方要有权利能力和完全的民事行为能力。

(2)当事人意思表示真实性有瑕疵。双方在公平、自愿、意思表示一致的基础上达成的合同是有效合同。在威胁、强迫、诱骗或被保险人不知情的情况下达成的合同无效。

(3)客体不合法。如果投保人或被保险人对保险标的没有保险利益,则其订立的保险合同无效。

(4)内容不合法。如果投保人投保的风险是非法的,如违反国家利益和社会公共利益、直接违反法律规定的缔约行为等均导致合同无效。

(5)形式不合法。任何保险合同的订立形式应当符合法律规定,即应当以书面形式订立而非口头形式,否则,导致合同无效。

(二)无效保险合同的法律后果

无效保险合同的法律后果的几种形式：

1. 约定无效与法定无效

约定无效由合同的当事人任意约定，只要约定的理由出现，则合同无效；法定无效由法律明文规定，法律规定的无效原因一旦出现，则合同无效。各国的保险法通常都规定，符合下列情况之一者，保险合同无效：①合同系代理他人订立而不作申明；②恶意的重复保险；③人身保险中未经被保险人同意的死亡保险；④人身保险中被保险人的真实年龄已超过保险人所规定的年龄限额。

2. 全部无效与部分无效

全部无效是保险合同全部不发生效力，以上讲的几种情况就属于全部无效；部分无效是指保险合同中仅有一部分无效，其余部分仍然有效。如善意的超额保险，保险金额超过保险价值的部分无效，但在保险价值额以内的部分仍然有效。又如在人身保险中被保险人的年龄与保单所填写的不符（只要没有超过保险人所规定的保险年龄的限度），保险人按照被保险人的实际年龄给付保险金额，这也是部分无效。

3. 自始无效与失效

自始无效是合同自成立起就不具备生效的条件，合同从一开始就不生效；失效是合同成立后，因某种原因而导致合同无效。如被保险人因对保险标的失去保险利益，保险合同即失去效力。失效不需要当事人作意思表示，只要失效原因一出现，合同即失去效力。

三、保险合同的终止

保险合同的终止是保险合同成立后因法定的或约定的事由发生，法律效力完全消灭的法律事实。保险合同终止的原因主要有以下几个方面：

(一)合同因期限届满而终止

如果在有效期限内没有发生保险事故，保险期限届满的，保险合同的效力随之终止；保险人履行了部分赔偿责任后，保险期限届满的，保险合同的效力随之终止。

(二)合同因解除而终止

1. 解除的含义与条件

保险合同的解除是在保险合同期限尚未届满前，合同一方当事人依照法律或约定行使解除权，提前终止合同效力的法律行为。

2. 解除的形式

保险合同的解除，一般分为法定解除和意定解除两种形式。

（1）法定解除。法定解除是指当法律规定的事项出现时，保险合同当事人一方可依法对保险合同行使解除权。法定解除的事项通常在法律中被直接规定出来。但是，不同的主体有不尽相同的法定解除事项。

对投保人而言：①在保险责任开始前，可以对保险合同行使解除权。②在保险责任开始后，法律对投保人的解除权作出了两种不同的规定：一是在合同约定可以于保险责任开始后解除合同的，投保人可要求解除合同，同时对自保险责任开始之日起至合同解除之日止的保险费不得要求返还，只能对剩余部分可要求予以退还；二是在合同没有约定的情况下，投保人不得要求解除合同。③保险合同订立后，因保险人破产且无偿付能力，投保人可以解除合同。

对保险人而言,法律的要求则相对严格,即保险人必须在发生法律规定的解除事项时方有权解除合同,在我国,这些法定解除事项主要有:①投保人、被保险人或者受益人违背诚实信用原则。②投保人、被保险人未履行合同义务。在财产保险合同中,投保人、被保险人未按照约定履行其对保险标的的安全应尽的责任,保险人有权解除合同。③在保险合同有效期内,保险标的的危险增加。在保险合同有效期内,投保人或被保险人有义务将保险标的的危险程度增加的情况通知保险人,保险人可根据具体情况要求增加保险费,或者在考虑其承保能力的情况下解除合同。④在分期支付保险费的人身保险合同中,当未有另外约定时,投保人超过规定的期限60日未支付当期保险费的,导致保险合同中止。保险合同被中止后的两年内,双方当事人未就合同达成协议,保险人有权解除合同。

应当注意的是,当可行使解除权的原因发生后,并不自然发生解除的效力,而是必须由解除权人行使后,合同的效力方消灭。

(2)意定解除。意定解除又称协议注销终止,是指保险合同双方当事人依合同约定,在合同有效期内发生约定情况时可随时注销保险合同。意定解除要求保险合同双方当事人应当在合同中约定解除的条件,一旦约定的条件出现,一方或双方当事人有权行使解除权,使合同的效力归于消灭。

(三)合同因违约失效而终止

保险合同因违约而终止。一般情况下,当一方违约且违约行为直接造成对方的经济损害时,违约方要对受害方承担损害赔偿责任,但是如果违约方违约程度相当严重,即违反了保险合同中的主要条款和保证事项,就会导致保险合同失效,受害方就可以解除合同,同时,还可请求损害赔偿。

在保险合同中,由于投保人违约,保险人不承担赔偿责任是一种通常的违约责任形式,比较常见的有《保险法》第16条第3款,投保人故意不履行如实告知义务的,保险人对于保险合同解除前发生的保险事故,不承担赔偿或给付保险金的责任;第52条规定,被保险人未履行保险标的的危险程度增加通知义务的,因保险标的的危险程度增加而发生保险事故的,保险人不承担赔偿责任。第61条规定,保险人未赔偿保险金之前,被保险人放弃对第三者赔偿请求权的,保险人不承担保险赔偿责任。

(四)合同因履行而终止

因保险合同得到履行而终止是指在保险合同的有效期内,约定的保险事故已发生,保险人按照保险合同承担了给付全部保险金的责任,保险合同即告结束。保险合同约定,保险人的赔偿责任不仅有期限的约定,也有约定的数额的限制,即保险金额是保险人承担赔偿或给付责任的最高限额。按照赔偿或给付金额是否累加,履约终止可分为以下两种不同的情况:

第一种情况是在普通的保险合同中,无论一次还是多次赔偿或给付保险金,只要保险人历次赔偿或给付的保险金总数达到了保险合同约定的保险金额时,并且保险期限尚未届满,保险合同均终止。

第二种情况是在机动车辆保险和船舶保险合同中,保险人在保险有效期间赔付的保险金不进行累加,只有当某一次保险事故的赔偿金额达到保险金额时保险合同才终止。否则,无论一次还是多次赔偿保险金,只要保险人每次赔偿的保险金数目少于保险合同约定的保险金额,并且保险期限尚未届满,保险合同继续有效且保险金额不变。

第五节　保险合同的争议处理

保险合同的争议是指在保险合同成立后,合同双方当事人在履行合同过程中,围绕理赔、追偿、缴费以及责任归属等问题容易产生争议。保险合同主体双方产生分歧或纠纷有些是因为双方对合同条款的理解不同造成的,有些是因为双方中一方或双方违约造成的。不论怎样的情形,采用适当方式,公平合理地处理,直接影响到双方的权益。

一、保险合同的解释原则

保险合同解释是指当保险合同当事人对合同条款的意思发生歧义时,法院或者仲裁机构按照法律规定或者约定俗成的方式对其作出的确定性判断。具体来讲,保险合同解释的原则有:

(一)文义解释原则

文义解释原则是按保险条款文字的通常含义解释。即保险合同中用词应按通用文字含义并结合上下文来解释。这是解释保险合同条款的最主要的方法。文义解释必须要求被解释的合同字句本身具有单一的且明确的含义。有关术语本来就只具有唯一的一种意思或联系上下文只能具有某种特定定义,或根据商业习惯通常仅指某种意思,那就必须按照它们的本意去理解。如暴风、暴雨、人身保险中的意外等。

(二)意图解释原则

意图解释原则是以当时订立保险合同的真实意图来解释合同,即通过其他背景材料进行逻辑分析来判断合同当事人订约时的真实意图,由此解释保险合同条款的内容。保险合同的真实内容应是当事人通过协商后形成的一致意思表示。因此,解释时必须尊重双方当时的真实意图。意图解释只适用于文义不清、用词混乱和含糊的情况。

(三)有利于被保险人的解释原则

有利于被保险人的解释原则是指当保险合同的当事人对合同条款有争议时,法院或仲裁机关要作出有利于被保险人的解释。由于多数保险合同的条款是由保险人事先拟订的,保险人在拟订保险条款时,对其自身利益应当是进行了充分的考虑,而投保人只能同意或不同意接受保险条款,而不能对条款进行修改。所以,对保险合同发生争议时,人民法院或者仲裁机关应当作出有利于非起草人(投保人、被保险人和受益人)的解释,以示公平。

《保险法》第30条规定:对于保险合同的条款,保险人与投保人、被保险人或者受益人有争议时,人民法院或者仲裁机关应当作有利于被保险人和受益人的解释。要正确运用此原则应从两方面理解:

1. 正确理解其适用范围

"有利于被保险人的解释原则"是在双方当事人因保险合同的条款表述理解不同引起纠纷时所适用的一项原则,并不是在因保险合同关系引起的其他任何纠纷中都做到有利于被保险人的处理原则。

2. 正确理解其适用程度

"有利于被保险人的解释原则"仅仅是保险合同的解释原则之一,它只有与其他的合同解释原则共同作用,才能实现对保险合同条款的正确理解。

(四)批注优于正文、后加的批注优于先加的批注的解释原则

批注的解释原则是为了满足不同的投保人的需要,有时保险人要在统一印制的保险单上加批注,或增减条款或进行修改。保险合同条款修订变更后,如果前后条款内容有矛盾或互相抵触,后加的批注、条款应当优于原有的条款。保险合同更改后应写明更改日期。如果由于未写明日期而使条款发生矛盾,手写的批注应当优于打印的批注,加贴的批注应当优于正文的批注。

(五)补充解释原则

补充解释原则是指当保险合同条款约定内容有遗漏或不完整时,借助商业习惯、国际惯例、公平原则等对保险合同的内容进行务实、合理的补充解释,以便合同的继续执行。

(六)遵循国际惯例的原则

保险业务有其特殊性,是一种专业性极强的业务。在长期的业务经营活动中,保险业产生了许多专业用语和行业习惯用语,这些用语的含义常常有别于一般的生活用语,并为世界各国保险经营者所接受和承认,成为国际保险市场上的通行用语。为此,在解释保险合同时,对某些条款所用词句,不仅要考虑该词句的一般含义,而且还要考虑其在保险合同中的特殊含义,即要遵循国际惯例的原则进行保险合同条款的解释。

二、保险合同争议的解决方式

对保险业务中发生的争议,可采取和解、调解、仲裁和诉讼四种方式来处理。

(一)和解

和解与协调,是在争议发生后由当事人双方在平等、互相谅解基础上通过对争议事项的协商,互相作出一定的让步取得共识,形成双方都可以接受的协议,以消除纠纷,保证合同履行的方法。协商是指合同双方当事人在自愿互谅的基础上,通过摆事实,讲道理,求大同,存小异来解决纠纷。按照法律政策的规定,自行协商解决方式简便易行,有助于增进双方的进一步信任与合作,并且有利于合同的继续执行。

(二)调解

调解是指在第三人(一般是合同管理机关或法院)主持下,根据自愿、合法原则,在双方当事人明辨是非、分清责任的基础上,通过说服教育,促使双方互谅互让,达成和解协议,平息争端,以便合同得到履行的方法。

调解解决争议必须查清纠纷的事实,分清是非责任,这是达成合理的调解协议的前提。调解必须依照法律政策、遵循平等自愿原则。只有依法调解,才能保证调解工作的顺利进行。如果一方当事人不愿意调解,就不能进行调解。如调解不成立或调解后又反悔,可以申请仲裁或直接向法院起诉。

(三)仲裁

1. 仲裁的概念

仲裁是指争议双方依照仲裁协议,自愿将彼此间的争议交由双方共同信任、法律认可的仲裁机构的仲裁员居中调解,并作出具有法律效力的裁决,双方有义务执行的一种解决争议的方法。

2. 仲裁的类型

保险合同的仲裁可分为以下三种:

(1)属于保险人与国内工商企业以及机关事业单位之间的合同纠纷,向仲裁机关提出仲裁申请书。

（2）涉及进出口贸易、来料加工及补偿贸易、外资企业、合资企业等所发生的争议,当事人要求在我国仲裁的,由中国国际贸易促进委员会对外经济贸易仲裁委员会受理。

（3）涉及海上货物运输保险和海上船舶保险的合同纠纷,由中国对外经济贸易促进委员会海事仲裁委员会受理。

(四)诉讼

诉讼是合同当事人的任何一方,按照民事法律诉讼程序向人民法院对特定人提出权益主张,并要求法院予以解决和保护的请求。诉讼有民事诉讼、行政诉讼和刑事诉讼之分,保险合同争议的诉讼属于民事诉讼。它是解决争议时最激烈的一种方式。

当事人双方因保险合同发生纠纷时,有权以自己的名义直接请求法院通过审判给予法律上的保护。当事人提起诉讼应当在法律规定的时效以内。

《中华人民共和国民事诉讼法》第24条对保险合同纠纷的管辖法院作了明确的规定:"因保险合同纠纷提起诉讼,由被告所在地或者保险标的物所在地人民法院管辖。"最高人民法院关于适用《中华人民共和国民事诉讼法》若干问题的意见中规定:"因保险合同纠纷提起的诉讼,如果保险标的物是运输工具或者运输中的货物,由被告住所地或者运输工具登记注册地、运输目的地、保险事故发生地的人民法院管辖。"

本章小结

1. 保险合同是保险双方当事人约定保险权利义务关系的、具有法律约束力的协议。

2. 保险人应当履行如下义务:及时签发保险单;索赔时及时赔偿或给付保险金;依法支付施救费用、调查费用、诉讼或者仲裁费用;拒保及时通知投保人,对所知道的投保人、被保险人、保险标的和受益人情况保密。

3. 投保人应当履行如下义务:及时缴纳保险费;维护保险标的处于安全状态;发生保险事故及时通知;发生保险事故尽力施救;索赔时提供相关证明和资料。

4. 保险合同的形式:投保单、保险单、保险凭证、暂保单、批单。

5. 保险合同的生效是指保险合同对当事人双方发生约束力,即合同条款产生法律效力。保险合同的成立与生效是不同的法律现象。

6. 保险合同的客体是保险合同的保险利益,即投保人对保险标的所具有的保险利益。保险利益以保险标的的存在为条件;保险标的的转让保险利益将不存在;保险标的遭受损失,投保人或被保险人的保险利益也将蒙受经济上的损失。

7. 保险合同的变更是指在保险合同的有效期限内,保险合同的主体及内容的变更。

8. 保险合同的终止就是保险人承担的保险赔偿责任的终止。合同的解除与合同的无效是不同的。前者是行使解除权而效力溯及既往;后者则是根本不发生效力。解除权有时效规定,可因时效而丧失解除权;而无效合同则并不会因时效而成为有效合同。

9. 保险合同的解释原则:文义解释原则;意图解释原则;有利于被保险人的解释原则;批注优于正文、后加的批注优于先加的批注的解释原则;补充解释原则;遵循国际惯例的原则。

10. 保险合同争议的解决方式,可采取和解、调解、仲裁和司法诉讼四种方式来处理。

关键术语

保险合同　保险人　投保人　被保险人　受益人　保险标的　保险金额　合同条款

批单　法定解除　保险合同的转让　保险合同的解释原则　合同的解除　合同复效　合同的终止

思考练习题

1. 保险合同订立时的要约方是谁？为什么？
2. 保险合同的客体为什么是保险利益而不是保险标的？二者有何不同？
3. 为什么许多保险合同不适用"成立即生效"的原则？
4. 怎样才能保证"有利于被保险人的解释原则"不被滥用？
5. 保险合同的无效原因有哪些？
6. 一般具备什么条件的保险合同可以进行复效？
7. 案例分析题：

(1)某年3月20日，某开发公司为其自有的一辆奥迪轿车与本市某保险公司签订了车辆保险合同。合同规定：保险公司承保开发公司的自属奥迪轿车的机动车辆和第三者责任险；保险期限一年，当年3月20日零时起到次年3月19日24时止；保险金额为30万元；保险费3 000元，分两次缴纳。当年3月20日缴纳1 500元，次年1月1日缴纳1 500元。合同签订后，开发公司按合同规定于当年3月20日缴纳了1 500元保险费；但第二笔保险费开发公司未如期缴纳，虽经多次催讨，开发公司迟迟不交。次年2月10日夜，该奥迪轿车与一辆大卡车迎面相撞，当即车毁人亡。后经查明，事故起因为卡车司机酒后驾驶，奥迪车躲避不及所造成。同年2月12日，开发公司派人到保险公司缴纳第二笔保险费1 500元，并要求保险公司赔偿该奥迪轿车撞毁所造成的损失。保险公司拒收保险费并拒绝赔偿。开发公司遂向人民法院提起诉讼。

问：本案中保险公司是否有权单方解除保险合同，请说明理由。

(2)某农场与某保险公司订立了一份汽车保险合同，期限为1年。农场共有60辆汽车，一次投全保，保险费10万元。合同生效后，保险公司多次会同交通安全管理部门要求对农场的车辆进行安全检查，农场认为这是添麻烦，拒绝检查。保险公司从外观发现农场的车辆保养状况普遍不好，不安全因素较多，书面建议农场对8辆超过大修期带病行驶的卡车进行停产大修，农场不予理会。一个月后先后有两辆这种卡车肇事，车辆经济损失6万元。农场向保险公司索赔。

问：保险公司是否应该赔偿农场的经济损失？

(3)张某出售自有房屋一栋给李某，双方签订书面合同，并交付了价款和钥匙。双方同时约定10日办理产权过户手续，否则，因迟延导致的后果由责任方负担。李某因为临时出差，预计能赶在约定期满之前回来，但因班机晚点，于10号下午16时才赶回，两人到房管局办理过户手续，直到下班仍未办完，工作人员要求他们第二天前来办理。当晚房被雷击焚毁，李某遇难，李某的家属要求张某退回房价款。经查明张某已对房屋投了火险，但故意未告诉李某，房屋被击毁系自然灾害。

请问：①张某是否应退房价款？为什么？
②保险公司是否要承担赔偿责任？若要，应赔给谁？
③在该房屋保险问题上，张某是否有责任？若有，是否应承担责任？
④设张某获得保险赔偿金，应如何处理？

本章阅读资料

涉及假保险法,虽说法律是统一的,执法者却会有自己的理解和看法,保险业内人士与业外人士看法,也会不一样。在保险案件的审理中,同样的案件经不同法官审理,可能会有不同的结果。对于一个案例的判决正确与否,99名法官,或者99名律师,都会有不同意见,看法相左。

如果因为偷窃一件对于社会十分不重要的东西,例如,偷了丈夫与情人合影的相册,因为偷电意外触电身亡,保险公司赔不赔?

如果法院认为,按《保险法》第45条规定:因被保险人故意犯罪或者抗拒依法采取的刑事强制措施导致其伤残或者死亡的,保险人不承担给付保险金的责任。而偷窃丈夫与情人合影的相册,是轻微的违法行为,不构成犯罪,法院就会判决保险公司赔偿。

比如,酒后开车是常有的事情,如果酒后驾车,车毁人亡,可能因其行为违法而不赔偿。如果法院判定酒后驾车造成损失可以不赔,那么,开车时打手机造成事故,也可以不赔吗?穿拖鞋驾车造成车祸,也可以不赔吗?这样会导致什么结果呢?保险可能会失去人们的信任,人们谁还会相信保险公司呢?

2002年12月,"非常事故损失特约险"经过中国保监会备案,并且被批准,也就是酒后驾车肇事,致使第三人人身伤亡,或者财产受到损失,保险公司负责赔偿;酒后驾车,在某些保险公司也可以上保险了,人们对此看法也是不一致的。

有的人认为:这个险种,存在道德风险,纵容人酒后驾车。另外还有人认为:保障第三方利益不违法。比如,盗窃险也是保障第三方利益。

因此,有时候,法院的判决也不是无懈可击的。

在实践中,对于保险合同的当事人来说,就是如何签订一个保险合同,保险合同在什么情况下成立。

保险合同的成立,是一系列意思表示的结果,最后保险合同是否成立,是一个实践性很强的问题。这涉及要约邀请,要约,反要约,承诺。如何判断一个保险合同是否成立?我们看下面的案例。

案情简介

2002年3月12日,黎明化学工业有限责任公司到顺安保险公司投保财产保险,按照投保单格式填写了投保申请书:保险期限为2002年3月13日零时至2003年3月12日24时。

2002年3月13日凌晨4时,发生泥石流,损失500万元。

2002年3月13日上午,顺安保险公司将其签发的保险单送至黎明化学工业有限责任公司保险单约定:保险期限自2002年3月14日零时至2003年3月13日24时,保险单还约定了责任范围、免责条款等其他事项。迟至2002年3月20日,黎明化学工业有限责任公司才将保险费缴到保险公司。

黎明化学工业有限责任公司要求顺安保险公司勘察事故现场,提出索赔。顺安保险公司声称:事故发生在约定期限之外,拒绝赔偿。黎明化学工业有限责任公司认为:顺安保险公司擅自修改保险合同,于是向法院起诉。

涉及本案有两种不同意见:

1.黎明化学工业有限责任公司认为:《保险法》第13条规定:"投保人提出保险要求,经保险人同意承保,并就合同的条款达成协议,保险合同成立,保险人应当及时向投保人签发保险单或者其他保险凭证,并在保险单或者其他保险凭证中载明当事人双方约定的合同内容。经投保人和保险人协商同意,也可以采取前款规定以外的其他书面协议形式订立保险合同。"

保险合同不是要式合同,只要投保人与保险人就金额、费率等达成一致意见,合同就成立了。保险人就应该承担保险责任。

黎明化学工业有限责任公司是在顺安保险公司业务人员指导下填写的保险单,是双方的约定。顺安保险公司擅自修改合同的保险期限,是无效的。

2.顺安保险公司认为:发放投保单是要约邀请,投保人填写投保单是要约,经过保险人的同意,签发了保险单,合同才可以成立,投保单与保险单不一致时,以保险单为准。

本案参考结论

法院认为:合同合法有效。顺安保险公司修改保险合同应当视为反要约,黎明化学工业有限责任公司接受保险单视为对反要约的承诺;保险公司对该事故不承担责任。

参考理论分析

保险合同的订立是一个过程,是当事人之间意思表示的交换,经过要约与承诺,最后达成一致,签订合同的过程。

1.散发投保单,填写投保单与要约

在一般情况下,保险公司散发投保单被认为是要约邀请,投保人填写投保单被认为是要约。

要约是指向一个或一个以上特定的人提出的订立合同的建议,如果十分确定并且表明要约人在得到接受时承受约束的意旨,即构成要约。一个建议如果写明货物并且明示或暗示地规定数量和价格或规定如何确定数量和价格,即为十分确定。

也有例外的情况,广告一般被认为是要约邀请,特殊情况下,也可能被看做是要约。比如散发的投保单,内容完备、确定,符合要约的规定,有投保人一旦填写就可以确立合同的意思,散发投保单也可以被看做是要约,如果内容不完备、不确定,还要与投保人进一步协商的话,就只能被认为是要约邀请。

2.在投保单上签章,签发保险单与承诺

承诺是指被要约人声明或做出其他行为表示同意一项要约,即是接受,缄默或不行动本身不等于接受。一般情况下,投保人填写投保单被认为是要约,保险人对此承诺以后,才会对双方产生约束力。

保险人可以在投保单上签章表示承诺;也可以签发保险单或保险凭证表示承诺;还可以向投保人出具保险费收据表示承诺。如果保险单与投保单不一致,只能被看做是新要约,有待投保人的同意。

所以,在一个保险合同中,究竟用什么形式体现合同的内容,要看双方当事人最后以什么形式达成了合意。

3.保险合同什么时候生效

投保人提出要求,经保险人同意承担,保险合同成立。保险人应当及时向投保人签发保险单或者其他保险凭证。保险单或者其他保险凭证应当载明当事人双方约定的合同内容。当事人也可以约定采用其他书面形式载明合同内容。依法成立的保险合同,自成立时生效。投保人和保险人可以对合同的效力约定附条件或者附期限。见《保险法》第13条。

第五章 保险的基本原则

> **本章要点**
>
> 1. 保险利益的概念
> 2. 损失补偿原则中的计算
> 3. 近因原则的运用
> 4. 最大诚信原则的内容

第一节 保险利益原则

一、保险利益原则概述

(一)保险利益的含义

保险利益是投保人或被保险人对保险标的因存在某种利害关系而具有的经济利益。它体现了投保人或被保险人与保险标的之间所存在的利益关系。衡量投保人或被保险人对保险标的是否具有保险利益的标志,是看投保人或被保险人是否会因该保险标的的损毁或灭失而遭受经济上的损失。即当保险标的安全时,投保人或被保险人的利益不受损害;而当保险标的受损时,投保人或被保险人必然会遭受经济损失,则可以认为投保人或被保险人对该保险标的具有保险利益。

(二)保险利益的构成要件

1. 保险利益应为合法的利益

投保人或被保险人对保险标的的利益必须是法律认可并受到法律保护的利益,即在法律上可以主张的利益。违法行为所产生的利益,不能成为保险利益。比如在财产保险上违章建筑不能成为保险合同的保险标的,由此而产生的利益不能构成保险利益。

2. 保险利益应为经济利益

所谓经济上的利益是指投保人或被保险人对保险标的的利益必须是能够用货币衡量的。因为保险的目的是为了弥补被保险人因保险标的的出险所遭受的经济损失,这种经济损失正是基于当事人对保险标的所拥有的经济利益为前提的。如果当事人对保险标的不具有经济利益或者经济利益不能用货币来衡量,则经济补偿或保险金给付就无法实现。所以,无法用货币衡量其价值的利益不能构成保险利益。

3. 保险利益应为确定的利益

确定的利益包括已经确定的和能够确定的利益。已经确定的利益是事实上的利益,即现有的利益,如投保人已经取得财产所有权或使用权而由此享有的利益;能够确定的利益指客观上可以实现的利益,即预期利益,如经营企业的预期利润收入。预期利益是基于现有利益对未来可能产生的利益,对这种利益的预期必须是客观的,而且这种利益应该是可以实现的利益。

(三)保险利益原则的含义

所谓保险利益原则是指在签订和履行保险合同的过程中,投保人或被保险人对保险标的必须具有保险利益,如果投保人对保险标的不具有保险利益,保险合同无效;或者保险合同生效后,投保人或被保险人失去了对保险标的的保险利益,保险合同也随之失效。

(四)保险利益的适用时限

一般情况下,在保险合同的有效期内,保险利益始终存在,并未发生转移或灭失,保险合同才有效。但是也有例外情况。

1. 财产保险保险利益的例外

各国习惯上对海上保险中的保险利益要求有所变通,在保险合同订立时不一定严格要求投保人必须对财产具有保险利益,但保险事故发生时被保险人对保险标的必须具有保险利益,否则就不能取得保险赔偿。这种规定主要是为了应对国际贸易实务的要求。

2. 人身保险保险利益的例外

对于人身保险的保险利益,国际上也有一些灵活的规定。保险人着重强调签约时投保人对保险标的具有保险利益,至于保险事故发生时是否存在,并不影响保单的效力和保险金的给付。这种规定主要是因为人身保险合同一般期限较长,在保险期限之内,由于事物的发展变化,投保人与被保险人的关系很可能发生变化,如果严格地遵守保险利益原则,对投保人是不公平的,也是不现实的。

二、保险利益原则的意义

保险利益原则要求投保人或被保险人在保险合同的订立和履行过程中,对保险标的必须具有保险利益,否则合同是非法或无效的。规定保险利益原则的意义主要在于:

1. 避免赌博行为的发生

如果投保人对保险标的无任何利害关系,容易使某些怀有不良动机的投保人在订立保险合同以后故意制造保险事故,或者纵容保险事故的发生,以谋取保险赔偿或保险金给付。如果投保人对保险标的具有保险利益,参加保险是为了获得经济保障,即使保险事故发生了,也只能获得损失补偿,而不能额外获利。因此保险利益原则可有效防止道德风险的发生。

2. 防止道德风险的诱致

保险不是赌博,保险与赌博的主要区别之一就是保险要求投保人或被保险人对保险标的必须具有保险利益,否则,保险将变为赌博。

3. 限制损失赔偿金额

保险利益是保险人根据保险合同对被保险人经济损失所能补偿的最高限定。在财产保险合同中,赔偿应以保险利益为依据,被保险人所主张的赔偿金额不得超过其对保险标的所具有的保险利益。否则,被保险人可以因较少的损失而获得较大的赔偿额,对超过保险利益部分,同样会导致道德风险。所以,保险利益原则可以防止被保险人通过保险取得额外利益。

三、财产保险的保险利益

(一)保险利益的认定

财产保险的保险利益主要产生于投保人或被保险人对保险标的的各项权利和义务。它主要包括现有利益、期待利益和责任利益等。

1. 现有利益

现有利益是投保人或被保险人对保险标的现在正享有的利益,包括所有利益、占有利益、抵押利益、留置利益、债权利益等,是保险利益最为常见的形态。

2. 期待利益

期待利益又称希望利益,是指通过现有利益而合理预期的未来利益,如盈利收入利益、租金收入利益、运费收入利益等。

3. 责任利益

责任利益主要针对责任保险而言,是指民事赔偿责任的不发生而享有的利益。

(二)狭义财产保险的保险利益

1. 财产所有人的保险利益

财产所有人对其财产具有保险利益,包括这一财产为个人所有和与他人共有两种情况。财产所有人对与他人共有的财产的保险利益以其对财产所有的份额为限。

2. 债权人的保险利益

债权人因债权关系对财产有利害关系,所以其对财产有保险利益。但是债权人对保险标的所具有的保险利益以其对财产具有的债权为限。

3. 财产受托人或保管人的保险利益

财产受托人或保管人的保险利益来自法律责任。财产的受托人或保管人对某项财产的安全负有责任,那么,如果该财产受损即要负法律责任,所以他对该项财产具有保险利益。

4. 合同产生的保险利益

由于合同关系,当事人一方或双方对合同的标的物具有保险利益。

(三)责任保险的保险利益

被保险人在生产经营、业务活动以及日常生活中,因疏忽或过失造成他人人身伤害或财产损失的,按照法律规定对受害人应当承担民事赔偿责任。民事赔偿责任一旦发生,便会给被保险人带来经济上的损失,因此被保险人对这种民事赔偿责任具有保险利益。

(四)信用与保证保险的保险利益

信用与保证保险的保险标的是一种信用行为。在经济合同中因义务人不履行合同,致使权利人受到经济损失,可以通过投保信用、保证保险由保险人承担经济赔偿责任。权利人对于义务人的信用具有保险利益,保险人承担的是一种信用风险。

四、人身保险的保险利益

(一)人身保险保险利益的确定原则

人身保险合同的保险利益与财产保险合同的保险利益有很大的不同,它具有一定的特殊性。因为人的生命和身体是不能作为商品来买卖的,其价值或利益也不能用货币来计算和估价,因此不能以确定的经济利益作为判断投保人对被保险人是否具有保险利益的衡量标准。在人身保险合同中,判断投保人对被保险人是否具有保险利益只能以人与人的关系为基础,而不同于在财产保险合同中是以人与物的关系为基础来判断投保人对保险标的是否具有保险利益。

在确定人身保险合同的投保人是否对被保险人具有保险利益所采用的原则上,世界各国的立法规定是有所差异的。

1. 利益原则

英国、美国等国采用的是利益原则。利益原则又称利害关系原则,是根据投保人与被保险人之间存在不存在利害关系来确定是否具有保险利益。这种原则认为只要投保人对被保险人的存在具有精神和物质幸福,被保险人的死亡或伤残会造成投保人痛苦和经济损失,有着利害关系存在就具有保险利益。

2. 同意原则

日本、德国、瑞士等国采用同意原则,同意原则又称承认原则,主张投保人只要征得被保险人的同意或承认,就对被保险人的生命或身体具有保险利益。

3. 法定原则

法定原则是通过法律列明一定范围的亲属关系,或者规定一定的法律关系,投保人只要与被保险人具有法律所列明范围的亲属关系或规定的法律关系,便可以认为对被保险人具有保险利益。

4. 混合原则

混合原则是将以上几种确认方式相结合,既规定一定的亲属范围,又规定应取得被保险人的同意来确认投保人对被保险人是否具有保险利益。

(二)人身保险保险利益的表达方式

在关于人身保险保险利益的表达方式上,各国立法一般采取定义式或列举式这两种表达方式。所谓定义式,就是在立法中对保险利益这一概念下一个定义,凡是符合这一定义的,便被认为具有保险利益。英美法系国家的立法对人身保险、海上保险的保险利益均采取定义式表达。

列举式则是在立法中对依法具有保险利益的情况逐一列举出来,凡是属于列举范围的均有保险利益,反之则不具有保险利益。大陆法系国家的立法对人身保险的保险利益多采用列举式表达。

(三)我国人身保险的保险利益的确定原则与表达方式

我国的保险立法在确认人身保险的保险利益原则上,采取了限制家庭成员关系范围并结合被保险人同意的方式,事实上是一种混合原则,而保险利益的表达方式则采用了列举式。

我国《保险法》第31条规定,投保人对下列人员具有保险利益:

(1)本人。

(2)配偶、子女、父母。

(3)前项以外与投保人有抚养、赡养或者扶养关系的家庭其他成员、近亲属。

在民法理论上,一般扶养有广义和狭义两种解释,广义的解释是指一定亲属间相互供养和扶助的法定权利义务关系,没有身份和亲等的区别,是赡养、扶养和抚养的统称。狭义的扶养则专指平辈亲属间的尤其是夫妻间依法发生的经济供养和生活扶助权利义务关系。抚养一般是指尊亲属对卑亲属的供养和扶助,即长辈对晚辈的权利义务关系,如父母对子女等,而赡养则一般是指晚辈对长辈的亲属供养权利义务关系,如子女对父母等。我国现行婚姻法规定,扶养仅指夫妻和兄弟姐妹间的供养扶助关系,采用狭义概念。而父母对子女,祖父母、外祖父母对孙子女、外孙子女的供养责任称为抚养,而子女对父母,孙子女、外孙子女对祖父母、外祖父母就称为赡养。

(4)与投保人有劳动关系的劳动者。

(5)除前款规定外,被保险人同意投保人为其订立合同的,视为投保人对被保险人具有保险利益。

第二节 最大诚信原则

一、最大诚信原则的含义及应用的目的

(一)最大诚信原则的含义

诚信是世界各国立法对民法、商事活动的基本要求,具体来说,就是要求当事人对另一方当事人不得隐瞒、欺骗,做到诚实;任何一方当事人都应善意地、全面地履行自己的义务,做到守信用。由于保险市场是最典型的信息不对称市场,保险人对保险标的的非控制性和保险的专业性,使保险经营活动具有特殊性,保险活动中对诚信原则的要求更为严格,要求做到最大诚信,即要求保险双方当事人在订立与履行保险合同的整个过程中要做到最大化的诚实信用。

最大诚信原则的基本含义是:保险双方在签订和履行保险合同时,必须保持最大的诚意,互不欺骗和隐瞒,恪守合同的承诺,全面履行自己应尽的义务。否则,将导致保险合同无效,或承担其他法律后果。

(二)应用最大诚信原则的目的

保险经营活动的特殊性决定了保险活动必须坚持最大诚信原则,最大诚信原则的运用有利于保险人、投保人和保险业的健康发展。

1. 有利于解决保险经营中信息不对称问题

所谓信息不对称是指当事一方对自己的认知远远高于另一方对他的了解。保险经营尤其如此,对于保险人而言,投保人转嫁的风险性质和大小直接决定着其能否承保与如何承保。然而保险标的是广泛且复杂的,作为风险承担者的保险人却远离保险标的,而且有些标的难以实地勘查,而投保人对其保险标的的风险及有关情况却最为清楚。因此,保险人主要也只能根据投保人的告知与陈述是否属实来决定是否承保、如何承保以及确定费率,于是要求投保人基于最大诚信原则履行告知义务。对投保人而言,由于保险合同条款的专业性与复杂性,一般难以理解与掌控,对保险人使用的保险费率是否合理、承保条件及赔偿方式是否苛刻难以了解。而且保险合同是附和性的合同,投保人只有对保险合同做出取舍的权利,而不能和保险人就保险合同的内容进行协商,因此,投保人主要根据保险人为其提供的条款说明来决定是否投保,于是也要求保险人基于最大诚信原则履行其应尽的各项义务。

2. 有利于解决保险合同的附和性与射幸性可能带来的道德风险

由于保险合同是附和合同,保险人应履行其对保险条款的告知与说明义务。另外保险合同又是典型的射幸合同。由于保险人所承保的保险标的的风险事故是不确定的,而投保人购买保险仅支付较少的保费,保险标的一旦发生保险事故,被保险人所能获得的赔偿或给付标准是保费支出的数十倍甚至数百倍。因此就单个保险合同而言,保险人承担的保险责任已远远高于其所收的保费,倘若投保人不诚实、不守信,将引发保险事故,陡然增加保险赔款,使保险人无法承担而无法永续经营,最后将严重损害广大投保人或被保险人利益。

3. 基于保险产品特殊性的需要

保险产品是无形产品,尤其是人身保险产品是将无生命的产品赋予生命的意义。永续经

营、永续服务是其特有的职能,诚信便是其生命意义的组成部分。

4. 满足客户购买的心理安全需求

保险的需求是一种潜在的需求,保险是客户不需要时购买为需要时使用,寿险购买的还是一份期望、一份尊严、一份生活品质。特别需要保险人用诚信满足客户的心理安全需要,以减少客户的心理成本。

二、最大诚信原则的主要内容

最大诚信原则的内容主要通过保险合同双方的诚信义务来体现,具体包括投保人或被保险人如实告知的义务及保证义务,保险人的说明义务及弃权和禁止反言义务。

(一)投保人或被保险人的义务

1. 如实告知义务

(1)如实告知义务的含义。如实告知义务又称据实说明义务、如实披露义务。告知是指投保人在订立保险合同时对保险人的询问所作说明或者陈述,包括对事实的陈述、对将来事件或者行为的陈述以及对他人陈述的转述。如实告知是指投保人的陈述应当全面、真实、客观、不得隐瞒或者故意不回答,也不得编造虚假情况来欺骗保险人。如实告知义务为投保人订立保险合同时必须履行的基本义务,构成诚信原则的重要方面,但是如实告知义务不是投保人和保险人意思表示一致而产生的义务,而是保险法直接规定的合同前义务,不构成保险合同的内容。

(2)如实告知的主体。《保险法》第16条第1款规定:订立保险合同,保险人就保险标的或者被保险人的有关情况提出询问,投保人应当如实告知。这一条款明确规定了投保人的如实告知义务,投保人是当然的主体;至于被保险人是否具有同样的义务,我国保险法没有明文规定,但是在人身保险中当投保人与被保险人不是同一人时,投保人对被保险人的健康状况很难清楚地了解,若被保险人不负如实告知的义务,必将大量地增加合同风险,甚至出现难以防范的道德风险,其将危及到保险行业的稳定发展。

(3)如实告知的内容。告知的目的是使保险人能够准确地了解与保险标的危险状况有关的重要事实。重要事实是指能够影响一个正常的谨慎的保险人决定是否接受承保或者据以确定保险费率或者是否在保险合同中增加特别约定条款的事实。

投保人所应如实告知的重要事实通常包括下列四项:一是足以使被保险人危险增加的事实;二是为特殊动机而投保的,有关这种动机的事实;三是表明被保险危险特殊性质的事实;四是显示投保人在某方面非正常的事实。具体到每份保险合同,重要事实的范围又会依其保险种类的不同而各异。

(4)违反如实告知的法律后果。《保险法》第16条规定:投保人故意隐瞒事实,不履行如实告知义务的,或者因重大过失未履行如实告知义务,足以影响保险人决定是否同意承保或者提高保险费率的,保险人有权解除保险合同。投保人故意不履行如实告知义务的,保险人对于保险合同解除前发生的保险事故,不承担赔偿或者给付保险金的责任,并不退还保险费。投保人因重大过失未履行如实告知义务,对保险事故的发生有严重影响的,保险人对于保险合同解除前发生的保险事故,不承担赔偿或者给付保险金的责任,但应当退还保险费。

从以上规定可以看出,保险法对投保人在故意和过失两种心态下违反如实告知义务的法律后果作了不同的规定。

2. 保证义务

保证又称担保,指投保人或被保险人对某些特定事项如为一定行为、不为一定行为或某特定事项的真实性向保险人所做的担保。保证是保险合同的基础,投保人或被保险人违反保证,保险人有权解除合同。

保证分为明示保证和默示保证。明示保证是指在保险合同中记载的保证事项,需要投保人或被保险人明确作出承诺;默示保证是指投保人或被保险人对于某一特定事项虽未明确表示担保其真实性,但该事项的真实存在是保险人决定承保的依据,并成为保险合同的内容之一。我国保险法对保证没有作明文规定,但是在保险实务中有承诺保证的做法。

(二)保险人的义务

1. 保险人的明确说明义务

《中华人民共和国合同法》第39条规定:"采取格式条款订立合同的,提供格式条款的一方应当遵循公平原则确定当事人之间的权利和义务,并采取合理的方式提请对方注意免除或者限制其责任的条款,按照对方的要求,对该条款予以说明。"《保险法》第17条规定:订立保险合同,采用保险人提供的格式条款的,保险人向投保人提供的担保单应当附格式条款,保险人应当向投保人说明保险合同的条款内容。保险合同中有关保险人责任免除条款的,保险人在订立保险合同时应当向投保人明确说明,未明确说明的,该条款不产生效力。

从以上法律规定可以看出,保险人的说明义务是法定义务,不允许保险人以合同条款的方式予以限制和免除。任何情况下保险人均有义务在订立保险合同前向投保人详细说明保险合同的各项条款,并针对投保人有关保险合同条款的提问作出直接真实的回答,就投保人有关保险合同的疑问进行正确的解释。

2. 弃权与禁止反言义务

(1)弃权。弃权是指保险合同当事人放弃自己在合同中可以主张的某项权利。弃权可以分为明示弃权和默示弃权,其中明示弃权可以采用书面或者口头形式。默示弃权是指当事人若未明确表示放弃某项权利的意图,但从其言语或行为中可以明确推断其有放弃权利的意图。一般保险人弃权应当符合两个条件:一是保险人有弃权的意思表示;二是保险人知道有权利存在,如果保险人不知道有违背约定义务的情况及因此可享有抗辩权或者解约权,其作为或不作为不得视为弃权。

(2)禁止反言。禁止反言是指保险人放弃某项权利后,不得再向投保人或被保险人主张这种权利。禁止反言的基本功能是要防止欺诈行为,以维护公平、公正,促成双方当事人之间本应达到的结果。在保险合同中,只要订立合同时,保险人放弃了某种权利,合同成立后便不能反悔。

弃权和禁止反言主要是约束保险人的,这些规定要求保险人对其行为及其代理人在授权范围内的行为负责,以防止对投保人或被保险人的利益造成侵害,维护投保人和被保险人的权益,有利于保险合同当事人地位的平等,但我国保险法没有明确规定保险人应当承担弃权与禁止反言的义务。

三、最大诚信原则在我国保险法中的体现

最大诚信原则作为《保险法》的一个基本原则,贯穿于保险法的始终,指导着保险司法,是保险合同当事人和关系人在保险活动中必须遵守的最基本行为准则,适用于保险活动的订立、

履行、解除、理赔、条款解释、争议处理等各个环节,其在保险法中的具体体现有:

(一)关于保险活动当事人应当遵循诚实信用原则的规定

《保险法》第5条规定:"保险活动当事人行使权利、履行义务应当遵循诚实信用原则。"

(二)关于保险合同当事人说明告知义务的规定

《保险法》第16条规定:"订立保险合同,保险人就保险标的或者被保险人的有关情况提出询问,投保人应当如实告知。投保人故意或因重大过失履行前款规定的如实告知义务的,足以影响保险人决定是否同意承保或者提高保险费率的,保险人有权解除保险合同。投保人故意不履行如实告知义务的,保险人对于保险合同解除前发生的保险事故,不承担赔偿或者给付保险金的责任,并不退还保险费。投保人因重大过失未履行如实告知义务,对保险事故的发生有严重影响的,保险人对于保险合同解除前发生的保险事故,不承担赔偿或者给付保险金的责任,但应当退还保险费。保险事故是指保险合同约定的保险责任范围内的事故。"

(三)关于保险人向投保人明确说明责任免除条款的规定

《保险法》第17条规定:"对保险合同中免除保险人责任的条款,保险人在订立保险合同时应当在投保单、保险单或者其他保险凭证上作出足以引起投保人注意的提示,并对该条款的内容以书面或者口头形式向投保人明确说明;未作提示者或未明确说明的,该条款不产生效力。"

保险合同一般都是格式合同,保险作为一种社会服务商品,投保人与被保险人是以购买者与消费者的身份参加保险的。对购买者与消费者的权益,法律所能提供的最有力保护,在于使其享受到他本来希望得到的服务。在保险活动中,要让投保人充分了解到他所购买的保险服务能否提供给他需要的保险保障,最有效的办法之一是限制保险人不适当免除责任的行为,即要求保险人遵循最大诚信原则,明确履行说明义务。如果订立保险合同时保险人未向投保人明确地说明保险人在何种情况下免责,并使投保人明了的,那么保险合同中关于保险人免责的条款将不产生法律效力。

(四)关于维护保险标的安全基本规则的规定

《保险法》第51条规定:"被保险人应当遵守国家有关消防、安全、生产操作、劳动保护等方面的规定,维护保险标的的安全。保险人可以按照合同约定对保险标的的安全状况进行检查,及时向投保人、被保险人提出消除不安全因素和隐患的书面建议。投保人、被保险人未按照约定履行其对保险标的安全应尽的责任的,保险人有权要求增加保险费或者解除合同。保险人为维护保险标的的安全,经被保险人同意,可以采取安全预防措施。"

(五)关于保险标的危险程度增加时被保险人通知义务的规定

《保险法》第52条规定:"在合同有效期内,保险标的的危险程度显著增加的,被保险人应当按照合同约定及时通知保险人,保险人可以按照合同约定增加保险费或者解除合同。""被保险人未履行前款规定的通知义务的,因保险标的危险程度显著增加而发生的保险事故,保险人不承担赔偿保险金的责任。"

第三节 近因原则

在保险中,损失原因的确定对于决定保险人是否应当承担保险合同所规定的保险责任是至关重要的。保险人对保险合同项下赔付责任的履行,既不完全取决于是否发生了承保风险,也不完全取决于是否产生了承保损失,而是取决于在符合保险合同规定的前提下,承保风险与承保损失之间的因果关系。《1906年英国海上保险法》规定：保险人对以承保危险为近因的损失承担赔偿责任，对承保风险非近因造成的损失不承担赔偿责任。我们把保险中确定损失原因的这一原则称为近因原则，虽然近因原则不是保险所专有的原则，但是它却是保险中一个十分重要的基本原则。

一、近因原则的含义

近因，是指引起保险损失最直接、最有效、起主导作用或支配作用的原因，而不一定是在时间上或空间上与保险损失最近的原因。

近因原则，是指保险赔付以保险风险为损失发生的近因为要件原则，即在风险事故与保险标的损失关系中，如果近因属于保险风险，保险人应负赔付责任；近因属于不保风险，则保险人不负赔偿责任。

保险中的近因原则是经过几个世纪才被普遍接受的。近因理论是确定保险中损失原因和损失结果之间关系的一种理论，它既有利于保险人，也有利于被保险人。对保险人来说，他只负责赔偿承保危险作为近因所造成的损失，对于承保危险为远因所造成的损失不承担赔偿责任，避免了保单项下不合理的索赔；对被保险人来说，它可以防止保险人以损失原因是远因为借口，解除保单项下的责任，不承担承保危险所造成的损失。

二、近因原则的应用

只有当同时存在的几个致损原因，损失可能归咎于其中任何一个原因时，通常才需要使用近因原则。当存在几个致损原因时，它们可能同时发生作用，也可能顺序发生。当几个致损原因顺序发生时，那么顺序发生的原因从最初的原因到最终的损失是连续不断的，或者是另一种情况，几种致损原因顺序上的中断，使最初的原因和最终的损失相分离。在这种情况下，一定存在着新的干预原因，它的力量使链状的因果关系中断。当几种原因联合造成一种损失，其中一个或几个原因属于承保范围内的原因，而其他则不是。那么，重要的是确定一个标准，根据这个标准可以找出最有效的原因，排除其他原因，决定到底是哪个原因造成损失。

（一）单一原因致损情况下的近因认定及处理

单一原因致损，即造成保险标的损失的原因只有一个，那么，这个原因就是近因。若这个近因属于保险责任，保险人承担赔偿责任；若该项近因属于非保险责任或除外责任，则保险人不承担赔偿责任。

（二）多种原因同时致损情况下的近因认定及处理

多种原因同时致损，即各种原因的发生无先后之分，并且对损害结果的形成都有直接与实质的影响效果，那么，原则上它们都是损失的近因。至于是否承担保险责任，可以分为三种不同的情况。

1. 多种原因均属于保险责任或除外责任

如果多种原因都属于承保责任，保险人就应当按照保险合同履行对被保险人的赔偿责任；如果多种原因都属于除外责任，保险人则不承担任何赔偿责任。

2. 多种原因中，一些属于承保责任，一些属于非承保责任

多种原因中，一些属于承保责任，一些属于非承保责任，即保单未明确规定的除外责任。那么，保险人在一般情况下要对全部损失承担赔偿责任。

在一个案例中,保单承保仅由火灾造成的直接和意外灭失或损害,承保车辆是一辆油罐车,在一个寒冷的冬天运送燃油,为了使燃油能够顺利流出,油罐使用了加热装置,但是加热装置未能在规定的时间关闭,结果油罐内随着燃油减少产生了燃油蒸气,燃油蒸气燃烧,而后发生爆炸,造成车辆损失。由于保单中并未将爆炸明示列为除外责任,法庭判定火灾为损失的近因,保险人承担赔偿责任。

3. 多种原因中,一些属于承保责任,一些属于除外责任

多种原因中,一些属于承保责任,一些属于除外责任,又有两种不同情况。

(1)属于除外责任的原因和属于承保责任的原因相互依存。如果多种原因同时发生并且都是近因,其中一些属于承保责任,而另一些属于保单明示规定的除外责任时,而这两种原因又相互依存,没有另一种原因,任何一种原因都不会单独造成损失,此时,除外责任优于承保责任,保险人对全部损失不承担赔偿责任。

(2)属于除外责任的原因和属于承保责任的原因相互独立。如果多种原因同时发生并且都是近因,其中一些属于承保责任,而另一些属于保单明示规定的除外责任时,而这两种原因又相互独立,任何一种原因都会单独造成损失,那么,保险人对于承保危险所造成的损失承担赔偿责任。

(三)多种原因连续发生致损情况下的近因认定及处理

多种原因连续发生,即各原因依次发生,持续不断,且具有前因后果的关系。若损害是由两个以上原因所造成,且各原因之间的因果关系未中断,那么最先发生并造成一连串事故的原因为近因。如果该近因为保险责任,保险人应负责赔偿损失,反之不负责。

(1)连续发生的原因都是被保风险,保险人赔偿全部损失。

(2)连续发生的原因中含有除外风险或未保风险,这又可以分为以下两种情况:

①若前因是被保风险,后因是除外风险或未保风险,并且后因是前因的必然结果,保险人对损失负全部责任。

②若前因是除外风险或未保风险,后因是被保风险,并且后因是前因的必然结果,保险人对损失不负责任。

(四)多种原因间断发生致损情形下的近因认定及处理

在一连串连续发生的原因中,有一项新的独立的原因介入,导致损失。若新的原因为被保风险,保险人承担损失赔偿或给付责任;反之,保险人不承担损失赔偿或给付责任。

第四节 损失补偿原则

一、损失补偿原则的含义

损失补偿原则是指在保险标的遭受保险责任范围内的损失时,保险人应按照合同规定,以货币形式补偿被保险人所受的损失,或者以实物赔偿,或修复原标的。无论以哪种形式赔偿,应能、也只能使被保险人在经济上恢复到受损前同等状态。

损失补偿原则体现了保险的宗旨,确保被保险人通过保险可以获得经济保障,同时又可防止被保险人利用保险不当得利,从而保证保险事业健康、有序地发展。

损失补偿原则主要适用于财产保险以及其他补偿性保险合同。

二、损失补偿原则的基本内容

损失赔偿原则的具体内容有:

(一)赔偿被保险人遭受的实际损失

被保险人的财产遭受保险责任范围内的损失后,保险人应对被保险人的实际损失给予赔偿。

1. 被保险人对保险标的具有保险利益才能获得赔偿

按照保险利益原则,只有对保险标的具有保险利益,投保人才能与保险人订立保险合同。如果在保险合同的履行过程中,由于情况发生变化,保险事故发生时,被保险人的保险利益不存在了,则不能获得赔偿。

2. 被保险人遭受的损失只有在保险责任范围之内,才能获得赔偿

被保险人遭受的损失只有在保险责任范围之内,才能获得赔偿;如果被保险人的损失并非保险责任范围内的原因所致,就不能获得保险赔偿。

3. 被保险人遭受的损失必须能用价值来衡量

被保险人遭受的损失必须能用价值来衡量;如果被保险人遭受的损失不能用价值衡量,也就谈不上赔偿。

(二)损失赔偿方式

被保险人参加保险的目的就是获得经济保障,所以保险人只要保证被保险人的经济损失能够得到补偿就行了,至于赔偿方式,保险人有权进行选择。保险人可以选择的损失赔偿方式主要有以下三种:

1. 货币赔偿

被保险人的损失可以用价值来衡量,所以保险人可以通过审核被保险人的损失价值,支付相应价值的货币。

2. 恢复原状

当被保险人的财产遭受损失时,保险人可以出资把损坏的部分修好,使保险标的恢复到受损前的状态。

3. 换置

如果被保险人损毁的财产是实物,保险人可以赔偿给被保险人与被损毁财产同等规格、型号、性能的财产。

(三)赔偿限制

保险人对赔偿金额有一定限度,有以下四个标准:

1. 以实际损失为限

实际损失是根据损失当时财产的实际价值来确定的,而财产的价值与市场价值有关,所以实际损失的确定通常要根据损失当时财产的市场价值来确定。当投保财产遭受保险责任范围内的损失时,保险人按照保险合同规定承担赔偿责任,其支付的保险赔款,不得超过被保险人的实际损失。

例如,一台电视机投保时的市价是 2 000 元,保险金额也是 2 000 元,而遭受损失时的市价是 1 500 元,则只能获得 1 500 元的赔偿。

2. 以保险金额为限

保险金额是保险人承担赔偿责任的最高限额,所以保险赔偿不能超过保险金额,只能低于

或等于保险金额。

例如,某幢建筑物按实际价值100万元投保,因火灾遭受全部损失,损失当时市场房价上涨,该建筑物的市价是120万元,此时虽然被保险人的实际损失是120万元,但是由于保险金额是100万元,所以,保险人只能以保险金额为限,赔付100万元。

3. 以保险利益为限

保险利益是保险保障的最高限度,保险赔款不得超过被保险人对遭受损失的财产所具有的保险利益。

例如,在抵押贷款中,借款人为取得60万元的贷款而将价值100万元的房子抵押给贷款人,贷款人为了保证贷款的安全,将抵押品房子投保财产保险,由于贷款人对该房子只有60万元的保险利益,所以,当房子遭受损失时,保险人只能根据保险利益最多赔偿被保险人60万元。

4. 以上述3种情形中最小的一项为限

(四)损失补偿原则的例外

损失补偿原则虽然是保险的一项基本原则,但是在保险实务中有一些例外的情况。

1. 人身保险

由于人身保险的保险标的是无法估价的人的生命或身体机能,其保险利益也是无法估价的,当被保险人发生伤残、死亡等事件,对其本人及家庭所带来的经济损失和精神上的痛苦是无法用货币来衡量的,保险金只能在一定程度上帮助被保险人及其家庭缓解由于保险事故的发生所带来的经济困难,帮助其摆脱困境,给予精神上的安慰,所以人身保险合同不是补偿性合同,而是给付性合同。保险金额是根据被保险人的需要并结合其支付保险费的能力来确定的,当保险事故或保险事件发生时,保险人按双方事先约定的金额给付。所以,损失补偿原则不适用于人身保险。

2. 定值保险

定值保险是指保险合同双方当事人在订立保险合同时,约定保险标的的价值,并以此确定为保险金额,视为足额投保。当保险事故发生时,保险人不论保险标的损失当时的市价如何,均按损失程度十足赔付。在这种情况下,保险赔偿可能超过实际损失,因此定值保险是损失补偿原则的例外。运输货物保险常常采用定值保险,因为出险地点不固定,各地的市价也不一样,如果按照损失当时的市价损失,不仅比较麻烦,而且容易引起纠纷,所以运输货物保险通常采用定值保险的方式。

3. 重置价值保险

重置价值保险是指以被保险人重置或重建保险标的所需费用或成本确定保险金额的保险。一般财产保险是按照保险标的的实际价值投保,发生损失时,按实际损失赔付,使受损财产恢复到原来的状态,由此恢复被保险人失去的经济利益。但是,由于通货膨胀、物价上涨等因素,有些财产即使按实际价值足额投保,保险赔款也不足以进行重置或重建。为了满足被保险人对受损的财产进行重置或重建的需要,发生损失时,按重置费用或成本赔付。这样就可能出现保险赔款大于实际损失的情况,所以,重置价值保险是损失补偿原则的例外。

4. 施救费用的赔偿

保险合同通常规定,保险事故发生时,被保险人有义务积极抢救保险标的,防止损失进一步扩大。被保险人抢救保险标的所支出的合理费用,由保险人负责赔偿,并且保险人承担的数额在保险标的的损失赔偿金额以外另行计算,最高不超过保险金额的数额。这样保险人实际上承担了两个保险金额的补偿责任,显然扩展了损失补偿的范围和额度,这也是损失补偿原则的例外。目的主要是为了鼓励被保险人积极抢救保险标的,减少社会财富的损失。

三、损失补偿原则的派生原则

(一)代位求偿原则

1. 代位求偿原则的含义

代位求偿原则是指按照保险合同的规定,对保险标的的全部或部分损失履行赔偿义务后,有权取得被保险人的地位,向对保险标的的损失负有责任的第三人进行追偿。保险人的这种权利称为代位求偿权。

2. 代位求偿权产生的条件

代位求偿权产生必须具备下列三个条件:第一,第三方对于保险标的所造成的损失必须符合保险合同规定的保险责任范围;第二,保险责任的形成必须是由第三方所造成的;第三,保险人必须首先向被保险人履行赔偿责任。保险人在行使代位求偿权的过程中所获得的超出其向被保险人履行赔偿责任的金额必须返还给被保险人,即保险人不能运用代位求偿权而获得超出其所承担的实际赔偿责任的利益。

3. 被保险人在代位追偿中的权益范围

(1)被保险人在代位追偿中的权利。即使保险人行使代位求偿权,也不影响被保险人就未取得保险人赔偿的部分,向第三者请求赔偿的权利。

(2)被保险人在代位追偿中的义务。被保险人已经从第三者取得损失赔偿的,保险人将在赔偿保险金时,相应地扣减被保险人已获得的赔偿金额;保险人未赔偿保险金之前,被保险人未与保险人商量,便放弃向第三者请求赔偿权利的,保险人将不承担赔偿保险金责任;保险人向被保险人赔偿保险金后,被保险人未经保险人同意,放弃向第三者请求赔偿权利的,被保险人的行为无效;由于被保险人的过错,致使保险人难以行使代位求偿权的,保险人将相应扣减保险赔偿金;在保险人行使代位求偿权时,被保险人应尽量协助保险人,如向保险人提供必要的文件,提供所知道的有关情况等。

(二)委付原则

1. 委付的概念

委付,是指在发生保险事故造成保险标的的推定全损时,被保险人明确表示将该保险标的的一切权利转移给保险人,而请求保险人赔偿全部保险金额的法律行为。委付是海上保险所独有的具体理赔方式。

推定全损,是指发生保险事故,船舶、货物及运费等保险标的遭受部分损失,而尚未达到实际全损的一种状态或程度。

2. 行使委付权的条件

(1)保险标的必须推定全损。委付当且仅当适用于推定全损。推定全损是委付权也即推定全损请求权的先决条件。只有在推定全损实际存在的情况下才产生委付权,被保险人才可按全部损失向保险人请求赔偿。

(2)被保险人应在法定时间内向保险人提出书面委付申请即委付通知书。委付通知,是被保险人向保险人发出的被保险人放弃财产,交由保险人处置的提示。对投保人或被保险人,委付是一种权益,因此,应有意思表示以示其权利的行使。

(3)委付必须适用于保险标的整体。委付具有不可分性,必须适用于保险标的整体。为了确定委付的法律效力,委付不得保留,即不得仅就保险标的的一部分(受损部分)申请委付,而对另一部分不适用委付。

(4)委付具有单纯性。被保险人必须将保险标的的一切权利转移给保险人,并不得附加条件。委付是解决保险标的损失的简捷方法,不宜附加条件,否则,徒增当事人纠葛。再者,附加条件可能扰乱双方之间的对价关系。因此,法律禁止保险人只接受财产权利而不接受财产义务;或被保险人只委付财产义务而不委付财产权利,如就失踪船舶申请委付而要求船舶有着落时归被保险人所有;或相互约定其他委付条件。

(5)委付须经保险人承诺接受或判决才能生效。委付非单独行为,须经保险人承诺接受或判决才能生效。因此,被保险人发出委付通知后,委付并不当即成立生效,委付必须得到保险人的同意才能成立,才能发生效力,保险人可以接受保险委付。保险人接受委付后产生相应法律后果。

(三)重复保险分摊原则

1. 重复保险分摊原则的含义

重复保险的分摊原则是指投保人对同一标的、同一保险利益、同一保险事故分别向两个以上保险人订立保险合同的,才构成重复保险,其保险金额的总和往往超过保险标的的实际价值。发生事故时,按照补偿原则,不能由几个保险人同时赔偿实际保险金额,只能由这几个保险人根据不同比例分摊此金额,以免造成重复赔款。

2. 重复保险的分摊方式

分摊原则是指在重复保险情况下,被保险人所能得到的赔偿金由各保险人采用适当的方法进行分摊。在实际运用中,保险人如何对损失后的赔款进行分摊的方法主要有以下三种:

(1)比例责任制。比例责任制又称保险金额比例分摊制,是各保险人按各自单独承保的保险金额占总保险金额的比例来分摊保险事故损失的方式。计算公式如下:

$$\frac{某保险人承担}{的赔偿责任}=\frac{该保险人的保险金额}{所有保险人的保险金额总和}\times 实际损失$$

(2)责任限额制。责任限额制也称赔款比例分摊制,是指保险人承担的赔偿责任以单独承保时的赔款额作为分摊的比例而不是以保额为分摊的基础。计算公式为:

$$\frac{某保险人承担}{的赔偿责任}=\frac{该保险人单独承保时的赔款金额}{所有保险人单独承保时的赔款金额的总和}\times 实际损失$$

(3)顺序责任制。顺序责任制也称顺序责任方式,是根据投保人投保的时间顺序确定保险公司的赔偿顺序,首先由先承保的保险公司对被保险人提供赔偿,如果先承保的保险公司对被保险人的赔偿额不足以弥补被保险人的损失,则由其后承保的保险公司继续赔偿,直至被保险人的损失得到足额的赔偿为止。在顺序责任方式中,每一个保险公司索赔时都不考虑重复保险的情况,即都按照单独承保的情况进行赔付,但是一旦赔偿总金额达到了被保险人的损失额,保险赔偿即终止。

本章小结

1.保险利益原则。保险利益原则是保险特有的原则,它强调了保险利益在保险合同的签订和履行过程中的重要性。保险利益必须是合法的、确定的和经济上的利益。

2. 最大诚信原则。最大诚信原则也是保险的基本原则之一。它要求保险的双方当事人在签订和履行保险合同的过程中必须保持最大限度的诚意,恪守信用,互不欺骗和隐瞒。最大诚信原则的基本内容有告知、保证、弃权与禁止反言。

3. 近因原则。近因原则是在保险理赔过程中必须坚持的原则。所谓近因,是指引起保险标的损失的直接的、最有效的、起决定作用的因素,它直接导致了保险标的的损失,是促使损失结果的最有效的或起决定作用的原因。如果引起保险事故发生、造成保险标的损失的近因属于保险责任,则保险人承担损失赔偿责任;如果近因属于除外责任,则保险人不负赔偿责任。

4. 损失补偿原则。损失补偿原则也是保险的基本原则。损失补偿原则是指在保险标的遭受保险责任范围内的损失时,保险人应按照合同规定,以货币形式补偿被保险人所受的损失,或者以实物赔偿,或修复原标的。无论以哪种形式赔偿,应能、也只能使被保险人在经济上恢复到受损前同等状态。损失补偿原则体现了保险的宗旨,确保被保险人通过保险可以获得经济保障,同时又可防止被保险人利用保险不当得利,从而保证保险事业健康、有序地发展。损失补偿原则主要适用于财产保险以及其他补偿性保险合同。损失补偿原则的派生原则包括代位求偿原则、委付和重复保险分摊原则。

关键术语

保险利益　最大诚信　告知　保证　重要事实　弃权与禁止反言　近因　损失补偿　代位求偿　委付　重复保险　推定全损

思考练习题

1. 简述运用保险利益原则的重要意义。
2. 财产保险与人身保险的保险利益在保险合同订立和履行过程中有什么不同?
3. 保险中运用最大诚信原则的目的是什么?
4. 简述最大诚信原则的基本内容。
5. 举例说明近因原则的运用。
6. 损失补偿原则的含义是什么?
7. 分析保险人代位求偿权产生的条件。
8. 分析委付的构成要件。

第六章 财产保险

> **本章要点**
> 1. 财产保险的概念、特点和作用
> 2. 财产保险的险种
> 3. 财产保险的实务

第一节 财产保险概述

一、财产保险的概念

财产保险是指以各种财产物资及其有关利益为保险标的,以补偿投保人或被保险人的经济损失为基本目的的一种社会化的经济补偿制度。

根据业务经营范围的不同,可以将财产保险分为广义的财产保险和狭义的财产保险。广义的财产保险包括各种财产损失保险、责任保险和信用保证保险,狭义的财产保险仅指各种财产损失保险。本章的财产保险是指狭义的财产保险。

财产保险是商业保险业务的重要组成部分。财产保险通过对各种财产风险进行专业化和社会化的管理,已成为保障社会经济发展、安定人民生活的一种重要的经济补偿制度。

二、财产保险的特点

(一)保险标的是有形财产

财产保险承保的保险标的一般都是实际存在并且可以用货币计量的物质财产,如房屋、机器设备、汽车、货物,等等。

(二)投保人、被保险人、受益人高度一致

财产保险与人身保险不同。财产保险的投保人同时又是被保险人,在财产因遭受保险事故而损失时,投保人(被保险人)还可以作为当然的受益人要求领取保险赔偿金。人身保险中的投保人、被保险人、受益人往往不一致。投保人、被保险人、受益人可以是一个人,也可以是两个人或三个人。

(三)经营管理十分复杂

财产保险涉及的保险标的种类繁多,如机动车辆、企业财产、运输货物、建筑工程、船舶,等等。不仅要了解这些财产本身的特点,还要重视风险评估、核报、费率厘定、防灾防损等工作,这就需要保险人具备多方面的专业知识。

(四)单个财产保险关系具有不等性

财产保险人在经营保险业务时,遵循收支相等的基本原则,即保险人所收取的纯保险费与所承担的保险责任是对应的。就财产保险合同总体而言,财产保险人所收取的纯保险费,最终都要以保险赔偿金的形式返还给被保险人。但就单个合同而言,财产保险合同是否履行要取决于保险事故发生与否,只有那些发生了保险事故的被保险人才能得到赔偿。对于那些在保险期限内没有发生保险事故的被保险人,保险合同将自然终止,他们在保险期间得到了保险人的承诺,获得了安全感。

三、财产保险的种类

按照保险标的不同,财产保险可分为:

(一)火灾保险

火灾保险是以存放在固定场所并处于相对静止状态的财产物资及其有关利益为保险标的,由保险人承担被保险财产遭受保险事故损失的经济赔偿责任的一种保险。

(二)海上保险

海上保险是现代保险的起源。它是以保险标的风险发生于海上而命名的一种传统的保险业务,又称为水险。其主要险种有海上货物运输保险和远洋船舶保险。

(三)运输保险

运输保险是以处于流动状态下的财产物资为保险标的的保险。其包括运输货物保险和运输工具保险。

(四)工程保险

工程保险是以各种工程项目为承保对象的保险。按照保险市场上的承保惯例,可以把工程保险分为建筑工程保险、安装工程保险、船舶工程保险和高科技工程保险。

(五)农业保险

农业保险是指为农业生产者在从事种植业和养殖业的生产和初加工过程中,遭受自然灾害或意外事故所造成的损失提供经济补偿的一种保险制度。农业保险一般分为种植业保险和养殖业保险。

四、财产保险的作用

(一)能够补偿被保险人的经济利益损失,维护社会再生产的顺利进行

财产保险作为一种经济补偿机制,在自然灾害和意外事故发生时,对遭受损失的经济单位进行及时的经济补偿,使经济单位能够迅速恢复生产和生活,保证生产经营的连续进行,从而有利于国民经济有计划、按比例地协调发展。

(二)有利于提高整个社会的防灾减损意识,使各种灾害事故的发生及危害后果得到有效控制

通过建立财产保险制度,形成了一支专门从事财产风险管理的队伍。保险人为了提高保险效益,必然高度重视参加保险的各类财产和利益的防灾防损工作,因此,财产保险的发展客观上使社会防灾防损工作得到了强化,有利于减少社会总财富的损失。

(三)有利于创造公平的竞争环境,维护市场经济的正常进行

市场经济是自由竞争的经济,灾害事故的发生往往会造成不公平竞争,如由于灾害事故的

发生会打乱企业的生产计划，使企业丧失竞争能力。通过参加财产保险，企业可以将灾害事故这种不确定的风险转移出去，保证生产的正常进行。

（四）有利于安定城乡居民的日常生活，稳定社会秩序

自20世纪90年代以来，我国居民家庭财富迅速增加的同时，面临的风险也在加大。一旦遭灾受损，只能依靠政府救济和亲友扶持等，无法从根本上解决受灾后的重建问题，以致陷入到新的贫困当中去。通过参加财产保险，发生保险事故导致财产遭受损失后，由保险人进行补偿，能有效地减少政府救灾的压力，维护灾区的稳定和灾区居民正常的生产和生活。

第二节 火灾保险

一、火灾保险的概念

火灾保险是以存放在固定场所并处于相对静止状态的财产物资及有关利益为保险标的，由保险人承担被保险财产遭受保险事故损失的经济赔偿责任的一种保险。

早期的火灾保险只承保单一的火灾风险，承保对象仅限于不动产。随着社会经济的不断发展，各种物质财产的逐渐增多，面临的风险不断增加，产生了对火灾以外其他风险进行转移的巨大需求，火灾保险的承保范围迅速扩大，从单一的火灾风险逐渐扩展到各种自然灾害和意外事故，承保标的也扩展到各种动产与不动产。火灾保险经过多年的发展，目前已经成为财产保险的主干险种之一。

二、火灾保险的特征

火灾保险的基本特征表现在以下几个方面：

（一）保险标的是处于相对静止状态的财产

火灾保险的保险标的是各种固定资产和流动资产。无论是厂房、机器设备或是原材料，都有相对固定的坐落地址。

（二）财产坐落地址不得随意变动

火灾保险承保财产的坐落地址不同，周围的环境不同，财产的风险评估会有较大的差别，因此，火灾保险中一般规定未经保险人的同意，被保险人不得随意变动投保财产的坐落地址，否则会影响保险合同的效力。

（三）承保风险不断扩大

火灾保险最初只承保单一火灾风险所导致的直接损失，现在则扩展到与火灾相关的雷击、爆炸等风险以及保险单列明的自然灾害和其他意外事故造成的保险财产的直接损失，甚至还包括像利润中断这样的间接损失。

三、火灾保险的种类

火灾保险的主要险种可以分为以下三种：

（一）财产保险基本险

财产保险基本险是以投保人存放在固定场所并处于相对静止状态下的财产为保险标的，承担财产面临的基本风险责任的保险。

(二)财产保险综合险

财产保险综合险与基本险在很多方面都比较相似,只是在保险责任和除外责任方面有较大的不同。

(三)家庭财产保险

家庭财产保险以城乡居民家庭或个人、外国驻华者个人及其家庭的自有财产、代他人保管财产或与他人共有财产为承保对象的保险。具体的保险标的有:衣着用品、床上用品;家具、用具、室内装修物;家用电器、文化娱乐用品;农村家庭的农具、工具;经被保险人与保险人特别约定,并且在保险单上载明,属于与他人共有的财产。家庭财产保险分为普通型家庭财产保险和还本型家庭财产保险。普通型家庭财产保险期限为一年,还本型家庭财产保险的保险期限为一年及以上。

四、火灾保险的内容

(一)财产保险基本险和综合险的适用范围

财产保险基本险和综合险适用于一切企业、事业单位和机关团体以及法人组织。企业包括工业、商业、物资、建筑、交通运输业、饮食服务业等;事业单位包括各类学校、科研院所、医院、文化艺术团体等;机关团体和法人组织包括行政、司法、立法机关,以及政协、党派、工会、妇女和共青团等组织。

(二)财产保险基本险和综合险的保险标的

1. 下列财产在保险标的范围以内

(1)属于被保险人所有或与他人共有而由被保险人负责的财产;

(2)由被保险人经营管理或替他人保管的财产;

(3)其他具有法律上承认的与被保险人有经济利害关系的财产。

2. 下列财产非经被保险人与保险人特别约定,并在保险单上载明,不在保险标的范围以内

(1)金银、珠宝、钻石、玉器、首饰、古币、古玩、古书、古画、邮票、艺术品、稀有金属等珍贵财物;

(2)堤堰、水闸、铁路、道路、涵洞、桥梁、码头;

(3)矿井、矿坑内的设备和物资。

3. 下列财产不在保险标的范围以内

(1)土地、矿藏、矿井、矿坑、森林、水产资源以及未经收割或收割后尚未入库的农作物;

(2)货币、票证、有价证券、文件、账册、图表、技术资料、电脑资料、枪支弹药以及无法鉴定价值的财产;

(3)违章建筑、危险建筑、非法占用的财产;

(4)在运输过程中的物资;

(5)领取执照并正常运行的机动车辆;

(6)牲畜、禽类和其他饲养动物。

(三)财产保险基本险的承保风险

1. 火灾

火灾指在时间上和空间上失去控制的燃烧所造成的灾害。

美国的法院将火分为敌意之火和友善之火。敌意之火指超出了一定的范围,在不该燃烧的地方燃烧。友善之火指为了一定的目的,在一定范围内故意点燃的有用之火。在一定的条件下,友善之火可能转化为敌意之火,如放火烧荒过程中引发山林大火。火灾的构成条件有三个:

(1)有燃烧现象,即有热有光有火焰;
(2)偶然、意外发生的燃烧;
(3)有蔓延扩大的趋势。

2. 雷击

雷击是指雷电造成的灾害。雷电是积雨云中、云间或云地之间产生的放电现象。雷击分为直接雷击和感应雷击。

3. 爆炸

爆炸包括化学反应或物理性质的原因所引起的表现为气体急剧膨胀而产生的巨大声响与压力。爆炸往往会引发火灾,火灾有时也会引起爆炸。因物体本身的瑕疵,使用损耗或产品质量低劣以及由于内部承受"负压"(内压比外压小)造成的损失,不属于爆炸责任。

4. 被保险人拥有财产所有权的自用的供电、供水、供气设备因保险事故遭受损坏,引起停电、停水、停气以致造成保险标的直接损失

保险人承担这部分的责任是有条件的:①必须是被保险人拥有财产所有权或与其他单位共用的供电、供水、供气设备。②限于因保险事故造成的三停损失。③仅限于对被保险人的机器设备、在产品和贮藏物品等保险标的损坏或报废负责。

5. 在发生保险事故时,为抢救保险标的或防止灾害蔓延,采取合理的必要的措施而造成保险标的损失

6. 保险事故发生后,被保险人为防止或者减少保险标的损失采取施救措施而支出的必要的和合理的费用

(四)财产保险综合险的承保风险

除上述基本险责任以外,综合险还承保以下风险:

1. 暴雨

暴雨指每小时降雨量达16毫米以上,或连续12小时降雨量达30毫米以上,或连续24小时降雨量达50毫米以上。

2. 洪水

洪水指山洪暴发、江河泛滥、潮水上岸及倒灌致使保险标的遭受浸泡、冲散、冲毁等损失。但规律性的涨潮、自动灭火设施漏水和水暖管爆裂造成的损失不属于洪水责任。

3. 台风

台风指中心附近最大平均风力12级或以上,即风速在32.6米/秒以上的热带气旋,一般以当地气象部门的认定等级为赔偿依据。

4. 暴风

暴风指风速在28.3米/秒,即风力等级表中的11级风。我国保险条款的暴风责任通常扩展到8级风,即风速在17.2米/秒即构成暴风责任。

5. 龙卷风

龙卷风是一种范围小而时间短的猛烈旋风。陆地上平均风速一般在79～103米/秒,极端

最大风速在 100 米/秒以上。

6. 雪灾

雪灾指每平方米积雪量超过建筑结构荷载规定的标准而出现的压垮建筑物及其建筑物内财产造成保险标的的损失。

7. 雹灾

雹灾指冰雹降落造成的损失。

8. 冰凌

气象部门称为凌汛，指春季江河解冻时期冰块漂浮遇阻，堆积成坝，堵塞河道，造成水位急剧上升，致使冰凌、河水溢出河道，漫延成灾。另外，酷寒致使物体上结成冰块，成下垂形状，越结越厚，重量增加，由于下垂拉力导致物体损坏也属冰凌责任。凌汛一般发生在从低纬度流向高纬度的河流上。春季低纬度的河段先解冻，高纬度的河段后解冻，导致凌汛发生。我国黄河内蒙古段即经常发生凌汛。

9. 泥石流

泥石流指山地大量泥沙、石块随着暴雨或冰雪融化所形成的冰水大量流出。

10. 崖崩

崖崩指石崖、土崖受自然风化、雨蚀而崩塌，或山上岩石滚落，或大雨时山上沙土透湿而崩塌。

11. 突发性滑坡

突发性滑坡指斜坡上不稳的岩体或土体或人为堆积物在重力的作用下突然整体向下滑动。

12. 地面突然塌陷

地面突然塌陷指地壳因为自然变异，地层收缩而发生的塌陷和地下孔穴、矿穴所致的突然塌陷。对因地基不牢固或未按建筑施工要求导致地基下沉、裂缝、倒塌所致损失不在保险范围以内。

13. 飞行物体及其他空中运行物体坠落

凡是空中飞行或运行物体的坠落，如飞机、人造卫星、陨石坠落、吊车运行时发生的物体坠落都属于保险责任。因人工开凿或爆炸而致石方、石块、土方飞射、塌下而造成保险标的损失，以及建筑物倒塌、倒落、倾倒所致损失均可以由保险人先赔偿、后追偿。

(五)财产保险基本险的附加条款

财产保险基本险的附加条款主要有：

1. 附加暴风、暴雨、洪水保险条款

附加暴风、暴雨、洪水保险主要承保因暴风、暴雨、洪水而造成的保险财产的损失。

2. 附加盗抢保险条款

附加盗抢保险条款承保保险财产在保险单所载明的放置场所内，由于遭受外来的、有明显盗抢痕迹，并经公安部门证明确系盗抢行为所致的财产丢失、损毁或污损的直接损失，保险人负责赔偿。

3. 附加雪灾、冰凌保险条款

该附加险主要承保因下列原因造成的保险财产的损失：第一，降雪量超过国家规定的荷载标准；第二，凌汛期间，水流不畅，水位上涨或升高，致使江河水及冰块溢出堤坝；第三，积雪在物体上结成冰块,重量和下垂拉力加大。以下原因造成保险财产损失的,保险人不负责赔偿:第一,冰雪溶化后,形成山洪和水灾;第二,冰冻灾害。

4. 附加泥石流、崖崩、突发性滑坡保险条款

该附加险主要承保因下列原因造成保险财产的损失:第一,石崖、土崖、岩石受自然风化、雨蚀、崩裂下塌;第二,斜坡上不稳定的岩体或土体在重力作用下突然整体向下滑动;第三,大雨或冰水使山体泥沙、石块透湿发生的崩塌或突然爆发的泥石流。

5. 附加雹灾保险条款

该险种主要承保气象部门认定的雹灾造成保险财产的损失。

6. 附加水暖管爆裂保险条款

该险种主要承保被保险人自有的水暖管火灾、爆炸、雷击、飞行物体及其他空中运行物体坠落、高压、碰撞、严寒、高温造成水暖管爆裂,致使水暖管本身损失以及其他保险财产遭受水淹、浸湿、腐蚀的损失。

下列原因造成保险财产的损失,保险人不负责赔偿:第一,水暖管因年久失修、腐蚀变质以及未采取必要的防护措施;第二,水暖管安装、检修、试水、试压。

7. 附加破坏性地震保险条款

该附加险主要承保直接因破坏性地震(由国家地震部门最终测定的里氏震级在4.7级及其以上且裂度达6度以上的地震)震动或地震引起的海啸、火灾、爆炸及滑坡所致的保险财产的损失。

(六)火灾保险的除外责任

1. 基本险的除外责任

(1)战争、敌对行为、军事行动、武装冲突、罢工、暴动。

(2)被保险人及其代表的故意行为或纵容所致。

(3)核反应、核子辐射和放射性污染。

(4)地震、暴雨、洪水、台风、暴风、龙卷风、雪灾、雹灾、冰凌、泥石流、崖崩、突发性滑坡、水暖管爆裂、抢劫、盗窃。

(5)保险标的遭受保险事故引起的各种间接损失。其主要指停工、停业期间支出的工资、各项费用、利润损失及因财产损毁导致的有关收益的损失,如旅馆的房租收入,被保险人与他人签订的合同因保险灾害事故不能履约所需承担的经济赔偿责任等。

(6)保险标的本身缺陷、保管不善导致的损毁,保险标的变质、霉烂、受潮、虫咬、自然磨损、自然损耗、自燃、烘焙所造成的损失。这些损失均属人为的非意外损失,保险人不负责赔偿。

(7)由于行政行为或执法行为所致的损失。各级政府或各级执法机关下令破坏保险标的所致的损失属于非常性的行政行为,一般是从国家、社会整体利益出发或者维护更大的利益,避免更大的损失所作出的决策。不属于保险承保的意外、偶然的灾害事故风险范畴,故此类损失不属于保险责任。

(8)其他不属于保险责任范围的损失和费用。财产保险基本险承担的保险责任为列明的风险责任,而且责任免除各款不可以列举完全,因此凡不是保险条款保险责任项下列举的灾害事故损失、费用等都属于除外责任,保险人一概不负赔偿责任。

2. 综合险的除外责任

(1)战争、敌对行为、军事行动、武装冲突、罢工、暴动。

(2)被保险人及其代表的故意行为或纵容所致。
(3)核反应、核辐射和放射性污染。
(4)保险标的遭受保险事故引起的各种间接损失。
(5)地震所造成的一切损失。
(6)保险标的本身缺陷、保管不善导致的损毁,保险标的变质、霉烂、受潮、虫咬、自然磨损、自然损耗、自燃、烘焙所造成的损失。
(7)堆放在露天或罩棚下的保险标的以及罩棚由于暴风、暴雨造成的损失。
(8)由于国家行政执法行为所致的损失。
(9)其他不属于保险责任范围内的损失和费用。

(七)保险金额

1. 固定资产保险金额的确定

固定资产保险金额应分项确定:

(1)按照固定资产的账面原值确定保险金额。账面原值是指在建造或购置固定资产时所支出的货币总额。这种方式一般在固定资产入账时间较短、市场价值变化不大的情况下采用。

(2)按照固定资产的账面原值加成数确定保险金额。这种方式主要用于固定资产市场价值变化较大的企业财产保险业务,以此来抵御通货膨胀对固定资产的实际价值可能造成的贬值影响。一般加成不宜过高,否则容易形成超额保险。

(3)按照固定资产重置价值确定。重置价值是指重新购置或重建某项财产所需支付的全部费用。按重置价值确定保险金额,可以使被保险人的损失得到足额补偿,但也容易引发道德风险。

2. 流动资产保险金额的确定

流动资产是指在企业的生产经营过程中,经常改变其存在状态的那些资产项目,即能在一年内或者超过一年的一个营业周期内变现或耗用的资产,包括现金、各种存款、短期投资、应收及预付款项、存货、待摊费用和其他流动资产等项目,但保险人承保的流动资产实际上只能是具有实物形态和具有一定价值的财产,只能是投保人或被保险人的物化流动资产。从上列流动资产项目中,我们可以看到,具有实物形态的财产只有存货与待摊费用两项,因此,存货与待摊费用两个应构成企业财产保险流动资产的可保财产。

流动资产保险金额的确定方式,包括如下两种:

(1)总量法:是指以流动资产总体为保险标的以确定保险金额的方法;这种方法具有简便易行、易于操作的特点,其依据为"资产负债表"。具体分为两种:①由被保险人按最近12个月的账面平均余额确定保险金额;最近12个月账面平均余额是指从投保月份往前推12个月的流动资产的账面余额的平均数。据此确定流动资产的保险余额,可实现保险金额与物化流动资产价值在时间分布上的相对接近。流动资产的账面余额应当按取得时的实际成本核算。②由被保险人自行确定;如被保险人可以按最近12个月任意月份的账面余额确定保额;也可以按最近账面余额(即投保月份上月的流动资产账面余额)确定保额。

(2)单项法:单项是相对于总量而言的,是指以流动资产的一项或几项为保险标的以确定保险金额的方法;这种方法具有较灵活、被保险人可自愿选择的特点。

此外,账外财产和代保管财产可以由被保险人自行估价或按重置价值法确定保额。

(八)保险期限

火灾保险的保险期限一般为一年,到期后应及时续保。

(九)保险费率

1. 火灾保险费率厘定时应考虑的因素

(1)建筑结构和建筑等级。建筑结构是指建筑物中由承重构件(梁、柱、墙、楼盖等)组成的体系,用以承受作用在建筑物上的各种负荷。建筑结构不同,房屋的抗风险能力亦不同。按主要承重结构材料不同,可以分为五大类:土木结构、砖木结构、砖混结构、钢筋混凝土结构、钢结构。按建筑结构承重方式不同,可以分为四大类:墙承重式、骨架承重式、内骨架承重式、空间结构承重式。

(2)占用性质。占用性质指建筑物的使用性质,建筑物的使用性质不同,费率也会有较大的差别。

(3)承保风险的种类。在其他条件一样的前提下,承保的风险越多,保险费率就越高。如综合险的费率就要高于基本险的费率。

(4)地理位置。保险标的所处的地理位置不同,面临的风险会有较大的差别。如山区会有泥石流、滑坡等风险,沿江沿海会有洪水风险和台风风险,北方容易发生雪灾,南方容易发生洪涝灾害。

2. 保险费率的分类

我国火灾保险的费率分为财产保险基本险费率、综合险费率和家庭财产保险费率三大类,它们均采取固定级差费率制度。财产保险基本险和综合险的费率还应根据业务性质分为工业类、仓储类和普通类,每一类别又可以分为不同的档次。保险费率按一年期、以千分率计算。

(十)赔偿处理

火灾保险中,保险财产发生保险责任范围内的损失,保险人按照固定资产、流动资产、账外财产和代保管财产分别计算赔款。

1. 固定资产赔偿金额的计算

(1)全部损失。受损财产的保险金额等于或高于出险时重置价值的,其赔偿金额以不超过出险时重置价值为限;受损财产的保险金额低于出险时重置价值的,其赔款不得超过该项财产的保险金额。

(2)部分损失。受损保险标的的保险金额等于或高于出险时重置价值的,按实际损失计算赔偿金额;受损财产的保险金额低于出险时重置价值的,应根据实际损失或恢复原状所需修复费用乘保险金额与出险时重置价值的比例计算赔偿金额。

$$赔款 = \frac{保险金额}{出险时重置价值} \times 实际损失或修复费用$$

2. 流动资产(存货)赔偿金额的计算

(1)全部损失。受损财产的保险金额等于或高于出险时账面余额的,其赔偿金额以不超过出险时账面余额为限;受损财产的保险金额低于出险时账面余额的,其赔偿金额不得超过该项财产的保险金额。

(2)部分损失。受损保险标的保险金额等于或高于账面余额,按实际损失计算赔偿金额;受损财产的保险金额低于账面余额,应根据实际损失或恢复原状所需修复费用乘保险金额与出险时账面余额的比例计算赔偿金额。

$$赔款 = \frac{保险金额}{出险时账面余额} \times 实际损失或修复费用$$

3. 账外财产和代保管财产赔偿金额的计算

（1）全部损失。受损财产的保险金额等于或高于出险时重置价值或账面余额的，其赔偿金额以不超过出险时重置价值或账面余额为限；受损财产的保险金额低于出险时重置价值或账面余额的，其赔款不得超过该项财产的保险金额。

（2）部分损失。受损保险标的的保险金额等于或高于出险时重置价值或账面余额的，按实际损失计算赔偿金额；受损财产的保险金额低于出险时重置价值或账面余额的，应根据实际损失或恢复原状所需修复费用乘保险金额与出险时重置价值或账面余额的比例计算赔偿金额。

$$赔款 = \frac{保险金额}{出险时重置价值或账面余额} \times 实际损失或受损财产恢复原状所需修复费用$$

以上赔款计算公式所遵循的原则是一致的，保险标的损失均指某项独立的财产发生的损失，如果保险金额低于出险时重置价值或账面余额，应适用比例分摊赔偿方式。固定资产、流动资产（存货）、账外财产和代保管财产的赔偿金额应根据会计明细账、卡分项计算。赔偿金额分别以各项财产的出险时重置价值或账面余额为最高限额。

第三节　海上保险

一、海上保险的概念

海上保险是现代保险的起源。它是以保险标的的风险发生于海上而命名的一种传统的保险业务，又称为水险。

英国 1906 年的《海上保险法》把海上保险定义为：海上保险是合同法律行为，是保险人向被保险人承诺，当被保险人遭遇海上损失及海上运输过程中发生了损失时，依据约定的条款和补偿数额，由保险人赔偿被保险人损失。

《中华人民共和国海商法》规定，海上保险合同是指保险人按照约定，对被保险人遭受保险事故造成保险标的的损失和产生的责任负责赔偿，而由被保险人支付保险费的合同。

应当说，海上保险体现了一定的法律关系，双方当事人都应严格遵守合同所约定的所有事项。

二、海上保险的特征

海上保险是伴随着海上贸易的迅速发展而发展起来的。经过多年的发展，海上保险形成了自己独有的特征，主要表现在以下几个方面：

（一）国际性

海上保险区别于其他财产保险的重要标志之一就是它的国际性。海上运输保险标的范围往往突破国界，因此面临的风险与陆上财产保险有显著的不同，不仅承保触礁、搁浅、火灾、爆炸等风险，也承保战争、罢工、海盗等特殊风险。此外，海上保险的条款、费率及经营都要受到国际惯例和有关国际规则的制约。

（二）单独立法

海上保险是所有险种中第一个通过立法来规范的保险业务，并且采取单独立法的形式，例如英国 1906 年的《海上保险法》，专门用来规范海上保险的发展。我国海上保险的法律规范是在《中华人民共和国海商法》中体现，而非在《中华人民共和国保险法》中体现。

(三)保险责任较广

海上保险不仅承保各种海上自然灾害和意外事故所致的损失风险，还承保碰撞责任风险。承保范围不仅限于海上风险，还包括陆上的部分风险。

三、海上保险的种类

(一)海上货物运输保险

1. 保险标的

海上货物运输保险是以海洋运输过程中的各种货物为保险标的的保险。

2. 保险责任

海上货物运输保险的主要险种分为平安险、水渍险和一切险。

(1)平安险的保险责任。

①保险货物在运输途中由于恶劣气候、雷电、海啸、洪水等自然灾害造成保险货物全部损失或推定全损。

②由于运输工具搁浅、触礁、沉没、互撞，与流冰或其他物体碰撞以及失火、爆炸等意外事故造成货物的全部或部分损失。

③在运输工具已经发生搁浅、触礁、沉没、焚毁等意外事故情况下，货物在此前后又在海上遭受恶劣气候、雷电、海啸等自然灾害所造成的全部或部分损失。

④在装卸或转运时由于一件或整件货物落海造成的全部或部分损失。

⑤被保险人对遭受承保责任范围内危险的货物采取抢救、防止或减少货物损失的措施所支付的合理费用，并以不超过该批货物的保险金额为限。

⑥共同海损的牺牲、分摊和救助费用。

⑦运输工具遭遇海难后，在避难港由于卸货所产生的损失以及在中途港、避难港由于卸货、存仓以及运送货物所产生的特别费用。

⑧运输合同中订有"船舶互撞责任条款"，根据该条款应由货方偿还船方的损失。

(2)水渍险的保险责任。水渍险的保险责任在平安险责任范围之外，包括自然灾害造成的部分损失。

(3)一切险的保险责任。一切险的保险责任除了平安险和一切险的保险责任之外，还负责保险货物在运输途中由于外来原因所致的全部或部分损失。

3. 除外责任

(1)被保险人的故意行为或过失所致损失。

(2)属于发货人所致的损失。

(3)在保险责任开始前，货物已存在的品质不良或数量短差所致损失。

(4)货物的自然损耗、本质缺陷、特性及市场价格的跌落，以及由于运输延迟所致的损失或费用。

(5)海上货物运输战争和罢工险条款规定的责任范围和除外责任。

4. 保险金额

海上货物运输保险采用定值保险方式，保险金额一般按照货物价值确定。货物价值包括货物本身的成本、运费和保险费三部分。

(1)货物以 CIF 价格条件成交的,保险金额按照 CIF 价格加成 10% 计算。

(2)货物以 C&F 成交的,先将 C&F 价格换算为 CIF 价格,然后加成 10% 计算保险金额,换算公式为:CIF=C&F/[1−(1+加成率)×保险费率]。

(3)货物以 FOB 价格成交的,保险金额=FOB 价×(1+运费率)/(1−保险费率)。

5. 保险费率和保险费

海上货物运输保险的保险费率分为一般货物保险费率和指明货物保险费率两大类。影响费率的因素主要有:运输船舶;运输方式;货物的性质与包装;运输航线;投保险别;装卸港口的管理及装卸设备的好坏;保险期间的长短;贸易习惯等。

(1)货物以 CIF 价格成交的,保险费=CIF 价格×110%×保险费率。

(2)货物以 C&F 成交的,先将 C&F 价格换算为 CIF 价格,保险费=CIF 价格×110%×保险费率。

(3)货物以 FOB 价格成交的,保险费=保险金额×保险费率。

6. 附加险

(1)一般附加险。

①偷窃、提货不着险:保险人对被保险货物因被偷窃,以及被保险货物运抵目的地后整件未交的损失承担保险责任。但是,被保险人对于偷窃行为所致的货物损失,必须在提货后 10 天内申请检验,而对于整件提货不着,被保险人必须取得责任方的有关证明文件,保险人才予以赔偿。

②淡水、雨淋险:承保货物在运输途中由于淡水或雨水造成的损失,包括船上淡水舱、水管漏水以及舱汗所造成的货物损失。不过,保险人承担赔偿责任,要求被保险人必须在知道发生损失后的 10 天内申请检验,并要以外包装痕迹或其他证明为依据。

③短量险:对被保险货物在运输过程中,因包装破裂或散装货物发生数量损失或重量短缺的损失进行赔偿,但不包括货物在途中的正常损耗。被保险人对于包装货物的短少,应当提供外包装发生破裂现象的证明;对于散装货物,则以装船重量和卸船重量之间的差额作为计算短量的依据。

④混杂、玷污险:承保被保险货物在运输过程中,因与其他物质接触而被玷污或混进了杂质,影响货物质量所造成的损失。

⑤渗漏险:承保流质、半流质、油类货物在运输途中因容器损坏而引起的渗漏损失,以及用液体储运的货物(如酱渍菜等)因液体渗漏引起货物腐烂变质造成的损失。

⑥碰损、破碎险:承保被保险货物在运输过程中,因震动、碰撞、受压造成货物破碎和碰撞的损失。

⑦串味险:承保被保险货物因在运输过程中配载不当而受其他物品影响,引起的串味损失。一般用于易发生串味损失的食品、粮食、茶叶、中药材、香料、化妆品等货物。

⑧受热、受潮险:承保被保险货物在运输过程中,因气温骤变或船上通风设备失灵等原因使船舱内水汽凝结、发热或发潮导致的损失。

⑨钩损险与锈损险:钩损险承保被保险货物(一般是袋装、箱装或捆装货物)在运输过程中用钩子装卸,致使包装破裂或直接钩破货物所造成的损失及其对包装进行修理或调换所支出的费用。锈损险承保被保险货物在运输过程中由于生锈而造成的损失。在海上保险实务中,

保险人一般不承保裸装金属材料的锈损险。

⑩包装破裂险:承保被保险货物在运输过程中因搬运或装卸不慎造成包装破裂所引起的货损,以及因继续运输安全的需要修补或调换包装所支出的费用。

(2)特别附加险。

①交货不到险:承保自被保险货物装上船舶时开始,在6个月内不能运到原定目的地交货所致的损失。不论何种原因造成交货不到,保险人都按全部损失予以赔偿,但是,被保险人应将货物的全部权益转移给保险人,因为造成交货不到的原因并非运输上的,而是某些政治原因(如被另一国在中途港强迫卸货等),所以,被保险人在投保该险别时必须获得进口货物所有的一切许可手续,否则投保该险是无效的。同时,由于该附加险与提货不着险和战争险所承保责任范围有重叠之处,故保险人在条款中一般规定,提货不着险和战争险项下所承担的责任,不在交货不到险的保险责任范围之内。

②进口关税险:承保被保险货物受损后,仍需要在目的港按完好货物缴纳进口关税而造成相应货损部分的关税损失。但是,保险人对此承担赔偿责任的条件是货物遭受的损失必须是保险单承保责任范围内的原因造成的。进口关税险的保险金额根据本国进口税率确定,并与货物的保险金额分开,在保险单上另行列出。而保险人在损失发生后,对关税损失部分的赔付以该保险金额为限。投保进口关税险,往往是针对某些国家规定的进口货物不论是否短少、残损均需按完好价值纳税而适用的。

③舱面险:承保装载于舱面的货物被抛弃或海浪冲击落水所致的损失。一般来讲,保险人确定货物运输保险的责任范围和厘定保险费时,是以舱内装载运输为基础的。但有些货物因体积大,或有毒性,或有污染性,或根据航运习惯必须装载于舱面,为对这类货物的损失提供保险保障,可以加保舱面货物险。加保该附加险后,保险人除了按基本险责任范围承担保险责任外,还要依舱面货物险对舱面货物被抛弃或风浪冲击落水的损失予以赔偿。由于舱面货物处于暴露状态,易受损害,所以保险人通常只是在"平安险"的基础上加保舱面货物险,以免责任过大。

④拒收险:当被保险货物出于各种原因,在进口港被进口国政府或有关当局拒绝进口或没收而产生损失时,保险人依拒收险对此承担赔偿责任。但是,投保拒收险的条件是被保险人在投保时必须持有进口所需的一切手续(特许证、许可证或进口限额)。如果被保险货物在起运后至抵达进口港之前的期间内,进口国宣布禁运或禁止进口的,保险人只负责赔偿将该货物运回出口国或转口到其他目的地所增加的运费,且以该货物的保险金额为限。同时,拒收险条款还规定:被保险人所投保的货物在生产、质量、包装、商品检验等方面,必须符合产地国和进口国的有关规定。如果因被保险货物的记载错误、商标或生产标志错误、贸易合同或其他文件存在错误或遗漏、违反产地国政府或有关当局关于出口货物规定而引起的损失,保险人概不承担保险责任。

⑤黄曲霉素险:承保被保险货物(主要是花生和玉米等)在进口港或进口地经卫生当局检验证明,其所含黄曲霉素超过进口国限制标准,而被拒绝进口、没收或强制改变用途所造成的损失。该附加险条款规定,经保险人要求,被保险人有责任处理被拒绝进口或强制改变用途的货物或者申请仲裁。

⑥出口货物到香港或澳门存仓火险责任扩展:这是由中国人民财产保险股份有限公司开办的一种特别附加险。它对于被保险货物自内地出口运抵香港(包括九龙)或澳门,卸离运输

工具,直接存放于保险单载明的过户银行所指定的仓库期间发生火灾所受的损失承担赔偿责任。该附加险是一种保障过户银行权益的险种。因为货物通过银行办理押汇,在货主未向银行归还贷款前,货物的权益属于银行,所以在该保险单上必须注明过户给放款银行。相应地,货物在此期间到达目的港的,收货人无法提货,必须存入过户银行指定的仓库。保险单附加该条款的,保险人承担火灾保险责任。该附加险的保险期限,自被保险货物运入过户银行指定的仓库之时起,至过户银行解除货物权益之时,或者运输责任终止时起满30天时止。若被保险人在保险期限届满前向保险人书面申请延期的,在增加缴纳所需保险费后可以继续延长。

(3)特殊附加险。

①战争险:承保战争或类似战争行为导致的货物损失。被保险人必须投保战争险的保险责任包括:第一,直接由于战争、类似战争行为和敌对行为、武装冲突或海盗行为所致的损失。第二,由于上述原因所引起的捕获、拘留、扣留、禁制、扣押所造成的损失。第三,各种常规武器,包括水雷、鱼雷、炸弹所致的损失。第四,由于上述原因所引起的共同海损的牺牲、分摊和救助费用。

②罢工险:承保被保险货物因罢工等人为活动造成损失的特殊附加险。我国保险人对罢工险的保险责任范围包括:第一,罢工者、被迫停工工人或参加工潮暴动、民众斗争的人员的行动所造成的直接损失;第二,任何人的敌意行动所造成的直接损失;第三,因上述行动或行为引起的共同海损的牺牲、分摊和救助费用。

(二)远洋船舶保险

远洋船舶保险是以从事远洋运输的船舶为保险标的的保险,分为全损险和一切险两个险别。

1. 保险标的

远洋船舶保险的保险标的是各种从事远洋运输的船舶及有关利益与责任。

2. 保险责任

(1)全损险的保险责任。其主要承保以下原因造成的船舶全部损失:地震、火山爆发、雷电及其他自然灾害;搁浅、碰撞、触碰任何固定、浮动物体或其他物体以及其他海上灾害;火灾、爆炸;来自船外的暴力盗窃或海盗行为;抛弃货物;非军事用途的核装置或核反应堆发生的故障或意外事故;装卸或移动货物或燃料时发生的意外事故;船舶机件或船壳的潜在缺陷;船长、船员有意损害被保险人利益的行为;船长和引水员、修船人员及租船人的疏忽行为;任何政府当局,为防止或减轻承保风险造成保险船舶损坏引起的污染,所采取的行动。但对于被保险人、船东或其管理人未恪尽职守所致损失不赔。

(2)一切险的保险责任。除承保全损险的所有责任风险所致的全部或部分损失外,还承担以下责任:碰撞责任;共同海损和救助费用;必要、合理的施救费用。

3. 除外责任

远洋船舶保险的除外责任主要有:不适航引起的损失;被保险人及其代表的疏忽或故意行为所致的损失;被保险人恪尽职守情况下应当发现的正常磨损、锈蚀、腐烂或保养不周或材料缺陷,包括不良状态部件的更换与修理;战争险与罢工险项下的保险责任与除外责任。

4. 保险金额

远洋船舶保险的保险金额按照船舶、运费等的保险价值为依据确定。

5. 保险费率与保险费

远洋船舶保险的保险费率通常由船东或其经纪人与保险人协商确定。主要影响费率的因素有:船舶的种类与性能;航行区域;航行季节;船东、船东代表、船长的声誉;承保项目与承保责任范围的大小、有无扩展责任;同类业务以往的损失记录。

(三)保赔保险

保赔保险是由船东们自愿成立的一种互相保险的组织,称为保赔协会。其会员缴纳保险费,共同分担各个会员所应承担的船东责任的损失赔偿额。所以,保赔协会的会员,既是投保人,又是承保人。保赔协会与一般保险人的区别主要是:

(1)一般保险人基本上只承保船壳、机器和船上属具,而保赔协会则承保一般保险人所不承保的有关船舶的风险,主要是船东对第三者的赔偿责任。

(2)一般保险人是专营保险业的经济实体,它以营利为目的,向社会上的被保险人承担保险责任,并收取保险费。而保赔协会则是船东之间相互保险的互助性组织。作为会员的船东之间通过保赔协会,相互投保,又相互提供保险保障,不以营利为目的,也可接受协会以外的船舶投保。

(3)一般保险人出于营利目的,向被保险人提供有偿性的保险保障,按照承保标的的保险价值和承保的保险金额承担有限赔偿责任。它与被保险人之间是一种保险商品交换关系。而保赔协会则是处理船东赔偿责任的专业机构,除了为保证赔偿力和维持必要开支向会员收取保险费外,不追求经营利润,却向会员提供无限的赔偿责任(油污责任例外),所以,它与会员船东的利益是一致的,是一种无偿的保障关系。

四、海上保险的赔偿处理

(一)海上保险赔偿的一般规定

(1)发生保险事故后,被保险人应立即通知保险人,并采取必要、合理的施救措施,以防止或者减少损失。

(2)被保险人应提供与确认保险事故性质和损失程度有关的证明和资料。保险人按照合同的约定支付保险赔偿金。

(3)保险期间内保险标的数次发生保险事故的,即使损失金额超过保险金额,保险人也应当赔偿。对于部分损失后未及时修复发生全部损失的,保险人按照全部损失赔偿。

(4)对于被保险人支出的施救费用以及相关的检验、估价等费用,保险人在保险标的损失之外另行赔偿,并且以保险金额为限。

(5)对推定全损前提下的委付,应由被保险人提出申请。无论保险人是否同意委付,均不影响保险人承担赔偿责任。

(6)对于重复保险下的保险损失,使用比例分摊方式。

(7)当保险标的的损失是由第三者造成时,保险人在赔偿后向第三者追偿,被保险人应协助追偿。

(二)共同海损的理算

海上保险中关于共同海损的理算规则主要有《约克—安特卫普规则》,该规则历经多次修订,已成为各国海运业、保险业普遍遵循的国际准则。1975年由中国国际贸易促进委员会制定颁布的《北京理算规则》以条文简明扼要、通俗易懂的优势,在海损理算中也得到较多的应用。

第四节　运输保险

一、运输保险的概念

运输保险是以处于流动状态下的财产为保险标的的保险,包括运输货物保险和运输工具保险。运输保险在财产保险业中占据着举足轻重的地位,其中的机动车辆保险自20世纪90年代以来已跃升至财产保险第一大险种的地位。

二、运输保险的特征

无论是运输货物保险还是运输工具保险,其共同特点是保险标的均处于流动状态,与火灾保险强调保险标的必须是存放在固定场所和处于相对静止状态有很大的不同。运输保险的特点主要有:

(一)保险标的具有流动性

运输货物保险与运输工具保险承保的对象是货物和各种运输工具,这就使得保险标的及其所面临的风险很难为保险人所控制,有时甚至连被保险人也无法控制。

(二)承保风险具有广泛性

运输货物保险的保险责任除了与火灾保险相同的以外,还包括运输工具在运输过程中发生意外事故所致的货物损失、共同海损费用分摊,等等。运输货物保险的附加险种非常多,货主在投保时可以在主险的基础上选择附加投保若干险种。

运输工具保险包括机动车辆保险、船舶保险、航空保险等。以机动车辆为例,不仅风险较大、难以控制,而且常常异地出险,从而给保险理赔带来很大的不便,因此运输保险的赔案常常需要采用委托查勘理赔的方式来处理。

(三)第三者责任

运输货物保险的保险标的一般直接由承运人控制,货物发生损失后首先被追究责任的是承运人。如果损失是由承运人造成的,则保险人在赔偿被保险人后可以取得代位追偿权。运输工具保险在运行途中一旦发生事故,往往会导致第三者的财产损失和人身伤害,如果属于保险责任范围,保险人就需要承担对第三者的赔偿责任。

三、运输保险的种类

(一)运输货物保险

运输货物保险分为国内运输货物保险和海上运输货物保险。后者在海上保险中已有涉及,因此这里重点介绍国内运输货物保险。

运输货物保险是以运输中的货物为保险标的、承保其因自然灾害或意外事故而遭受损失的一种财产保险。

在运输过程中,货物本身会因为遭受自然灾害和意外事故而受损,另外由于运输工具的原因,以及装货、卸货、转载时工人操作不慎等原因都会导致货物受损。《中华人民共和国合同法》规定:由于以下原因造成货物灭失、短少、变质、污染、损坏的,承运方不承担违约责任:①不可抗力;②货物本身的自然性质;③货物的合理损耗;④托运方或收货方本身的过错。因此,承运人的责任是有限的,而运输货物保险能为运输过程中的货物所面临的风险提供较全面的风险保障。

在我国,运输货物保险是长期稳居机动车辆保险和企业财产保险之后的第三大险种。

1. 保险标的

运输货物保险的保险标的分为一般保险标的、特约保险标的和不保标的三类。绝大多数货物都属于一般保险标的,下列货物属于特约保险标的:

(1)贵重财物。如金银、珠宝、钻石、玉器、首饰、古币、古玩、古书、古画、邮票、艺术品、稀有金属。

(2)鲜活品。如活牲畜、禽鱼类和其他动物,以及水果、蔬菜等。

非法财物、武器弹药等属于不保标的。

2. 保险责任

(1)基本险的保险责任。

①火灾、爆炸、雷电、冰雹、暴风、洪水、海啸、地陷、崖崩、突发性滑坡、泥石流所造成的损失。运输货物保险中所承保的火灾不仅包括一般的意外失火、货物自燃、他人纵火、邻处火灾波及等直接烧毁的货物损失,并且对烟熏、收缴所致的损失负责。

②由于运输工具发生碰撞、出轨或桥梁、隧道、码头坍塌所造成的损失。

③在装货、卸载、转载时因意外事故所致的损失。

④在发生上述灾害、事故时,因施救或保护而造成货物的损失及所支付的必要和合理的费用。

(2)综合险的保险责任。

除了负责基本险的保险责任之外,运输保险还承保以下原因造成的货物损失:

①因受震动、碰撞、挤压而造成的货物破碎、弯曲、折断、凹瘪、开裂、渗漏等损失,以及包装破裂致使货物散失所致的损失。基本险的碰撞责任仅限于运输工具与外界物体碰撞造成的货物损失,综合险的碰撞责任还包括货物与运输工具以及货物与货物之间的碰撞损失。

②液体货物因受震动、碰撞或挤压致使所用容器(含封口)、损坏而渗漏的损失,或用液体保藏的货物因液体渗漏而造成保藏货物腐烂变质的损失。

③遭受盗窃的损失。

④因外来原因提货不着的损失。

⑤符合安全运输规定而遭受雨淋(包括人工降雨、融雪)所致的损失。

3. 除外责任

运输货物保险中下列原因所致的损失保险人不承担赔偿责任:

(1)战争、军事行动、扣押、罢工、哄抢和暴动。

(2)地震。

(3)核反应、核辐射和放射性污染。

(4)保险货物本身的缺陷和自然损耗,以及由于包装不善引起的损失。

(5)投保人或被保险人的故意行为或犯罪行为。

(6)市价跌落、运输延迟所致的损失。

(7)属于发货人责任引起的损失。

(8)由于行政行为或执法行为所致的损失。

(9)其他不属于保险责任范围内的损失。

4. 保险期限

运输货物保险的保险期限一般采用仓至仓条款,即从保险货物运离起运地发货人的最后一个仓库或储存处所时起,至保险单上列明的目的地收货人的第一个仓库或储存处所时止。但保险货物运抵目的地后,如收货人未及时提货,则保险责任最多延迟至以收货人接受《到货通知单》后的 15 天为限。

5. 保险金额

运输货物保险的保险金额通常按照货价或货价加运杂费确定。其中货价是指货物的发票价格,运杂费包括运输费、包装费、搬运费及保险费等。

6. 保险费率

影响运输货物保险费率的因素主要有:运输方式,分为直运、联运、集装箱运输等方式,采用集装箱运输费率最低,采用联运方式费率最高;运输工具,分为火车、汽车、轮船、飞机等,运输工具不同,风险不同,费率当然不同;货物的性质与包装,在实务中,保险人通常将货物分为一般易损货物、易损货物、特别易损货物等等,货物的性质不同,发生危险的可能性不同;运输途程,分为本省、外省、本埠和沿海,并考虑水流和气候因素;保险险别,基本险保险责任最少,综合险保险责任较多,因此在其他条件一定的前提下,基本险的费率要低于综合险的费率。

综合险通常将货物分为一到五类货物,并根据运输方式和运输路线确定不同的费率等级。

7. 保险赔偿

运输货物保险标的往往异地出险,当发生保险事故时,被保险人应及时通知保险人,并承担相应的施救义务。保险人接到报案后会及时派人或委托代理机构进行现场查勘,以确定保险责任。被保险人索赔时应提供以下单证:

(1)保险单(保险凭证)、运单(货票)、提单、发票(货价证明)。

(2)承运人签发的货运记录、普通记录、交接验收记录、鉴定书。

(3)收货单位的入库记录、检验报告、损失清单及救护货物所支付的直接费用单据。

(4)其他有利于保险索赔的单证。

保险人接到索赔单证后,应及时审核是否赔偿及赔偿多少。国内运输货物保险采用不定值保险方式,当货物的保险金额与保险价值不一致时应区别对待。保险金额低于货物价值的,赔偿时以保险金额为限;保险金额高于货物价值时,保险人根据实际损失赔偿,最高以保险金额为限。货物损失后有残值的在理赔时从赔款中扣除。当保险双方就赔偿金额达成一致时,保险人应在 10 天内支付保险赔款。

货物的损失是由第三者(例如承运人责任)造成时,保险人会要求取得代位追偿权,被保险人应协助追偿。

运输货物保险的索赔时效为 2 年。

(二)运输工具保险

运输工具保险是以各种以机器为动力的运载工具为保险标的的保险,包括机动车辆保险、船舶保险、飞机保险等。

1. 机动车辆保险

机动车辆保险是指以汽车、拖拉机、摩托车等各种车辆及其第三者责任为保险标的的运输工具类保险。按照保险责任可划分为车辆损失保险和第三者责任保险;按照保险标的可划分为汽车保险、摩托车保险、拖拉机保险等。

机动车辆保险是财产保险中的第一大险种。近年来机动车辆保险费收入已占财产险保险费收入的 60% 以上。

(1)车辆损失保险。车辆损失保险的保险标的主要有:客车;货车;挂车;油罐车、气罐车、液罐车、冷藏车;起重车、装卸车、工程车、监测车、邮电车、消防车、清洁车、医疗车、救护车;拖拉机;摩托车。

保险责任主要包括碰撞责任和非碰撞责任。碰撞责任是车辆损失保险承保的主要风险责任。非碰撞责任主要承保:保险单上列明的各种自然灾害和意外事故,如火灾、雷击、爆炸等;倾覆;冰陷;雪崩;外界物体倒塌;行驶中平行坠落;载运被保险车辆的渡船遭受自然灾害或意外事故;以及发生保险事故时,被保险人或其允许的合格驾驶员对被保险车辆采取施救、保护措施所支出的合理费用。保险人负责赔偿的最高赔偿限额以车辆损失保险的赔偿限额为限。

影响车辆损失险费率的因素主要有:车辆的使用性质;车辆种类;车辆产地;车辆使用区域;驾驶员特征等。车辆损失险保险费的计算公式为:

$$车辆损失险的保险费 = 基本保险费 + (保险金额 \times 费率)$$

(2)第三者责任保险。机动车辆第三者责任保险承保被保险人或其允许的合格驾驶员在使用被保险车辆的过程中发生意外事故,致使第三者遭受财产损失或人身伤亡,依法应当由被保险人支付的赔偿金额。第三者责任保险承保的是民事损害赔偿责任这样的法律风险,因此保险人通常以赔偿限额的方式控制自己的风险,即规定若干等级的赔偿限额,并按不同的赔偿限额收取固定的保险费。世界上许多国家都把第三者责任保险作为强制责任保险来推行。中国于 2006 年 7 月颁布实施了《机动车交通事故责任强制保险条例》,国家设立了道路交通事故社会救助基金,对道路交通事故当中的受害人进行救助。

商业保险中的第三者责任保险与交通事故第三者责任强制保险(以下简称交强险)的区别主要表现在以下几个方面:一是赔偿原则不同。根据《中华人民共和国道路交通安全法》的规定,对机动车发生交通事故造成人身伤亡、财产损失的,由保险公司在交通事故强制责任保险责任限额范围内予以赔偿。而商业保险中的第三者责任险,保险公司是根据投保人或被保险人在交通事故中应负的责任来确定赔偿责任。二是保障范围不同。除了《机动车交通事故责任强制保险条例》规定的个别事项外,交通事故强制责任保险的赔偿范围几乎涵盖了所有道路交通责任风险。而商业保险中的第三者责任保险,保险公司不同程度地规定有免赔额、免赔率或责任免除事项。三是具有强制性。根据《机动车交通事故责任强制保险条例》规定,机动车的所有人或管理人都应当投保交通事故强制责任保险,同时,保险公司不能拒绝承保、不得拖延承保和不得随意解除合同。四是根据《机动车交通事故责任强制保险条例》规定,按"不盈不亏"的原则审批费率。五是交通事故强制责任保险实行分项责任限额。被保险机动车在道路交通事故中有责任的赔偿限额为:死亡伤残赔偿限额为 110 000 元人民币;医疗费用赔偿限额为 10 000 元人民币;财产损失赔偿限额为 2 000 元人民币。被保险机动车在道路交通事故中无责任的赔偿限额为:死亡伤残赔偿限额为 11 000 元人民币;医疗费用赔偿限额为 2 000 元人民币;财产损失赔偿限额为 100 元人民币。

(3)附加险。机动车辆保险的附加险非常发达。车辆损失险项下的附加险有:全车盗抢险、玻璃单独破碎险、车辆停驶损失险、自燃损失险、新增加设备损失险等。第三者责任险项下的附加险有:车上责任险、无过失责任险、车载货物掉落责任险等。在投保了车辆损失险和第三者责任保险基础上被保险人还可以附加投保不计免赔特约险。

2. 船舶保险

船舶保险是以各种船舶、水上装置及其碰撞责任为保险标的的保险。由于船舶航行在江河和海上,遭遇自然灾害和意外事故的可能性远远大于陆地运输工具,而且危险集中,这就使得船舶所有人的风险保障需求更加迫切。

根据船舶的航行区域可以将船舶保险分为沿海及内河船舶保险和远洋船舶保险,后者属于海上保险范畴,本节指的是沿海及内河船舶保险。

船舶保险的保险标的主要有运输船舶、渔业船舶、工程船舶、工作船舶、特种船舶等。不保的船舶有:不具备适航条件的船舶,船龄在30年以上的船舶。

船舶保险分为全损险和一切险。全损险的保险责任主要有:八级及八级以上的大风、洪水、海啸、崖崩、滑坡、泥石流、冰凌、雷击、火灾、爆炸、碰撞、触碰、触礁、倾覆、沉没;船舶失踪。一切险除承保全损险的保险责任以外,还包括:碰撞责任;共同海损分摊、施救费用、救助费用。船舶保险的除外责任主要有:战争、军事行动、扣押、骚乱、罢工、哄抢和政府征用、没收;不具备适航条件;被保险人及其代表(包括船长)的故意行为或违法犯罪行为;超载、浪损、坐浅引起的事故损失;船体和机件的正常维修、油漆费用和自然磨损、锈蚀、机器本身发生的故障;因保险事故导致停航、停业的损失以及因海损事故造成第三者的一切间接损失;木船、水泥船的锚及锚链(缆)或子船的单独损失;清理航道、清除淤泥的费用;其他不属于保险责任范围内的损失。

船舶保险的附加险主要有拖轮拖带责任保险、船主对旅客责任保险、船东对船员责任保险、螺旋桨及子船单独损失保险。

船舶保险的保险金额确定方式有三种:一是按照新船市场价格或出厂价格确定;二是按照旧船的实际价值确定保险金额;三是可由双方协商确定。若承保的是个体船舶,则保险金额不应超过船舶实际价值的70%。

船舶保险的保险费率采用级差费率,在制定级差费率时应考虑以下因素:船舶的种类和结构;船舶的新旧程度;船舶的航行区域;船舶吨位的大小;船舶的使用性质;损失记录和赔付率情况等。

船舶保险赔偿时的主要依据是《中华人民共和国海上安全交通法》、《中华人民共和国内河交通安全交通管理条例》以及交通部的《内河避碰规则》、《海损赔偿补充规定》等。共同海损的分摊按照《北京理算规则》处理。被保险人在索赔时应提供有效的单证,如保险单、港监签证、航海(行)日志、轮机日志、海事报告等。保险人在赔偿时按船舶损失、费用损失和碰撞责任分别计算赔款,并分别以保险金额为限。

3. 飞机保险

(1)飞机保险又称航空保险,是以飞机及其有关利益、责任为保险标的的保险。其主要包括机身保险、飞机战争及劫持险、飞机第三者责任险、旅客法定责任险、航空货物责任险,等等。

(2)飞机作为高速运输工具,价值高,风险大。其风险划分为飞行、滑行、地面、停航(即临时停机)四个阶段。而且风险一旦发生,常常是机毁人亡。如发生于1985年8月12日晚上7时许的日航"8·12空难",当时日本航空公司的一架波音747宽体客机,执行国内航线的正常航班任务,由东京飞往大阪途中,以45°的俯冲角度撞在群马县境内上野村附近的山冈上,机上509名乘客和15名机组人员除4人获救外,其余520人全部罹难,这是日本民航史上的最大空难事件,也是世界民航史上单机发生的最大空难事件。

(3)飞机保险的保险标的是各种民用飞机,按用途可以分为客机、货机、客货两用飞机。飞机保险的保险期限为一年。

（4）飞机保险的保险金额采用定值保险方式。新飞机按原值投保，旧飞机可以按旧飞机的市价投保，也可以按新飞机的市价投保。

（5）飞机保险的全部损失按保险金额赔偿；部分损失按实际修理费用赔偿，但最高不能超过保险金额。无论何种飞机损失，只要一次赔偿金额等于该飞机机身险的保险金额时，机身险的保险责任即告终止。

第五节　工程保险

一、工程保险的概念

工程保险是通过工程参与各方购买相应的保险，将风险转移给保险公司，在意外事件发生时，所遭受的损失能得到保险公司的经济补偿。在发达国家和地区工程保险是工程风险管理采用较多的方法之一。

工程保险起源于20世纪30年代的英国。1929年，英国对泰晤士河上兴建的拉姆贝斯大桥提供了建筑工程一切险保险，开创了工程保险的先例。英国也是最早制定保险法律的国家。第二次世界大战后，欧洲进行了大规模的恢复生产、重建家园的活动，使工程保险业务得到了迅速发展。一些国家组织在援助发展中国家兴建水利、公路、桥梁以及工业与民用建筑的过程中，也要求通过工程保险来提供风险保障。特别是在国际咨询工程师联合会(FIDIC)将其列入施工合同条款后，工程保险制度在许多国家都迅速发展起来。

二、工程保险的特征

工程保险的特征有：

（一）承保风险的特殊性

工程保险承保的保险标的大部分都裸露于风险中，同时工程在施工安装过程中始终处于动态过程，各种风险因素错综复杂，风险程度较高。

（二）风险保障的综合性

工程保险既承保被保险人财产损失的风险，又承保被保险人的责任风险，还可以针对工程项目风险的具体情况提供运输过程中、工地外储存过程中、验收期保证期间等各类风险。

（三）涉及较多的被保险人

工程保险涉及多个具有经济利害关系的人，包括业主、承包人、分承包人、技术顾问、设备供应商等各关系方。

（四）费率的特殊性

工程保险采用的是工期费率，而不像其他财产保险那样采用年度费率。

三、工程保险的种类

（一）建筑工程一切险

建筑工程一切险是对工程项目提供全面保障的险种。它既对施工期间的工程本身、施工机械、建筑设备所遭受的损失予以保险，也对因施工给第三者造成的人身、财产伤害承担赔偿责任（第三者责任险是建筑工程一切险的附加险）。被保险人包括业主、承包商、分包商、咨询工程师及贷款的银行等。如果被保险人不止一家,则各家接受赔偿的权利以不超过对保险标的保险利益为限。

(二)安装工程一切险

安装工程一切险适用于以安装工程为主体的工程项目(土建部分不足总价20%的,按安装工程一切险投保;超过50%的,按建筑工程一切险投保;在20%~50%之间的,按附带安装工程险的建筑工程一切险投保),并附加有第三者责任险。安装工程一切险的费率也要根据工程性质、地区条件、风险大小等因素而确定,一般为合同总价的0.3%~0.5%。

四、工程保险的内容

(一)建筑工程一切险

1. 适用范围

建筑工程一切险适用于各种民用、工业用、公共事业用的建筑工程保险。

2. 保险责任

(1)物质损失部分的保险责任主要有:

①在保险期限内,若保险单明细表中分项列明的保险财产在列明的工地范围内,因保险单除外责任以外的任何自然灾害或意外事故造成的物质损坏或灭失,保险人按保险单的规定负责赔偿。

自然灾害是指地震、海啸、雷电、飓风、台风、龙卷风、风暴、暴雨、洪水、水灾、冻灾、冰雹、地崩、山崩、雪崩、火山爆发、地面下陷下沉及其他人力不可抗拒的破坏力强大的自然现象。

意外事故是指不可预料的以及被保险人无法控制并造成物质损失或人身伤亡的突发性事件,包括火灾和爆炸。

②对经保险单列明的因发生上述损失所产生的有关费用,保险人亦可负责赔偿。

③保险人对每一保险项目的赔偿责任均不得超过保险单明细表中对应列明的分项保险金额以及保险单特别条款或批单中规定的其他适用的赔偿限额。但在任何情况下,保险人在保险单项下承担的对物质损失的最高赔偿责任不得超过保险单明细表中列明的总保险金额。

(2)第三者责任保险部分的保险责任主要有:

①在保险期限内,因发生与建筑或安装工程保险所承保工程直接相关的意外事故引起工地内及邻近区域的第三者人身伤亡或财产损失,依法应由被保险人承担的经济赔偿责任,保险人按建筑工程一切险保险合同的有关规定负责赔偿。

②对被保险人因上述原因而支付的诉讼费用以及事先经保险人书面同意而支付的其他费用,保险人亦负责赔偿。

③保险人对每次事故引起的赔偿金额以法院或仲裁机构根据现行法律裁定的应由被保险人偿付的金额为依据。但在任何情况下,均不得超过保险单明细表中对应列明的每次事故赔偿限额。在保险期限内,保险人在保险单项下对上述经济赔偿的最高赔偿责任不得超过保险单中列明的累计赔偿限额。

3. 除外责任

(1)物质损失部分的除外责任主要有:

①设计错误引起的损失和费用;

②自然磨损、内在或潜在缺陷、物质本身变化、自燃、自热、氧化、锈蚀、渗漏、鼠咬、虫蛀、大

气(气候或气温)变化、正常水位变化或其他渐变原因造成的保险财产自身的损失和费用;

③因原材料缺陷或工艺不善引起的保险财产本身的损失以及为换置、修理或矫正这些缺点错误所支付的费用;

④非外力引起的机械或电气装置的本身损失,或施工用机具、设备、机械装置失灵造成的本身损失;

⑤维修保养或正常检修的费用;

⑥档案、文件、账册、票据、现金、各种有价证券、图表资料及包装物料的损失;

⑦盘点时发现的短缺;

⑧领有公共运输行驶执照的,或已由其他保险予以保障的车辆、船舶和飞机的损失;

⑨除非另有约定,在被保险工程开始以前已经存在或形成的位于工地范围内或其周围的属于被保险人的财产的损失;

⑩除非另有约定,在保险单保险期限终止以前,保险财产中已由工程所有人签发完工验收证书或验收合格或实际占有或使用或接收的部分。

(2)第三者责任保险部分的除外责任主要有:

①本保险单物质损失项下或本应在该项下予以负责的损失及各种费用。

②由于震动、移动或减弱支撑而造成的任何财产、土地、建筑物的损失及由此造成的任何人身伤害和物质损失。

③下列原因引起的赔偿责任:第一,工程所有人、承包人或其他关系方或他们所雇用的在工地现场从事与工程有关工作的职员、工人以及他们的家庭成员的人身伤亡或疾病;第二,工程所有人、承包人或其他关系方或他们所雇用的职员、工人所有的或由其照管、控制的财产发生的损失;第三,领有公共运输行驶执照的车辆、船舶、飞机造成的事故;第四,被保险人根据与他人的协议应支付的赔偿或其他款项,但即使没有这种协议,被保险人仍应承担的责任不在此限。

4. 保险金额

(1)建筑工程的保险金额应不低于保险工程建筑完成时的总价值,包括原材料费用、设备费用、建造费、安装费、运输费、保险费、关税、其他税项和费用,以及由工程所有人提供的原材料和设备的费用。

(2)施工用机器、装置和机械设备的保险金额应不低于重置同型号、同负荷的新机器、装置和机械设备所需的费用。

(3)其他保险项目的保险金额应不低于由被保险人与保险人商定保险金额。

若被保险人是以保险工程合同规定的工程概算总造价投保,被保险人应做到:第一,在保险项下工程造价中包括的各项费用因涨价或升值原因而超出原保险工程造价时,必须尽快以书面形式通知保险人,保险人据此调整保险金额;第二,在保险期限内对相应的工程细节作出精确记录,并允许保险人在合理的时候对该项记录进行查验;第三,如果保险工程的建造期超过三年,必须从保险单生效日起每隔十二个月向保险人申报当时的工程实际投入金额及调整后工程总造价,保险人将据此调整保险费;第四,在保险单列明的保险期限届满后三个月内向保险人申报最终的工程总造价,保险人据此以多退少补的方式对预收保险费进行调整。否则,针对以上各条,保险人将视为保险金额不足,一旦发生保险责任范围内的损失时,保险人将根据保险单的规定对各种损失按比例赔偿。

5. 保险费率

建筑工程保险的费率一般由以下几部分组成：

(1)建筑工程所有人提供物料及项目、安装工程项目、场地清理费、工地内已有的建筑物、所有人或承包人在工地的其他财产等为一个总的费率。

(2)建筑用机器、装置及设备为单独的年费率。

(3)保证期实行一次性费率。

(4)各种附加险另行加收保险费，实行一次性费率。

(5)第三者责任险实行一次性费率。

6. 保险期限

(1)建筑期物质损失保险。

①保险人的保险责任自保险工程在工地动工或用于保险工程的材料、设备运抵工地之时起始，至工程所有人对部分或全部工程签发完工验收证书或验收合格，或工程所有人实际占用或使用或接受该部分或全部工程之时终止，以先发生者为准。但在任何情况下，建筑期保险期限的起始或终止不得超出保险单明细表中列明的建筑期保险生效日或终止日。

②不论安装的保险设备的有关合同中对试车和考核期如何规定，保险人仅在保险单明细表中列明的试车和考核期限内对试车和考核所引发的损失、费用和责任负责赔偿；若保险设备本身是在本次安装前已被使用过的设备或转手设备，则自其试车之时起，保险人对该项设备的保险责任即行终止。

③上述保险期限的展延，须事先获得保险人的书面同意，否则，从保险单明细表中列明的建筑期保险期限终止日起至保证期终止日止期间内发生的任何损失、费用和责任，保险人不负责赔偿。

(2)保证期物质损失保险。保证期的保险期限与工程合同中规定的保证期一致，从工程所有人对部分或全部工程签发完工验收证书或验收合格，或工程所有人实际占用或使用或接收该部分或全部工程时起算，以先发生者为准。但在任何情况下，保证期的保险期限不得超出保险单明细表中列明的保证期。

7. 赔款处理

对保险财产遭受的损失，保险人可选择支付赔款或以修复、重置受损项目的方式予以赔偿，但对保险财产在修复或重置过程中发生的任何变更、性能增加或改进所产生的额外费用，保险人不负责赔偿。

在发生本保险单物质损失项下的损失后，保险人按下列方式确定赔偿金额：

(1)可以修复的部分损失，以将保险财产修复至其基本恢复受损前状态的费用扣除残值后的金额为准。但若修复费用等于或超过保险财产损失前的价值时，则按下列第2项的规定处理。

(2)全部损失或推定全损，以保险财产损失前的实际价值扣除残值后的金额为准，但保险人有权不接受被保险人对受损财产的赔付。

(3)发生损失后，被保险人为减少损失而采取必要措施所产生的合理费用，保险人可予以赔偿，但本项费用以保险财产的保险金额为限。

保险人赔偿损失后，出具批单将保险金额从损失发生之日起相应减少，并且不退还保险金额减少部分的保险费。如被保险人要求恢复至原保险金额，应按约定的保险费率加缴恢复部分从损失发生之日起至保险期限终止之日止按日比例计算的保险费。

被保险人的索赔期限,从损失发生之日起,不得超过两年。

(二)安装工程一切险

1. 适用范围

安装工程一切险适用于以各种大型机器设备安装为主体的工程项目。

2. 保险责任

(1)在保险期限内,若保险单明细表中分项列明的保险财产在列明的工地范围内,因保险单除外责任以外的任何自然灾害或意外事故造成的物质损失或灭失(以下简称"损失")保险人按保险单的规定负责赔偿。

(2)对经保险单列明的因发生上述损失所产生的有关费用,保险人亦可负责赔偿。

(3)保险人对每一保险项目的赔偿责任均不得超过保险单明细表中对应列明的分项保险金额以及保险单特别条款或批单中规定的其他适用的赔偿限额。但在任何情况下,保险人在保险单项下承担的对物质损失的最高赔偿责任不得超过本保险单明细表中列明的总保险金额。

3. 除外责任

(1)保险人对下列各项损失不承担赔偿责任:

①因设计错误、铸造或原材料缺陷或工艺不善引起的保险财产本身的损失以及为换置、修理或矫正这些缺点错误所支付的费用;

②由于超负荷、超电压、碰线、电弧、漏电、短路、大气放电及其他电气原因造成电气设备或电气用具本身的损失;

③施工用机具、设备、机械装置失灵造成的本身损失;

④自然磨损、内在或潜在缺陷、物质本身变化、自燃、自热、氧化、锈蚀、渗漏、鼠咬、虫蛀、大气(气候或气温)变化、正常水位变化或其他渐变原因造成的保险财产自身的损失和费用;

⑤维修保养或正常检修的费用;

⑥档案、文件、账簿、票据、现金、各种有价证券、图表资料及包装物料的损失;

⑦盘点时发现的短缺;

⑧领有公共运输行驶执照的,或已由其他保险予以保障的车辆、船舶和飞机的损失;

⑨除非另有约定,在保险工程开始以前已经存在或形成的位于工地范围内或其周围的属于被保险人的财产的损失;

⑩除非另有约定,在保险单保险期限终止以前,保险财产中已由工程所有人签发完工验收证书或验收合格或实际占有或使用或接受的部分。

(2)保险人对以下损失也不承担赔偿责任:

①战争、类似战争行为、敌对行为、武装冲突、恐怖活动、谋反、政变引起的任何损失、费用和责任;

②政府命令或任何公共当局的没收、征用、销毁或毁坏;

③罢工、暴动、民众骚乱引起的任何损失、费用和责任;

④被保险人及其代表的故意行为或重大过失引起的任何损失、费用和责任;

⑤核裂变、核聚变、核武器、核材料、核辐射及放射性污染引起的任何损失、费用和责任;

⑥大气、土地、水污染及其他各种污染引起的任何损失、费用和责任;

⑦工程部分停工或全部停工引起的任何损失、费用和责任；
⑧罚金、延误、丧失合同及其他后果损失；
⑨保险单明细表或有关条款中规定的应由被保险人自行负担的免赔额。

4．保险金额

(1)保险单明细表中列明的保险金额应不低于：

①安装工程的保险金额应不低于保险工程安装完成时的总价值，包括设备费用、原材料费用、安装费、建造费、运输费、保险费、关税、其他税项和费用，以及由工程所有人提供的原材料和设备的费用；

②施工用机器、装置和机械设备的保险金额应不低于重置同型号、同负荷的新机器、装置和机械设备所需的费用；

③其他保险项目的保险金额应不低于由被保险人与保险公司商定的金额。

(2)若被保险人是以保险工程合同规定的工程概算总造价投保，被保险人应：

①在保险项下工程造价中包括的各项费用因涨价或升值原因而超出原保险工程造价时，必须尽快以书面形式通知保险人，保险人据此调整保险金额。

②在保险期限内对相应的工程细节作出精确记录，并允许保险人在合理的时候对该项记录进行查验。

③若保险工程的安装期超过三年，必须从保险单生效日起每隔十二个月向保险人申报当时的工程实际投入金额及调整后工程总造价，保险人将据此调整保险费。

④在保险单列明的保险期限届满后三个月内向保险人申报最终的工程总价值，保险人据此以多退少补的方式对预收保险费进行调整。否则，针对以上各条，保险人将视为保险金额不足，一旦发生保险责任范围内的损失时，保险人将根据保险单中的规定对各种损失按比例赔偿。

5．保险费率

安装工程保险的保险费率主要由安装项目费率，试车费率，保证期费率，各种附加险费率，安装建筑用机器、装置及设备费率和第三者责任险费率组成。

6．保险期限

(1)安装期物质损失保险。

①保险人的保险责任自保险工程在工地动工或用于保险工程的材料、设备运抵工地之时起始，至工程所有人对部分或全部工程签发完工验收证书或验收合格，或工程所有人实际占用或使用或接受该部分或全部工程之时终止，以先发生者为准。但在任何情况下，安装期保险期限的起始或终止不得超出本保险单明细表中列明的安装期保险生效日或终止日。

②不论安装的保险设备的有关合同中对试车和考核期如何规定，保险人仅在保险单明细表中列明的试车和考核期限内对试车和考核所引发的损失、费用和责任负责赔偿；若保险设备本身是在本次安装前已被使用过的设备或转手设备，则自其试车之时起，保险人对该项设备的保险责任即行终止。

③上述保险期限的展延，须事先获得保险人的书面同意，否则，从保险单明细表中列明的安装期保险期限终止日起至保证期终止日止期间内发生的任何损失、费用和责任，保险人不负责赔偿。

(2)保证期物质损失保险。保证期的保险期限与工程合同中规定的保证期一致，从工程所有人对部分或全部工程签发完工验收证书或验收合格,或工程所有人实际占用或使用或接受该部分或全部工程时起算,以先发生者为准。但在任何情况下,保证期的保险期限不得超出保险单明细表中列明的保证期。

7. 赔款处理

(1)对保险财产遭受的损失,保险人可以选择支付赔款或以修复、重置受损项目的方式赔偿,但对修复、重置过程中增加或改进所产生的额外费用,保险人不负责赔偿。

(2)在发生保险单物质损失项下的损失后,保险人按下列方式确定赔偿金额:

①可以修复的部分损失以将保险财产修复至其基本恢复受损前状态的费用扣除残值后的金额为准。但若修复费用等于或超过保险财产损失前的价值时,则按下列第2项的规定处理。

②全部损失或推定全损以保险财产损失前的实际价值扣除残值后的金额为准,但保险人有权不接受被保险人对受损财产的委付。

③任何属于成对或成套的设备项目,若发生损失,保险人的赔偿责任不超过该受损项目在所属整对或整套设备项目的保险金额中所占的比例。

④发生损失后,被保险人为减少损失而采取必要措施所产生的合理费用,保险人可予以赔偿,但本项费用以保险财产的保险金额为限。

(3)保险人赔偿损失后,由保险人出具批单将保险金额从损失发生之日起相应减少,并且不退还保险金额减少部分的保险费。如被保险人要求恢复至原保险金额,应按约定的保险费率加缴恢复部分从损失发生之日起至保险期限终止之日止按日比例计算的保险费。

(4)被保险人的索赔期限,从损失发生之日起,不得超过两年。

第六节 农业保险

一、农业保险的概念

(一)农业与农业风险

1. 农业

农业的概念有狭义与广义之分。狭义的农业是指粮食作物、经济作物、蔬菜等其他作物的生产及其有限延伸。广义的农业是指农林牧渔各业的生产及其有限延伸。农业按照生产对象的不同可以分为种植业和养殖业。农业区别于其他行业的特点在于农业的主要活动在露天进行,农业生产的对象是动植物,这决定了农业生产依赖自然条件,最容易受自然条件的影响。

2. 农业风险

农业风险是指自然灾害和意外事故对农业生产所致的损害。农业风险可以分为自然风险、经济风险和社会风险三类。自然风险即自然灾害,包括水、旱、病、虫、鸟、兽、风、雹、霜冻等灾害。种植业面临的主要自然灾害是气象灾害和病虫害。养殖业面临的主要是病害,包括瘟病、炭疽病、口蹄疫、肺疫及结核病等传染病。经济风险主要指在农业生产和购销过程中,由于农业生产资料价格上升和农产品价格下降所致的经济损失。社会风险指由于个人或团体的社会行为所造成的风险,如盗窃、抢劫、动乱、战争等。

农业风险的特点表现在以下几个方面:一是农业风险的损失面积大。我国18.26亿亩耕地,平均每年遭受水旱灾害的面积占总耕地面积的27%,成灾面积占总耕地面积的10%。二是农业风险损失额巨大。三是农业风险的损失频率高。

(二)农业保险

农业保险是指为农业生产者在从事种植业和养殖业生产和初加工过程中,遭受自然灾害或意外事故所造成的损失提供经济补偿的一种保险制度。

农业生产离不开农业保险,发展农业保险具有积极的经济和社会意义。农业保险可以减少农民因灾害事故导致的收入波动,促进农业资源的合理流动,加快农业新技术的推广和应用,并减轻政府在灾后筹措资金救灾的压力。

二、农业保险的特征

农业保险属于广义的财产保险范畴,它与一般的财产保险有着显著的区别,表现在以下几个方面:

(一)农业保险的高风险、高费用和高赔付率并存

农业保险的高风险源于农业生产的高风险,农业生产在很大程度上依赖于自然条件,也依赖于经济与技术发展水平,但即使是发达国家,其农业生产尤其是种植业也频繁地遭到自然灾害的袭击。无论国内还是国外,农作物损失率和畜禽死亡率都比较高。

由于农业生产在空间上布局分散,加上农业生产资料和劳动力利用的季节性,使得农业风险单位的划分和保险费率的确定变得极为困难。另外农业保险业务时间上集中,地域上比较广阔,保险人支出的成本费用较高。

(二)农业保险市场化运作困难

中国是一个农业大国。经过三十几年的经济发展,沿海发达地区的很多农户已经摆脱了单纯依靠农业生产生活的困境,农业生产的产出不构成其主要的收入来源,农户有购买力但却没有投保的积极性。中西部地区从事农业生产的农户数量多,农业生产的自然条件恶劣,更需要保险保障,但由于经济基础较差,支付能力普遍十分有限。此外,农户一般文化素质较低,风险意识薄弱,而且或多或少都有一些侥幸思想,这对农户参加农业保险产生了一些消极影响,导致农业保险的有效需求不足。

就商业保险公司而言,追求利润最大化是其无可厚非的目标。农业保险的高赔付率、高费用率使得大部分保险公司望而却步,如果农业保险产品定价偏低,就不能保证保险公司的收益,甚至连成本也包不住;如果定价偏高,又超过了农户的支付能力。由于定价的原因及经营过程中面临的实际困难,在保险业界形成了一种观点,即农业保险"保得多,赔得多","多保多赔,少保少赔,不保不赔"。即使考虑到保险企业的社会责任,单独由任何一家商业保险公司来消化农业保险中的巨大风险都是不现实的,也是不可能的。

(三)农业保险经营过程中的技术障碍

1. 保险费率厘定难

农业灾害在不同年份之间分布不均匀。农业保险作为广义的财产保险的一种,其费率厘定要依赖于平均损失率。而农业风险,无论是种植业还是养殖业的有关资料或者不完整,或者不可信,使得费率厘定变得相对困难。

2. 保险责任确定难

农业保险的责任确定困难,主要表现在:第一,农业风险单位划分困难,且常常是多种风险同时发生;第二,各地农业结构、自然地理、社会经济条件和灾害的种类、频率、强度千差万别,而这与保险经营所要求的风险的一致性又相互矛盾。

3. 道德风险防范难

农业损失中的道德风险与逆选择十分突出。农业保险的保险标的是有生命的植物或动物,其生长离不开人的精心管理。同样的风险,由于被保险人应对态度不同,导致的损失结果会有较大的差距。据统计,农业保险中的道德风险赔款约占总赔款的20％以上。

4. 定损理赔难

农业保险的保险标的是由有生命的动植物组成,标的价格处于不断变化中,灾害事故发生时要正确估算损失程度十分困难。加上人为因素的影响,使得查勘定损工作更加复杂。

三、农业保险的种类

按照承保对象划分,可以将农业保险分为种植业保险和养殖业保险。

(一)种植业保险

1. 粮食作物保险

粮食作物保险是指以粮食作物从出苗到成熟收获期间因各种自然灾害和意外事故所造成的损失为保险标的的保险。按照传统的分类方法可以分为:

(1)禾谷类作物:水稻、小麦、玉米、高粱、薏米、荞麦等;

(2)豆类作物:大豆、蚕豆、豌豆、绿豆、红豆、扁豆等;

(3)薯类作物:甘薯、马铃薯、木薯、莲藕等。

粮食作物保险的主要险种有:生长期水稻保险、生长期小麦保险、生长期玉米保险、生长期大豆保险、收获期小麦保险、水稻火灾保险等。

2. 经济作物保险

经济作物保险是以经济作物生产和初加工过程中因自然灾害和意外事故所致损失为保险标的的保险。

(1)纤维类作物:包括棉花、苎麻、红麻、大麻、商麻、剑麻、焦麻等;

(2)油料作物:包括油菜、花生、芝麻、向日葵、蓖麻等;

(3)糖料作物:包括甘蔗、甜菜等;

(4)嗜好类作物:包括烟草、茶叶、咖啡、可可等;

(5)绿肥及饲料类作物:包括苕子、柴云英、黄花、苜蓿草、木樨、桎麻、田菁、紫穗槐、绿萍、水花生、水浮莲等。

经济作物保险的主要险种有:棉花种植保险、烟草保险、油菜保险、甜菜种植保险、甘蔗种植保险、烤烟保险等。

3. 其他作物保险

其他作物如蔬菜作物、园林作物、特种作物(包括中草药)等。其主要险种有露天种植蔬菜保险、塑料大棚种植蔬菜保险。

4. 林木保险

林木保险是以具有经济价值的天然原始森林和各类人工营造林为保险标的的保险。其主要险种有森林火灾保险。

5. 水果及果树保险

水果及果树保险的标的可以分为以下7类:

(1)仁果类:包括苹果、梨、沙果、海棠果、山楂、木瓜等;

(2)核果类:包括桃、杏、椰子、梅、樱桃、枇杷、橄榄、芒果、枣椰等;
(3)浆果类:包括葡萄、草莓、猕猴桃、无花果、醋栗、石榴、杨桃等;
(4)坚果类:包括核桃、板栗、银杏、腰果、槟榔、榴莲等;
(5)柑果类:包括柑橘、甜橙、柠檬、柚、金橘等;
(6)柿枣类;包括柿、枣、酸枣、君迁子等;
(7)亚热带及热带水果类:包括香蕉、凤梨、龙眼、荔枝、椰子、芒果、杨桃、木瓜等。

(二)养殖业保险

养殖业保险是以被保险人在养殖过程中因自然灾害或疾病造成保险标的损失为保险标的的保险。

1. 家畜养殖保险

(1)大家畜保险标的:包括役用、肉用、乳用和种用的牛、马、骡、驴、骆驼等;
(2)中小家畜保险标的:包括猪、羊、兔等;
(3)家禽养殖保险标的:包括鸡、鸭、鹅、鹌鹑、鸽等。

2. 水产养殖保险

水产养殖保险标的包括虾、贝、藻、鱼、蟹、蚌等。

3. 特种养殖保险

特种养殖保险标的包括鹿、水貂、鸵鸟、孔雀、蛇、牛蛙、蚯蚓等。

四、农业保险的内容

(一)保险标的

1. 种植业的保险标的

(1)粮食作物:水稻、小麦、大麦、玉米、高粱、大豆、红薯等;
(2)经济作物:棉花、苎麻、油菜、烟草等;
(3)蔬菜作物:黄瓜、西葫芦、冬瓜、苦瓜、茄子、西红柿等;
(4)林木及果树:原始森林、人工林、苹果、梨、沙果、核桃等。

国外一般承保的农作物多达数百种,我国目前承保的只有几十种,并且在承保时有许多附加条件。

2. 养殖业的保险标的

(1)家畜养殖保险:牛、马、骡、驴、猪、羊、鸡、鸭、鹅等;
(2)水产养殖保险:虾、贝、藻、鱼、蟹、蚌等;
(3)特种养殖保险:鹿、水貂、鸵鸟、蛇、牛蛙、蚯蚓等。

(二)保险责任

1. 种植业保险的保险责任

(1)生长期农作物的保险责任。

①单一责任:保险人只承保一种风险责任,如小麦雹灾保险、棉花雹灾保险、水稻火灾保险等。

②综合责任:保险人承保两种或两种以上的风险责任,如棉花雹灾、水灾保险等。

(2)收获期农作物保险责任。

①单一责任:只承保火灾一项风险责任,并包括施救费用和火灾后的整理费用。

②综合责任:除火灾责任外,另外承保如洪涝、暴风雨、阴雨、霉烂、雷电等责任。保险人几乎承担了所有的自然灾害和意外事故所致的损失。

我国的种植业保险目前尚未提供综合险。但在农业保险发达的国家,如美国和加拿大,政府的农业保险公司提供综合险,承保风险包括地震、洪水、冰雹、大风、霜冻、雷电、火灾、雨涝、雪灾、飓风、龙卷风、病害、虫害等。

2. 养殖业保险的保险责任

(1)大牲畜保险的保险责任。

①自然灾害引起的死亡或灭失责任,包括洪水、雷击、地震、地陷、暴风雪、龙卷风、冰雹等。

②意外事故引起的死亡责任。在饲养或使役过程中,因触电、互斗、碰撞、窒息、建筑物或其他物体倒塌、摔跌、野兽伤害等造成的损失。

③疾病死亡责任。被保险大牲畜因患普通病或传染病,经医治无效死亡,或因胎产、阉割所发生技术事故死亡以及发生恶性传染病,为了防止蔓延,当地政府命令捕杀所致的死亡损失。

(2)中小家畜保险的保险责任。

①自然灾害;

②意外事故;

③疫病:主要是猪瘟、羊肺疫、兔败血病等;

④难产、阉割以及当地政府下令捕杀的。

(三)除外责任

1. 种植业保险的除外责任

(1)生长期农作物保险的除外责任:

①被保险人的故意行为、欺骗行为所致的损失;

②间作、套种的非保险标的和毁种复播的农作物的损失;

③因盗窃、他人毁坏或畜、禽、兽所致的损失;

④未尽防范和抢救义务所致的损失;

⑤保险责任以外的灾害所致损失。

(2)收获期农作物保险的除外责任:

①被保险人及其家庭成员的故意行为所致的损失;

②因管理不善所致的损失;

③违反公安、消防、气象、保险等有关部门规定所致的损失;

④发生灾害时未积极施救所致的损失。

2. 养殖业保险的除外责任

(1)大牲畜保险的除外责任:

①不正常的使役、盲目医疗以及故意行为造成的损失;

②市场价格变动引起的损失;

③战争、军事行动、暴乱所致损失;

④不采纳保险人提出的安全整改措施所致的损失。

(2)中小家畜保险的除外责任:

①被保险人及其家庭成员的故意行为所致的损失;

②因缺草料所致的冻死、饿死损失；
③被盗或走失所致的损失；
④任何原因所致的伤残。

(四)保险期限

1. 种植业保险的保险期限

主要农作物保险的保险期限如下：

(1)越冬期小麦冻害保险：冬小麦四叶期起至返青期止。
(2)生长期小麦保险：返青期起至蜡熟期终止。
(3)收获期小麦保险：蜡熟期起至粗加工入库终止。
(4)水稻浸种保险：稻种落水泡种起至种谷催好芽落田终止。
(5)水稻育秧保险：催好芽的稻种落田起至秧苗移栽大田终止。
(6)生长期水稻保险：移栽成活起至蜡熟期收割终止。
(7)收获期水稻保险：蜡熟期起至进仓入贮存库终止。
(8)棉花保险：棉株定苗后起至采摘完为止。
(9)油菜保险：齐苗或抽薹起至角果 2/3 成熟终止。
(10)甘蔗、甜菜保险：齐苗起至工艺成熟期终止。
(11)烟草保险：移栽后长出第一片新叶时至工艺成熟期终止。
(12)苎麻保险：幼苗高 15 厘米起至三季度麻工艺成熟期终止。

2. 养殖业保险的保险期限

(1)牲畜保险的保险期限。大牲畜的保险期限一般为 1 年，并规定有 10～12 天的观察期。中小家畜的保险期限确定主要依据饲养和寄休规律，如草原地区把越冬期间作为承保期限。

(2)家禽保险的保险期限。该期限一般没有统一规定，但短于家禽的养殖周期，饲养在 1 年以上的按 1 年期承保，不足 1 年的，在养殖期内确定保险期限。

(3)水产养殖保险的保险期限。水产养殖保险的保险期限可定为 1 年，期满后续保，也可以把整个生长期作为保险期限。

(五)保险金额

农业保险的保险金额一般采取以下几种方式确定：

1. 按产量确定保险金额

保险人根据各地的风险情况以及当地的近年(3～5 年)平均亩产量的 4～8 成确定保险保障的水平，最高不超过 8 成。这种确定保险金额的方式确定出的保障水平较高，被保险人较容易接受。具体计算公式：

每亩保险金额＝国家收购价格×正常年份下前 3 年的平均亩产量×成数

2. 按成本确定保险金额

农产品产量的准确资料往往不易获得，因此保险人有时也采取按投入的生产成本来确定保险金额。生产成本包括种子(或种苗)、肥料、人力作业费、机械或畜力作业费等直接费用。

3. 按市场价或协商价确定保险金额

在牲畜保险和果树保险中，有时也采用平均市场价格来协商确定保险金额。具体保险金额水平取决于牲畜和果树的当地市场价格。

(六)保险费和保险费率

农业保险的保险费率以保险标的的损失率为基础。农业保险的保险标的损失率为2%～15%,是其他财产损失率的十几倍甚至是几十倍。此外,农业生产极大地受制于自然地理条件,这些条件往往千差万别,因此如何厘定保险费率是一件十分复杂的事情。费率过高,被保险人承受不起,费率过低,保险人的经营往往难以为继。从世界范围内来看,由商业保险公司厘定费率,由政府对农业保险费率进行补贴以鼓励被保险人投保的做法较为普遍。

(七)赔款处理

1.农作物保险的赔款处理

(1)全部损失。生长期农作物受灾后80%以上的植株死亡,或改种其他农作物的季节已过,视为全损,按保险金额赔偿,计算公式如下:

$$每亩赔款 = 单价 \times 每亩平均保险产量$$

或

$$每亩赔款 = 每亩保险成本 - 还未投入的成本$$

(2)部分损失。对于部分损失,无论是按照成数还是按照成本确定保险金额,一般都在收获前(蜡熟期)测产计算出每亩实际收益额,具体赔偿数额为:

$$每亩赔款 = 单价 \times (每亩保险产量 - 每亩实际平均产量)$$

或

$$每亩赔款 = 每亩保险成本 - 每亩平均收入$$

2.牲畜保险的赔偿处理

(1)按定额承保的,在定额内按相应的档次赔付,不扣残值;
(2)按变额承保的,以尸体重量乘以略低于国家收购牌价的价格,扣除残值后赔付。

附:财产保险的有关案例

1.车上责任保险赔偿案

2001年6月13日,成某将其自有的一辆东风货车投保了车辆损失险、第三者责任险和车上人员责任险(3座,每座限额5万元),保险期限自2001年6月14日零时起至2002年6月13日24时止。2001年11月23日,成某聘用的驾驶员何某在送货回来的途中,由于超车时车速过快,与正常行驶的一辆解放货车发生追尾碰撞,何某当场死亡。经交警部门认定,何某应负事故的全部责任。被保险人成某以自己损失较大为由未对驾驶员何某亲属作任何补偿。随后不久,成某向保险公司请求赔偿车上人员责任险赔偿金4万元,保险公司审核后认为该起事故属于车上人员责任险的保险责任,随即给付被保险人成某车上人员责任险赔偿金4万元。

分析:这是一起被保险人由于发生保险事故而产生不当得利的责任保险错赔案。

我国《保险法》第65条规定:责任保险是指以被保险人对第三者依法应负的赔偿责任为保险标的的保险。在我国保险市场中,责任保险的快速发展已成为财产保险业务一个新的增长亮点,但在责任保险的赔偿工作中,由于多方面的原因,存在诸多错误做法,如本案例中被保险人没有对受害者做出补偿,却从保险人处获得责任保险的赔偿金。究其根源,主要是由于理赔工作人员对责任保险赔偿的构成要件理解不清,理解掌握责任保险赔偿的构成要件是做好责任保险理赔工作的基础环节。责任保险赔偿的构成要件主要有:

(1)被保险人发生属于责任保险范围内的保险事故。这是保险人履行赔偿义务的基础条件。如果被保险人发生的事故不属于责任保险责任范围而属于除外责任、除外费用,即使被保险人因主观过错或者根据法律规定无过错行为而产生法律上的民事损害赔偿责任,保险人也不承担赔偿责任。

(2)被保险人对受害者依法应负担损害赔偿责任。这是保险人履行赔偿义务的前提条件。保险人承担的损害赔偿责任产生的原因有两个方面：一是被保险人主观上有过错，即由于被保险人主观过错导致受害者遭受物质上和精神上的损害；二是被保险人根据法律规定的无过错行为产生的损害赔偿责任，此类行为法律有明确的规定，凡属于法律明确规定的无过错行为的，被保险人必须承担赔偿责任。保险人对除此之外原因产生的损害赔偿责任都不予负责。

(3)受害者向致害者(被保险人)提出损害赔偿请求。这是保险人履行赔偿义务的必要条件。由于责任保险的标的是一种无形的民事损害赔偿责任，即被保险人对受害者的损害赔偿责任。如果被保险人有侵权行为，而受害者基于多方面的原因，并没有向致害者提出赔偿请求，根据财产保险补偿原则(有损失，有补偿；损失多少，补偿多少)，被保险人无损失，保险人无须承担赔偿责任。由此可见，缺少这一要件，保险人就可以不承担赔偿责任。本文的案例就是缺少这一必要条件，致使被保险人产生不当得利。

(4)保险人在责任保险赔偿限额内对被保险人损失予以补偿，这是保险人履行赔偿义务的限制条件。由于责任保险的标的是被保险人在法律上的损害赔偿责任，而不是具体的财产，所以责任保险合同中没有也不可能有保险金额，只规定保险人的赔偿限额。赔偿限额是保险人履行赔偿义务的最高金额，保险人对赔偿限额内的损失予以补偿，对赔偿限额外的损失，无论损失多少，一律不予赔偿。由此可见，被保险人选择赔偿限额的档次直接决定着其能否得到足额补偿。

(5)保险人直接向受害者支付赔偿金应符合法律规定。这是保险人直接向受害者履行赔偿义务的法律条件。我国《保险法》第65条规定："保险人对责任保险的被保险人给第三者造成的损害，可以依照法律的规定或合同的约定，直接向该第三者赔偿保险金。"本条所指的合同，不仅指保险合同，还包括被保险人与受害的第三者达成的协议，如果保险人同意双方协议约定的赔偿金额，而且赔偿金额在赔偿限额之内的，就可以按协议支付赔偿金；如果双方协议约定的赔偿金额大于保险人赔偿限额的，保险人只需按赔偿限额支付保险赔偿金，其余部分由被保险人自己负责赔偿。因此在法律有规定或者合同有约定的情况下，保险人才能直接向受害者赔偿保险金，否则保险人没有直接向受害者赔偿保险金的义务。

因此，成某不应当将4万元的车上责任保险赔偿金据为己有，而应该把这笔钱给付何某的家属。

2. 司机压死父亲　保险公司拒赔车主案

该案案情如下：2004年4月21日晚，肖某驾货车行至四川彭州白鹿镇路段时，车辆发生故障。肖某让父亲帮忙检查。父亲蹲在车轮旁边检查，让儿子慢慢启动车子。车辆突然失控，冲向前将肖父压在车下，经抢救无效死亡。此后，货车车主万某向被害人的亲属赔偿87880元，并要求保险公司赔偿第三者责任险。保险公司称，肖某压死的是亲属，按照免责条款，公司不予理赔。于是，万某将保险公司告上法庭，要求赔偿7万余元。

保险公司则认为，制定这一条款，主要是防止"道德风险"，即驾驶员有可能故意撞伤家属，骗取赔偿金。而且，万某在保单上签字确认，充分了解了全部条款，保险公司尽到了说明义务。

彭州法院一审认为，依据国际通行的保险理念，保险合同中的第一人是保险人，被保险人是第二者，其余所有人均为第三者。第三者责任保险旨在确保第三人因意外事故受到损害时能够从保险人处获得救济，其含义并未将保险车辆驾驶人员的家庭成员排除在外。否则，第三者责任险难以完成自身的社会功能。该法院最终认定，保险公司主张的免责条款无效，判令保险公司向原告支付赔偿金 70 304 元。

保险公司遂上诉到成都市中院。市中院二审认为，保险公司应向投保人明确说明保险合同中的免责条款。此案中，保险公司没有向万某明确说明，所以，该条款不产生约束力，保险公司应支付原告保险金。最终，市中院判令保险公司赔偿原告 7 万余元，但撤销了一审法院认定保险合同中免责条款无效的判决。

3. 江苏省某外企公司诉上海丰泰保险公司海上货物运输保险合同纠纷案

该案案情如下：1999 年 7 月 16 日，原告外企公司（买方）与法国 S 公司（卖方）达成进口木材协议，约定木材从法国加蓬港运至中国的张家港。9 月 12 日，承运人为承运木材签发了正本清洁提单。10 月 14 日，外企公司向被告丰泰保险公司传真发出投保书，要求投保一切险，保险单签发日需倒签为 9 月 12 日。10 月 18 日，丰泰保险公司制作了日期倒签为 9 月 12 日的保险单，并载明"保证 1999 年 10 月 14 日之前无已知或被报告的损失"的保证条款。10 月 21 日，S 公司向外企公司传真，称货船受损；10 月 22 日，S 公司向外企公司转发承运人传真，称货船已于 10 月 14 日沉没，货物全损；11 月 18 日，外企公司向丰泰保险报案并要求理赔。

据丰泰保险公司委托的保险专业鉴定机构了解，10 月 12 日，S 公司收到承运人传真，获悉货船已因进水而于 10 月 11 日被放弃；10 月 14 日法国时间 13 时 38 分，S 公司向外企公司发送了承运人关于货损的传真，外企公司承认收到，但认为其收到的时间为 10 月 14 日 20 点 38 分，已超过投保时间。

上海海事法院认为，双方均同意适用《英国 1906 年海上保险法》，故该法为准据法。丰泰保险公司向外企公司交付保险单的最早时间为 10 月 18 日，且该保险单附加了保证条款并改变了保险条件，故认为保险合同成立于 10 月 18 日，而非外企公司提出要约的 10 月 14 日。

法院认为，根据《英国 1906 年海上保险法》的规定，保险合同的订立应遵循最大诚信原则。被保险人在发出要约、接受新的要约、作出承诺的整个过程中，都应依据最大诚信原则，向保险人如实告知其知道或者在通常业务中应当知道的、可能影响保险人作出是否承保与是否增加保费决定的任何重要情况。法院最终判定，外企公司违反了最大诚信原则，未尽如实告知义务，丰泰保险公司有权宣布保险合同无效。

本章小结

1. 财产保险包括广义的财产保险和狭义的财产保险。狭义的财产保险包括火灾保险、运输保险、工程保险和农业保险等险种。

2. 机动车辆保险是财产保险业的第一大险种，其发展、变化对财产保险业将产生深远的影响。

3. 农业保险不仅发展速度慢，一度还出现了严重萎缩。农业保险经营模式的探讨已成为当前的热点问题之一。

4. 财产保险各险种的具体业务既有相似的地方，也有迥然不同之处。

关键术语

火灾保险　财产保险基本险　财产保险综合险　家庭财产保险　运输货物保险　运输工具保险　海上保险　共同海损　建筑工程保险　农业保险

思考练习题

1. 财产保险的主要特征有哪些？
2. 影响火灾保险费率的因素有哪些？
3. 财产保险基本险与综合险有哪些区别？
4. 什么是海上货物运输保险？
5. 了解农业保险的发展趋势。

本章阅读资料

我国第四家专业农业保险公司获得批准

中国保险监督管理委员会2007年1月29日公告称，保监会近日正式批准在安徽省筹建我国第四家专业农业保险公司——国元农业保险股份有限公司。自2004年启动农业保险试点以来，保监会已先后在上海、吉林、黑龙江批设了安信农业保险公司、安华农业保险公司和阳光农业相互保险公司3家不同经营模式的专业农业保险公司。此次批准由安徽国元控股（集团）有限责任公司等12家企业共同发起筹建的国元农业保险股份有限公司，注册资本拟为3.05亿元人民币，注册地为合肥，筹建期为一年。据悉，国元农业保险公司将采取市场化运作模式，以服务"三农"为重点，以商业性保险为经营基础，代办农业保险业务，实行商业性经营和政策性经营相结合。业务范围涉及农村种养业保险、城乡财产保险和责任保险等。该公司最快可于今年年底前挂牌营业。

目前我国农业保险发展正当时，专业农险公司正在为农险市场注入新活力。保监会最新统计显示，2006年，安信、安华、阳光农险以及中国人保、中华联合5家公司的农险保费收入合计达8.42亿元，占全国农险保费收入的99%。其中，3家农险公司占全国农险业务比重分别为：安信11%、安华4%、阳光27%。

第七章 责任保险

> **本章要点**
> 1. 责任保险的概念、特点与种类
> 2. 产品责任保险的概念、保险责任、赔偿条件
> 3. 雇主责任保险的概念、对象、保险责任、保险期限与赔偿处理
> 4. 职业责任保险的概念、种类、保险责任
> 5. 公众责任保险的概念、种类、保险责任与赔偿处理
> 6. 信用保证保险的概念、种类、保险责任与保险费

第一节 责任保险概述

一、责任保险的概念

(一)责任风险

1. 责任风险的概念

责任风险是指由于疏忽、过失行为所致第三者的损害,须由行为人(即致害人)对受害人承担损害赔偿责任的风险。

责任风险的损害赔偿包罗万象,不仅包括财产损失,也包括人身伤害以及由此产生的精神损害赔偿。世界各国对于损害赔偿的规定不同,因此大部分损害赔偿责任都难以标准化。

2. 责任风险的分类

(1)法律责任风险。法律责任是指行为主体实施法律禁止的行为所必须承担的法律后果。法律责任分为三类:刑事责任、行政责任和民事责任。刑事责任是指犯罪主体实施刑事法律禁止的行为所必须承担的法律后果,如死刑等;行政责任是指行为主体实施法律、法规禁止的行为所必须承担的法律后果,如吊销营业执照等;民事责任是指行为主体实施违反财产关系和人身关系的法律、法规禁止的行为所必须承担的法律后果,即民法规定的损害赔偿。

损害赔偿责任的构成要件有:第一,损害事实客观存在;第二,造成损害的行为是违法的;第三,违法行为和损害事实之间有因果关系;第四,行为人有过错。

(2)侵权责任与违约责任。侵权责任是指民事主体因实施侵权行为而应承担的民事法律责任。违约责任是指合同当事人违反合同约定所应承担的民事法律责任。二者的区别主要表现在以下几个方面:

第一,归责原则不同。违约责任适用严格责任或过错推定责任,而侵权责任在各国法律中通常是以过错责任为归责的一般原则。

第二,举证责任不同。在违约诉讼中,受害人不负举证责任,违约方必须证明其没有过错,否则,将推定其有过错。而在侵权诉讼中,侵权行为人通常不负举证责任,受害人必须就其主张举证。

第三,诉讼时效不同。从我国民法通则的规定来看,因侵权行为所产生的损害赔偿请求权一般适用2年的时效规定,但因身体受到伤害而产生的损害赔偿请求权,其诉讼时效期间为1年;因违约产生的损害赔偿请求权,诉讼时效一般为2年,但在出售质量不合格的商品未声明、延付或者拒付租金以及寄存财物被丢失或者损毁的情况下,则适用1年的诉讼时效规定。

第四,责任构成要件和免责条件不同。在违约责任中,行为人只要实施了违约行为,且不具有有效的抗辩事由,就应当承担违约责任。但是在侵权责任中,损害事实是侵权损害赔偿责任成立的前提条件,无损害事实,便无侵权责任的产生。在违约责任中,除了法定的免责条件(如不可抗力)以外,合同当事人还可以事先约定不承担责任的情况,但当事人不得预先免除故意或重大过失的责任。即使就不可抗力来说,当事人也可以就不可抗力的范围事先约定。在侵权责任中,免责条件或原因一般只能是法定的,当事人不能事先约定免责条件,也不能对不可抗力的范围事先约定。

第五,责任形式不同。违约责任主要采取违约金形式,违约金是由法律规定或当事人约定的。侵权责任主要采取损害赔偿的形式,损害赔偿以实际发生的损害为前提。

(二)责任保险

1. 责任保险的概念

责任保险是指以被保险人依法应负的民事损害赔偿责任或经过特别约定的合同责任为承保标的的保险。

责任保险起源于19世纪初期,迄今不过100多年的历史。责任保险的产生和发展离不开完善的法律制度。实践证明,法律体系越完备的国家和地区,责任保险就越发达,如美国就拥有世界上最大的责任保险市场。

中国的责任保险从1979年恢复国内业务以后,经过30多年的发展,取得了一些成绩,但与发达国家相比,仍存在不小的差距。不仅险种数量少,而且在总保费收入中所占比重偏低。中国责任保险发展滞后的原因主要有:第一,法律法规不够完善。第二,公民的法律维权意识淡薄,受到伤害后往往放弃索赔。第三,现有的保险产品种类少,覆盖面窄,难以满足市场需要。第四,经济发展水平较低。

2. 责任保险的作用

责任保险自产生以来,在各个国家和地区都起着非常重要的作用,主要表现在以下方面:

(1)责任保险可以转嫁被保险人的责任风险。任何企业、团体、个人在从事各项活动中都不能完全避免责任风险,而各国的法律无不规定有相应的民事损害赔偿责任。被保险人通过参加责任保险,可以有效地转嫁全部或部分责任风险,从而使自身从可能发生的复杂索赔纠纷中抽身出来,集中精力保证生产和生活的正常进行。

(2)确保受害人得到有效的补偿。尽管根据相应的法律规定,民事损害赔偿责任的致害人一方应承担对受害人的补偿责任。但在实践中受害人能否得到赔偿以及得到赔偿数额的多少要取决于致害人的经济赔偿能力。很多情况下,致害人往往无力承担高额甚至是巨额的责任赔偿金,受害人赢了官司却迟迟拿不到赔偿金,甚至生活也陷入窘境。通过参加责任保险,被保险人缴纳少量的保险费,一旦发生约定的保险责任事故,由保险人出面对受害人进行补偿,可以有效地弥补前述不足,切实保证受害人的经济利益。

(3)有利于法律制度的贯彻实施。任何国家的法律都具有两个基本目标:一是通过民事法律制度和经济法律保障受害人的利益,二是通过刑事法律来惩罚致害人。20世纪80年代以后,国家陆续颁布了一系列的民事和经济法律,如在《民法通则》中就明确规范了民事损害赔偿问题。此后颁布的多部法律中均有专门规定,以保护受害人的权益,但若致害方无经济支付能力,即使受到刑事责任的惩罚,受害人将不能按照法律规定获得相应的赔偿,使得相应的民事损害赔偿规定成为一纸空文。如能有相应的责任保险,则受害人可以从保险人处获得补偿,从而有利于法律制度的贯彻实施。

二、责任保险的特点

(一)责任保险产生与发展基础的特征

财产保险产生与发展的基础,是自然风险与社会风险的客观存在和商品经济的产生与发展;人身保险产生与发展的基础,是社会经济的发展和生活水平的提高;而责任保险产生与发展的基础,是各种民事法律责任风险的客观存在,社会生产力达到一定的阶段,以及由于社会进步带来的法律制度的不断完善。可以说,法制的健全和完善是责任保险产生和发展的最重要最直接的基础。

由于人们在社会中的行为都是被限定在法律制度的规范之内,所以才有可能因触犯法律而造成他人的财产损失或人身伤亡时必须承担其经济赔偿责任。只有存在对某种行为以法律形式确认为应负经济赔偿责任时,企业、团体和个人才会想到转移这种风险,才会认识到责任保险的重要性和必要性。只有规定对各种责任事故中的致害人进行严格处罚的法律原则,才会促使可能发生民事损害赔偿责任事故的有关各方自觉地投保责任保险。

(二)责任保险赔偿对象的特征

一般的财产保险其赔偿对象是被保险人,保险赔款完全由被保险人支配,责任保险则截然不同,其直接赔偿对象虽然是被保险人,但是如果被保险人无损失则保险公司无须赔偿,被保险人的损失以因其行为所导致的第三方的财产损失或人员伤亡为基础。责任保险的赔款可以赔偿给被保险人,也可以赔偿给受害方,无论支付给哪一方,最终都是对受害方进行补偿。另外,保险人赔偿的数额以赔偿限额为限,并设有每次事故赔偿限额和累计赔偿限额。

(三)责任保险承保标的的特征

财产保险承保的是有实体的财产和物资,在承保时一般会确定一个最高赔偿限额。责任保险承保的是没有实体标的的各种民事法律责任风险。对投保方来说,责任风险可能微不足道,也可能达到数十亿元,而且事先无法预知,故而保险人在承保责任风险时,为避免陷入巨大的责任风险泥潭,通常对每一种责任保险业务都规定有不同等级的赔偿限额,被保险人可以自由选择赔偿限额,对于超过限额的经济赔偿责任只能自行承担。

(四)责任保险赔偿处理的特征

首先,责任保险的赔偿是以被保险人依法对第三者应负的民事损害赔偿责任为前提,由于涉及第三者,因此赔偿处理牵涉到保险人、被保险人和第三者三方的复杂关系。其他财产保险只赔偿至涉及保险人和被保险人双方的关系。其次,责任保险的赔偿处理依据是法院的判决或执法部门的裁决,从而需要更全面地运用法律制度。再次,保险人具有参与处理责任事故包括介入到诉讼中的权利。最后,责任保险的保险人可以将赔偿金直接支付给受害人,其他财产保险的赔款只能支付给被保险人。

三、责任保险的种类

(一)按照实施的形式分类

1. 自愿责任保险

自愿责任保险是指保险双方当事人自愿形成的保险关系。投保人自主决定是否投保以及投保的险种和保险金额。保险人自主决定是否接受投保及以什么条件接受投保。如公众责任保险、产品责任保险等都属于自愿责任保险。

2. 强制责任保险

强制责任保险是指依据国家的法律规定,投保人必须投保的责任保险。如我国的机动车辆第三者责任强制保险。

(二)按照承保对象分类

1. 公众责任保险

公众责任保险,又称一般责任保险或综合责任保险,它是以被保险人在公众活动场所的过错行为致使他人的人身或财产遭受损害,依法应由被保险人承担的对受害人的经济损害赔偿责任为承保对象的保险。主要险种有:场所责任保险、承包人责任保险、承运人责任保险等。

2. 产品责任保险

产品责任保险是以被保险人(包括产品的制造商、销售商和修理商)因产品缺陷致使消费者或用户或其他公众遭受财产损失或人身伤害,依法应由被保险人承担的经济损害赔偿责任为承保对象的保险。

3. 雇主责任保险

雇主责任保险是以雇主对雇员在受雇期间的人身伤害依法应负的经济赔偿责任为承保对象的保险。

4. 职业责任保险

职业责任保险是以各种专业技术人员因职业上的疏忽或过失造成第三者的损害依法应负的经济赔偿责任为承保对象的保险。主要险种有:医师责任保险、律师责任保险、会计师责任保险、建筑师责任保险、设计师责任保险等。

5. 信用保证保险

信用保证保险是以信用为保险标的,当债务人(被保证人)不能或者拒绝偿付债务而使债权人(权利人)受损失时,由保险公司负责赔偿的一种保险。信用保证保险属于担保性质的保险。

四、责任保险的承保方式

责任保险具有多样化的承保方式,分为独立承保、附加承保和作为基本责任承保三种方式。独立承保方式意味着保险人签发独立的责任保险单,采用这种方式承保的业务是责任保险的主要业务,如公众责任保险、产品责任保险等。附加承保意味着被保险人不能单独投保,必须在投保主险之后才可以附加投保责任保险,如财产保险基本险附加第三者责任保险。作为基本责任承保方式意味着保险人不会签发单独的责任保险合同,也不会签发特约或附加条款,只需要参加相应的财产保险即可以获得相应的责任风险保障,如船舶保险中就包括了碰撞责任风险保障。

第二节 产品责任保险

一、产品责任保险的概念

(一)产品责任

1. 产品责任的概念

产品责任又称制造品责任、制造物责任或商品制造人责任,是指产品在使用过程中由于内在缺陷而造成用户、消费者或公众财产损失或人身伤亡,依法应由产品的制造商、销售商或修理商承担的民事损害赔偿责任。

2. 产品责任事故处理的原则

(1)合同责任原则。合同责任原则是指在处理责任事故时以受害人与致害人之间存在直接的合同或契约关系为前提,受害人只能在合同规定的范围内提出索赔。美国1916年以前的产品责任法就是以合同责任原则作为判断产品责任事故赔偿责任的依据。这一原则实际上维护的是生产商和销售商的利益,对受害人非常不利。

(2)疏忽(过失)责任原则。疏忽责任原则是指消费者在使用产品过程中受到损害就可以要求生产商和销售商赔偿,但受害人必须进行举证。1916年麦克弗森诉别克汽车公司案后,美国的产品责任法废弃了合同关系原则,代之以疏忽责任原则。

疏忽责任原则较之合同责任原则是一个进步,但在实践中由受害人来举证产品有缺陷并且制造商和销售商有疏忽责任往往十分困难。随着商品经济的发展,疏忽责任原则不再能充分有效地保护受害人的利益,这一缺点逐渐引起广泛关注。

(3)严格(绝对)责任原则。严格(绝对)责任原则,是指受害人因使用某种产品造成损害,即使未能证明制造商或销售商有过失,制造商或销售商也要承担经济赔偿责任,而且不能援引其在销售合同项下的免责规定来推脱责任。该原则已成为处理责任事故的最高原则。1944年埃斯克勒诉可口可乐制瓶公司案后,美国的法院开始采用严格责任原则,并将该原则作为产品诉讼案的裁决依据。

(二)产品责任保险

产品责任保险是以被保险人(包括产品的制造商、销售商和修理商)因产品缺陷致使消费者或用户或其他公众遭受财产损失或人身伤害,依法应由被保险人承担的经济损害赔偿责任作为承保对象的保险。

二、产品责任保险的责任范围

产品责任保险的保险责任可以分为以下两项:

第一,在保险有效期内,由于被保险人所生产、出售的产品或商品在承保区域内发生事故,造成使用、消费或操作该产品或商品的人或其他任何人的人身伤害、疾病、死亡或财产损失,依法应由被保险人负责时,保险人在保险单规定的赔偿限额内负责赔偿。

第二,被保险人应付索赔人的诉讼、抗辩费用以及经保险人书面同意的其他费用,保险人亦予以负责赔偿。

三、产品责任保险的除外责任

(1) 被保险人根据与他人的协议应承担的责任,但即使没有这种协议,被保险人仍应承担的责任不在此限。

(2) 根据劳动法应由被保险人承担的责任。

(3) 根据雇佣关系应由被保险人对雇员所承担的责任。

(4) 保险产品本身的损失,保险产品退换、回收的损失。

(5) 产品仍在制造、销售场所,其所有权尚未转移至用户或消费者的产品责任事故。

(6) 被保险人所有、保管或控制的财产的损失。

(7) 被保险人故意违法生产、出售的产品或商品造成任何人的人身伤害、疾病、死亡或财产损失。

(8) 保险产品造成的大气、土地及水污染及其他各种污染所引起的责任。

(9) 保险产品造成对飞机或轮船的损害责任。

(10) 由于战争、类似战争行为、敌对行为、武装冲突、恐怖活动、谋反、政变直接或间接引起的任何后果所致的责任。

(11) 由于罢工、暴动、民众骚乱或恶意行为直接或间接引起的任何后果所致的责任。

(12) 由于核裂变、核聚变、核武器、核材料、核辐射及放射性污染所引起的直接或间接的责任。

(13) 罚款、罚金、惩罚性赔款。

(14) 保险单明细表或有关条款中规定的应由被保险人自行负担的免赔额。

四、产品责任保险的赔偿条件

保险人处理产品责任保险的索赔案时要求必须具备以下条件:

(1) 事故必须是偶然、意外发生、被保险人无法事先预料的。

(2) 产品事故必须是在被保险人制造或销售场所以外的流通领域并在规定使用的期限内发生。如生产烟花爆竹的工厂发生爆炸事故导致人员伤亡和财产损失,就不属于产品责任保险事故。

(3) 产品的所有权必须已经转移到用户或消费者手中,经被保险人同意赊欠或分期付款的产品视同所有权已经转移。

(4) 索赔的首次提出必须是在保险单的有效期内。产品责任保险的保险期限一般为1年,期满可以续保。

五、产品责任保险的承保方式

保险人以两种方式作为产品责任保险的承保方式:

(一) 期内发生式

该承保方式指只要产品责任事故是发生在保险期间内,无论索赔是否是在保险期间内提出,保险人都要承担赔偿责任。这往往意味着保险人可能在多年以后还要承担保险责任,即保险责任后置,俗称"长尾巴"业务。

(二) 期内索赔式

该承保方式指无论产品责任事故是否发生在保险有效期内,只要被保险人在保险有效期内提出索赔,保险人都要承担赔偿责任。与期内发生式的保险责任后置不同,期内索赔式意味着保险人对保险合同生效前多年生产的产品都要承担保险责任,为了限定这一责任,保险人一般规定首年投保无追溯期,或将追溯期限定为3年。期内索赔式是国内外保险公司目前较多采用的一种产品责任保险的承保方式。

第三节 雇主责任保险

一、雇主责任保险的概念

(一)雇主责任

雇主责任是指依据国家有关法律法规和雇主与雇员签订的劳动合同,雇员受雇于雇主期间,在从事与职业相关的工作中,因发生意外或职业病而引起人身伤亡或疾病,雇主所应承担的经济赔偿责任。构成雇主责任的前提条件是雇主与雇员之间存在着直接的雇佣合同关系,即雇主有权解除与雇员的雇佣合同,雇员有义务听从雇主的管理从事业务工作。

下列情况通常视为雇主的疏忽或过失责任:

(1)雇主提供危险的工作地点、机器工具或工作程序。

(2)雇主提供的是不称职的管理人员。

(3)雇主本人直接的疏忽或过失行为,如对有害工种没有提供相应的劳动保护用品。

凡属于上述情形的且不存在故意意图的均属于雇主的过失责任,由此造成的雇员人身伤害雇主应负经济赔偿责任。有些国家还规定雇主对雇员承担无过失责任,即只要雇员是在受雇期间受到的伤害不是其自身故意行为所致,雇主都要承担经济赔偿责任。

(二)雇主责任保险

雇主责任保险是以被保险人即雇主的雇员在受雇期间从事业务活动时因遭受意外导致伤、残、死亡或患有与职业有关的职业性疾病而依法或依据雇佣合同应由被保险人承担的经济赔偿责任为保险对象的一种责任保险。世界上很多国家将雇主责任保险纳入强制保险范畴,也有一些国家将雇主责任保险归入社会保险范畴,以工伤保险取代雇主责任保险。中国则是工伤保险与雇主责任保险并存,工伤保险负责基本保障,雇主责任保险负责超额保障。

二、雇主责任保险的对象

雇主责任保险的对象是雇主。雇主包括作为自然人的公司、企业的老板,作为法人的各类公司、企业或事业单位和社会团体。

三、雇主责任保险的责任范围

(1)在保险合同有效期间内,凡被保险人所聘用的雇员(被保险人所雇用的员工包括短期工、临时工、季节工和学徒工),在其雇佣期间(包括上下班途中),因从事保险单所载明的被保险人的业务工作而遭受意外事故或患了与工作有关的国家规定的职业性疾病所致伤、残或死亡,对被保险人因此依法应承担的下列经济赔偿责任,保险人依据保险合同的约定,在约定的赔偿限额内予以赔付:①死亡赔偿金;②伤残赔偿金;③误工费用;④医疗费用。

(2)经保险人书面同意负责的、必要的、合理的诉讼费用及其他费用,保险人负责在保险单中约定的诉讼费用累计赔偿限额内赔偿被保险人。

(3)在保险期间内,保险人对保险单项下的各项赔偿的最高赔偿责任金额之和不得超过保险单明细表中列明的累计赔偿限额。

四、雇主责任保险的保险期限与保险费

(一)保险期限

雇主责任保险的保险期限通常为1年,期满续保。也可以根据雇佣合同的期限投保不足1年或1年以上的雇主责任保险,保险责任期限为2年或2年以下,应按年计收保险费。

(二)保险费

影响雇主责任保险费的因素有:第一,行业特征、公众特征,保险费率因职业的危险程度不同而不同;第二,赔偿限额的高低;第三,责任范围的大小、是否有扩展责任等。

五、雇主责任保险的赔偿处理

(一)索赔

被保险人在赔偿时应提交有关材料:包括事故证明书、事故处理报告书、保险人认可的医疗机构出具的医疗证明、伤残证明、法院判决书、医疗费用单据;发生死亡时,还应提供死亡及户口注销的证明文件。

(二)索赔期限

被保险人应在保险事故发生之日起两年内向保险人申请赔偿,并提供全套单据。如超过两年未能做到有效索赔,则视同放弃权益。

(三)理赔

雇主责任保险的赔偿限额通常定为每一雇员若干个月的工资收入,且死亡赔偿额度一般低于永久完全残疾赔偿额度。对于部分残疾和一般性伤害,计算公式为:

$$赔偿限额 = 该雇员的赔偿限额 \times 适用的赔偿额度比例$$

六、雇主责任保险附加险

雇主责任保险的附加险主要有:

(一)附加第三者责任保险

该险种承保被保险人(雇主)因其疏忽或过失行为导致雇员以外的他人人身伤害或财产损失的法律赔偿责任。

(二)附加雇员第三者责任保险

该险种承保雇员在执行公务时因其疏忽或过失行为造成的对第三者的伤害且依法应由雇主承担的经济赔偿责任。

(三)附加医疗费用保险

该险种承保被保险人的雇员在保险期限内,因患有疾病等所需要的医疗费用的保险。

雇员医疗费用的发生,不论是否遭受意外伤害,也不论是否与职业有关,凡是因疾病,包括正常疾病、传染病、分娩、流产等而支付的治疗费、医药费、手术费、住院费等,均可以通过该险种获得保障。

此外,雇主责任保险还可以附加投保战争、罢工、骚乱等危险。

第四节 职业责任保险

一、职业责任保险的概念

(一)职业责任风险

职业责任风险是指从事各种专业技术工作的单位或个人因工作上的失误导致的损害赔偿责任风险,是职业责任保险存在和发展的基础。职业责任风险的特点在于:第一,它属于技术性较强的工作导致的责任事故;第二,它不仅与人的因素有关,同时也与知识、技术水平及原材料等的欠缺有关;第三,它限于技术工作者从事本职工作中出现的责任事故。

医生、会计师、律师、设计师、经纪人、代理人、工程师等技术工作者都存在着职业责任风险,因而都可以通过投保职业责任保险来转移其面临的风险。

(二)职业责任保险

职业责任保险是指承保各种专业技术人员因在从事职业技术工作时的疏忽或过失造成合同对方或他人的人身伤害或财产损失的经济赔偿责任的保险。职业责任保险与特定的职业及技术工作密切相关,因此又称为职业赔偿保险或业务过失保险,职业责任保险一般接受以提供各种专业技术服务的单位(医院、各种事务所等)团体投保,个体职业技术工作者的风险则由专门的个人责任保险承保。

二、职业责任保险的种类

(一)医疗职业责任保险

医疗职业责任保险又叫医生失职保险,承保医务人员由于医疗责任事故而致病人死亡或伤残、病情加剧、痛苦增加等,受害者或其家属要求赔偿且依法应当由医疗方负责的经济赔偿责任。承保对象是在中华人民共和国境内,获取中华人民共和国行医职业许可证的医疗机构。

(二)建筑工程设计责任保险

建筑工程设计责任保险是以建设工程设计人因设计的疏忽或过失而引发工程质量事故造成损失或费用,从而应承担的经济赔偿责任为保险标的的职业责任保险。承保对象是凡经国家建设行政主管部门批准,取得相应资质证书并经工商行政管理部门注册登记依法成立的建设工程设计单位。

(三)律师职业责任保险

律师职业责任保险主要承保被保险人或其前任作为一个律师在自己能力范围内,在职业服务中发生的一切疏忽、错误或遗漏过失行为所导致的法律赔偿责任,包括一切侮辱、诽谤以及被保险人在工作中发生的或造成的对第三者的人身伤害或财产损失。承保对象是凡在中华人民共和国境内依法设立的律师事务所及持有有效律师执业证书的律师。

(四)注册会计师职业责任保险

注册会计师职业责任保险主要承保被保险人或其前任因违反会计业务上应尽的责任和义务,而造成他人损失,依法应负的经济赔偿责任。承保对象是依法设立的各会计师事务所。

(五)工程监理职业责任保险

工程监理职业责任保险是以监理职业责任为保险标的的一种责任保险,它承保监理人在履行国家法律法规及委托监理合同所规定的监理义务过程中,造成委托人(即业主)或其他第三方的人身伤害或财产损失时,依法应由监理人承担的赔偿责任。建立这种保险制度,是提高工程监理水平、保证工程质量、完善市场管理制度、建立社会监督体系的重要措施,是强化工程监理单位与监理工程师法律责任、监督他们依法执业、减少监理工作风险的有效办法,是控制监理风险、增强工程监理企业抵抗风险能力的有效途径。

其他的职业责任保险还有美容师职业责任保险、药剂师职业责任保险、保险经纪人和代理人职业责任保险等,这些险种都在开办或陆续开办中。

三、职业责任保险的保险责任

(一)医疗职业责任保险的保险责任

(1)因被保险人或其工作人员的医疗失误造成患者人身伤亡而应承担的损害赔偿责任。它应包括受害者已经治疗和继续治疗的医疗费用、受害者为此而延长病期的误工工资、营养补助及死亡、残疾赔偿金等。

(2)因被保险人提供的药物、医疗器械或食品有问题并造成患者的伤害而应承担的损害赔偿责任,但只限于与医疗服务有直接关系的,并且只是使患者受到伤害。

(3)因赔偿引起纠纷的诉讼、律师费用及其他事先经保险人同意支付的费用。

此外,经过特别约定,还可扩展下列责任:

(1)被保险人所提供并已转归他人所有的药物及外科、牙科的供应品或器械造成人们的伤害。

(2)由于被保险人提供或未能提供的治疗或护理而使人们受到的伤害,不仅指病、伤员受到的伤害,也包括其他人受到伤害。

(二)建筑工程设计责任保险的保险责任

(1)工程本身的物质损失。

(2)第三者人身伤亡或财产损失。

事先经保险人书面同意的诉讼费用,保险人负责赔偿。但此项费用与上述第1项、第2项的每次索赔赔偿金总额不得超过保险单明细表中列明的每次索赔赔偿限额。发生保险责任事故后,被保险人为缩小或减少对委托人的经济赔偿责任所支付的必要的、合理的费用,保险人负责赔偿。

(三)律师职业责任保险的保险责任

在保险合同有效期内,保险人按保险条款的有关规定负责赔偿律师事务所的执业律师在代表被保险人的执业过程中,因下列原因经保险人认定和经司法部门律师责任赔偿委员会裁决或法院判决应由其承担的经济赔偿责任:

(1)因承办律师的过失致使超过诉讼期限,使委托人丧失诉讼权,或向无管辖权的人民法院起诉而给委托人造成直接经济损失的。

(2)因承办律师的过失没有实施授权范围内的诉讼或非诉讼代理行为,或超越代理权限给委托人造成直接经济损失的。

(3)承办律师遗失委托人提供的证据或因保管不善致使证据失效,给委托人造成直接经济损失的。

(4)承办律师在有条件的情况下应当收集证据而未收集,致使证据湮失或无法取证给委托人造成直接经济损失的。

(5)承办律师接受委托人委托后,因过失导致延误或未完全履行职责而给委托人造成直接经济损失的。

被保险人事先经保险人书面同意支付的诉讼费用及其他必要的、合理的费用,保险人负责赔偿。

(四)注册会计师职业责任保险的保险责任
(1)注册会计师因过失而给委托人或利害关系人造成的直接经济损失。
(2)会计师事务所因诉讼、仲裁而支付的合理费用。
(3)会计师事务所为减少委托人等的损失而支付的必要、合理的费用。

(五)工程监理职业责任保险的保险责任
在保险期限或追溯期内,被保险人在中华人民共和国境内(不包括港、澳、台地区)开展工程监理业务时,因过失未能履行委托监理合同中约定的监理义务或发出错误指令导致所监理的建设工程发生工程质量事故,而给委托人造成经济损失,由委托人首次向被保险人提出索赔申请,依法应由被保险人承担赔偿责任时,保险人根据保险合同的约定负责赔偿。

下列费用,保险人也负责赔偿:
(1)事先经保险人书面同意的仲裁或诉讼费用及律师费用。
(2)保险责任事故发生时,被保险人为控制或减少损失所支付的必要的、合理的费用。

对于每次事故,保险人就上述第1和2项下的赔偿金额分别不超过保险单明细表中列明的每次事故赔偿限额;在保险期限内,保险人的累计赔偿金额不超过保险单明细表中列明的累计赔偿限额。

四、职业责任保险的承保方式

职业责任保险的承保可以以索赔为基础承保,也可以以事故为基础承保。由于职业责任风险的特点决定了从责任事故发生到实际损失的产生间隔时间较长,以事故为基础承保,将使保险人是否赔付长时间内无法确定,因此现在实务中多采取期内索赔式承保。但期内索赔式一般都有追溯期的规定,即在追溯期或保险期限内发生保险事故,在保险期限内提出索赔的,保险人承担赔偿责任。

第五节 公众责任保险

一、公众责任保险的概念

(一)公众责任
公众责任是指致害人在公众活动场所由于疏忽或过失等侵权行为,致使他人的人身或财产受到损害,依法应由致害人承担的经济赔偿责任。公众责任风险普遍存在于商场、酒店、展览馆、医院、电影院等公共场所中。公众责任的法律依据是各国的民法和各种相关的单行法规制度。

(二)公众责任保险
公众责任保险又称普通责任保险或综合责任保险,是指以被保险人的公众责任为承保对象的保险。公众责任保险是责任保险中适用范围最广的类别。

二、公众责任保险的种类

(一)场所责任保险

场所责任保险是指承保固定场所因存在结构上的缺陷或管理不善,或被保险场所内进行生产经营活动时因疏忽而发生意外事故,造成他人财产损失和人身伤亡的经济赔偿责任。场所责任保险是公众责任保险中业务量最大的险种,包括的主要险别有:旅馆责任保险、展览会责任保险、电梯责任保险、娱乐场所责任保险、机场责任保险、车库责任保险等。

(二)承包人责任保险

承包人责任保险承保承包人在施工、作业或工作中造成他人人身伤害或财产损失而应承担的损害赔偿责任。

(三)承运人责任保险

承运人责任保险承保承担各种客、货运输任务的部门或个人在运输过程中可能发生的损害赔偿责任,主要险别有:旅客责任保险、承运货物责任保险、运送人员意外责任保险等。

(四)个人责任保险

个人责任保险承保自然人或其家庭成员因其作为或不作为,而对他人的身体及财物造成损害并因此依法应负的经济赔偿责任。主要险别有:住宅责任保险、农民个人责任保险、运动责任保险、综合个人责任保险、个人职业责任保险(承保私人律师、医生等的职业风险)等。

三、公众责任保险的保险责任

(1)在保险期限内,被保险人在保险单明细表列明的范围内,因经营业务发生意外事故,造成第三者的人身伤亡和财产损失,依法应由被保险人承担的经济赔偿责任,保险人负责赔偿。

(2)对被保险人因上述原因而支付的诉讼费用以及事先经保险人书面同意而支付的其他费用,保险人负责赔偿。

(3)保险人对每次事故引起的赔偿金额以法院或政府有关部门根据现行法律裁定的应由被保险人偿付的金额为准。但在任何情况下,均不得超过保险单明细表中对应列明的每次事故赔偿限额。在保险期限内,保险人在保险单项下对上述经济赔偿的最高赔偿金额不得超过保险单明细表中列明的累计赔偿限额。

四、赔偿处理

若发生保险单承保的任何事故或诉讼时:

(1)未经保险人书面同意,被保险人或其代表对索赔方不得作出任何责任承诺或拒绝、出价、约定、付款或赔偿。在必要时,保险人有权以被保险人的名义接办对任何诉讼的抗辩或索赔的处理。

(2)保险人有权以被保险人的名义,为保险人的利益自付费用向任何责任方提出索赔的要求,未经保险人书面同意,被保险人不得接受责任方就有关损失作出的付款或赔偿安排或放弃对责任方的索赔权利,否则,由此引起的后果将由被保险人承担。

(3)在诉讼或处理索赔过程中,保险人有权自行处理任何诉讼或解决任何索赔案件,被保险人有义务向保险人提供一切所需的资料和协助。

公众责任保险被保险人的索赔期限,从损失发生之日起,不得超过2年。

第六节 信用保证保险

一、信用保证保险的概念

信用保证保险产生于美国,是伴随着商业信用的发展而产生的一类保险业务。目前世界上很多国家都已经开办了该项业务,有些国家还出现了专业的信用保证保险公司。

根据投保人和承保方式的不同,信用保证保险可以划分为信用保险和保证保险两类业务。当权利人作为投保人投保义务人的信用风险时就是信用保险;当义务人作为投保人投保自己的信用风险时就是保证保险。

二、信用保证保险的种类

(一)信用保险的种类

1. 出口信用保险

出口信用保险,是承保出口商在经营出口业务的过程中,因进口商方面的商业风险或进口国方面的政治风险而遭受损失的一种特殊保险。出口信用保险承保的风险包括商业风险和政治风险。商业风险又称为买方风险,指由于买方的商业原因造成的收汇风险。政治风险又称国家风险,指由于买方不能控制的政治原因造成的收汇风险。由于该险种承保的风险特别巨大,损失概率难以测算,因此普通的保险公司很难承保,一般都要由政府支持的保险公司开办。2001年12月18日,中国出口信用保险公司(简称中国信保)成立,成为我国唯一承办出口信用保险业务的政策性国有保险公司。中国出口信用保险公司主要承保买方国家收汇管制、政府征收、国有化和战争等国家风险和买方信用风险、买方银行风险等商业风险。根据保险期限不同,出口信用保险可以分为短期出口信用保险和长期出口信用保险。

2. 投资保险

投资保险又称为政治风险保险,是承保被保险人因投资引进国政治局势或政府法令变动而引起投资损失的保险。其承保对象是海外投资者,主要承保外汇风险、征用风险和战争风险。由于外国投资者对我国的投资日益增多,所以,我国自开办投资保险以来,业务不断扩大,不仅为外国投资者提供投资风险保障,也为我国在海外的投资提供风险保障。

根据各国的立法和实践,海外投资保险制度中的承保机构可以概括为以下三种类型:第一种类型是政府机构。比如日本负责海外直接投资保险业务的保险机构。第二种类型是政府与国营公司联合。比如德国和法国的海外直接投资保险的承保机构。第三种类型是政府公司。比如美国负责海外直接投资保险业务的海外私人投资公司。

3. 国内信用保险

国内信用保险,又称商业信用保险,是指在商业活动中,一方当事人为了避免另一方当事人的信用风险,而作为权利人要求保险人将另一方当事人作为被保证人并承担由于被保证人的信用风险而使权利人遭受商业利益损失的保险。发生保险事故后,保险人首先向权利人履行赔偿责任,同时自动取得向被保证人进行代位求偿的权利。国内信用保险的主要种类有:赊销信用保险、贷款信用保险和个人信用保险等。

(二)保证保险的种类

1. 合同保证保险

合同保证保险又称"履约保险",是承保被保证人不履行合同规定的义务而给权利人造成经济损失的保险。合同保证保险中最常见的是建设工程类的合同保证保险,如建筑保证保险、完工保证保险、供给保证保险等。

2. 产品保证保险

产品保证保险,又称产品质量保险或产品信誉保险,承保产品生产商和销售商因制造或销售的产品质量有缺陷而给用户造成的经济损失,包括产品本身的损失以及由此引起的间接损失和费用。

3. 诚实保证保险

诚实保证保险,又称雇员忠诚保证保险,承保被保证人的不诚实行为致使被保险人遭受的经济损失。诚实保证保险的保险标的是被保证人的诚实信用,比如因雇员的贪污、挪用和诈骗等不诚实行为,造成雇主的经济损失。

三、信用保证保险的保险责任

(一)信用保险的保险责任

1. 出口信用保险的保险责任

以短期信用保险为例,保险人对被保险人在保单有效期内按销售合同规定的条件出口货物后,或者作为信用证受益人按照信用证条款规定提交单据后,因下列风险引起的直接损失,按保单规定承担保险责任:

(1)商业风险。

①非信用证支付方式下包括以下情形:

a. 买方破产或者无力偿付债务,指买方破产或者丧失偿付能力。

b. 买方拖欠货款,指买方收到货物后,违反销售合同的约定,超过应付款日仍未支付货款。

c. 买方拒绝接受货物,指买方违反销售合同的约定,拒绝接受已出口的货物。

②信用证支付方式下包括以下情形:

a. 开证行破产,指开证行破产、停业或者被接管。

b. 开证行拖欠,指在单证相符、单单相符的情况下,开证行超过最终付款日 30 天仍未支付信用证项下款项。

c. 开证行拒绝承兑,指在单证相符、单单相符的情况下,开证行拒绝承兑远期信用证项下的单据。

(2)政治风险。

①非信用证支付方式下包括以下情形:

a. 买方所在国家或者地区颁布法律、法令、命令、条例或者采取行政措施,禁止或者限制买方以合同发票载明的货币或者其他可自由兑换的货币向被保险人支付货款。

b. 买方所在国家或者地区颁布法律、法令、命令、条例或者采取行政措施,禁止买方所购的货物进口。

c. 买方所在国家或者地区颁布法律、法令、命令、条例或者采取行政措施,撤销已颁发给买方的进口许可证或者不批准进口许可证有效期的展延。

d. 买方所在国家或者地区,或者货款须经过的第三国颁布延期付款令。

e. 买方所在国家或者地区发生战争、内战、叛乱、革命或者暴动,导致买方无法履行合同。

f.除本保单另有规定外,导致买方无法履行合同的、经保险人认定属于政治风险的其他事件。

②信用证支付方式下包括以下情形:

a.开证行所在国家或者地区颁布法律、法令、命令、条例或者采取行政措施,禁止或者限制开证行以信用证载明的货币或者其他可自由兑换的货币向被保险人支付信用证款项。

b.开证行所在国家或者地区,或者信用证付款须经过的第三国颁布延期付款令。

c.开证行所在国家或者地区发生战争、内战、叛乱、革命或者暴动,导致开证行不能履行信用证项下的付款义务。

d.除保单另有规定外,导致开证行无法履行信用证项下付款义务的、经保险人认定属于政治风险的其他事件。

2. 投资保险的保险责任

我国投资保险条款规定投资保险的保险责任主要包括以下三个方面的风险:

(1)战争风险,又称战争、革命、暴乱风险,是指在保险期限内投保人在东道国的投资财产由于当地发生战争、内战、恐怖行为、叛乱、罢工及暴动等类似战争行为而遭受损失的风险。因战争所受的损失,仅限于有形资产的损失,证券、档案文件、债券、现金的损失,不在保险之列。损失只限于投资者所受的直接损失,不包括间接损失。战争险所致的损失,至少其中10%由投资者本人负担,保险机构补偿90%。

(2)征用风险,又称国有化风险,是指合格投资者的合格投资在保险期内由于东道国政府采取征用、国有化或没收等措施而使投资者遭受全部或部分损失的风险。投保人的投保财产丧失,应由保险人负责赔偿。

征用险的承保一般要满足几项条件,主要是对投保人的要求,具体如下:第一,当东道国政府对投资财产采取或可能采取征用行动时,投资者有义务立即向保险机构书面报告详细事实情况;第二,保险机构在赔付前有权要求投资者采取一切合法的必要行动,及时、合理地运用司法或行政手段防止或抗议东道国的征用行为;第三,投资者始终有义务协助本国的保险机构向东道国行使索赔权。

(3)汇兑风险,即外汇风险,亦称外汇险、禁兑险,是海外投资保险制度中投资机构承保的基本风险。其主要承保因东道国的外汇不足,限制或停止外汇交易,或者因战争等其他突发事变无法进行外汇交易,致使投资者的原本利润及其他合法收益不能自由兑换成外币,并汇回本国的风险。外汇险承保的主要内容是:投保人(投资者)在保险期内作为投资的收益或利润而获得的当地货币,或因变卖投资企业而获得的当地货币,如遇东道国禁止将这些货币兑换成自由货币,则由海外私人投资保险机构用自由货币予以兑换。

而由下列风险造成的损失,保险人不予赔偿:

①由于原子弹、氢弹等核武器造成的损失。

②被保险人投资项目受损后造成被保险人的一切商业损失。

③被保险人及其代表违背或不履行投资合同或故意违法行为导致政府有关部门征用或没收造成的损失。

④被保险人没有按照政府有关部门所规定的汇款期限汇出汇款所造成的损失。

⑤投资合同范围之外的任何其他财产的征用、没收所造成的损失。

3. 国内信用保险的保险责任（赊销信用保险）

在保单有效期内，被保险人按销售合同约定交付货物且买方接受货物后，因下列原因所发生的应收货款损失，在被保险人履行相关约定的条件下，保险人（中国信保）按保单规定承担赔偿责任：

(1) 买方被法院宣告破产；

(2) 买方拖欠货款，指买方超过买卖合同约定的付款日仍未支付或未付清货款。

被保险人应为其适保范围内的每一买家申请买方信用限额，并根据保险人的约定定期报告适保销售。当发生保险责任范围内的损失时应根据要求向保险人报告可能损失和提出索赔申请。保险人赔偿后，在赔偿金额范围内从被保险人处取得代位求偿权。

(二) 保证保险的保险责任

1. 合同保证保险的保险责任

合同保证保险主要是保证被保证人履行合同义务，合同保证一般用于工程建筑项目。合同保证保险主要根据工程承包合同内容来确定保险责任，保险责任是被保证人因违约行为所造成的经济损失。违约是指被保证人因自己的过错致使其与权利人签订的合同不能履行或不能完全履行。被保证人因违约而依法承担的经济赔偿责任由保险人负责赔偿。

合同保证保险的除外责任主要包括：第一，因人力不可抗拒的自然灾害造成的权利人的损失；第二，工程所有人提供的设备、材料不能如期运抵工地，延误工期而造成的损失。

2. 产品保证保险的保险责任

产品保证保险的保险责任包括：

(1) 使用者更换或修理有质量缺陷的产品所蒙受的损失和费用；

(2) 使用者因产品质量不符合使用标准而丧失使用价值的损失和由此引起的额外费用；

(3) 被保险人根据法院的判决或有关政府当局的命令，收回、更换或修理已投放市场的存有质量缺陷的产品所承受的损失和费用。

此外，产品质量保证保险的除外责任包括：

(1) 产品购买者故意行为或过失引起的损失；

(2) 不按产品说明书安装、调试和使用引起的损失；

(3) 产品在运输途中因外来原因造成的损失或费用等。

3. 诚实保证保险的保险责任

诚实保证保险又称忠诚保证保险或雇员忠诚保险，其承保的责任是被保证人（雇员）的不诚实行为，如欺诈、伪造、隐匿、贪污、侵占、挪用、盗窃等不法行为，使被保险人（雇主）遭受经济损失。它以雇员的品德为承保对象，因而是一种品德担保业务。其保险保障的损失一般包括：

(1) 雇主的货币和有价证券的损失；

(2) 雇主所有的财产的损失；

(3) 雇主有权拥有的财产或对此负有责任的财产的损失；

(4) 保险条款中指定区域的可移动财产的损失。

诚实保证保险主要有职位保证、指名保证和总括保证等几种承保形式。诚实保证保险一般都规定有发现期，这是因为有些不法行为所造成的损失不易被当即发现，为了既有效地保障雇主的合法权益，又能使保险人控制所承担的责任，因而规定有一定时间限制的发现期。发现期的期限一般规定为雇员被辞退或退休或死亡后6个月或合同期满3个月内。

四、信用保证保险的保险费率与保险费

(一)信用保险的保险费率与保险费(以出口信用保险为例)

1. 影响出口信用保险费率的因素

(1)买方所在国的政治、经济及外汇收支状况；

(2)出口商的资信、经营规模和出口贸易的历史纪录；

(3)出口商以往的赔付记录；

(4)贸易合同规定的付款条件；

(5)投保的出口贸易额大小及货物的种类；

(6)国际市场的经济发展趋势。

2. 有关保险费的具体条款规定

(1)保险人根据被保险人按保单规定申报的发票金额和保险费率表列明的费率,计算保险费并寄送保险费通知。计算公式：

$$保险费 = 发票总额 \times 费率表列明的费率 \times 调整系数$$

调整系数的大小根据出口方经营管理情况的好坏和对该出口方赔付率的高低确定。被保险人应于保险费通知到达之日起十个工作日内足额缴纳保险费。被保险人未在规定期限内缴纳保险费,保险人对被保险人申报的相关出口不承担保险责任。

(2)当风险发生重大变化时,保险人可修改保险费率,并书面通知被保险人。修改后的费率自修改通知列明的生效日起生效。

(3)被保险人拖欠保险费超过规定期限两个月的,保险人有权解除本保单,并应书面通知被保险人,保单自该通知到达被保险人之日起解除,保单项下被保险人缴纳的所有保险费不予退还。该解除不影响解除日前保险人按照保单规定应承担的保险责任。

(二)保证保险的保险费率与保险费(以产品保证保险为例)

1. 影响产品保证保险费率的因素

(1)产品制造商、销售商和修理商的技术水平及质量管理情况；

(2)产品的性能和用途；

(3)产品的销售区域；

(4)以往的损失记录等。

2. 保险费的计算

$$保险费 = 保险金额 \times 费率$$

保险金额按购货发票金额或修理费收据金额确定。

附:责任保险的有关案例

美国石棉赔案

(1)石棉赔案问题的由来

"石棉"(asbestos)是一组硬度高而柔软性好的自然矿物质纤维的统称。这些纤维可分成细线进行纺织,还因具有防热、防腐蚀、不导电的特点而被广泛应用于各行各业。石棉纤维物质容易变成充满细微颗粒的粉尘,弥漫于空气中,或附着于衣物上。这些颗粒纤维容易被人吸入或吞食进体内,从而引起严重的健康问题。

美国石棉案指由石棉污染和健康损害(即APH)引起的保险责任。石棉因其危害面广、给人身造成的疾病潜伏期长、法庭判决的赔付金额高而闻名于世。它不仅使石棉产品的制造商

和销售商纷纷破产,还让保险公司和再保险公司受到重创,有些保险公司已在清理过程中,石棉方面的赔款还在呈逐年增长的趋势。

(2) 石棉赔案诉讼及索赔时效

与石棉相关的诉讼主要是根据疏忽和严格责任理论进行的产品责任索赔诉讼。现在,集团诉讼已成为对石棉污染提起索赔和进行诉讼的主要方式,即某个社区的全体居民,或者有相关诉求的数百人,乃至数千人一起委托律师进行诉讼。

石棉赔案的索赔时效为自受害者知道或应当知道自己患有石棉疾病时起的三年内,他或其家人可以提出人身伤害或非自然死亡索赔。时效起始日通常是医生通知病人诊断结果的当天。特殊时效规定:如果工人死于间皮瘤或与石棉相关的癌症,他的配偶和亲属可以提出非自然死亡索赔的时效是自死亡之日起十年内。

(3) 石棉赔案对保险业的影响

由于石棉危害面广,所致疾病潜伏期长,赔偿费、理赔费用及诉讼费用高,污染地的清理费用巨大,因此,导致许多石棉制造企业倒闭,对销售流通企业的影响也很大,对保险公司和再保险公司的冲击之大不言而喻。被其击需垮的保险公司和再保险公司不在少数,现在仍有许多保险公司处在被清理或是在处理未了责任的过程中,而不再做新业务。

Equitas 公司是闻名于保险界、专门处理劳合社未了责任的一个典型例子。截至 2000 年 3 月 31 日为止,该公司中石棉、污染和健康损害责任(APH)已占未决赔款的 65%,而 1999 年为 55%。1999 年,石棉制造商支付的赔款的增长率要比预想的还要高。石棉赔款的增长之快出乎整个市场的预料。连 Equitas 的董事长也承认,如果这种情况继续下去将会耗尽 Equitas 的准备金。根据劳合社某市场分析师的分析,自 1999 年以来,石棉赔案可能会使 Equitas 增加 10 亿英镑的损失(已发生的赔款减去已决赔款)。Equitas 自 1997 年成立以来,石棉赔款的损失增加了 22 亿英镑。

美国保险服务局负责财务分析的助理副总裁 Michael Murray 说,没有迹象表明这种上升趋势是否会继续下去。他说,赔款数字经常反复变化,例如,1993 年和 1995 年发生的赔款都高达 33 亿美元。对保险业来说,石棉问题是一本需要他们不断签发的支票簿。

保险界为尽可能地减少损失,采取了三项主要措施予以应对:

第一,提高赔款准备金。许多保险公司为了应付石棉、环境、健康损害等方面的巨大赔款不得不扩大准备金,提高偿付能力。自 1991 年以来,美国的保险人一直不断地提高石棉和环境污染赔款准备金。劳合社为了摆脱不见减少的巨大赔款责任的重负,成立了 Equitas 公司。Equitas 是为劳合社 1992 年及 1992 年以前所接业务进行再保险而专门设立的公司。现在,石棉赔款责任已成为 Equitas 所有责任的主要部分。2000 年,Equitas 的石棉赔款准备金增加 17 亿英镑,现准备金已达 80 亿英镑。

第二,参与专门的赔款基金。以生产减震产品和能量传递产品著称的美国 Raytech 公司 2000 年就因其防范计划而免遭破产,该计划使其避免了与石棉有关的人身伤害索赔的冲击。具体做法是,该公司将自己的普通股的 90% 交给一个专门的石棉赔款基金和政府,而该公司则因此不再受到没有保障的约 67 亿美元赔款的影响,其中包括人身伤害索赔和环境污染索赔。

第三,防灾防损。保险人通过预防事故发生来减少损失,以及在事故发生时将损失降到最低程度,这些对于保险人来说有直接的利益。保险人通过降低保费的方法鼓励客户采取预防措施。现在,一些大保险公司都拥有技术先进的培训中心,其职能之一是培训工业企业客户如何预防有毒物质泄露、化学品爆炸、火灾,如何处理紧急情况,如何保障员工的职业安全和身体健康等。

(4)石棉赔款的发展趋势

据美国2001年最新的一项报告,在财产险和意外险领域,保险业在未来的年份将迎来一个新的石棉索赔高峰期,累计赔款可能会达到650亿美元之巨。A. M. Best公司预测,石棉和环境方面的赔款给保险业造成的最大损失可能会达到1 210亿美元,这比过去960亿美元的估计高出26%。对财产险和意外险业务来说,在历史上已知发生的损失和赔款金额方面,石棉损失索赔已经超过环境污染损失索赔成为最主要、最困难的集团诉讼。据专家预测,到2020年至2050年期间,石棉索赔案件会大幅度减少。至于什么时候石棉赔款才能完全消失,什么时候保险业才能从石棉的噩梦中解脱出来,由于变数很多,现在的保险业暂时还无法回答这个问题。

本章小结

1. 责任保险承保的是民事损害赔偿责任风险,其产生与发展以法制的健全和完善为前提条件。责任保险在西方发达国家中是与财产保险并列的一大险种。

2. 责任保险有独立承保、附加承保和作为基本责任承保三种主要的承保方式。保险人承担的是最高赔偿限额,一般会列明每次事故人身伤亡赔偿限额、财产损失赔偿限额和累计赔偿限额。

3. 责任保险作为无形财产保险,主要的险种有产品责任保险、雇主责任保险、职业责任保险、公众责任保险和信用保证保险。

4. 信用保证保险分为信用保险和保证保险。其中保证保险的经营有自己鲜明的特色。

关键术语

责任保险　赔偿限额　产品责任　雇主责任　职业责任　公众责任　产品责任保险　雇主责任保险　职业责任保险　公众责任保险　出口信用保险　产品保证保险

思考练习题

1. 责任保险产生与发展的基础是什么?
2. 什么是期内索赔式和期内发生式?
3. 产品责任保险与产品保证保险有何不同?
4. 出口信用保险为什么更适合作为政策性业务?

第八章 人身保险

> **本章要点**
>
> 1. 人身保险的概念、特点和分类
> 2. 人身保险的常用条款
> 3. 人寿保险的特点与分类
> 4. 意外伤害保险的特点与责任
> 5. 健康保险的特点

第一节 人身保险概述

一、人身保险的概念

人身保险是指以人的身体和寿命作为保险标的的一类保险。

所谓以人的寿命为标的，是指当被保险人由于生存或死亡的原因产生经济上的需要时，由保险人给付被保险人或其受益人保险金。

所谓以人的身体为标的是指当被保险人因遭受意外突发性事故，致使其身体遭受伤害或因此而残废、死亡时，由保险人给付被保险人或其受益人保险金；或当被保险人因疾病不能工作，以及因疾病而致残时，由保险人给付被保险人保险金。

二、人身保险的特点

(一) 人身保险标的具有不可估价性

人身保险的标的物是人的寿命和身体，其价值很难用货币来衡量。因此在人身保险事故中，死亡、伤残、疾病等给人们带来的损失，尤其是它给人们造成的精神上、心理上的伤害，也就无法用货币来衡量。正因为如此，在人身保险中不存在重复保险、超额保险问题。

(二) 人身保险是一种定额保险

人的寿命和身体的价值不能用金钱来衡量，人身保险合同无法通过保险标的的价值确定保险金额。一般情况下，人身保险的保险金额由投保人根据被保险人对人身保险的需要和投保人的缴费能力，在法律允许的范围与条件下，与保险人协商确定，属于定额保险。

(三) 人身保险的长期性

人身保险的保险期限都比较长，特别是人寿保险，其保险期限通常在五年以上，有的险种长达几十年乃至人的一生。因此，人身保险经营受利率、通货膨胀、死亡率、利息率、费用率、保单失效率等因素的影响较大。

(四)人身保险的风险相对稳定

人身保险中的死亡风险,随着被保险人年龄的增加而逐年增加,年龄越大死亡风险越大,这种变动很规律;而且,不同年份间,相同年龄的人的死亡率基本上差不多,即表现出死亡风险的稳定性。

三、人身保险的种类

从不同的角度看人身保险,主要有以下分类:

(一)按保障范围分类,人身保险可分为人寿保险、人身意外伤害保险和健康保险

人寿保险是指以人的生命为保险标的,以生死为保险事故的人身保险。人身意外伤害保险是指以人的身体作为保险标的,以死亡和残废作为保险事故的人身保险。健康保险是指以人的身体作为保险标的,以疾病的发生作为保险事故的人身保险业务。

(二)按实施方式分类,人身保险可以分为强制保险和自愿保险

强制保险是指按照法律规定必须参加的人身保险。比如社会保险中的社会医疗保险,铁路旅客意外伤害保险,工伤保险等。

自愿保险是指在平等自愿的基础上双方当事人以合同形式订立的人身保险。大部分的商业人身保险都是自愿保险。

(三)按投保方式分类,人身保险可以分为个人保险和团体保险

个人保险是指以个人作为保险对象的人身保险。此类保险一般是保险合同中只有一个被保险人。

团体人身保险是指以团体作为保险对象的人身保险。即两个或两个以上的被保险人只签订一张保险单。

四、人身保险的作用

随着社会的不断发展,人身保险在经济生活中的作用越来越大,主要表现为:

(一)人身保险的微观作用

1. 人身保险对家庭和个人的作用

(1)经济保障。人身保险对被保险人的重要作用在于,为被保险人及其受益人提供风险保障,所保障的利益包括:身故利益、满期利益和伤残利益等。这可使被保险人及其家属,在由于被保险人衰老、生病或死亡而引起的收入减少或家庭支出增加甚至丧失收入时,得到一定经济上的保障,使困境得以缓解。

(2)投资手段。人身保险合同大多是长期合同,长期寿险都采用"均衡保险费率",即投保人在保险合同订立的早期,所交的保险费高于应缴纳的"自然保费"。因此一段时期后,每张保单都会产生一定金额的责任准备金,寿险公司为了保证未来的偿付能力,必须通过有效的资金运用来保证这部分资金的保值增值。与个人在金融市场上进行的投资相比较,保险投资的安全性更高,收益更稳定。因此人身保险为个人和家庭提供了可靠的投资手段。尤其是在国际市场上流行的分红保险、投资连接保险和万能寿险等险种,除了具有人身保险基本的保障功能之外,还具有投资功能,使被保险人在获得保障的同时,也进行了稳健的投资。

(3)税收优惠。在一些国家,政府为了鼓励居民投保人身保险,专门立法规定:人身保险的保费,在限额内可免缴所得税,人身保险保费所扣除的所得税,是按个人所得税纳税最高那一层来扣除的。因此凡是要缴纳所得税的人,投保人身保险之后,都可以省下一笔所得税,尤其是对于高收入者,所得税率越高,他们投保人身保险就可以得到更多的税收优惠。

2. 人身保险对企业的作用

(1)分担企业对员工的人身风险责任。依照我国劳动法的规定,劳动者在退休、患病、负伤、因工伤残或患职业病、失业、生育等情况下,按法律规定享受社会保险待遇,劳动者死亡后其家属按法律规定可享受遗属补贴。因此当雇员发生了以上情况时,作为雇主的企业,不可避免地应给予雇员或其家属一定的经济补偿。如果企业没有为其员工投保人身保险,那么这种赔偿责任将完全由企业来承担;若企业为员工投保了意外伤害等团体人身保险,则这种赔偿责任就转移给了保险公司,发生保险责任事故时,便由保险公司来赔偿。可见人身保险具有化解企业对员工的风险赔偿责任的作用。

(2)增加员工福利,提高企业对人才的吸引力。现代企业竞争中取胜的关键是人才。企业能否吸引和留住人才,决定着企业能否生存和发展。人才的需要一般包括:劳务报酬、发展机会、良好的工作环境和人际关系及培训的机会。为重要的员工投保人身保险相当于增加了对其的劳动回报,而且这种方式不仅是增加了经济收入,而且获得了对其未来的风险保障,这会使员工有一种被重视、被关心的感觉。员工在企业工作时间越长,通过人身保险的保障功能可领取的保险金就越多,如果离开企业就会有一定的经济损失。此外员工的工资或奖金收入都被纳入个人所得税的范畴,而投保人身保险则可免缴这部分收入的所得税。所以,为员工投保人身保险,会增加企业对人才的吸引力。

(3)补偿企业因重要员工死亡或伤残所带来的损失。按照现代企业经营意识,个人的资本、能力、经验和技术等,都被视为是企业有价值的资产,重要员工一旦死亡或丧失工作能力,会给企业带来经济损失,因而企业应该为他们投保人寿保险,保险金额可以根据他们的死亡或丧失工作能力可能给企业造成的经济损失来确定,由企业缴付保险费并作为受益人,一旦企业出现了这方面的损失,也可获得相应的经济补偿。

(二)人身保险的宏观作用

1. 有利于社会安定

人身保险是社会保障制度的必要补充。各国都把建立和健全社会保障制度作为现代化国家的重要标志之一,但社会保障制度不能完全解决个人和家庭的经济保障问题,而风险事故给个人和家庭带来的损失,往往会破坏正常的社会生活秩序,为社会带来不稳定因素。通过各种人身保险,保障公民个人及家庭的生活稳定,可以维系这个社会生活秩序的稳定。因此人身保险在保持社会稳定、公平和健康发展方面,发挥着无可替代的作用。在世界上,凡是经济发达的国家都有着发达的人身保险体系。经济发展水平越高的国家,人身保险制度就越发达,这显示出人身保险制度与社会发展的密切联系。

2. 有利于扩大社会就业

人身保险作为一种特殊的商品,为社会增加就业机会创造了条件。人身保险是对未来的一种承诺,相对于人们的消费心理,购买这种长期付费却"未必会兑现的一纸契约"相当困难,因此寿险商品的销售难度,远大于有形商品。这需要有专业知识的人员去推销保险理念和保险产品,这就是保险代理人制度。我国是在1992年由美国友邦保险公司在上海首先开始实行保险代理人制度的,后来其他保险公司纷纷效仿,这一保险销售方式很快得以在全国推广。目前,我国已有100多万保险代理人员,随着我国保险市场的进一步成熟,将会有更多的人以寿险营销为其终身职业,这又会扩大与其相关的核保、理赔、精算、客户服务以及培训等部门的扩展,为社会创造更多的就业机会。

3. 有利于国民经济的发展,是资本市场重要的资金来源

人身保险的资金运用在很多国家,为金融市场提供了重要的资金来源,成为推动国民经济发展的重要因素。由于人身保险具有长期性和储蓄性的特点,因此人身保险聚集了巨额的准备金并投资于金融市场。例如,日本的生命保险公司的资金运用,占日本金融市场上资金来源的10%左右;美国的人寿保险公司,一直以来都是公司债券市场的最大投资者。在货币市场和资本市场的资金来源中,保险资金长期维持在20%左右,在不动产抵押贷款领域,人寿保险公司仅随储蓄机构和商业银行之后,排在第三位。

五、人身保险常用条款

(一)不可抗辩条款

不可抗辩条款是指在人身保险合同中,投保人未履行如实告知义务而订立的合同,经过一定期限(一般两年)后,保险人不得以投保人或被保险人违反最大诚信原则为由,解除合同或者拒绝给付。

此条款的目的主要是保障善意的投保人或被保险人的权益。主要应用在年龄误告和自杀条款之中。

案例 8-1 2000年10月,肖某因患肺气肿无法正常上班,便办了提前病退手续,2001年4月,保险公司的业务员到肖某所在工厂的小区宣传保险,上门展业,肖某便投保了保额5 000元,月交费24元,起保时间为2001年4月4日的简易人身保险。并在健康询问栏中写了"健康"字样。此后一直按时缴纳保费。2003年9月4日,肖某之子携带被保险人的死亡证明,要求给付保险金。

案例分析:在人身保险合同中,投保人未履行如实告知义务而订立的合同,经过一定期限(一般两年)后,保险人不得以投保人或被保险人违反最大诚信原则为由,解除合同或者拒绝给付。在本案例中,肖某投保了保额5000元、月交费24元、起保时间为2001年4月4日的简易人身保险,而死亡发生在2003年9月4日,已成为不可抗辩的事实,所以保险公司应该承担保险赔偿责任。

(二)宽限期条款

投保人未按规定的期限交付保费,只要未超过一定的宽限期(一般为30~60天),保险合同仍然有效。对投保人来说,不会因一时的疏忽或过失未交付续期保费而使保单失效,对保险人来说,可以维持较高的保单持续率。但在宽限期内发生保险事故时,保险人可以在应给付的保险金中扣除所欠的保费。投保人超过宽限期未缴保费,将导致保险合同效力中止或失效。

案例 8-2 王某在1999年3月19日为自己买了数份的人寿保险。自从投保后,王某总是在每年的交费期如数缴纳保费,从不拖欠。2002年,王某因生意不景气破产,债权人天天找上门来催债,无奈之下,王某只好举家南迁到广东打工。这一年下来,也搬了好几次家,但一直未能恢复元气,也未能按时缴纳保险费,王某的心情非常不好;2002年5月19日中午王某不慎跌倒撞伤头部,被送往医院后不治身亡。医院所开出的死亡证明书,确定王某死亡时间为2002年5月20日凌晨2时。其家属携带王某的死亡证明,要求给付保险金。

案例分析:我国《保险法》规定交费宽限期为60天。王某死亡时间已经超过了宽限期,因

此保险公司不承担保险赔偿责任。王某交了多年的保费,只因一年未能按时交费,不能获得应有的保障,太令人遗憾了。为了减少或避免这种情况,投保人应在投保时注意合理选择保额,量入为出。一般投保人现有的年收入与投保额的比例以保额的15%~20%为宜。还应注意的是,在订立保险合同时也可选择自动垫交保费条款,用前期保费产生的现金价值垫付当期保险费,以避免投保人因不能按时缴纳保费导致保险合同失效,带来更大的经济损失。

(三)复效条款

复效条款是指投保人在保单停效后的一段时间内,有权申请恢复保单效力,是对原合同法律效力的恢复,不改变原合同的各项权利和义务。为了防止道德风险,保险人对于申请复效,一般都规定了复效条件:

(1)失效期限不得超过2年。
(2)投保人提出复效申请。
(3)投保人同意补交所欠的保费及利息。
(4)被保险人的健康状况符合投保条件。
(5)复效申请须得到保险人的同意。

案例8-3 1996年10月4日,王先生在一位做营销员的朋友的竭力劝说下,为自己投保了人寿保险,保额4万,并指定儿子为受益人。1997年王先生按时缴纳保费。1998年,因为这位营销员离开了这家保险公司,王先生不知道该怎样和保险公司联系交费,再加上身体不太好休病假,收入也减少了不少,所以当年的保费就没有缴纳。1999年10月25日,在拖欠保费长达1年之后,王先生的儿子主动到保险公司将拖欠的保费及利息一并补交,并办理了复效手续。2000年3月19日被保险人王先生因病去世。其儿子马上通知保险公司,并在处理完父亲的后事之后,持保单及有关证明,向保险公司申请保险金。保险公司拒赔。其儿子不服上诉法院。

案例分析:复效时,由于保险人放弃了要求投保人履行如实告知的义务的权利,并没有坚持被保险人必须提供健康证明等文件,只是要求投保人将拖欠的保费及利息补交,便给这份保险合同办了复效手续,该保险合同既然已经复效,王先生死亡时合同是有效的,并且其死亡符合保险金给付条件,所以法院的判决如下:第一,双方签订的人身保险合同是有效的,第二,保险公司应在判决生效后10日内将4万元一次性支付给受益人王先生的儿子,第三,案件受理费和诉讼费共计300元,由保险人承担。

目前,由于保险公司业务员流动性较大,各家保险公司"孤儿保单"的增加,给保单的管理带来困难,在一定程度上造成了被保险人的损失,也影响到保险公司的经营效益。针对以上案例的情况,各保险公司都作了一些改进,如以上门收费、信函催缴、电话提醒等方式督促投保人按期缴纳保费,避免双方不必要的损失。

(四)不丧失价值条款

不丧失价值条款是指规定投保人有权在合同有效期内选择有利于自己的方式处置保单上的现金价值。现金价值属于投保人所有,对投保人来说,保单上的现金价值不会因保险合同效力的变化而丧失,从此意义上讲,现金价值又叫不丧失的价值。对保险单上的现金价值此条款规定有以下处理方式:

1. 解约退保,领取退保金

对投保人的影响包括:被保险人失去保险保障,退保金低于保单上的现金价值对投保人不利;对保险人的影响包括:可能意味着严重的逆选择,减少保险人的投资收益,影响保险人的费用收回,影响保险人的声誉和形象,失去潜在客户影响保险人的投资规模,降低投资收益率。人身保险合同的第一年成本和费用往往超过当年的保费收入,这些费用除了通过责任准备金收回一部分外,其余的要分摊到以后各年度才能收回,投保人中途退保解约,使这部分成本费用难以收回,给保险人经营带来影响。解约退保金,按照惯例,不能低于保单现金价值的四分之三,需以现金支付。

2. 选择减额交清保险

投保人如不愿意继续缴纳保费,可以减额交清保险的方式处置保单上的现金价值。减额交清保险是指投保人利用保单上的现金价值将原合同改为一次交清保险费的同类保险,而保险期限和保险责任不变,只是保险金额比原合同有所减少的保险。

这种方式适宜于被保险人身体健康状况良好,需要长期保障,而又无力缴费的保险合同。

3. 选择展期保单

投保人利用保单上的现金价值将保险合同改为一次交清保费的定期保险,原保额不变,只是保险期限要根据保单上的现金价值相应地缩短。例如:某人 30 岁时为自己投保 20 年期的两全保险,保额 1 000 元,于保单的第 10 个年度停付保费,经计算此人 40 岁时保单上的现金价值为 430 元,这时投保 10 年定期死险(保额1 000元)的趸交保费为 99 元,还有 331 元(430-99)可用来投保保额为 478 元的生存保险。若此人在 50 岁前死亡,受益人可领取 1 000 元,若生存至 50 岁,保险人应给付生存金 478 元。

保单上的现金价值来源于均衡保费制下投保人早期超交的保费、早期超交的保费所累积的利息和生存者与死亡者利益。

(五)年龄误告条款

年龄误告条款是指如果投保时,误告了被保险人的年龄,保险合同仍然有效,但应予以更正和调整;如果被保险人的真实年龄已不符合保险合同规定的年龄限制,保险合同无效,退还已交保费。

投保人年龄不真实,并且真实年龄不符合投保险种规定的年龄限制,在投保的两年内保险人可以解除合同,退还已交保费,两年后保险人丧失解除合同的权利。

投保年龄不真实但符合投保险种规定的年龄范围,投保人少缴保费,如果是在事故发生前,补交保费;事故发生后,调整保额,应付保险金=约定保额×(实缴保费÷应缴保费)。

投保年龄不真实但符合投保险种规定的年龄范围,投保人多缴保费。投保人有权要求保险公司退还多缴的部分。

案例8-4 1999 年 6 月陈女士为其女投保了 5 万元的人身保险,该险种规定被保险人最低年龄为 16 岁,其女是 1983 年 10 月出生的,投保时年龄尚不足 16 周岁,但是陈女士在投保单上将女儿的出生年月填成 1983 年 4 月,保险公司经核保后顺利承保。1999 年 10 月,女儿在上学途中因横穿马路车祸身亡。

案例分析:年龄误告条款是指如果投保时,误告了被保险人的年龄,保险合同仍然有效,但应予以更正和调整;如果被保险人的真实年龄已不符合保险合同规定的年龄限制,保险合同无效,退还已交保费。本案例中陈女士的女儿真实年龄 15 周岁,而该险种规定被保险人最低年龄为 16 岁,所以不符合保险合同的年龄限制,保险合同无效,保险人按合同规定退还部分保险费,不予赔偿。

(六)自杀条款

自杀条款是指在签发保单后两年之内,被保险人如果由于其本人自己的行为而造成的死亡,不论其神经是否正常,保险人只退还保费,若两年之后自杀,则以死亡论处,给付受益人死亡保险金。

案例 8-5 1997 年 9 月 1 日,李某向保险公司投保了 10 万元的终身寿险,指定受益人为其儿子,由于李某未按时缴纳续期保费超过 60 天交费宽限期后,保险合同于 1998 年 11 月 1 日失效。1998 年 11 月 10 日李某向保险公司申请复效,并缴纳了续期保费及利息,保险合同的效力于 1998 年 11 月 10 日恢复效力。2000 年 8 月 4 日李某因工作压力太大自杀身亡,其儿子向保险公司申请给付保险金。保险公司经审核认为,保险合同复效日期为 1998 年 11 月 10 日,李某自合同复效之日起两年内自杀,保险公司不承担保险责任。

案例分析:我国《保险法》对保险合同复效后,自杀期间是否重新计算没有明确的规定。从国外保险立法来看,有些国家或地区的保险立法明确规定,保险合同复效的两年自杀期间从复效之日起算,如意大利、我国台湾地区;有的国家的保险立法规定,保险合同复效的,两年自杀期间从合同成立之日算起,如美国。我国《保险法》第 44 条规定:"以被保险人死亡为给付保险金条件的合同,自合同成立或者合同效力恢复之日起两年内,被保险人自杀的,保险人不承担给付保险金的责任,但被保险人自杀时为无民事行为能力人的除外。"在我国保险实务中通行做法是保单复效后重新计算自杀期间。各公司的人身保险条款中均有明确规定,被保险人在合同生效或复效之日起 2 年内自杀的属于除外责任。本案合同中没有两年自杀起始计算的约定,而法律亦没有相应规定,则一般应遵从惯例,即复效重新计算自杀期间,所以本案保险公司不予赔偿。

(七)保单贷款条款

保单贷款条款是指人身保险合同在保费交满一定时期(一般为 2 年)后,投保人可凭保单向保险人申请贷款,其贷款的额度连同利息不得超过保单上的现金价值。如果贷款本息达到保单上现金价值的数额时,合同终止。具体做法:只有保单上有现金价值时,投保人才能申请贷款,一般前 2 年保单上没有积存现金价值;贷款的数额连同截至下一缴费日为止的贷款利息,不能超过保单在那时用作保证金的现金价值;保单贷款应按双方约定的利率计息,如果到结息日没有支付利息,该项利息并入贷款本金内一并计息(按复利计算);贷款期间保险合同为有效合同,在此期间发生的保险事故,保险人应给付保险金,若投保人退保,保险人应支付退保金。不过,保险事故的发生或退保的提出,并不能免除投保人偿还债务的义务,所以应从保险金或退保金中扣除还贷本息。

案例 8-6 1997 年 10 月 23 日,中国人民银行公布了全国商业银行储蓄利率下调的消息,而保险公司的保费调整是相对滞后的,即到同年 12 月 1 日起保险费率才上调。这个期间差被业务员充分利用了,"现在投保合算"的观念深入人心。于是当年的 11 月至 12 月间迅速在全国掀起了一股投保热潮,各地都出现了排队买保险的壮观景象。买保险既是一种投资又安排了日后的生活,可谓是"捡了个大便宜"。金明当时的生意做得不错,手头还是较宽裕的,在业务员小冯的推荐下,他也买了保险,保额 10 万元,年交保费 3 516 元,但是保险合同上有哪些权益,他根本就没在意。随后一段时间,整个的经济大环境不景气,金明的生意也每况愈下,难以为继,只好将店面盘给别人,祸不单行,金明的母亲生病住院了,急需要一笔庞大的医疗费用,于是他想起了已交了 3 年保费的保险单,所以申请退保,谁知道保险公司只退给他

4 488元,他想不通已交了 10 548 元,才退了 4 488 元,一气之下将保险公司告到消费者协会。

案例分析:一般在长期人身保险合同中,前四年所交保费形成的现金价值较少,所以交费两年内的退保多是要遭受很大损失。在金明的保单中是这样规定的"终止合同,给付退保金为年度现金价值扣除相应的手续费＋当年所交保费的 85%。"所以不要随意退保,可采用保单质押贷款方法,这样才划算。

(八)自动垫交保费贷款条款

自动垫交保费贷款条款是指投保人在宽限期内尚未交付保险费,除非投保人有反对声明,保险人可在保单的现金价值范围内自动提供贷款,用以抵交保费,使合同继续有效,直到累计的贷款本息达到保单上现金价值为止。届时,投保人如再不缴纳保费,保险合同效力即行终止。

自动垫交保费贷款意在不需投保人提出贷款申请(订合同时已同意),保险人自动提供贷款,贷款的目的在于垫交保费。前提是保单上积存有现金价值。自动垫交保费期间,保险合同仍然有效,如果保险事故发生,保险人要从给付的保险金中扣除垫交的本息。

案例 8 - 7 1995 年 11 月,李某向台湾某保险公司投保了 60 万元的分红养老保险,指定受益人为其母亲。1997 年 1 月,李某因车祸身故,李母向保险公司申请给付死亡保险金。保险公司经审核发现李某未缴纳第三年度保费,并且保险公司于 1996 年 11 月以挂号信邮寄催缴通知书后,投保人仍未缴纳保费,所以保险合同已于催告 30 天后失效,而保险事故是在保险合同失效期间发生的,所以予以拒赔。

案例分析:在美国、日本等保险业发达国家,其履行保费自动垫交条款的做法是:只有投保人主动提出要求,并将自己的要求以书面的形式提交保险公司后,才发生保单自动垫交的效力。并且,在发生自动垫交效力后,投保人还可以随时予以取消。本案的结论:法院维持保险公司拒赔观点。

(九)战争条款

战争条款是指在保险有效期内,如果被保险人因战争或军事行为死亡或残疾,保险人不承担给付保险金的责任。对战争条款有两种不同的规定:结果条款,战争行为所致的死亡或残疾除外责任;身份条款,现役军人不得作为被保险人。

(十)红利任选条款

红利任选条款是指投保分红保险的投保人有享受公司分红的权利,且对此权利有不同的选择方式:现金红利、抵交保费、积累生息、增加保额。

第二节 人寿保险

一、人寿保险的概念

人寿保险是以人的生命作为保险标的,以死亡或生存为保险责任的保险。人寿保险有广义和狭义之分。广义的人寿保险就是人身保险,而狭义的人寿保险则不包括人身意外伤害险和健康保险。本节所称的人寿保险是狭义的人寿保险。

人寿保险简称寿险,是人身保险中最基本、最主要的种类。无论在我国还是国外,人寿保险的业务量都占人身保险的绝大部分。人寿保险的基本内容是:投保人向保险人缴纳一定量的保险费,当被保险人在保险期限内死亡或生存到一定年龄时,保险人向被保险人或其受益人给付一定量的保险金。

在人身保险中,最早产生的种类是人寿保险。人们曾认为,死亡是最大的人身风险,因而早期的人寿保险主要是为死亡提供保障,那时的人寿保险专指死亡保险。然而,人们都希望生存,希望长寿,由于生存和长寿需要生活费用,所以实际上也是一种风险,为此后来又出现了生存保险以及把死亡保险与生存保险相结合的两全保险。由于一个人不能预知自己寿命的长短,期满时一次性给付保险金的生存保险不能为养老的需要提供充分保障,所以又出现了年金保险。

二、人寿保险的特征

人寿保险除具有人身保险的一般特征,如保险标的不可估价性、保险金的定额给付性之外,还具有以下特点:

(一)风险的特殊性

1. 风险的稳定性

人寿保险承保的风险是人的死亡或生存。人寿保险的纯保费是根据被保险人在一定时期内死亡或生存的概率来计算的。在实际的寿险业务中,保险人依据生命表中的死亡率和生存率计算纯保费。保险人使用的生命表是经验生命表,经验生命表就是保险人根据多年业务经营实践中数以千万计的被保险人的生命资料编制的。由于观察的时间长,样本资料多,因而能够揭示生命运动的规律,符合大数法则的要求,具有相当大的稳定性。人寿保险所承保的风险的稳定性,决定了人寿保险业务经营的稳定性。只要保险人选用的生命表和预定利率符合客观实际,则业务经营不会发生很大的振荡。

财产保险和意外伤害保险所承保的风险是自然灾害或意外事故造成的损失。自然灾害和意外事故发生的概率虽然也可以估测,但不像人的生命运动那样有规律,并且不像人的死亡和生存概率那样稳定。所以财产保险、意外伤害保险的业务经营不像人寿保险那样稳定,有可能因发生巨灾风险出现亏损,也可能出现较大的盈余。

2. 风险的变动性

在财产保险和意外伤害保险中,每一保险标的因自然灾害和意外事故遭受损失的概率,在不同年度不完全相同,但也没有明显的变动规律,不是逐年增大或减小。而在人寿保险中,每个人一生中,在不同的年龄阶段死亡概率、生存概率是不同的,而且根据生命表的资料统计,死亡率随着年龄的增长而呈现出非常规律的变化。

人寿保险保费的计算基础是预定死亡率、预定利率和预定的费用率。其中预定死亡率主要是根据生命表中的死亡率来确定,死亡率是逐年变动的,特别是到了老年以后,死亡率上升幅度更大。按照费率计算的一般原理,人寿保险的保险费是逐年递增的,这种按照各年龄死亡率计算而得的逐年更新的保费称为自然保费。

自然保费刚好用于当年的死亡给付,没有储蓄部分,使寿险经营每年达到平衡。但由于死亡率是逐年递增的,因此自然保费也是逐年递增的,且增加速度越来越快,给寿险经营带来困难,表现为:①如果按照自然保费收取保费,老年时的保费高于年轻时的数倍,使被保险人在年老最需要保险保障时,将因缺乏保费的负担能力而无法参加保险,削弱了人寿保险的社会效益和发展。②容易出现逆选择。由于费率年年增加,身体好的人因负担过重而退出保险,而身体不好的人却坚持投保,即越是身体不好的人越愿意投保,而身体好的人不愿意投保,这就是逆选择。这会使正常情况下计算出来的费率难以维持,影响保险公司的正常经营运作。为了解决这一矛盾,人寿保险多采用均衡保费代替年年更新的自然保费。均衡保费是指投保人在保险年度的每一年所缴保费相等。

(二)均衡性

财产保险、人身意外伤害保险和健康保险的保险期限较短,一般不超过1年,而人寿保险的保险期限一般较长,5年以下的人寿保险很少见,一般都长达十几年、几十年。由于人的死亡危险随着人的年龄逐年增加,在人寿保险中如果按死亡率为依据来确定保险费率,就会出现被保险人越年轻,缴纳的保险费就越少,被保险人的年龄越大,缴纳的保险费就越多的情况,可能导致健康的人退出保险、体弱的人坚持保险的不利局面。为了保证保险人的正常经营,人寿保险中采用均衡保费制。

(三)储蓄性

储蓄的特征包括返还性和收益性。返还性即存款人经过一定时期以后可以领回存款本金,收益性即对存款要计算利息,存款人不仅可以领回本金,还能得到一定的利息。人寿保险的储蓄性是指人寿保险与储蓄有相似之处。在人身保险业务中,被保险人缴纳保费后,除了可以获得保险人的保险保障外,还可以收回全部或部分保险金额。并且,在给付的保险金额中,包括利息。因为人身保险具有长期性,保险人可以将各被保险人缴纳的保费聚集起来,进行投资并获得收益。由此而产生的增值在未给付被保险人之前,相当于保险人对被保险人的负债,待合同到期,便连同应付金额一同返还被保险人,这使得人身保险的某些险种具有一定的储蓄功能。针对寿险采用均衡保费,早期多缴部分累计生息部分也使得人身保险具有储蓄性。

三、人寿保险的种类

(一)死亡保险

死亡保险主要分为定期死亡保险和终身人寿保险。

1. 定期死亡保险

定期死亡保险习惯上被称为定期寿险,它只提供一个确定时期的保障,如5年、10年、20年,或者到被保险人达到某个年龄为止,如65岁。如果被保险人在规定时期内死亡,保险人向受益人给付保险金。如果被保险人期满生存,保险人不承担给付保险金的责任,也不退还保险金。定期寿险有如下特征:

(1)保险费较低廉。由于定期寿险不含储蓄因素,保险人承担风险责任有确定期限,所以在保险金额相等的条件下,定期寿险保险费低于其他寿险,而且可获得较大保障。

(2)可以延长保险期限。许多定期寿险单规定,保险单所有人在保险期满时,被保险人不必进行体检,不论健康状况如何都可以延长保险期限。规定这项选择权是为了保护被保险人的利益。否则被保险人可能在保险期满时因健康状况不佳或其他原因不能再取得人寿保险。

(3)可以变换。即被保险人不必体检,不论健康状况如何,具有把定期寿险单变换为终身寿险保单或两全保险单的选择权。这种选择权一般只允许在一个规定的变换期内行使,如65岁以前。定期寿险可以变换的特征可以消除被保险人因健康原因或经济能力变化对投保人所带来的不利影响,从而保证被保险人将来的可保资格。

(4)容易产生逆选择。投保定期寿险可以较少的支出获取较大的保障,所以极容易产生逆选择。所谓逆选择是指身体健康欠佳的人或者危险性较大的人,往往积极地申请投保死亡保险。在人寿保险经营中,表现为被保险人在感到或已经存在着身体不适或有某种极度危险存在时,往往会投保较大金额的定期寿险。为了使承保的风险掌握在已知的风险中,保险公司对保户有严格的选择,以保证公司财务的稳定。采取的措施有:一是对超过一定保险金额的保户的身体作全面、细致的检查;二是对身体状况略差或一些从事某种危险工作的保户,提高收费标准;三是对年龄较高身体又较差者拒绝承保。

定期死亡保险具有较强的保险功能。比较适合选择定期死亡保险的人包括:一是在短期内从事比较危险的工作急需保障的人;二是家庭经济境况较差,子女尚幼,自己又是一个家庭经济支柱的人。对他们来说,定期寿险是廉价的保险,可以用最低的保险费支出取得最大金额的保障,但无储蓄与投资收益。

2. 终身人寿保险

终身人寿保险又称终身死亡保险、终身寿险,是一种提供终身保障的保险。被保险人在保险有效期内无论何时死亡,保险人都向其受益人给付保险金。终身寿险分为普通终身寿险和特种终身寿险。

(1)普通终身寿险。普通终身寿险是一种灵活的寿险,又称终身缴费的终身保险,它是人寿保险公司提供的最普通的保险。其具有保险费终身缴纳、以较为低廉的保费获取终身保障的特点。

(2)特种终身寿险。特种终身寿险又称为限期缴费的终身寿险。它有两种形式:一是一次缴清保险费的终身寿险,即趸缴终身寿险。由于一次所缴金额较大,投保此种保险的人较少。二是限期缴清保险费的终身寿险,缴付保险费的期限可以限定为10年、20年或30年,一般用被保险人所达到的年龄来表示,如60岁、65岁。在同一保险金额下,缴费期越长,投保人每期缴纳的保险费越少;反之,则越多。其中,短期的限期缴清保险费的终身寿险适于在短期内有很高收入者购买。

终身寿险的一个显著特点是保单具有现金价值,而且保单所有人既可以中途退保领取退保金,也可以在保单的现金价值的一定限额内贷款,具有较强的储蓄性。终身寿险的费率较高,并且采取均衡保费的方法。目前,中国寿险市场上终身寿险已经成为主要寿险险种之一,每个公司都推出了自己的寿险产品,如中保人寿的"88鸿利"终身寿险、太平洋的"老来福"终身寿险、平安的"平安长寿"保险等,都很受欢迎。

(二)生存保险

生存保险是被保险人生存到保险期满时,保险人依照保险合同的规定给付保险金的一种保险。生存保险有以下几个特点:

(1)生存保险是以被保险人在一定时期内生存为给付条件的,如果被保险人在保险期内死亡,保险公司不负保险责任,并且不退回投保人所交的保险费。

(2)生存保险具有较强的储蓄功能,是为一定时期之后被保险人可以领取一笔保险金,以满足其生活等方面的需要。例如,养老保险就是一种较常见的生存保险。

(三)两全保险

两全保险又称生死合险。被保险人在保险期内死亡,保险人向其受益人给付保险金;如果被保险人生存至保险期满,保险人也向其本人给付保险金。因此,两全保险是死亡保险和生存保险的混合险种。两全保险可分为两个部分:定期寿险和储蓄投资。保单中的定期寿险保费逐年递减,至保险期满日为零,而储蓄保费逐年递增,至保险期满日为投保金额。由于被保险人在保险期内不论生存或死亡,被保险人本人或受益人在保险期满后,总是可以获得稳定的保险金。它既可以保障被保险人的晚年生活,又能解决由于本人死亡后给家庭经济造成的困难,因而它在人寿保险中最能够体现保障与投资的两重性,有时人们又称其为储蓄保险。两全保险的储蓄性使它具有现金价值,被保险人能够在保单期满前享受各种储蓄利益。

因此,两全保险既可以作为一种储蓄手段,又可以作为提供养老保障的手段,还可以当做为特殊目的积累一笔资金的手段,所以深受人们欢迎。目前保险市场上的多数险种都属于两全保险。常见的有子女婚嫁保险、子女教育金保险、学生平安保险,以及多数养老保险。

除了这些传统险种外,在美国等发达国家近年还出现了一些创新品种,比如万能人寿保险。它最大的特点是具有灵活性,保险单所有人能定期改变保险费金额,可以暂时停止缴付保险费,还可以改变保险金额,非常适合于需要长期保障和投资相对安全的人购买。

(四)年金保险

年金保险是指保险人承诺每年(或每季、每月)给付一定金额给被保险人(年金受领人)的保险,实际上是一种生存保险。在年金保险中,投保人要在开始领取之前,交清所有保费,不能边交保费,边领年金。年金保险可以有确定的期限,也可以没有确定的期限,但均以年金保险的被保险人的生存为支付条件。在年金受领者死亡时,保险人立即终止支付。在某种意义上,年金保险和前面所说的人寿保险的作用正好相反。人寿保险为被保险人因过早死亡而丧失的收入提供经济保障,而年金保险则是预防被保险人因寿命过长而可能丧失收入来源或耗尽积蓄而进行的经济储备。如果一个人的寿命与他的预期寿命相同,那么他参加年金保险既未获益也未损失,如果他的寿命超过了预期寿命,那么他就获得了额外支付,其资金主要来自没有活到预期寿命的那些被保险人缴付的保险费。所以年金保险有利于长寿者。

投保年金保险可以使晚年生活得到经济保障。人们在年轻时一点一滴节约闲散资金,缴纳保费,年老之后,就可以按一定周期领取固定数额的保险金,使晚年生活安定祥和。从本质上讲,年金保险并不是真正意义上的保险,实质上是人们通过寿险公司而作的一项投资。它代表年金合同持有人同寿险公司之间的契约关系。当您购买年金时,保险公司为您提供了一定的保障。当然保障的内容取决于您所投资(或购买)的年金的类型。

年金保险主要有以下几种类型:

(1)个人养老金保险。这是一种主要的个人年金保险。年金受领人在年轻时参加保险,按月缴纳保险费至退休日止,达到退休年龄次日开始领取年金至身故,年金受领者可以选择一次性总付或选择分期给付年金。如果年金受领者在达到退休年龄之前死亡,保险公司会退还积累的保险费(计息或不计息)或者现金价值,以哪个金额大而定。在积累期内,年金受领者可以终止保险合同,领取退保金。如中保人寿保险公司的个人养老金保险有如下承诺:①被保险人从约定养老年龄(50周岁、55周岁、60周岁、65周岁)开始领取养老金,养老金可月领也可年领或一次性领取,对于年领或月领者,养老金保证十年给付,如十年内身故,受益人可继续领取养老金至十年期满。②养老金领取十年后被保险人仍生存,保险公司每年给付按一定比例递增的养老金,一直给付至身故。③交费期内因意外伤害事故或因病身故,保险公司给付身故保险金,保险合同终止。目前,我国的养老年金保险大部分委托银行等金融机构代收保险费、代付养老保险金,手续安全、便捷。

(2)定期年金保险。这是投保人在规定期限内缴纳保险费,被保险人生存至一定时期后,依照保险合同的约定,按期领取年金,直至合同规定期满时止的年金保险。如果被保险人在约定期内死亡,则自被保险人死亡时终止给付年金。如子女教育金保险就是这种保险。父母作为投保人,在子女幼小时,为其投保子女教育金保险,等子女满18岁开始从保险公司领取教育金作为读大学的费用,至大学毕业。

(3)联合年金保险。这是以两个或两个以上的被保险人的生命作为给付年金条件的保险。它主要有联合最后生存者年金保险以及联合生存年金保险两种类型。联合最后生存者年金保险是同一保单中两人或两人以上的只要还有一人生存就继续给付年金,直至全部被保险人死亡后才停止。它非常适用于一对夫妇和有一个永久残疾子女的家庭购买。由于以上特点,所以比起相同年龄和金额的单人年金需要缴付更多保险费。联合生存年金保险则是只要其中一个被保险人死亡,就停止给付年金,或者将随之减少一定的比例。这种年金价格较低,市场需求量较少。

(4)变额年金保险。经济的高速发展常常免不了高通胀和高利率,在这种风险较大的经济环境中,寿险市场的需求重点就在于保值以及与其他金融商品的比较利益。变额年金提供的年金直接随资产的投资结果而变化。变额年金保险的产生,就是专门为了对付通货膨胀,为投保者提供一种能得到稳定的货币购买力的年金形式而设计的。变额年金保险的基本原理是,保险公司把收取的保险费计入特别账户,主要投资于公开交易的证券。将投资红利分配给参加年金的投保者。保单持有者承担投资风险,保险公司只承担死亡率和费用率的变动风险。因此,对投保人来说购买这种保单,一方面为了获得保障功能,另一方面为了追求高利率以承担高风险为代价得到高保额的返还金。购买变额年金类似于参加共同基金类型的投资,如今保险公司还向参加者提供多种投资的选择权。因此,购买变额年金保险可以主要看做是一种投资。

总之,无论是哪种形式的年金,对于年金购买者来说,都非常安全可靠。因为,保险公司必须按法律规定提取责任准备金,而且保险公司之间的责任准备金储备制度保证,即使您购买年金的保险公司停业或破产,其余保险公司仍会自动为购买者分担年金给付。正是由于这些好处,才使得年金保险以极快的速度发展,并成为保险公司主要业务之一。

(五)特种人寿保险

除了普通人寿保险外,还有多种混合的寿险品种以及为特殊需要而设计的特种寿险,这里介绍两个在我国比较通行的险种——简易人寿保险和团体人寿保险。

1. 简易人寿保险

简易人寿保险是一种生死两全附加意外伤害保险的险种,是以低收入的劳动者或薪金者为承保对象,按月收取保险费,免体检、低保额的人寿保险。简易人寿保险的特点是期限长,既有保险保障,又带储蓄性质。每月只需支出五元、十元或数十元参加这种保险,若干年后保险期满就积聚到一笔较大的资金,可用来养老、旅游,或丰富自己的家庭生活;万一保险期间不幸发生意外伤残或身故,即从保险公司领得如数保险金,帮助家庭克服困难,保障家人的生活。这种保险分5年、10年、15年、20年和30年5个保险年期,可以投保的最大年龄为65岁,每人可投保一份或多份,每份月交保险费一元。投保份数越多,保险年期越长,保险金额就越高,获得的保险保障利益就越大。由于这种保险对每一保单的最高保险金额有限制,如我国限制为1万元,所以随着人们收入水平的提高,简易人寿保险已经不能满足人们的需要,市场份额已越来越小。

2. 团体人寿保险

团体人寿保险简称团体寿险,是以团体方式投保的定期或终身死亡保险。团体人寿保险主要分为团体定期寿险和团体长期寿险。前者目的主要用于早期的死亡保障,对退休养老作用不大;后者则主要用来为雇员退休时提供生活保障。团体保险许多成员使用一份合同,通常无须体格检查。保险费用的缴纳由企业或雇主和被保险人按比例分担,如果保险费是企业或雇主缴纳的,被保险人在保险期间不幸身亡,在被保险人没有指定受益人的情况下,除非被保险人和单位有特别约定,指定单位为受益人,否则,按保险法规定,以被保险人的法定继承人为受益人。

以上介绍了人寿保险的主要种类。定期保险、终身保险、两全保险都属于传统的人寿保险,这些保险没有充分考虑到通货膨胀的影响,对通货膨胀的反应很弱,而变额年金等创新型的人寿保险,保费、保额、现金价值都可以变动,从而能够抵御通货膨胀对购买力的影响,加强保险的保障作用。由于中国保险业正处于成长之中,人寿保险的险种相对较少,可供人们选择的余地还相对有限,今后随着人寿保险业在中国的迅速发展,传统的保险产品和创新产品将竞相斗艳,也将会更多地满足人们的要求。

第三节 人身意外伤害保险

一、人身意外伤害保险的概念

(一)意外与伤害的定义

1. 意外

意外是指非本意的、外来的、突然的。所谓非本意的,是指非当事人所能预见;所谓外来的,指伤害的原因为被保险人自身之外的因素作用所致;所谓突发的,是指人体受到猛烈而突然的侵袭所形成的伤害。伤害的原因与结果之间具有直接瞬间的关系。

2. 伤害

伤害是指外来的致害物以某个方式破坏性地接触或作用于人的身体的客观事实。致害物、伤害对象、伤害事实是构成伤害的三个要素,缺一不可。其中,致害物是指对受害者直接造成伤害的物体或物质,可以是物理类的、化学类的或生物类的;伤害对象是指致害物所侵害的客体,即人体的某个部位或某几个部位,它是指对人的生理上的伤害,是对人的生理机能造成了破坏,而不是指心理上或权利上的伤害;伤害事实是指致害物破坏性地接触或作用于人体的客观事实,通常有烧伤、烫伤、爆炸、碰撞、坠落、跌倒、坍塌、掩埋、倾覆、触电、急性中毒、辐射等。

(二)人身意外伤害保险的定义

人身意外伤害保险是指投保人向保险人缴纳保险费,如果在保险期内因发生意外事故,致使被保险人死亡或伤残,支出医疗费用或暂时丧失劳动能力,保险人按照合同的规定给付保险金的保险。人身意外伤害保险的保障项目主要有以下四项:

1. 死亡给付

死亡给付指被保险人遭受意外伤害造成死亡时,保险人给付死亡保险金。死亡是指机体生命活动和新陈代谢的终止。在法律上发生效力的死亡包括两种情况:一是生理死亡,即已被证实的死亡;二是宣告死亡,即按照法律程序推定的死亡。当意外事故发生致使被保险人死亡的,保险人给付死亡保险金。《中华人民共和国民法通则》规定:"公民有下列情况之一的,利害关系人可以向人民法院申请宣告死亡:①下落不明满四年的;②因意外事故下落不明,从事故发生之日起满二年的。"

2. 残废给付

残废给付指被保险人因遭受意外伤害造成残废时,保险人给付残废保险金。

3. 医疗给付

医疗给付指被保险人因遭受意外伤害支出医疗费时,保险人给付医疗保险金。

4. 停工给付

停工给付指被保险人因遭受意外伤害暂时丧失劳动能力,不能工作时,保险人给付停工保险金。

案例 8-8 张先生在一家保险公司投保了意外伤害保险。不久前,因患糖尿病性视网膜病变至医院就诊,由于治疗不当,张先生的视力受到了严重损伤,被鉴定为盲人残疾。相关《医疗事故技术鉴定书》中指出,"医院在诊治过程中未能将患者疾病的严重性及转归及时告知患者,未进行监视疾病发展的必要检查,对延缓患者疾病的发展有一定影响"。出院之后,张先生以"受到意外伤害"为由向保险公司提出了索赔。保险公司认为,张先生的盲残并非是由于意外事故引起的,因为他原来就患有疾病,所以不予理赔。

案例分析: 意外伤害保险是指在约定的保险期内,因发生意外事故而导致死亡或残疾,保险公司向被保险人或受益人支付赔款的保险。"意外事故"是指非本意的、外来的、突然发生的原因,造成身体严重创伤的客观事件。所谓"非本意",即没有预料到的、非故意的事故。有些意外事故是应该预料到的,但由于疏忽所致;另有一些事故虽可以预见到,但在客观上无法抗拒或在技术上不能采取措施避免。所谓"外来的",是指身体外部原因造成的事故,如食物中毒、失足落水。疾病所带来的伤害不属于意外事故,因为它是人体内部生理故障或新陈代谢的结果。所谓"突然发生的",即在极短时间内发生,来不及预防,如行人被汽车突然撞倒。现在,张先生视力受到严重损伤,虽然很大程度上是由于医院的失误,但根本原因还是他本身所患的疾病,因此不是"意外事故"引起的。张先生的《医疗事故技术鉴定书》写明,"患者所患糖尿病性视网膜病变是目前最主要的致盲性眼底病之一……患者原有的疾病是患者目前病情的重要原因。"所以,这类医疗事故不属于意外保险的保障范围,张先生如要索赔,可向医院提出。

二、人身意外伤害保险的特点

(一)人身意外伤害保险的基本特征

1. 季节性明显,灵活性较强

人身意外伤害保险的许多险种往往因季节变化而有不同的投保高峰。如春、夏和秋季往往是风景游览区的旅游人身意外伤害保险的旺季。就灵活性来看,许多人身意外伤害保险的订立,大多数是经保险双方当事人协商一致的结果,保险方式比较灵活。

2. 人身意外伤害保险费率的厘定依据损失率来计算

一般不需要考虑被保险人的年龄、性别等因素,不以生命表为依据。因为被保险人所面临的风险是与其职业、工种或从事的活动关系密切,被保险人遭受人身意外伤害的概率并不因被保险人的年龄、性别不同而有较大的差异。在其他条件相同的情况下,被保险人职业、工种或从事活动的危险程度越高,应交的保险费越多。

3. 保险责任是被保险人因人身意外伤害所致的死亡或残疾，不负责疾病所致的死亡或残疾

人身意外伤害保险的保险责任由三个必要条件构成：被保险人在保险期限内遭受了人身意外伤害；被保险人在责任期限内死亡或残疾；被保险人所遭受的人身意外伤害是其死亡或残疾的直接原因或近因。人身意外伤害死亡残疾保险的保险责任是当被保险人由于遭受人身意外伤害造成死亡或残疾时，保险人给付死亡保险金或残疾保险金。人身意外伤害医疗保险的保险责任是当被保险人由于遭受人身意外伤害需要治疗时，保险人支付医疗保险费。人身意外伤害停工保险的保险责任是当被保险人由于遭受人身意外伤害暂时丧失劳动能力不能工作时，保险人给付停工保险金。

4. 保险期间与责任期限的不一致性

人身意外伤害保险的保险期间较短，一般为1年，有些极短期人身意外伤害保险的保险期间往往只有几天、几个小时甚至更短。但责任期限并不随着保险期限的结束而终止。

责任期限是人身意外伤害保险特有的概念，指从被保险人遭受人身意外伤害之日起的一定期限，如90天、180天、360天或13周、26周、52周。人身意外伤害保险强调被保险人在遭受伤害后的死亡或残废必须发生在责任期限内。只要被保险人遭受的人身意外伤害事故发生在保险有效期间，而且自遭受人身意外伤害之日起的一定时期内，造成死亡、残废的后果，保险人都要承担保险责任，给付保险金。

(二)人身意外伤害保险与人寿保险的异同

1. 人身意外伤害保险与人寿保险的相同之处

人身意外伤害保险与人寿保险都属于人身保险，在保险主体、保险标的和保险金额约定方面基本相同。如：二者的投保人和被保险人都可以是两个不同的主体并需要指定受益人；二者都是以人的生命或身体作为保险标的，都采取定额保险形式，保险金额由投保人和保险人双方约定。

2. 人身意外伤害保险与人寿保险的区别

(1)承保的风险不同。人寿保险承保的是人的生存给付、死亡给付、养老金的领取或期满领取等，可保风险与人体新陈代谢自然规律和人的年龄大小和身体状况密切相关；虽然以团体方式投保的人寿保险一般不检验被保险人的身体，但保险人仍要慎重地进行选择。而人身意外伤害保险承保的是非本意的、外来的、突然的伤害、残疾或死亡。对每个人来说，无论年龄大小和身体状况如何，其危险程度是大体相同的，因此，保险风险的发生与年龄关系不大，而与被保险人从事的职业有密切关系。

(2)费率的厘定不同。人寿保险的保险费率与被保险人的年龄呈正相关性，年龄越大应交的保险费就越多；而人身意外伤害保险费率则是根据过去各种人身意外伤害事故发生概率的经验统计计算，比较注重职业危险，不同的职业，费率不同。

(3)保险期限不同。人寿保险一般属于长期性业务；而人身意外伤害保险的保险期限较短，一般都不超过一年，属于短期性业务。

(4)责任准备金提取不同。人寿保险的保险费是按均衡法计算的。其中保险费的一部分是作为当年死亡给付的危险保费，另一部分则是专门积存起来作为将来死亡给付或期满给付的储蓄保险费。储蓄保险费连同其按复利方式所产生的利息构成人寿保险的责任准备金。而人身意外伤害保险的责任准备金从当年自留保险费中提取。

案例 8-9 2005年10月,69岁的广东退休教师邹钦在去九寨沟旅游途中,因高原反应导致突发脑栓塞,抢救无效死亡。他的妻儿与保险公司就"高原反应"是否属于"意外事故"产生了激烈争论。邹钦之子邹湛介绍说,2005年,退休的父亲与母亲两人到成都游玩,参加了由成都某旅行社组织的到九寨沟、黄龙风景区旅游,同时向旅行社缴纳了旅游人身意外伤害保险费,在某保险公司购买了旅游意外伤害保险,邹钦为被保险人。谁也没想到,10月16日傍晚7点左右,在位于海拔3 000余米的松潘县川主寺镇,因严重高原反应(高原缺氧)导致邹钦脑栓塞伴出血,同日转院至成都市第三人民医院抢救、治疗。但一个月后,邹钦经医治无效去世。邹湛说,父亲住院期间支出医疗费近13万元,去世后,保险公司交涉理赔事宜,但都遭到拒绝。由于协商无果,于是,他委托四川弘泽律师事务所向青羊区法院提起诉讼,要求保险公司赔付保险金12万,同时要求旅行社承担连带责任。

案例分析:购买了意外险,为何却得不到经济赔偿?因为高原反应不属于意外事故的范畴!意外的定义是:"外来的、突发的、非疾病性的、非本人意愿的事件"。旅游景点海拔很高,会有高原反应,参团之前游客自己应该有防范措施。所以高原缺氧只是外界条件,是可以预知的,并非意外。

游客高原反应引发伤病是否属于意外却成为各家保险公司与投保人争执的焦点。据成都某财险公司资深人士蓝先生介绍,30%的游客进入高原都会产生高原反应,只是轻重程度不同,邹老师的案例比较罕见。在高原地区意外摔伤,各保险公司一般都给予赔付,但高原反应引起的疾病或死亡,一般不予理赔。

三、人身意外伤害保险的种类

(一)按保险实施的方式不同划分

1. 自愿意外伤害保险

自愿意外伤害保险是投保人和保险人在自愿基础上通过平等协商订立保险合同的人身意外伤害保险。如"个人人身意外伤害保险"、"航空旅客意外伤害保险"等,均采取自愿形式投保。

2. 法定意外伤害保险

法定意外伤害保险又称"强制意外伤害保险",是政府通过颁布法律、行政法规、地方性法规强制施行的人身意外伤害保险。如,铁路旅客意外伤害保险等。

(二)按保险承保风险不同划分

1. 普通意外伤害保险

普通意外伤害保险又称一般意外伤害保险。该保险是以意外事故造成被保险人死亡或伤残为保险责任,但不具体规定事故发生的原因和地点。

2. 特种意外伤害保险

特种意外伤害保险是指以特定时间、特定地点或特定原因而导致的意外伤害事件的保险,该保险与普通意外伤害保险相比比较特殊,故称之为特种意外伤害保险。

(三)按保险对象的不同划分

1. 个人意外伤害保险

个人意外伤害保险是以个人作为保险对象的各种意外伤害保险。

2. 团体意外伤害保险

团体意外伤害是以团体为保险对象的各种意外伤害保险。团体意外伤害保险是我国意外伤害保险中最主要和最基本的险种。

(四)按照保险期限不同划分

1. 短期意外伤害保险

短期意外伤害保险一般是指保险期限为一年的人身意外伤害保险业务。保险公司目前开办的个人人身意外伤害保险、附加意外伤害保险等均属一年期意外伤害保险。短期意外伤害保险，大多是普通意外伤害保险。

2. 极短期意外伤害保险

极短期意外伤害保险是指保险期限不足一年，只有几天、几小时甚至更短时间的意外伤害保险。如我国目前开办的公路旅客意外伤害保险、旅游保险、索道游客意外伤害保险、游泳池人身意外伤害保险、大型电动玩具游客意外伤害保险等。

3. 长期意外伤害保险

长期意外伤害保险是指保险期限超过一年的意外伤害保险。

(五)按照保险承保的责任不同划分

1. 意外伤害死亡残废保险

意外伤害死亡残废保险是指当被保险人由于遭受意外伤害造成死亡或残废时，保险人给付死亡保险金或残废保险金的一种保险。

2. 意外伤害医疗保险

意外伤害医疗保险是指当被保险人由于遭受意外伤害需要治疗时，保险人给付医疗保险金的一种保险。

3. 综合性意外伤害保险

(1)旅行社责任险。根据国家旅游局的规定，正规的旅行社必须投保旅行社责任险，游客一旦参加旅行社组织的旅游活动，就可享有该项保险的权益。但是，旅行社责任险只对由于旅行社的责任疏忽和过失产生的游客损失进行赔偿。根据国家旅游局在2001年4月25日制定发布的《旅行社投保旅行社责任保险规定》，旅行社责任保险是一种强制保险。旅行社需投保的责任范围包括：旅游者人身伤亡；旅游者因治疗支出的交通费、医疗费；旅游者行李和物品丢失、损坏或被盗等赔偿责任。同时，还明确了旅行社投保责任险的金额不低于国内旅游每人责任赔偿限额8万元，入境、出境游每人限额16万元。

(2)旅游意外保险。旅游意外保险是指旅行社在组织团队旅游时，为保护旅游者利益，代旅游者向保险公司支付保险费，一旦旅游者在旅游期间发生意外事故，合同约定由承保保险公司向旅游者支付保险金的保险行为。《旅行社条例》第38条和39条规定，旅行社应当投保旅行社责任险。对可能危及旅游者人身、财物安全事项，应当向旅游者作出真实的说明和明确的警示，并采取防止危害发生的必需措施。《旅行社办理旅游意外险暂行规定》，明确规定了旅行社为旅游者办理的旅游意外保险金额不得低于以下基本标准：①入境旅游，每位旅游者30万元人民币；②出境旅游：每位旅游者30万元人民币；③国内旅游：每位旅游者10万元人民币；④一日游(含入境旅游、出境旅游与国内旅游)，每位旅游者3万元人民币。入境旅游，保险期限从旅游者入境后参加旅行社安排的旅游行程时开始，直至该旅游行程结束，办理完出境手续出境时为止。国内旅游、出境旅游，期限从旅游者约定的时间登上由旅行社安排的交通工具开始，直至该次旅行结束离开旅行社安排的交通工具为止。旅游者自行终止旅行社安排的旅游行程，其保险期限至其终止旅游行程的时间为止。旅游者在中止双方约定的旅游行程后自行旅游的,不在旅游保险之列。旅行社未进行保险应承担相应的法律责任。

(3)其他保险。其他保险主要有以下几种:

①旅客意外伤害险。旅客在购买车票、船票时,实际上就已经投了旅游意外伤害保险,其保费是按照票价的 5% 计算的,每份保险的保险金额为人民币 2 万元,其中意外事故医疗金 1 万元。保险期从检票进站或中途上车上船起,至检票出站或中途下车下船止,在保险有效期内因意外事故导致旅客死亡、残废或丧失身体机能的,保险公司除按规定付医疗费外,还要向伤者或死者家属支付全数、半数或部分保险金额。

②旅游人身意外伤害险。现在多数保险公司都已开设这一险种,每份保险费为 2 元,保险金额 2 万元,一次最多投保 10 份。该保险比较适合探险游、生态游、惊险游等。

表 8-1 目前中国市场上常见的旅游保险品种

旅游保险品种	代表险种	保险公司
旅游救助保险	团体旅游救援保险(编号 007-871)	泰康人寿保险股份有限公司
旅游人身意外伤害保险	旅游安全人身保险(编号:003-91)	太平洋保险公司
	旅游意外伤害保险(编号 007-878)	泰康人寿保险股份有限公司
	海外旅行人身意外伤害保险(编号:003-884)	太平洋保险公司
	海外旅行人身意外伤害附加医疗急救保险(编号:003-883)	太平洋保险公司
	国寿旅游意外保险(编号:002-906)	中国人寿保险公司
	金盛旅行意外伤害保险(编号:015-942)	金盛人寿保险公司
旅游景点意外伤害保险	旅游景点旅客人身意外伤害保险(编号:003-87)	太平洋保险公司
	国寿观光景点、娱乐场所人身意外伤害保险(编号:002-909)	中国人寿保险公司
住宿游客人身保险	住宿旅客人身意外伤害险(编号:003-93)	太平洋保险公司
	国寿住宿旅客平安保险(编号:002-899)	中国人寿保险公司

③旅游救助保险。保险公司与国际(SOS)救援中心联手推出的旅游救助保险险种,将原先的旅游人身意外保险的服务扩大,将传统保险公司的一般事后理赔向前延伸,变为事故发生时提供及时的有效救助。

④旅游求援保险。这种保险对于出国旅游十分合适。有了它的保障,旅游者一旦发生意外事故或者由于不谙当地习俗法规引起了法律纠纷,只要拨打电话,就会获得无偿的救助。

⑤住宿游客人身保险。该险种每份保费为 1 元,一次可投多份。旅客因遭意外事故,如外来袭击或随身携带物品遭盗窃、抢劫等而丢失的,保险公司按不同标准支付保险金。

⑥航空意外人身伤害保险(简称航意险)。航空意外人身伤害保险是保险公司为航空旅客专门设计的一种针对性很强的商业险种。我国从 2003 年 1 月由中国人寿、太平洋人寿和平安保险三家联合设计的《航空旅客意外伤害保险条款》经中国保监会审核认可后成为行业指导性条款。花 20 元人民币,可以得到保额 40 万元的航意险保障,同一投保人最多可投 5 份。在国

际旅游者乘坐飞机作为交通工具时,可通过购买航意险,为国际旅游服务中的"行"提供安全保障。

四、人身意外伤害保险的保险责任及给付方式

(一)意外伤害保险的保险责任

人身意外伤害保险承保的危险是人身意外伤害。但并非一切人身意外伤害都是人身意外伤害保险所能承保的。从是否可保角度看,人身意外伤害可分为不可保人身意外伤害、特约承保人身意外伤害、一般可保人身意外伤害。

1. 不可保人身意外伤害

不可保人身意外伤害指根据保险的大数法则或数理规则不应承保、受限于当前的承保技术和承保能力而无法承保或法律法规限制承保的人身意外伤害。对这一类伤害,如果承保,则违反法律的规定或违反社会公众利益。不可保人身意外伤害主要包括如下几类:

(1)在犯罪活动中所受的人身意外伤害。人身意外伤害保险不承保被保险人在犯罪活动中受到的人身意外伤害,原因有两个,一是一切犯罪行为都是违法行为,保险只为合法的行为提供经济保障;二是犯罪活动具有社会危害性,如果承保被保险人在犯罪活动中所受的人身意外伤害将为犯罪活动提供支持。

(2)在寻衅斗殴中所受的人身意外伤害。寻衅斗殴属于违法行为,不能承保。但在正当防卫中所受的人身意外伤害,属于可保伤害。

(3)因酒醉、吸食毒品、自杀等行为所致的人身意外伤害。酒醉、吸食毒品等对身体所造成的伤害是故意行为所致,当然不属于人身意外伤害。但是,因酒醉、吸食毒品等而连带发生的伤害,诸如,跌打损伤、交通肇事等属于人身意外伤害,但不能承保。因为酒醉、吸食毒品是不道德行为,在大多数国家吸食毒品是违法行为。不可保人身意外伤害,在人身意外伤害保险条款中应列明为除外责任。

2. 特约人身意外伤害

特约人身意外伤害指根据保险原理可保,但因风险较高或责任不易区分,一般不予承保,经保险双方特别约定后才予以承保的人身意外伤害。通常情况下,投保人要多缴纳保险费,或保险人降低给付标准。由于是特约,保险人必须在保险单上签注特别约定或出具批单。特约人身意外伤害包括在下列情况下所受的人身意外伤害:

(1)战争。在战争状态下,遭受人身意外伤害的概率比非战争状态要大得多,保险费率很难拟订,保险人一般不予承保,只有经过特别约定并另外加收保险费才予承保。

(2)登山、跳伞、滑雪、赛车、拳击等剧烈的体育活动或比赛中所受的人身意外伤害。由于从事上述活动,遭受人身意外伤害的概率大大增加,因而保险人一般不予承保,只有经过特别约定并另外加收保险费才予承保。

(3)核辐射造成的人身意外伤害。核辐射对人体造成人身意外伤害的后果,往往短期内不能确定,而且大规模的核辐射通常造成大面积的人身意外伤害,所以这种人身意外伤害只有在特约后才予承保。

(4)医疗事故等造成的人身意外伤害。人身意外伤害保险的保险费率是根据大多数被保险人的情况而制定的,其前提是大多数被保险人的身体是健康的,只有少数患有疾病的被保险人才存在医疗事故遭受人身意外伤害的危险。对这种人身意外伤害,保险人只有在特约后才

予承保。

3. 一般可保人身意外伤害

一般可保人身意外伤害指在一般情况下可保的人身意外伤害。事实上，特约人身意外伤害与一般可保人身意外伤害之间并不是严格区分开来的。保险人可以根据自己的技术条件、承保能力和经营状况决定将某种人身意外伤害决定为可保或不可保。

(二)意外伤害保险的给付方式

1. 死亡保险金的给付方式

一般规定死亡保险金的数额或者规定死亡保险金占总保额的比例，按规定给付。例如，规定被保险人因意外伤害死亡时给付保险金额 5 000 元、10 000 元或规定被保险人因意外伤害死亡时给付保险金额全数 100%、80%、50%等。中国人寿保险公司现行的团体人身意外伤害保险条款通常规定，"因意外伤害事故以致死亡的，给付保险金额全数"，即死亡保险金的给付比例占保险金额的 100%。

2. 残废保险金的给付方式

残废保险金的给付较死亡保险金的给付更复杂。在意外伤害保险的合同中，均以"永久完全失明""永久完全残废"或"局部完全残废""局部永久残废"作为确定残废保险金的依据。残废保险金的数额由保险金额与残废程度两个因素决定：残废保险金＝保险金额×残废程度百分比。残废程度百分比即残废程度，是根据人体各部位残废对一般劳动能力的影响大小制定的适应于大多数人的一种数字表达形式。(不适用于特殊职业人员、钢琴家）

被保险人因意外伤害事件致残后，应向保险公司提供伤残鉴定委员会或治疗医院出具的残废证明，若属永久完全残废，保险方即按合同规定给付残废保险金，倘若因意外伤害以致眼睛一时失去视力或折断臂骨等，虽然当时已构成完全失明或残废，但有可能治疗一段时间尚可恢复，还不能肯定为永久性失明或残废，因此须待治疗过程结束，经伤残鉴定委员会鉴定为"永久完全失明"或"永久完全残废"后，保险方才承担残废保险金的支付。

3. 保险金与保险金额的关系

对意外伤害保险合同而言，保险金额不仅是确定死亡保险金以及残废保险金的依据，而且是保险人给付保险金的最高限额。在意外伤害保险合同有效期内，不论被保险人一次或连续多次发生意外伤害事故，保险人均应按合同规定分别给付保险金，但累计给付保险金额以不超过被保险人的保险金额为限。若意外伤害事件给付金额达到保险金额时，合同效力终止。

(1)一次伤害，多次致残。保险金＝保险金额×$(x_1\% + x_2\% + \cdots + x_n\%)$，当 $x_1\% + x_2\% + \cdots + x_n\% \geq 100\%$ 按保险金额给付，合同终止。

(2)多次伤害，先残后死。每给付一次保险金就对保额冲减一次，在保险期内当保额冲减后，再发生意外伤害造成死亡，只能按冲减后的余额给付死亡保险金。

第四节 健康保险

一、健康保险的概念

(一)健康保险的定义

健康保险是以被保险人的身体为保险标的，保证被保险人在疾病或意外事故所致伤害时的直接费用或间接损失获得补偿的保险，包括疾病保险、医疗保险、收入保障保险和长期看护保险。疾病保险指以疾病的发生为给付条件的保险；医疗保险指以约定医疗行为的发生为给付条件的保险；收入保障保险指以因意外伤害、疾病导致收入中断或减少为给付保险金条件的保险；长期看护保险指以因意外伤害、疾病失去自理能力导致需要看护为给付保险金条件的保险。

(二)健康保险与相关概念的比较

1. 商业医疗保险与社会医疗保险

健康保险的保障项目为商业性保险和社会保险所共有，加之商保、社保还在共同理论基础、保险对象等方面有相同相似之处，人们对它们的认识也容易含混不清：或保户参加商业健康保险之后，以社会保险为参照；或社保管理部门比照商业性保险公司，产生社会保险商业化的倾向。因此，认识、区别社会保险和商业性保险显得尤为重要。商业性保险、社会保险在属性、目的、方法、资金筹集等方面大不相同，且均有着各自的特点。社会保险具有强制性、基本保障性、非营利性和福利性特征；商业保险具有自愿性、选择性、多种保障性、科学性和公允性特性。健康保险广义地讲，是为疾病、分娩、伤害所引起的损失提供保障的一类保险，亦包括对此类事件发生或相关费用的保险，其中一部分通过社会保险来实现，一部分由商业性保险提供。

2. 健康保险与意外伤害保险

健康保险与意外伤害保险同属于人身保险，两者具有许多共同之处，因此有人将二者合而为一，统称为健康保险。其实二者的保险事故责任是完全不同的。俗话说："天有不测风云，人有旦夕祸福。"人的生命风险可分为两类，除了偶然的、突发的人身意外伤害的风险，大量的是罹患疾病的危险，健康保险的保险责任是疾病风险，而人身意外伤害保险的保险责任主要是意外事故导致的死残。

3. 健康保险与生育保险

生育保险是为了补偿被保险人因怀孕、分娩及其并发症导致的医疗费用支出并为其提供相应收入损失补贴的一类保险。在社会保险中，生育保险与医疗保险、工伤保险等都是社会保障体系的一个重要组成部分。在社会保障体系比较完善的国家，生育保险主要由社会保险提供。目前商业保险公司有为针对被保险人怀孕及分娩中可能遭遇的风险提供保障的产品，如：母婴安康保、母子平安保险，但主要是保障产妇婴儿的意外死亡或残疾(畸形)，实际上属于意外伤害保险的范畴。

4. 健康保险与疾病保险

疾病保险是对被保险人因疾病造成医疗费用或收入损失提供补偿的一类保险。国内外都有学者将健康保险称为疾病保险，但我们认为两者实际上仍有不同的内涵。如果将疾病保险限定在商业保险范围内，则商业健康保险包含疾病保险，因为健康保险中还包含主要补偿被保险人因意外伤害造成的医疗费用和收入损失的责任。

5. 健康保险与一般寿险

健康保险是以被保险人身体的健康状况为基本出发点，以提供被保险人的医疗费用补偿为目的的一类保险，其与一般寿险的保障范围不同。

(1)健康保险是以疾病的发病率和意外伤害事故的发生率为保费计算的基础。健康保险的保险事故是指患病和意外伤害，而非死亡，不像其他寿险那样以生命作为确定保险费率的基础。因此，健康保险的保费率是经验费率。

(2)人的疾病有多种,健康保险的险种也有多种不同的类型,对各种疾病、各年龄层次均可组合,每一险种都有一定的客户群,险种多的,争取的客户就多,而一般寿险的险种仅仅是生存领取和死亡给付的组合,险种较少。

(3)涉及医疗费用的健康保险一般为短期险,一年可以结算一次盈亏,第二年度即可调节费率。所以对保险公司的经营而言,不构成长期风险压力。而一般寿险则会因银行利率的调整等其他因素,对若干年份的风险预测和控制较难把握。

(4)健康保险的区域性强,且发病率、医疗费用、人均收入随区域不同而不同,尤其健康保险的医疗费用,不同区域存在较大的差别。而一般寿险的死亡率不会因区域不同而有较大区别。

二、健康保险的特点

(一)健康保险经营风险的特殊性

"疾病"风险,其影响因素十分复杂,逆选择和道德风险更为严重。

(二)健康保险的精算技术

健康保险在制定费率时主要考虑疾病率、伤残率和疾病(伤残)持续时间。健康保险费率的计算以保险金额损失率为基础,年末未到期责任准备金一般按当年保费收入的一定比例提存。此外,健康保险合同中规定有等待期、免责期、免赔额、共付比例、给付方式和给付限额。

(三)健康保险的保险期限

除重大疾病等保险以外,绝大多数健康保险通常为1年期的短期合同。

(四)健康保险的保险金给付

费用型保险适用"补偿原则",定额给付型健康保险不适用。正是由于健康保险的这一特殊性,一些国家把健康保险列为第三领域,允许财产保险公司承保。

(五)健康保险合同条款的特殊性

1. 连续有效条款

健康保险的保险期限通常为一年。一般的健康保险条款都注明保单在什么条件下失效,在什么条件下可自动续保,常见的方式有以下几类:

(1)定期保单。这种保单规定了有效期限,一旦期满,被保险人必须重新投保。在保险期限内,保险人不能提出解除或终止合同,也不能要求改变保险费或保险责任。但合同期满后被保险人重新投保时,保险人有权拒绝承保或要求改变保费或保险责任。

(2)可取消保单。对于这种保单,被保险人或保险人在任何时候都可以提出终止合同或改变保险费以及合同条件、保障范围。但是,当保险人提出终止合同或改变合同条件、保障范围时,对于已经发生尚未处理完毕的保险事故,仍应按原来规定的合同条件、保障范围承担责任。这种保单的优点在于保险人承担的风险小,所以其成本低,并对承保条件要求不严格。

(3)续保。被保险人续保时,一般有两种不同的续保条款。一是条件性续保。只要被保险人符合合同规定的条件,就可续保其合同,直到某一特定的时间或年数。二是保证性续保。这种保单规定,只要被保险人继续交费,其合同可继续有效,直到一个规定的年龄。在这期间,保险人不能单方面改变合同中的任何条件。

(4)不可取消条款。就是对被保险人和保险人而言,都不得要求取消保险合同,被保险人不能要求退费。但如果被保险人不能缴纳保费时,则保险人可自动终止合同。

2. 免赔额条款

免赔额条款是健康保险尤其是医疗保险的主要特征之一,这种规定对保险人和被保险人都有利。在医疗费用方面,保单中规定了免赔额,即保险费用给付的最低限额。保险人只负责超过免赔额的部分。免赔额的计算一般有三种:一是单一赔款免赔额,针对每次赔款的数额。二是全年免赔额,按每年赔款总计,超过一年数额后才赔付。三是集体免赔额。集体免赔额是对团体投保的被保险人而言,对于同一事故,按所有成员的费用累计来计算。

规定了免赔额之后,小额的医疗费由被保险人自负,大额的医疗费由保险人承担。这种做法是基于这样一种承保理论,即自负费用的一定比例能够促使被保险人努力去恢复身体,而不会去利用没有必要的服务和医疗设备;而且并不意味着医疗保险就可以随便拿药、住院,医疗保险并不是无限度的。

3. 严格的承保条件

健康保险的承保条件一般比寿险要严格,由于疾病是健康保险的主要风险,因而对疾病产生的因素需要相当严格的审查,一般是根据被保险人的病历来判断,了解被保险人身体的既往史、现病史,有时还需要了解被保险人的家族病史。

另外还要对被保险人所从事的职业及其居住的地理位置及生活方式也要进行评估。在承保标准方面,一般有以下几种规定:

(1) 观察期。由于仅仅依据以前的病历难以判断被保险人是否已经患有某些疾病,为了防止已经患有疾病的被保险人投保,有时要在保单中规定一个观察期或称免责期,观察期一般为半年,被保险人在观察期内因疾病支出医疗费及收入损失,保险人不负责,观察期结束后保单才正式生效。

(2) 次健体保单。对于不能达到标准条款规定的身体健康要求的被保险人,一般按照次健体保单来承保,这时可能采用的方法有两种:一是提高保费,二是重新规定承保范围,比如将其某种疾病或某种保险责任作为批注除外后才予以承保。

(3) 特殊疾病保单。对于被保险人所患的特殊疾病,保险人制定出特种条款,以承保规定的特殊疾病。

4. 给付条件

在健康保险的保险事故发生时,合理的和必需的费用,保险人都会给予保险金给付。可以赔付的费用包括门诊费、药费、住院费、护理费、医院杂费、手术费、各种检查费等。医疗费用保险一般规定一个最高保险金额,保险人在此保险金额的限度内支付被保险人所发生的费用,超过此限额时,则保险人停止支付。在一个年度内当医疗费用的支出累计超过(也可以是按次计算)免赔额时,被保险人才有资格申请给付各种医疗费用。

5. 保险费率

决定健康保险费率的因素主要包括:残废发生率、利率和费用率等,健康保险保费的多少,与残废率、费用率的高低成正比例,而与利率成反比例。另外,免赔额和保险费的费率密切相关,免赔额高则费率低;反之,免赔额低则费率高。健康保险的费率确定主要是根据被保险人的职业、性别、年龄、保险金额及给付种类。其中职业尤为重要,一般依职业危险的大小划分等级,规定费率,而年龄因素不像人寿保险那样重要。

6. 健康保险的除外责任

除外责任一般包括战争或军事行动,故意自杀或企图自杀造成的疾病、死亡和残疾,堕胎导致的疾病、残疾、流产、死亡等。

三、健康保险的种类
(一)按保障范围分类
1. 医疗保险

医疗保险是指以保险合同约定的医疗行为的发生为给付保险金条件,为被保险人接受诊疗期间的医疗费用支出提供保障的保险。

2. 疾病保险

疾病保险是指以保险合同约定的疾病的发生为给付保险金条件的保险。

3. 失能收入损失保险

失能收入损失保险是指以因保险合同约定的疾病或者意外伤害导致工作能力丧失为给付保险金条件,为被保险人在一定时期内收入减少或者中断提供保障的保险。

4. 护理保险

护理保险是指以因保险合同约定的日常生活能力障碍引发护理需要为给付保险金条件,为被保险人的护理支出提供保障的保险。

(二)按承保对象分类
(1)个人健康保险是以单个自然人为投保人的健康保险。

(2)团体健康保险是以团体法人为投保人、团体成员为被保险人的健康保险。在美国,大多数的医疗费用保险都是以团体健康保险的形式承保。

(三)按照合同形式分类
(1)主险合同是指健康保险可以独立出单,承保由于意外事故或疾病造成的收入损失或医疗费用,或者同时承保这两类损失。

(2)附加险合同是指健康保险不能单独出单,只能作为附加险种出单。

(四)按给付方式分类
(1)定额给付型健康保险:当保险合同约定的事件发生时,保险公司按照约定的金额给付被保险人保险金的医疗保险。

(2)费用补偿型健康保险:根据被保险人实际发生的医疗费用支出,按照约定的标准确定保险金数额的医疗保险。

四、我国健康保险的发展现状
(一)社会医疗保险的发展现状
社会医疗保险是国家和社会根据一定的法律法规,为向保障范围内的劳动者提供患病时基本医疗需求保障而建立的社会保险制度。我国的社会医疗保险由基本医疗保险、企业补充医疗保险和个人补充医疗保险三个层次构成。

从 20 世纪 80 年代初开始,我国逐步建立了国家、单位、个人三者共同负担的医疗保险制度,从此公费医疗、劳保医疗转为医疗保险,并辅以大病医疗费用社会统筹和退休人员医疗费用统筹。党的十四届三中全会通过的《中共中央关于社会主义市场经济体制若干问题的决定》,提出了城镇职工养老和医疗保险金由单位和个人共同负担,实行社会统筹和个人账户相结合的、逐渐覆盖城镇所有劳动者的改革模式,即横向的社会统筹共济保险和纵向的个人储蓄积累自我保险相结合,以社会统筹为主,形成一种"T"型医疗保险结构。未来十几年,我国要健全卫生服务、医疗保障和卫生执法三大体系,我国社会医疗保险将不断完善和发展。

(二)我国商业健康保险的现状

在许多国家的国民医疗保障体系中,商业健康保险都是一个不可或缺的组成部分。近年来,随着我国社会保障制度改革的不断深化,商业健康保险在健全我国多层次医疗保障体系,在满足人民群众日益增长的健康保障需求,促进国民经济发展和社会稳定等方面都发挥出越来越重要的作用。同时,作为商业保险中的一类重要业务,健康保险也越来越受到国内各家保险公司的青睐。

1. 取得的成果

我国商业健康保险开始于20世纪80年代初国内保险业复业时期,经过二十多年的努力,已经取得了一定成果。

(1)覆盖人群逐步扩大,业务规模迅速增长。据统计,2001年,商业健康保险承保数量首次突破1亿元,2002年达到了1.36亿元,当年保费收入达320.96亿元,比上年增长44.96%;自2003年3月非典疫情发生以来,健康保险保费收入持续增长,在非典最为严重的5—6月份,保费收入分别达37.19亿元和59.42亿元,大大高于上年26.75亿元的月均保费收入水平;2006年我国健康保险保费收入达到375.66亿元,同比增长20.46%;2009年1—10月,健康保险保费收入476.7亿元,同比增长17%,保费迅速增长;2010年1—6月健康保险保费收入为364.3亿元。

(2)经营主体不断增加,产品供给日益丰富。目前,已有29家寿险公司和8家财产险公司经营健康保险,提供的险种已经超过300种。除了传统的费用补偿型和住院津贴型产品,保险公司也开始涉足失能收入损失保险和护理保险等新领域。

(3)产品供给日益丰富。健康保险产品近千种,不仅包括医疗费用补偿型、住院津贴型、疾病保险产品、失能收入损失保险和长期护理保险等风险保障产品,还开展了健康管理服务,对缓解"看病贵""看病难"起到了积极作用。2005年全国健康保险业务的赔款与给付支出108亿元。

(4)积极服务于医疗保障体系建设,保险业的影响和地位不断提升。保险公司开办城镇职工补充医疗保险、贫困居民重大疾病保险并参与农村新型合作医疗试点工作。2006上半年,5家商业保险公司在8个省(区)的62个县(市、区)开展了农民医疗保险工作,涉及的参保农民1 874万人,试点地区平均参保率为86%。总体而言,健康保险处于发展的初级阶段,存在整体规模小、专业化程度低、产品同质化现象突出、医疗保险风险控制能力薄弱、外部经营环境还有待改善等问题。与一般寿险不同,健康保险的精算基础是疾病发生概率和疾病平均费用支出额,其独特的风险特征对专业化经营提出了较高的要求。

(5)对于国内健康保险的需求市场来说,市场潜力巨大。全国50个城市的保险需求调查显示,49.9%的城市居民考虑在未来3年内购买商业保险,其中预期购买健康保险的比例高达76%,在人身保险各类业务中占据第一位。

2. 存在的障碍

目前,在我国商业健康保险发展的过程中还存在一些障碍,主要有以下几个方面:

(1)政策和法律等外部环境还不够完善。商业健康保险是以被保险人的身体为保险标的,保证被保险人在疾病或意外事故所致伤害时的直接费用或间接损失获得补偿的保险,包括医疗保险、疾病保险、失能收入损失险保险和护理保险等。2002年12月,中国保监会专门下发了《关于加快健康保险发展的指导意见》,提出了加快发展健康保险业务,加强健康保险专业化经营和管理,建立适应我国国情的健康保险发展模式等方面的原则要求。尽管在宏观的层面上,我国的健康保险已经具备了一定的法律基础,但是微观层次的不完善却一直阻碍着保险公司在商业健康保险方面的发展,其主要表现在以下几个方面:一是保险公司尚不具备法律赋予的可参与医疗服务定价及对医疗卫生资源的有效利用实施监控的权利;二是社会医疗保险和商业医疗保险具体的业务界限还不够清晰,存在社会保障机构开办商业医疗保险,与商业医疗保险争夺业务的情况;三是对涉及医疗保险的诉讼案件,在审理及新闻媒体报道时,也往往存在偏袒被保险人的情况。凡此种种情况都使商业健康保险的进一步发展面临困难。

(2)商业健康保险经营模式的风险控制存在缺陷。我国现在采用的健康保险经营模式是投保人(被保险人)向保险公司缴付保费,然后被保险人到医疗服务提供者那里接受医疗服务,医疗服务工作者按照提供的医疗服务收费,而后被保险人付费后用付费凭据到保险公司报销索赔,保险公司间接地按照医疗服务提供者的服务进行付费。简而言之,就是"被保险人看病,医院治病收钱,保险公司买单"。这相当于保险公司作为第三方支付了医疗服务费用,是补偿性按服务付费的健康保险模式,我们把它简称为买单式健康保险模式。

(3)保险公司的商业健康保险产品缺乏,不能满足市场的需要。根据我国健康保险发展的现状,目前保险市场上可以购买的健康保险产品主要包括基本住院医疗费用保险、住院医疗生活津贴保险、重大疾病保险等险种。但是市场上的健康保险产品,不论是产品设计还是保障水平,都存在或多或少的弊病。并且在产品销售上,各个层面的产品缺乏互补性。

(4)商业健康保险的基础设施不够坚实。商业健康保险是一项专业技术性强、管理难度大的业务,迫切需要一支高素质的人才队伍,包括医学技术人才、精算人才等。专业化的人才资源和计算机系统是商业健康保险的软硬件基础,我国保险公司在这两方面的基础建设比较薄弱,亟待加强。在人才资源方面,我国的保险公司普遍缺乏一支既懂医学医疗又懂保险业务的复合型人才。首先,各保险公司都缺乏合格的医疗保险管理人员。因为健康保险涉及医学、保险和管理等多个领域,要求管理人员具备宽广的知识面和跨领域的背景,而符合如此要求的人才凤毛麟角。其次,保险公司的精算管理、险种开发、核保理赔和市场营销等岗位都急需熟悉健康保险的专业人才。最后,保险公司还缺乏合格的健康保险专业营销人员。在系统设备上,许多保险公司还没有建立起健康保险业务的专业信息系统设备。现有的健康保险业务大多依靠寿险业务系统进行管理,相关的数据也按照寿险业务的标准进行记录和管理。这样导致保险公司无法实现健康保险业务的专业核保理赔功能,也无法记录统计健康保险业务迫切需要的各项医疗资料。没有健康保险的专业电脑平台,健康保险的专业化风险管理也就无从谈起,所以加强健康保险的专业信息系统建设不容忽视。

(5)健康保险的产品监管政策不到位。我国已经加入世贸组织,保险业在挑战和机遇面前,保监会应适时地调整和完善保险监管,以使我国保险业在得到一定程度的保护下得到发展,同时使我国的保险市场进一步向世界各国开放,从而达到双赢。目前,各保险公司的健康保险产品的条款和费率都由总公司报保监会统一备案,报备的条款和费率没有弹性。但是健康保险的地域性要求很强,各地的自然情况和经济形式都不相同,各种疾病的发生率和医疗费用水平不同,相应的保险责任、免赔额限度以及费率等保单要件要求也就不尽相同。因此,总公司统一备案的条款到达地方后很难完全适应当地的情况,不易得到市场的认同。现行的统一备案制使健康保险产品缺乏灵活性,不利于保险公司因地制宜地设计和调整健康保险产品条款,抑制了商业健康保险的市场拓展。

本章小结

1. 人身保险是指以人的身体和生命作为保险标的的一类保险。当人们遭受不幸事故或因疾病、年老以致丧失工作能力、伤残、死亡或年老退休时,根据保险合同条款的规定,保险人对被保险人或受益人给付预定的保险金或年金,以解决病、残、老、死所造成的经济困难。人身保险的标的具有特殊性,使得人身保险也有其自身特点。人们收入的差别,职业与所承受风险的差别以及社会收入水平的不断提高的趋势,决定了人们的保险需求呈多样性、可变性与发展性。在保险业的漫长发展过程中,人身保险的经营主体为了适应人们的保障需要,不断创造出更多新的险种,这些险种按不同的标志可进行不同的分类。

2. 在人身保险的保险期间,为了维护合同的效力,本章通过案例详细介绍了人身保险的常见条款。

3. 人身保险有三大业务种类即人寿保险、意外伤害保险及健康保险,这三大业务是本章的主体和重点。人寿保险是以人的死亡或生存为保险责任的一类人身保险业务,它具有风险的特殊性、均衡性和储蓄性等特点。

4. 人寿保险是以人的死亡或生存为保险责任的一类人身保险业务。人寿保险的基本内容是:投保人向保险人缴纳一定量的保险费,当被保险人在保险期限内死亡或生存到一定年龄时,保险人向被保险人或其受益人给付一定量的保险金。人寿保险主要分为死亡保险、生存保险和两全保险、年金保险、特种人寿保险。

5. 人身意外伤害保险是指投保人向保险人缴纳保险费,如果在保险期内因发生意外事故,致使被保险人死亡或伤残,支出医疗费用或暂时丧失劳动能力,保险人按照合同的规定给付保险金的保险。其主要业务有意外伤害死亡残废保险、意外伤害医疗保险及综合性意外伤害保险。

6. 健康保险包括疾病保险、医疗保险、失能收入损失保险和护理保险。疾病保险指以保险合同约定的疾病的发生为给付条件的保险;医疗保险指以约定医疗行为的发生为给付条件的保险;失能收入损失保险指以因意外伤害、疾病导致收入中断或减少为给付保险金条件的保险;护理保险指以因意外伤害、疾病失去自理能力导致需要看护为给付保险金条件的保险。

关键术语

人身保险　人寿保险　死亡保险　年金保险　两全保险　简易人寿保险　人身意外伤害保险　意外伤害医疗保险　健康保险　疾病保险　医疗保险　失能收入损失保险　护理保险

思考练习题

1. 简述人身保险与储蓄的区别。
2. 人身保险合同中,投保人选择红利分配的方式有哪些?
3. 简述人身保险与社会保险的区别。
4. 简述健康保险的主要种类。
5. 简述简易人寿保险的特征。

6. 说明健康保险与人寿保险的关系。

7. 说明社会医疗保险与商业医疗保险的区别。

8. 案例分析题：

(1) 案情介绍：

2004年5月，王先生的儿子王某向某保险公司投保了10万元养老保险及附加意外伤害保险，指定受益人为其妻子张某。两人独立居家，但在王某的母亲家吃饭。2005年2月1日，王某的母亲因多日未见两人前去吃饭，遂往两人住处探望，发现两人因煤气炉烧水时火被浇灭，造成煤气泄漏，已中毒身亡。2月3日，王某的父母向保险公司报案，并以被保险人王某法定继承人身份申请给付保险金。两天后，张某的父母也以受益人法定继承人身份申请给付保险金。由于争执不下，两亲家诉诸法院。

请问法院如何判处？

(2) 案情介绍：

王某在车间工作时不小心，锯掉右手食指，因就医及时食指被接上了（据医学上讲，指头脱离12个小时内可以衔接），住院5天后经医生检查没有排斥现象可以出院。王某自己购买了意外伤害综合险保险，保额15万，其中意外医疗2万、意外伤残13万。可事隔半年后，王某觉得受伤的食指奇痒无比，去医院检查，出现排斥必须截掉食指。

按照人身意外伤害保险的保险责任判断分析，如何处理此案？

第九章 保险经营

> **本章要点**
> 1. 保险经营的特征与原则
> 2. 保险经营的主要环节
> 3. 保险营销的特点
> 4. 再保险的作用和基本方式

第一节 保险经营的特征与原则

一、保险经营的特征

(一)保险经营是一种特殊的服务活动

保险经营以特定风险的存在为前提,以集合尽可能多的风险单位为条件,以大数法则为数理基础,以分散风险和经济补偿为基本功能。保险企业所从事的经营活动,与一般的物质生产和商品交换活动不同,是一种特殊的服务活动。首先,这种服务活动依赖于保险从业人员的专业素质,如果保险企业能够拥有一批高素质的业务人员,为客户提供承保前、承保时和承保后的系列配套服务,社会公众对保险企业的信心就会增强,保险企业的竞争能力就会得到提高。其次,这种服务活动也体现在保险企业的产品质量上。如果保险企业能够根据保险市场需求,精心设计保险条款,合理确定保险责任,科学厘定保险费率,所开发的保险险种就能切合实际,保险合同数量就能逐渐增加;而保险合同数量愈多,保险经营也愈稳定。

(二)保险经营的负债性

大多数企业的经营资产来自自有资本的比重较大,其经营活动受其自有资本的约束,所以必须拥有雄厚的资本作为其经营后盾。保险企业也必须有一定数量的资本金,尤其是在开业初期,需要一定的设备资本和经营资本。正因为如此,我国《保险法》第69条规定:"设立保险公司,其注册资本的最低限额为人民币二亿元。保险公司的注册资本必须为实缴货币资本。"但是保险公司的经营资产主要来自投保人按照保险合同向保险公司所缴纳的保险费,具体表现为用从保险费中所提取的各种准备金而建立起来的保险基金,来实现其组织风险分散、进行经济补偿的职能。由此可见,保险公司的经营资产相当部分是来源于保险人所收取的保险费,而这些保险费正是保险公司对被保险人未来赔偿或给付责任的负债。

(三)保险经营的成本和利润的计算具有特殊性

与普通商品的成本计算比较,保险经营成本则具有不确定性。由于保险商品当前价格的制订所依据的成本是过去、历史的支出的平均成本,而现在的价格又是用来补偿将来发生的成本,即过去成本产生现在价格,现在价格又用来补偿将来成本。在确定保险历史成本时,需要大量的统计数据和资料,一般保险公司往往无法获得足够的历史资料和数据,而影响风险的因素随时都在变动,这就使得保险人确定的历史成本很难与现时价格吻合,更难以与将来成本相一致。因此,保险经营成本的不确定性决定了保险价格的合理度不如其他商品高,保险成本与保险价格的关系也不如其他商品密切。

保险利润的计算也与一般公司不同。经营一般商品时,公司只需将出售商品的收入减去成本、税金,剩下来的就是利润。而保险公司的利润是从当年保费收入中除减去当年的赔款、费用和税金外,还要减去各项准备金和未决赔款,因为年终决算时必定有大量未了责任存在,如果提存的各项准备金数额较大时,则对保险利润会有较大的影响。

(四)保险经营具有分散性和广泛性

一般公司的经营过程通常是对单一产品、单一系列产品或少数几种产品进行生产管理或销售的过程,其产品只涉及社会生产或社会生活的某一方面,即使公司破产倒闭所带来的影响也只会涉及某一行业或某一领域,而保险经营则不然。保险公司所承保的风险范围之宽,经营险种之多,涉及的被保险人之广泛是其他公司无法相比的。例如,被保险人包括法人和自然人;就法人来说,包括各种不同所有制的工业、农业、交通运输业、商业、服务业和各种事业单位以及国家机关;就自然人来说,有各行各业和各个阶层的人士。无论是自然人还是法人,既可以在国内的不同地区,又可以在世界各国家和地区。一旦保险经营失败,保险公司丧失偿付能力,势必影响到全体被保险人的利益乃至整个社会的安定。所以说,保险经营的过程,既是风险的大量集合过程,又是风险的广泛分散过程。众多的投保人将其所面临的风险转嫁给保险人,保险人通过承保将众多风险集合起来,而当发生保险责任范围内的损失时,保险人又将少数人发生的风险损失分摊给全体投保人。

二、保险经营的原则

保险业是一个风险管理行业,它是以集中起来的保险费建立保险基金,用于对被保险人因自然灾害或意外事故造成的经济损失给予补偿,使整个社会再生产得以正常进行。保险经营的原则指保险企业从事保险活动的行为准则。因为保险商品除了具有一般商品的共性之外,还具有其自身的特性,因此保险经营既要遵循企业经营的一般原则,还要贯彻保险企业的特殊经营原则。

(一)风险大量原则

在可保风险范围内,保险企业根据自己的能力,努力承保尽可能多的风险和标的,这就是风险大量原则。风险大量原则是保险经营的基本原则。这是因为,保险经营的过程实际上就是风险管理过程,而风险事件的发生是偶然的和不确定的,如果承保的风险数量不够多,订立的保险合同少,就失去了保险经营的基础。只有承保大量的风险和标的,才能建立实力雄厚的保险基金,保证保险经济补偿职能的履行。因为保险经营是以大数法则作为基础,只有承保大量的风险和标的,才能比较精确地计算损失概率和保险费率,确保保险经营的稳定性。此外,扩大承保数量是保险企业提高经济效益的一个重要途径,承保的标的越多,就越能节省非营业性开支,从而降低保险成本。

(二)风险选择原则

保险企业为了有效地贯彻经济核算原则,保证保险经营的稳定性,在承保时不仅需要签订大量的保险合同,同时还需要对承保的风险加以选择。风险选择原则要求保险企业充分认识和准确评价承保标的的风险种类和风险程度,以及投保金额是否恰当,从而决定是否接受承保。

保险企业对风险的选择表现在两个方面:一是尽可能选择同质风险标的承保,使风险能够从量的方面准确测定。二是淘汰超出可保风险条件或范围的保险标的。

保险企业对风险的选择,目的在于使保险企业在自身处于有利的条件下承保,以稳定企业的业务经营,提高企业的服务质量。在进行风险选择时,不能轻易作出拒绝承保的决定,而需要通过协商和调整保险条件、保险费率等,尽可能满足社会公众对保险服务的需要。

(三)风险分散原则

风险分散原则是指由多个保险人或被保险人共同分担某一风险责任。保险企业在承保了大量的风险后,如果所承保的风险在某段时间或某个地区内过于集中,一旦发生较大的风险事件,保险企业可能无力进行赔付,从而损害被保险人的利益,同时也威胁保险企业的生存和发展。因此,保险企业在承保时除了进行选择外,还必须遵循风险分散的原则,尽可能将承保的风险进行分散,以确保企业的稳定经营。

第二节 保险经营的环节

一、展业

展业是指保险公司通过保险展业人员为推销保险产品而进行的一系列活动。保险展业活动主要指通过对保险产品和保险公司的宣传,动员客户投保和续保,并为其提供各项咨询服务、销售保单等。

保险展业是争取保险业务的一项重要过程,也是为社会公众提供保险保障的一项服务工作。通过展业可以有效地保证保险经营核算的稳定可靠,积累雄厚的保险基金,在保险市场上增强企业的竞争力。保险展业是保险经营活动的基础,是保险企业所有活动的先导,在保险企业经营中有着重要作用。

(一)直接展业

直接展业是指保险企业依靠自己的业务人员去争取业务,直接办理承保手续。直接展业的保险质量一般比较好,是保险业务的重要来源。保险企业依靠自己的业务人员直接展业,可以充分利用保险企业的信誉来影响投保人的心理,消除投保人的顾虑,能在短期内迅速打开保险业务的局面,收到较好的展业效果。直接展业需要保险企业拥有大量的业务人员,要求他们有相当的业务水平,并需要增设管理人员和机构,从而因工资和业务费用的支出而提高保险经营成本,直接影响到保险企业的经营效益。因此,保险企业只依靠直接展业是远远不够的。

(二)代理人展业

保险代理人是受保险人委托,代表保险人接受保险业务,出立保单,代收保险费和处理保险赔案的人。保险代理人因其业务关系,广泛地直接与投保人打交道,能够比较详细地掌握投保人和被保险人的情况,通过保险代理人展业,不仅可以为保险人招揽业务,而且可以为被保险人提供各种服务,加强保险宣传。

保险代理人不是保险企业的雇员,保险企业不必为其承担日常开支,保险人对保险代理人所支付的代理费用,是按照业务量计算的,这可以减轻保险人的负担。所以,采用保险代理人展业,有利于保险企业降低经营成本,提高保险企业的经营效益。

(三)经纪人展业

保险经纪人是为被保险人提供保险咨询或基于被保险人的利益,代向保险人办理投保手续,签订保险合同,并向被保险人或保险人收取佣金的人。保险经纪人能够为保险合同双方服务,无论在保险技术和信息上,还是在保险展业方式上,都可以提供较高水平服务。保险经纪人展业的优势在于可以代表投保人或被保险人的利益,促使投保人增强投保的信心。

二、承保

承保是指签订保险合同的过程,即投保人和保险人双方通过协商,对保险合同的内容取得一致意见的过程。承保主要分为投保人提出投保要求和保险人接受投保两个步骤。承保的主要内容和中心环节是核保,核保是指保险人对招揽的业务依据保险条款和承保原则进行风险评估和业务选择,从而确定是否承保、承保份额、承保条件和保险费率的全过程。

(一)承保的一般程序

1. 投保人提交投保单

投保人购买保险,首先要提出保险申请,填写投保单。投保单是投保人向保险人申请订立保险合同的依据,也是保险人签发保单的凭证。

2. 审核验险

保险人在收到投保单后,须详细审核投保单的各项内容,发现问题须及时处理。审核的内容主要包括投保标的的项目、存放地址、保险期限、投保明细表、运输工具行驶区域、人身保险投保单的内容是否齐全和真实等。

验险是对投保标的的风险情况进行检验,确定风险等级,科学地进行承保选择和风险控制,制定合理的保险费率。验险的内容因保险标的的不同而有差异,以下以财产保险为例说明。财产保险的验险包括:查验投保财产所处的环境,查验投保财产的主要风险隐患和重要防护部位及防护措施状况,查验有无正处于危险状态中的财产,查验各种安全管理制度的制定和落实情况。

3. 保险人接受投保

保险人通过对投保申请的风险分析后,必须要对投保申请作出是接受投保还是拒绝投保的决定。接受投保又分为两种情况:一种是根据保险人的审核和分析,保险公司有适合于投保人的相应保单,不需要任何附加条件就可接受投保,只要保险人和投保人在保单上签字,保险合同即可成立;另一种是必须附加一定的条件才能接受投保。在后一种情况下,保险人必须同投保人就有关的附加保险条件以及免赔数额、除外责任、保险费等进行协商,若投保人能同保险人达成一致意见,保险人才能接受投保,否则将拒绝投保。一般来讲,拒绝投保的决策应慎重地作出,应避免过度和不合理的拒绝投保而减少保险企业的业务量。

(二)承保的主要内容——核保

核保是保险业务选择的重要环节,通过核保,可以防止非可保风险,排除不合格的投保人和保险标的,对保险经营具有重要意义。

1. 审核投保条件

保险人在接到客户的投保申请后,核保人员应首先审核投保单及其他单证要素的真实性和正确性;审核投保人的权利能力和行为能力以及是否具有保险利益等资格;审核投保标的是否属于保障范围内的财产。我国《保险法》规定,投保人必须具有相应的民事权利能力和民事行为能力,投保人对保险标的必须具有法律上承认的利益。对于不符合保险条款规定的投保人和财产,保险人在初审后即可拒保。

2. 确定承保条件及费率

对于"标准风险",按标准保单费率承保;对于风险低于平均水平的,则以较低的保费和相同的保险责任承保;对于风险高于平均水平的,可以设置比标准保障更多的限制性条件,包括设定自负额,或者给予标准保障,按高于标准保单的费率承保。对于那些即使修改某些条件或费率仍不合格的投保人,则予以拒保。根据已确定的保额、期限和费率计算保险费。另外,在承保前或承保后根据需要安排再保险或共同保险。

3. 审批

核保人员审核完毕并签字后,经业务负责人或主管领导审批。如需修改条件,则可反馈回去,再审核并作出抉择。对于某些标的,有时为了争取时间,可先签发暂保单,经反复审核后,再换发正式保单或终止暂保单。

核保的事后选择包括两方面内容:一是对于投保人隐瞒、欺诈等严重违约行为,一旦发现可以解除未满期合同;二是拒绝续保。一般来说,财产保险所签发的保单都是不保证续保的,如果保险人发现某一不良风险,可能以收取高保费为条件续保这一风险,也可能拒绝续保,保险人应向被保险人说明其理由。

三、防灾

防灾是保险经营过程中不容忽视的重要环节,也是提高保险企业经营效益的重要手段。保险防灾是指保险人与被保险人事先对所承保的保险标的采取措施,防止或减少灾害事故所造成的损失,从而降低保险成本,增加经济效益的一种经营活动。实施防灾防损,维护人民生命与财产安全,减少社会财富损失,既是提高保险公司经济效益和社会效益的重要途径,又是强化社会风险管理和安全体系的必要措施。

保险的基本职能是对自然灾害和意外事故造成的损失进行经济补偿,但防灾防损也是其重要的派生职能之一,是其社会管理功能的重要体现。加强防灾防损工作,强化风险防范与控制,把防灾防损工作做在灾害事故发生之前,最大限度地减少甚至避免保险财产的损失,比灾后补偿更有效,更有利于企业生产经营和城乡居民生活的稳定。

(一)保险防灾与社会防灾的区别

保险防灾是社会防灾工作的一部分,但二者有着明显的区别,主要表现在以下的几个方面:

1. 防灾的主体不同

保险防灾的主体是保险企业,社会防灾的主体是社会专门防灾部门或机构。

2. 防灾的对象不同

社会防灾的对象十分广泛,遍及社会所有的团体和个人,而保险防灾的对象主要是保险企业所承保的保险标的。由此可见,保险防灾的对象是特定的,与社会防灾相比,其覆盖面要更窄。

3. 防灾的依据不同

保险公司是企业形式的经济组织,根据保险经营的特点,根据保险合同关于权利和义务对等关系的规定开展防灾工作。社会防灾部门则是各级政府主管防灾工作的部门,根据国家有关法令和规定,对防灾对象的防灾工作提出要求、督促检查。

4. 防灾的手段不同

保险企业是向被保险人提出防灾建议,促使其采取措施进行风险防范,如果拒不整改,则不予承保或不承担赔偿责任。社会防灾部门则可以运用行政手段促使单位和个人采取措施消除危险隐患,对不执行或违反规定的单位和个人可以给予一定的行政或经济处罚。

(二)保险防灾的内容

保险防灾防损的内容很多,归纳起来,主要有以下几个方面:

1. 加强同各防灾部门的联系与合作

防灾防损是社会各经济单位共同的责任和义务,保险公司作为社会防灾防损组织体系中重要的一员,以其特有的经营性质和技术力量,受到社会各界的重视,发挥着越来越重大的作用。因此,保险人一方面要注意保持和加强与各专业防灾部门的联系,并积极派人参加各种专业防灾部门的活动,如公安消防部门对危险建筑的防灾检查等。另一方面要充分利用保险公司的信息和技术优势,向社会提供各项防灾防损服务,如防灾技术咨询服务、风险评估服务、社会协调服务、事故调查服务、灾情信息服务和安全技术成果推广服务等。

2. 进行防灾宣传、检查与监督

在我国,目前人们的防灾防损意识还比较薄弱,保险公司应运用各种宣传方式,向投保人和被保险人宣传防灾防损的重要性,提高安全意识,普及防灾防损知识。防灾检查应以所承保的单位和个人为主要对象。通过防灾防损检查,发现不安全因素和事故隐患时,保险人要及时向被保险人提出整改意见。从以往发生的灾害事故来看,许多是由于缺乏防灾防损技术原因造成的,因此,保险企业需要在技术上予以指导和帮助,将事故隐患消灭在萌芽状态。

3. 参与抢险救灾

保险人在接到重大保险事故通知时,应立即赶赴事故现场,直接参与抢险救灾。抢险救灾主要目的在于防止灾害蔓延和妥善处理好残余物资,将损失减少到最低;同时,还可以提高保险公司的声誉,加深与保户之间的关系,扩大保险的社会影响。

4. 提取防灾费用,建立防灾基金

保险公司每年要从保险费中提取一定比例的费用作防灾专项费用,建立防灾基金,主要用于增强保户防灾设施和保险公司应付突发性重大灾害时的急用。例如,资助地方消防、交通、医疗卫生部门,帮助他们添置公共防灾设备,奖励防灾部门和人员等。

5. 积累灾情资料,提供防灾技术服务

保险人除了搞好防灾工作以外,还要经常对各种灾情进行调查研究并积累丰富的灾情资料,掌握灾害发生的规律性,提高防灾工作的效果。此外,保险人还应开展防灾技术服务活动,帮助事故发生频繁、损失额度大的投保人开展防灾技术研究。

(三)保险防灾的方法

1. 法律方法

在保险经营过程中,法律是防灾管理的主要方法之一。大多数国家的法律都规定,被保险人如不加强防灾措施,保险人可根据具体情况,有权终止保险责任或拒绝赔偿损失。我国《保险法》第51条规定:被保险人应当遵守国家有关消防、安全、生产操作、劳动保护等方面的规定,维护保险标的的安全。投保人、被保险人未按照约定履行其对保险标的的安全应尽的责任的,保险人有权要求增加保险费或者解除合同。

2. 经济方法

经济方法是当今世界普遍运用于保险防灾的重要方法。保险人在承保时,通常根据投保人采取的防灾措施情况而决定保险费率的高低,从而达到实施保险防灾管理的目的。即在相同的条件下,保险人通过调整保费来促进投保人从事防灾活动。对于那些对防灾工作重视、防灾设施完备、防灾组织健全的投保人采用优惠费率。而对那些懈怠于防灾,缺乏必要防灾设施的投保人则收取较高的保险费率或减少赔款,以促进其加强防灾。

3. 技术方法

保险防灾的技术方法可以从两个角度来理解:一是通过制定保险条款和保险责任等来体现保险防灾精神,主要表现在以下三个方面,首先,在设计保险条款时订明被保险人防灾防损的义务;其次,在保险责任的制定上,也有防止道德风险的规定,例如现行的保险条款中,都订有凡属被保险人的故意行为所造成的损失,保险人不负赔偿责任;最后,在保险理赔上提出了抢救和保护受灾财产的要求。二是运用科学技术成果从事保险防灾活动,通常是指保险公司专门设立从事防灾技术研究部门,对防灾进行有关的技术研究和推广活动。

四、理赔

保险理赔是指保险人在保险事故发生,被保险人提出索赔的要求后,根据保险合同的规定,对事故的原因和损失的情况进行调查并予以赔偿或给付的行为。保险的基本职能是分散风险,实现经济补偿。被保险人通过与保险人签订保险合同的方式,转移面临的或潜在的风险。保险理赔正是保险经济补偿功能的具体体现。

(一)理赔原则

保险理赔涉及保险双方的权益和保险公司乃至保险业的声誉,为了更好地贯彻保险经营方针,提高理赔质量,保险理赔应遵循以下原则:

1. 重合同、守信用的原则

保险人同被保险人之间的保险关系是通过保险合同建立起来的,保险理赔是保险人根据保险合同履行义务的具体体现。在保险合同中,明确规定了保险人与被保险人的权利和义务,保险合同双方当事人都应遵守合同约定,保证合同顺利实施。对于保险人来说,在处理各种赔案时,应严格按照保险合同的条款规定,受理赔案、确定损失;理算赔偿金额时,应有根有据,拒赔时更应如此。

2. 实事求是的原则

在保险合同中,对灾害事故后的经济补偿责任作了明确的规定。但是,被保险人提出的索赔案件形形色色,案发原因也错综复杂。因此,对于一些损失原因复杂的赔案,保险人既要按照条款规定处理赔案,又要做到实事求是,合情合理,具体问题具体分析。此外,实事求是的原则还体现在保险人的通融赔付方面。所谓通融赔付,是指按照保险合同条款规定和案情,介于可赔与不可赔之间的赔案,由于一些其他原因的影响,保险人适当放宽条件,给予全部或部分损失补偿或给付。当然,通融赔付不是无原则的随意赔付,而是对保险损失补偿原则的灵活运用。具体来说,保险人在通融赔付时应掌握的有:第一,有利于保险业务的稳定与发展;第二,有利于维护保险公司的信誉和在市场竞争中的地位;第三,有利于社会的安定团结。

3. 主动、迅速、准确、合理的原则

这一原则的宗旨在于提高保险服务水平,争取更多客户。我国《保险法》第23条规定:"保险人收到被保险人或者受益人的赔偿或者给付保险金的请求后,应当及时作出核定;情形复杂的,应当在三十日内作出核定,但公司另有约定的除外。保险人应当将核定结果通知被保险人或者受益人;对属于保险责任的,在与被保险人或者受益人达成赔偿或者给付保险金的协议后十日内,履行赔偿或者给付保险金义务。保险合同对赔偿或者给付保险金期限有约定的,保险人应当依照保险约定履行赔偿或者给付保险金义务。"第25条规定:"保险人自收到赔偿或者给付保险金的请求和有关证明、资料之日起六十日内,对其赔偿或者给付保险金的数额不能确定的,应当根据已有证明和资料可以确定的数额先予支付;保险人最终确定赔偿或者给付保险金的数额后,应当支付相应的差额。"上述规定就指出了保险人应当在法律规定和保险合同约定的期限内及时履行赔偿或者给付保险金的义务,即应在理赔中坚持"八字"方针。主动、迅速,即要求保险人在处理赔案时积极主动,不拖延并及时深入事故现场进行查勘,及时理算损失金额,对属于保险责任范围内的灾害事故所造成的损失,应迅速赔付。准确、合理,即要求保险人在审理赔案时,分清责任,合理定损,准确履行赔偿义务。对不属于保险责任的案件,应当及时向被保险人发出拒赔的通知书,并说明不予赔付的理由。

保险服务包括展业、承保、防灾、理赔等方面,其中最关键的是理赔。因为消费者购买保险的根本目的在于,一旦发生保险事故能够得到及时的理赔,以稳定其生产经营和生活的正常进行。所以,理赔工作做得如何,是衡量保险公司服务质量的根本所在,也是体现诚信度、提高信誉度、在竞争中生存并发展的根本所在。而从我国保险业目前的现实看,能否及时理赔已成为社会关注的焦点。因此,保险理赔工作是否及时,又是衡量理赔工作乃至整个保险业诚信服务质量优劣的一个关键。

(二)理赔程序

1. 损失通知

保险事故发生后,被保险人或受益人应将事故发生的时间、地点、原因及其他有关情况,以最快的方式通知保险人。发出出险通知是被保险人必须履行的义务,保险合同一般都规定,发生保险责任事故后,被保险人要立即通知保险人。接受出险通知书意味着保险人受理案件,保险人应立即将保险单与索赔内容详细核对,安排现场查勘等事项,然后将受理案件登记编号,正式立案。

被保险人发出损失通知一般有时限的要求,例如被保险人在财产保险遭受保险责任范围内的盗窃损失后,应在24小时内通知保险人,否则保险人有权不承担责任。这是因为,只有在保险事故发生后尽快通知保险人,保险人才能够及时对灾害事故及损失情况进行调查和取证,同时也便于保险人争取时间,采取有效措施,防止损失进一步扩大。如果被保险人未履行及时通知的义务,以至造成损失的扩大,保险人有权拒赔或减少赔款。

有的险种没有明确的时限规定,只要求被保险人在其可能做到的情况下,尽快将事故损失通知保险人。如果被保险人在法律规定的或合同约定的索赔时效内未通知保险人,可以认为放弃索赔权利。我国《保险法》第26条规定:"人寿保险以外的其他保险的被保险人或者受益人,向保险人请求赔偿或者给付保险金的诉讼时效期间为二年,自其知道或者应当知道保险事故发生之日起计算。人寿保险的被保险人或者受益人向保险人请求给付保险金的诉讼时效期间为五年,自其知道或者应当知道保险事故发生之日起计算。"

被保险人发出损失通知的方式可以是口头的,也可以是函电或其他形式,但是随后必须及时补发正式书面通知,并提供各种索赔单证,如保险单、账册、出险证明、损失鉴定、损失清单、检验报告等。如果损失涉及第三者责任,被保险人还需出具权益转让书给保险人,由保险人代为行使向第三者责任方追偿的权利。

2. 现场勘查

保险人在接到出险通知后,根据被保险人的出险通知内容,应立即派有关人员到现场对受损标的进行查勘。通过现场勘查查清核实以下事项:

(1)出险的时间与地点。各种保单对保险责任的起讫时期都有明确的规定,这是划分保险责任的重要依据。勘查出险地点的目的是为了确定出险地点的受损财产是否属于保险财产,以便根据实际情况进行处理。

(2)出险的原因和经过。这包括引起灾害事故损失的原因,灾害事故的责任方,受损标的名称、数量及损失程度和范围。勘查出险原因和经过的目的在于保障被保险人的利益,明确保险人的赔偿责任。

(3)施救整理过程及损余处理。当保险企业的理赔人员到达出险地点时,可能灾情仍在继续蔓延,或灾情已经得到控制,但是保险财产还存在受损的可能。这时候,理赔人员须与被保险人合作,组织抢救或整理受损物资。在财产保险中,受损的财产一般都会有一定的残值,保险人可以将损余物资折价给被保险人以冲抵赔偿金额。

(4)取得行政主管部门出具的有关事故的证明。根据保险合同规定,被保险人在发生灾害事故后,在向保险人索赔时,应提供有关部门出具的出险证明、事故调查报告、检验化验证明及其他有关证明。

3. 责任审核

根据现场查勘记录及提供的报告,核对有关账单、报表以及有关证明。保险人依据保险条款规定,结合具体情况,确定赔偿责任和赔偿范围。责任审核的内容包括以下几个方面:

(1)保单是否有效力。我国财产保险基本险条款规定,被保险人应履行如实告知的义务,否则保险人有权拒绝赔偿,或从解约通知书送达15日后终止保险合同。在人寿保险合同中,投保人在规定时期(包括宽限期)内未缴纳保险费,保险合同效力中止,除非投保人在两年内补交保险费及利息,否则保险合同将终止。

(2)损失是否由所承保的风险所引起。被保险人提出的损失索赔,不一定都是保险风险所引起的。因此,保险人在收到损失通知书后,应查明损失是不是保险风险所引起的。如果是,保险人才予以承担赔偿责任。

(3)损失的财产是否为保险财产。保险合同所承保的财产,即使是综合险种,也会有一些财产被列为不予承保之列。所以保险人对于被保险人的索赔财产,须依据保险单仔细审核。

(4)损失是否发生在保单的有效期内。保险单上均载明了保险有效期的起讫时间,损失必须在保险有效期内发生,保险人才能予以赔偿。

(5)保险事故发生的地点是否在承保的范围之内。保险人承保的损失通常有地点的限制。如我国的家庭财产保险条款规定,只对在保单载明地点以内保险财产所遭受的损失,保险人才负责赔偿。

(6)施救费用是否属于必要且合理的费用。保险人仅对必要且合理的施救费用负责赔偿,合理的施救是在紧急情况下为防止和减少保险财产的损失而必须采取的救助措施。

(7)请求赔偿的人是否有权提出索赔。要求索赔的人一般都应是保单载明的被保险人,就人寿保险合同而言,应是被保险人或保单指定的受益人。因此,保险人在赔偿时,要查明被保险人或受益人的身份,以决定其有无领取保险金的资格。

(8)索赔是否有欺诈。保险索赔的欺诈行为往往较难察觉,保险人在理赔时应注意的问题有:索赔单证是否真实,投保人是否有重复保险的行为,受益人是否故意谋害被保险人,投保日期是否先于保险事故发生的日期,等等。

4. 赔偿给付

经过责任审核,对于属于保险责任范围内的赔案,保险人应按合同规定的赔偿方式计算赔偿金额,并立即履行赔偿给付的责任。赔偿的方式通常以货币为主,但在财产保险中,保险人也可与被保险人约定其他方式,如恢复原状、修理、重置等。

5. 代位追偿

当保险事故是由第三者的过失或非法行为引起时,第三者对被保险人的损失须负赔偿责任。保险人自按合同约定或法律规定向被保险人赔偿保险金之日起,被保险人应将向第三者的追偿权转让给保险人,并协助保险人向第三者责任方追偿。

第三节 保险经营的方法

一、保险营销

(一)保险营销概述

营销是现代市场学中的重要概念,也是保险经营实践中不可缺少的基本手段。任何一家保险企业要想在保险市场上获得业务来源,都需要采取相应的市场营销手段,特别是在当前激烈竞争的保险市场上,市场营销的重要性更是不容忽视的。因此,保险企业应在充分了解消费者保险需求的基础上,利用险种、费率、保险促销等组合手段去满足顾客需要,从而实现企业经营战略目标。

我国的保险市场与国外的保险市场差距很大,不论从市场结构还是专业的经营水平甚至是保险监管方面都需要进一步的完善,在这种情况下,保险营销就成为保险公司经营管理中的一个非常重要的环节。

1. 保险营销的概念

保险营销是保险公司以保险为商品,以市场为中心,以利润为目标而进行的发掘、创造及满足各阶层保户对保险商品需求的一系列商业活动,包括保险产品开发、研究、定价、促销、推销及服务等的计划和实施过程。

从整体来看,保险营销活动由三个阶段组成,即分析保险市场机会、研究和选择目标市场、制定营销策略。这些具体包括保险市场需求的调查,保险市场细分,保险险种的组合与设计,保险营销渠道的比较以及保险促销策略的制定与手段的选择等。总之,保险营销是以保险市场为起点和终点的活动,它的对象是目标市场的准保户。保险营销的目的是满足目标市场准保户的保险需求。保险营销的目标不仅是为了推销保险商品获得利润,而且还是为了提高保险公司在市场上的地位或占有率,在社会上树立良好的信誉。

2. 保险营销的特点

保险营销的对象是无形的特殊商品;在保险市场营销中,保险人销售的是各种各样的保单,保险商品仅仅是对保险消费者的一种承诺,而且这种承诺的履行只能在约定的事件发生或约定的期限届满时,而不像一般商品或服务能立即有所感受。因此,保险营销在很大的程度上是理念的沟通。

保险消费群体是有风险保障需求的各种客户;他们的需求是如何向保险人转嫁各种风险,保险产品的实质利益只能在未来保险事故发生时显现,而无法立即得到展现和实现,不像有形商品和其他服务可在购买和消费的过程中感受商品所带来的效用。由于灾害事故的种类繁多,不同的保险客户对风险保障又有着不同的需求,因此,保单的购买与否,在很大程度上取决于消费者的风险意识,保险消费群体在某种程度上带有很大的不确定性。

保险营销特别注重推销,但并非等于保险推销;保险单从其外在形式来看只不过是一张纸,它虽然代表了保险公司的信用,但对投保人而言,却无法在购买保险时立即见到保险单的收益及效果。此外,由于保险商品过于抽象,保险单过于复杂,使得人们对保险商品了解甚少,在没有强烈的销售刺激和引导下,一般不会主动地购买保险商品。正是这种购买欲望的缺乏,使保险推销成为保险营销中的一个重要组成部分,即保险必须靠推销。但是,保险推销是指推销人员通过对保单说明等手段,促使客户购买保险的活动过程。显然,保险推销仅仅是保险营销过程的一个阶段,在这个阶段的任务就是千方百计地把保单卖出去,而保险商品是否适销对路,营销管理是否卓有成效等则不是保险推销的任务。

保险营销更适应于非价格竞争;保险商品价格即费率是依据对风险、保额损失率、利率等多种因素的分析,通过精确的计算而确定的。因此它是较为科学的。为了规范保险市场的竞争,保证保险人的偿付能力,国家保险监管部门对保险费率进行统一管理,所以价格竞争在保险营销中并不占有重要地位,相反非价格竞争原则更适于保险营销活动。其具体表现为保险营销的服务性和专业性。

3. 保险营销的管理程序

保险营销管理程序包括分析营销机会、研究和选择目标市场、制定营销策略、制订营销计划、组织实施和控制营销计划等项工作。

(1)分析营销机会。分析市场环境,寻找营销机会,是保险营销活动的立足点。所谓机会,是指在营销环境中存在的对保险公司的有利因素。一个市场机会能否成为保险公司的营销机会,要看它是否符合保险公司的目标和资源。如有些市场机会不符合本公司的目标,也就不能转化成营销机会。因此,保险公司应通过环境分析发现机会,抓住机会,化解威胁。通常,保险公司的营销机会分析可按如下几个步骤进行:首先建立保险营销信息系统,其次进行保险营销研究,接着认识保险营销环境,最后评估保险营销市场机会。

在分析营销机会的基础上,保险公司要对保险市场进行调查和预测。市场调查就是要弄清各种保险需求及其发展趋势,市场调查的程序包括确定调查目的、调查计划、调查方法、数据分析及撰写调查报告等。预测保险市场,特别是目标市场的容量,以便不失时机地作出相应决策。保险市场预测一般要经过下列六个步骤:明确预测目标,制订预测计划,确定预测时间和方法,搜集预测资料,分析预测结果,整理预测报告。

(2)保险市场细分与目标市场选择。在激烈竞争的保险市场上,无论实力多么雄厚的保险公司也不可能占领全部市场领域,每个公司只能根据自身优势及不同的市场特点来占领某些市场。这就需要保险公司对市场进行细分并确定目标市场。市场细分就是依据保险购买者对保险商品需求的偏好以及购买行为的差异性,把整个保险市场划分为若干个需求与愿望各不相同的消费群,即"子市场"。在市场细分的基础上,保险公司可以根据自身的营销优势选择合适的目标市场。一般而言,保险公司首先对细分市场进行评估,然后选择一个或几个细分市场作为目标市场,最后确定吸引目标市场的策略。

(3)制定保险营销策略。保险营销策略包括四种策略:险种策略、费率策略、销售渠道策略和保险促销策略。险种策略是根据保险市场的需求制定的,包括新险种开发策略、险种组合策略、产品寿命周期策略等内容。费率策略包括定价方法、新险种费率开价等,保险公司应根据不同险种制定保险费率。销售渠道策略是对如何将保险商品送到保险消费者手中的决策。保险促销策略是指促进和影响人们购买行为的各种手段和方法,如人员促销、广告公关促销等。

(4)组织实施和控制营销计划。执行和控制是指分析市场机会、选择目标市场以及拟定并执行营销组织工作等管理系统。保险营销管理依据营销信息系统、营销策划系统、营销控制系统而订立策略计划与营销计划,由组织系统执行,控制系统对执行结果进行衡量与分析,并根据反馈的信息加以修正。

4. 保险营销环境

保险营销环境是指与保险企业有潜在关系,并能够影响到保险企业的发展和维持与目标市场所涉及的一切外界因素和力量的总和。保险企业要想获得业务的成功发展,就必须要正确对待和努力适应环境的变化,任何忽视环境因素的盲目行为都将会影响到企业的经营。因为环境力量的变化,既可以给保险公司的营销带来市场机会,也可以形成某种威胁。因此,全面分析保险企业的营销环境,对保险企业趋利避害地开展营销活动具有重要的意义。

(二)保险营销策略

保险的市场营销过程,既是保险人实力显示的过程,也是保险人经营策略竞争的过程。在以市场为导向营销观念的指导下,保险公司都应尽可能地利用自身资源来满足保险市场的需求,以实现公司目标。因此,保险公司要解决的一个核心问题就是如何制定合适的营销策略。从经营人寿保险与财产保险的共同特征来看,其营销策略都应包括三个方面的内容:即如何选择目标市场,如何发展适当的营销组合来满足目标市场的需求,如何才能战胜竞争对手。这三项内容即为目标市场策略、险种策略与费率策略。

1. 目标市场策略

目标市场策略是指选择适当的保险消费者作为保险公司的目标市场,保险公司根据自身情况和市场情况确定最具吸引力的细分市场作为自己为之服务的目标市场,以自己有限的能力来满足市场上特定保险消费者的需求。选择目标市场一般包括三个步骤:

(1)细分市场。按照消费者对险种和营销组合的不同需求,将市场划分为不同的消费群体。

(2)选择目标市场。制定衡量细分市场的标准,选择一个或几个要进入的细分市场。

(3)确定营销险种及营销组合策略,即确定保险公司向每个目标市场提供的险种和营销组合策略,以保证本公司在市场上的竞争地位。

保险营销中的市场细分,是指保险公司根据保险消费者的需求特点、投保行为的差异性,把保险市场划分为若干个子市场,每个子市场都是由具有同类需求倾向的保险消费者构成。保险公司在细分保险市场时要注意其实用性与有效性。实用性以细分市场能否成为保险公司的目标市场为条件,有效性则表现在细分后的市场能为保险公司制定营销组合策略提供依据。保险市场细分的依据是保险消费者对保险需求的差异。每个保险消费者都会因其居住地区、经济状况、生活习惯、购买保险的动机和方式等情况不同而影响其对保险的需求。因此,在细分保险市场时应充分考虑这些因素。

保险公司在选择目标市场时,必须考虑三个要素,即目标市场的规模与潜力、目标市场的吸引力、保险公司的目标和资源。潜在的目标市场必须具有适度规模和潜力。因为只有具有一定的购买力,目标市场才有实际意义;有了足够的营业额,目标市场才具有开发的价值。目标市场可能具备理想的规模和潜力,然而从赢利的观点来看,它未必有吸引力。目标市场的内在吸引力受同行业竞争者、潜在竞争者、替代产品、购买者议价能力与供应商议价能力五种力量的影响。

如果某个细分市场已经有了为数众多的、强大的或竞争意识强烈的竞争者,该细分市场就可能失去吸引力。如果出现细分市场过于稳定或处于萎缩状态、固定成本过高或投资额很高、撤出市场壁垒过高等,保险企业要想坚守这个细分市场,就可能出现价格战、广告战。

如果新的竞争者进入某个细分市场的壁垒森严,并且可能遭受细分市场内原有企业的强烈报复,则这个细分市场就最有吸引力。相反,如果保护细分市场的壁垒很低,原来占领细分市场的保险企业的报复心理就可能很弱,这种细分市场就缺乏吸引力。

任何时候保险公司均应将其自身目标与所选择的细分市场结合考虑,如某一子市场有较大的吸引力,但不符合保险公司的长远目标,也应该放弃。对于符合保险公司目标的子市场,保险公司在进入时也要考虑自己是否具备必要条件,如是否具有足够的竞争能力,或者是否能充分发挥自己的优势等,否则也不应该贸然进入。此外,保险公司还要考虑是否具有足够的资源来进入这一子市场。

2. 险种策略

保险的险种策略,集中体现了保险人的市场营销战略,它确定的是保险人根据自身的条件和所处的环境,在一定时期内的业务经营目标和具体的发展方向。因为保险市场需求是随着物质财富种类的增加和风险的日益多样化发展而变化的,保险人的险种也应当是不断发展变化的。

(1)险种开发策略。新险种是整体险种或其中一部分有所创新或改革,能够给保险消费者带来新的利益和满足的险种,通常包括全新设计的险种和改进的险种两类。

(2)险种组合策略。因为各保险企业的经营范围与经营目标不同,因而险种开发和组合策略也有不同。实施险种组合策略的目的在于不断满足客户对保险需求的过程中提高公司收入和利润。险种组合策略又可分为扩大险种组合策略、缩减险种组合策略与关联性小的险种组合策略。

扩大险种组合策略有三个途径:一是增加险种组合的广度,即增加新的险种系列;二是加深险种组合的深度,即增加险种系列的数量,使险种系列化和综合化;三是险种广度、深度并举。

缩减险种组合策略是指保险公司缩减险种组合的广度和深度,即减掉一些利润低、无竞争力、保险消费者需求不强烈的保险险种,集中精力进行专业经营,以提高保险公司的经营效率。

关联性小的险种组合策略主要针对像财产保险与人身保险的险种关联性比较小的险种组合。随着保险市场需求的开发,这些关联性小的险种组合可能更能满足消费者的需求。例如家庭财产保险与家庭成员的人身意外伤害保险的组合等。

(3)险种生命周期策略。险种生命周期是指一种新的保险商品从进入保险市场开始,经历成长、成熟到衰退的全过程。险种的生命周期包括投入期、成长期、成熟期与衰退期四个阶段,配合这四个不同的阶段所采取的营销策略为投入期的营销策略、成长期的营销策略、成熟期的营销策略与衰退期的营销策略。

险种投入期指险种投放保险市场的初级阶段,由于对承保风险可能缺乏了解,所积累的风险资料有限,保险费率不尽合理。此外,由于承保的保险标的的数量有限,风险分散程度比较低。而且,由于保费收入低,而投入成本高,保险企业利润很少,甚至可能出现亏损。

险种的成长期是指险种的销售量迅速增长的阶段。其特点是保险企业已经掌握了承保风险的规律,险种条款更为完善,保险费率更加合理,保险需求日益扩大,承保成本不断下降等。这时候保险企业采取的营销策略包括不断完善保险商品的内涵,广泛开拓营销渠道,适时调整保险费率,确保服务质量,尽可能保持该险种在保险市场上的增长率。

险种的成熟期是指险种销售的最高阶段。其特点是销售利润达到最高点,销售额的增长速度开始下降,市场呈饱和状态,潜在的消费者减少,更完善的替代险种开始出现。因此,保险企业采取的营销策略包括开发新的保险市场,改进险种等营销措施。

险种的衰退期是指险种已经不再适应保险市场的需求,销售量大幅度萎缩的阶段。其特点是,保险供给能力大而销售量迅速下降,保险企业的利润也随之下降,保险消费者的需求发生了转移等。在这种情况下,保险企业采取的营销策略是有计划地逐步限制推销该险种,并有预见性地、有计划地开发新的险种,将那些寻求替代险种的消费者吸引过来。

3. 费率策略

从保险市场营销的实践来看,费率策略在不发达的保险市场上往往被看做是见效最快、市场供求和竞争对手反应最敏感的营销策略。即使是在发达的保险市场上,保险企业仍然可以通过费率策略实现自己的营销目标。因此,费率策略通常被认为是保险营销组合策略中最活跃的策略,它与其他策略存在着相互依存、相互制约的关系。

(1)低价策略。低价策略是指以低于原价格水平而确定保险费率的策略,其目的是为了迅速占领保险市场或打开新险种的销路,更多地吸引保险资金,为保险企业争取到较有利的竞争地位。但低价策略如果过分使用,可能导致保险企业偿付能力的下降或丧失偿付能力,损害保险企业的信誉,甚至在竞争中失败。

(2)高价策略。高价策略是指以高于原价格水平而确定保险费率的策略,采取这一策略的基本条件是该险种的市场供不应求。保险企业可以通过高价格策略获得较高的利润,有利于提高企业的经济效益,同时可以通过高价格策略来拒绝承保高风险项目,有利于保险企业的稳定经营。但是,保险价格过高,也会使投保人的保费负担过高而不利于开拓保险市场。

(3)优惠价策略。优惠价策略是指保险公司在现有价格的基础上,根据营销需要给特殊的投保人以折扣费率的策略,其目的是为了刺激投保人大量并长期投保,并按时缴付保险费和加强风险防范工作等。

(三)保险营销渠道选择

保险营销渠道是指保险商品从保险公司向保户转移过程中所经过的途径。对于保险公司来说,如果不能使保险消费者在想买的时间地点买到自己需要的保险商品,就不能达成最终的营销目标。因此,保险营销渠道的选择直接制约和影响着其他营销策略的制定和执行效果。选择适当的营销渠道,不仅会减少保险公司经营费用的支出,而且还会促进保险商品的销售。

按照有无中间商参与,可将保险营销渠道划分为直接营销渠道和间接营销渠道,与之对应的策略为直接营销渠道策略和间接营销渠道策略。此外,随着经济、消费观念、营销观念以及电子、网络技术的发展,保险营销渠道策略不断创新,又出现了网络、电话营销策略等。

保险企业在选择营销渠道时需要考虑的是能否以最小的代价最有效地将保险商品推销出去。如果保险公司自身条件好,就可能采取直接营销渠道,反之,则愿意采取间接营销渠道。

直接营销渠道适应于新成立的、规模小的保险公司。间接营销渠道一般适应于经营规模较大、市场份额较高、营销控制能力较强的保险公司。对于财产保险公司,多宜采用直接营销渠道,以便于保险公司减少营销成本,并加强承保控制;而对于人寿保险公司而言,由于客户较为分散,则多宜采用间接营销策略,以便于保险公司争取更多的客户,从而不断扩大市场占有率,增强公司的竞争力。

二、保险基金

(一)保险基金的性质与特征

1. 保险基金的性质

保险基金是保险企业根据不同险种的保险费率,通过向投保人收取保险费的方式建立起来的一种专门用于补偿被保险人因受到约定的保险责任事件所造成的经济损失或满足被保险人给付要求的货币形态的后备基金。

保险基金除了用于赔偿或给付保险金外,通常存在较多的剩余货币资金。保险基金与生产企业的资金一样具有积累性,保险基金的积累作用是为可能发生的特大自然灾害或意外事故的发生而准备赔偿或给付的货币基金。

2. 保险基金的特征

(1)专用性。保险基金是由保险人根据法令或合同向投保人收取一定数额的保险费而建立,专门用于对被保险人承担保险合同约定范围内风险损失的补偿或给付责任的一种货币基金。为了保证保险基金的专用性,各国都通过一系列的法律法规和制度加以规范。

(2)契约性。保险双方的经济关系建立在保险合同的基础上,且受法律的约束和保护,保险基金反映了保险人与被保险人之间的等价有偿交换关系。

(3)互助性。投保人根据自身转嫁风险的需要,缴纳保险费以取得保险保障,但是在通常情况下只有少数被保险人因灾害事故获得保险赔偿,保险基金的运行机制充分反映了人们应付自然灾害和意外事故的互助共济思想。

(4)科学性。保险基金是由保险费汇集而成,一方面,保险费率的厘定以概率统计作为科学依据;另一方面,保险费根据保险金额、保险费率和保险期限三因素计算收取,充分体现了权利与义务的对等原则,以此计算的保险费对投保人来说公平合理,对保险人来说也能恰当地担负起经济赔付责任。

(二)保险基金的构成

1. 资本金

保险公司的资本金包括注册资本金或实收资本金和资本公积金。注册资本金或实收资本金一般由保险法规定,在开业时可视为初始准备金,在经营期间则又是保险企业偿付能力或承保能力的重要标志。为了保证保险企业的稳定经营和被保险人的利益,各国都对保险公司的资本金数量有一定的要求,我国《保险法》规定,保险公司注册资本金最低限额为2亿元人民币。

2. 责任准备金

责任准备金是由保险人提存并代为保管的属于被保险人所有而尚未赔付的保险费。保险人在收取了保险费后,就对被保险人承担了损失赔偿或给付保险金的责任。由于保险事故的发生是随机的,保险赔付也是陆续进行的,一年中不断地签发新的保单收取保险费,同时也不断地履行赔付责任。到年终结算时,有一部分跨年度的保险责任,保险公司为了应付未了责任的赔付需要,承担较长时间的损失分摊,必须从当年的保险费收入中提取一部分作为责任准备金。在保险有效期内,责任准备金始终是保险人对被保险人的负债。

保险责任准备金的提存,因财产保险与人身保险的不同性质,提存的方式不同。各种责任准备金的提存,目的是为了保险业务的稳定经营。但是从客观上看,在保险人未履行保险责任之前,责任准备金处于闲置状态,从而形成保险企业的可运用资金。

(三)保险基金的运用

保险基金的运用是指保险企业将各种方式聚集的资金加以运用,使保险基金增值的过程。保险基金的运用是保险企业经营活动不可缺少的重要组成部分,在西方国家,保险企业自主运用保险基金已经成为保险企业获取利润、提高企业竞争力的有力手段。通过保险基金的运用,不仅可以增加企业的收入,同时也可以降低保险成本,提供更多的保险服务。通常而言,保险基金的运用是以保险投资的形式来实现的。

1. 保险投资的必要性和可能性

随着保险市场的竞争日益激烈,在西方国家的保险市场中出现两种趋势:一是各公司为争取保户而降低保险费率,二是由于新的保险公司的建立和国外保险公司的进入,使原来的各个保险公司的承保金额下降。这两个方面都加大了保险公司的经营风险。其中,保险费率的下降使公司的盈利水平下降,经营亏损的风险增加。而承保金额的下降意味着同类风险单位数量的减少,因而使得实际损失与预期损失的偏离增加,从而增大了公司的经营风险。

因此,为了在市场竞争中处于不败之地,保险人必须进行投资,以弥补费率降低后的业务损失,同时扩大承保业务,增加保费收入,促进投资业务发展,从而促进保险业的健康良性发展。

保险人经营保险业,一方面在建立保险关系时,向投保人收取保险费,建立保险基金,另一方面,当保险事故发生时,按照事先约定的条件,承担赔付保险金责任。

由于保险事故的发生是不确定的、随机的,虽然从总体上看,约定的保险事故是必然要发生的,但是从投保人缴纳保险费到实际发生保险事故,总是有一定的时间差。因而保险公司的保险费收入是不会立即全部支出的。事实上投保人的投保时间也是分散的,因而在保险公司必然沉淀着数量可观的资金,并且随着时间的延长和保险业务的扩大而增加。特别是人寿保险,其保险期限往往长达数十年,因此为保险公司的资金运用提供了可能性。

2. 保险投资的基本原则

(1)安全性原则。我国《保险法》第 106 条规定:"保险公司的资金运用必须稳健,遵循安全性原则。"由于保险经营是一种负债经营,所以保险公司在投资时,首先要保证资金的绝对安全,满足安全性原则的要求。否则,就不能保证保险公司具有足够的偿付能力,被保险人的合法性权益也就不能得到充分的保障,进而影响到保险经济补偿职能的实现,影响到社会的稳定。因此,安全性原则是保险投资的首要原则。

(2)收益性原则。收益性与安全性是一对矛盾,收益和风险往往成正比,它们之间的关系表现为:收益高,风险就大,安全性就差。这就要求保险公司应以资金安全为条件实现投资收益最大化,而不是以风险为代价,牺牲安全性去换取高收益,保险公司应回避或控制投资收益性风险。

(3)流动性原则。流动性是指在不损失资产价值的前提条件下投入资金的变现能力,流动性原则要求保险公司的资金具有即时变现能力。由于保险的基本职能是经济补偿,而在保险期限内保险事故的发生具有随机性,为随时满足保险赔偿和给付的需要,保险投资必须具有较强的流动性。强调保险资金运用的流动性原则是由保险资金的特点所决定的。由于保险资金大部分来源于保险基金,这些资金应大部分处于可随时支付的状态,这是由于保险事故的随机性、偶发性和保险人随时赔付、迅速履行义务的要求所决定的。因此,保险资金的运用必须要满足随时赔付的要求,这是保障保险经营、提高保险的经济补偿效益、维护企业的信誉所必须具备的。

保险投资的安全性、收益性和流动性原则三者之间是相互联系相互制约的。安全性是收益性的基础,流动性是安全性的保证,收益性是安全性和流动性的最终目标。从总体上讲,安全性和流动性通常是成正比的,而安全性、流动性与收益性成反比。流动性强、安全性好的资产往往收益低,而流动性差、安全性不好的资产盈利能力强。因此,保险投资时一定要注意安全性、流动性和收益性的合理组合,在保证安全性和流动性的前提下,追求最大限度的收益。

3. 保险投资方式

从国际保险市场来看,保险投资的主要方式有以下几类:

(1)银行存款。银行存款作为保险投资的形式,安全性好,流动性强,能满足保险公司保险金支付的不确定性要求。但是银行存款收益率低,不能满足保险资金保值增值的要求,一般除作为根据现金流量估测确定的日常支付所需外,不应当把太多的资金存放于银行。世界上许多国家的保险公司并不把银行存款作为保险投资的一种方式,保险公司的资金用于存款的比例非常小。

(2)债券。债券可分为政府债券、金融债券和公司债券三种,它们的安全性、流动性与收益性存在一定的差异。债券的特点是,具有安全性、长期性和收益率的稳定性,因此,债券一直是保险公司的主要投资方式。

(3)股票。股票投资是一种高风险高收益的投资方式。其特点是:收益高、流动性好、风险大。股票收益来自股息收入和资本利得,股息收入的多少完全取决于公司的盈亏状况,资本利得则取决于未来股票价格的走向,因此,股票投资的风险比较大。但是,如果投资者判断和预测准确,决策果断,股票往往可以获得很高的投资收益。在西方发达国家的保险投资中,股票投资一般都占有相当的投资比率。

(4)贷款。贷款是指保险公司作为非银行金融机构向需要资金的单位或个人提供融资,按约定期限收回货币资金并获得利息的一项投资活动。贷款的方式可分为不动产抵押贷款、有价证券抵押贷款、信用保证贷款等。在 20 世纪 70 年代以前,贷款曾是保险投资的最主要方式。但是,随着证券市场的发展与完善,贷款投资开始下降,有价证券投资逐渐成为保险投资的主要形式。

(5)不动产。不动产投资是指保险资金用于购买土地、建筑物或修建住宅、商业建筑、城市基础建设等。不动产投资的保值效果较好,随着土地价格的不断上涨,不动产价值也持续增加,通常可以作为抵制通货膨胀的有效途径。不动产投资具有安全性好、收益高、投资金额大、期限长、流动性差的特点。鉴于不动产流动性差的特点,各国保险法对不动产投资也规定了严格的比例。

4. 我国的保险投资

我国自 1980 年恢复保险业务以来,在经济高速增长的经济体制改革的背景下,保险市场迅速发展,在险种结构、市场结构、监管方式、营销方式和管理方式上都发生了巨大的变化。与保险资产高速增长形成对照的是,我国保险资金的收益率极低。在逐步与国际市场接轨的新时期,保险资金运用的重要性越来越突出,它被看做是现代保险业生存和发展的重要基础。我国的保险投资渠道的变化经历了以下的三个阶段：

(1)无序阶段。在1995年《保险法》颁布之前，我国的保险公司可以兼营寿险和非寿险业务，只是需要在内部分别核算。对保险资金的运用缺乏严格的监管措施，只要符合中国人民银行的资金运用计划，保险公司的资金可以运用于有价证券、房地产、信托、借贷等，造成相当部分的资金损失，导致保险公司的资产出现了不同程度的恶化。

(2)严格管制阶段。以1995年《保险法》出台为标志，我国保险投资进入了严格管制和规范发展的阶段。我国《保险法》规定：保险公司的资金运用，限于在银行存款、买卖债券、股票、证券投资基金份额等有价证券，投资不动产，以及国务院规定的其他资金运用形式。保险公司的资金不得用于设立证券经营机构，不得用于设立保险业以外的企业。保险公司运用的资金和具体项目的资金占其资金总额的具体比例，由保险监督管理机构规定。由于政策限制，大量保险资金处于闲置状态或低收益状态，保险资金约50%以现金和银行存款的方式存在。随着银行利率的下调，利差损问题出现，保险公司的经营出现了困难。

(3)限制逐步放开阶段。随着经济和金融体制的改革与金融市场的不断发展和完善，我国的保险投资渠道和形式也不断拓宽与多样化。1998年10月，保险公司获准加入银行同业拆借市场，从事债券买卖业务，但仅允许进行债券现货交易；1999年7月，保险公司又获准通过一、二级市场购买信用评级在AA+以上的中央企业债券；自1999年8月12日起，保险公司可以在全国银行间同业市场办理债券回购业务；1999年10月，国务院批准保险公司可以通过证券投资基金间接进入证券市场，进一步促进了保险投资形式的多样化，更为重要的是为保险资金的直接入市积累了经验；2004年10月24日，中国保监会联合证监会发布的《保险机构投资者股票投资管理暂行办法》，其中规定保险机构投资者投资股票的比例，按成本价计算最高不超过本公司上年末总资产规模的5%，保监会将根据股票市场容量、风险程度及保险公司投资状况等因素调整投资比例。保险公司运用的资金和具体项目的资金占其资产总额的比例由中国保监会规定。这样，我国保险投资形式有了历史性突破。2010年8月5日，中国保险监督管理委员会发布主席令，正式颁布《保险资金运用管理暂行办法》，这是《保险法》修订实施后，中国保监会发布的关于保险资金运用的重要基础性规章。该办法系统总结了多年来保险资金运用改革发展的成果，吸收了现行有关规定，明确了保险资金运用的原则、目的、运作模式、风险管控和监督管理，对规范保险资金运用、保障保险资金运用安全、维护广大投保人和被保险人权益、防范保险业风险，具有重要的意义。《保险资金运用管理暂行办法》共6章70条，主要内容包括：①深化保险资金运用改革；②细化保险资金投资渠道；③确立保险资金运用托管制度；④规范运用风险管理工具。

三、保险精算

(一)保险精算概述

保险精算学是以概率论、数理统计和经济学的基本理论为基础，对保险经营管理的各个环节进行数量分析，研究风险事故的出险规律、风险事故的损失分布规律、保险理赔事件和理赔额的分布规律、保险人承担风险的平均损失及其分布规律、保险费和保险责任准备金等保险具体问题的计算方法的应用数学。精算技术为保险公司提高经营管理水平、制定策略和作出经营管理决策提供了科学的方法，已经成为保险公司在激烈的市场竞争中赖以生存和发展的重要因素。由于精算学理论和精算学技术的不断发展，精算学已经成为一门以高等数学和统计学为基础,结合保险、金融与财务理论及实务的交叉学科。除了保险以外,精算方法还广泛应用于对金融、投资、社会保障、金融监管、军事等方面的风险分析。

保险精算学起源于寿险中的保费计算,1693年英国天文学家哈雷(Edmund Halley)根据德国布勒斯市居民的死亡资料,编制了第一个生命表,从而为人寿保险的产生奠定了科学的基础。1762年英国成立了世界上第一家寿险公司——英国公平人寿保险公司,该公司以生命表为基础,采用均衡保费的理论计算保费。此后,精算学在保险业中得到了越来越广泛的应用和发展,随着科学技术的进步和保险业的发展,非寿险精算的理论和技术也在不断发展。虽然非寿险精算与传统的精算学有着许多的联系,但是因为寿险和非寿险在保险标的、保险金额、保险期限、保险合同的性质和保费的估算方法等方面的内容和理论基础有着根本的区别,所以二者的精算方法是不同的。到了20世纪70年代,非寿险精算已经发展成为一门独立的分支学科。

(二)保险精算的基本任务

保险精算的基本任务是计算保费、保单现金价值和评估公司年度的责任准备金等重要工作,但是,随着经济的发展和精算科学的进步,保险精算逐渐扩展到财务分析、风险分析和项目管理等方面。

保险基金的负债性质,要求提取相应的准备金,以保证被保险人和受益人的利益。精算人员要对各种准备金计算方法进行比较和分析,并针对各类产品,选择最适合该类产品特性和公司目标的责任准备金。如为不同目标提供的报表准备不同的适合的准备金,其中准备金又包括长期寿险准备金、未决赔款准备金、已发生未赔款、已发生未报告准备金及各类风险准备金等。

对不确定性的长期财务影响和财务损失的影响进行定量的分析和评估,估计风险大小。通过对不同条件下现金流动的个案分析及其对公司财务的影响,并就其资产构成及其与负债的匹配进行分析,确定合理的投资组合,以尽可能地分散风险,并使保险基金增值。

在寿险精算中,利率和死亡率的测算是厘定寿险成本的两个基本问题。非寿险精算始终把损失发生的频率、损失发生的规模以及对损失的控制作为它的研究重心。保险精算的首要任务是保险费率的确定和责任准备金的提存,但这并不是保险精算的全部。伴随着金融深化和利率市场化,保险基金的风险也变为精算研究的核心问题。在这方面要研究的问题包括投资收益的敏感性分析和投资组合分析、资产和负债的匹配等。

(三)保险精算的基本原理

1. 收支相抵原则

收支相抵原则就是使保险期限内纯保费收入的现金价值与支出的现金价值相等。但是由于保费收入与保险金给付的发生并不同时,所以对收取的保费与保险金支出或保险金额的比较,还要选择同一时点,一般选择在保险合同成立这一时刻进行比较。这样,对保费与保险金支出之间的比较不再单纯是看其数额大小,还要考虑货币的时间价值。对于寿险而言,除了利息这一因素,还要考虑人的生存或死亡概率,所以其趸缴纯保费就是保险金支出的期望现值,即精算现值。另外,由于权利与义务必须对等,对单个投保人或被保险人而言,其缴纳的纯保费应当与享受的保险保障相一致,风险愈高,保费愈高;保额愈高,保费愈高。而且,投保人缴纳保费是确定的,而被保险人或受益人受领保险金则在很多情况下是不确定的,取决于保险事故或人身事件是否发生以及何时发生。

因此,收支相等原则并不是针对单个投保人而言的,而是对保险公司收支总额而言的,即保险人在保险期内收取的纯保费的现值等于保险金支出的现值,也可以是保险期内收取的毛保费的现值等于保险金支出的现值与附加保费现值的和。收支相等原则是精算学中最基本的原则和方法，我们可以利用收支相等原则来解决许多问题，比如分期缴均衡纯保费的确定。对于寿险而言，由于寿险的长期性，我们还可以选择任意时点，然后通过对过去或未来纯保费收入与保险金支出之间的精算现值的比较来确定需要解决的其他问题。

2. 大数法则

大数法则是用来说明大量的随机现象由于偶然性相互抵消所呈现的必然规律的一系列定理的统称，在概率论中用来阐述大量随机现象平均结果稳定性。随机事件在一次试验中可能发生，也可能不发生，但在大量重复试验中却呈现明显的规律性。随着试验次数增加，事件发生频率逐渐稳定于某个常数。根据大数法则，如果有充分多的经验损失数据就可以用经验法比较准确地估计损失概率，保险人用估计出的损失概率来预测未来面临的风险。

(1) 契贝雪夫大数法则。设随机变量 $X_1, X_2, \cdots, X_i$ 互相独立，且具有相同的数学期望和方差：
$E(X_i) = \mu, \operatorname{var}(X_i) = \sigma^2$，对任意的 $\varepsilon > 0$
$$\lim_{n \to \infty} Pr\left\{\left|\frac{1}{n}\sum_{i=1}^{n} X_i - \mu\right| < \varepsilon\right\} = 1$$

这一法则说明，只要保险公司承保的保险标的数量足够大，被保险人所缴纳的纯保险费与他能够获得的赔偿金额的期望值的差异就很小，因而大数法则是保险人合理收取保险费的重要依据。

(2) 贝努里大数法则。设 m 是 n 次独立试验中事件 A 发生的次数，p 是事件 A 在每次试验中发生的概率，则对任意的 $\varepsilon > 0$
$$\lim_{n \to \infty} Pr\left\{\left|\frac{m}{n} - p\right| < \varepsilon\right\} = 1$$

根据这一法则，当 n 足够大时，事件 A 发生的频率与概率非常近似，在实际应用中，当试验次数很多时，可以用事件发生的频率来代替事件发生的概率。

(3) 泊松大数法则。设 m 是 n 次独立试验中事件 A 发生的次数，p_1 是第一次试验中事件 A 发生的概率，p_2 是第二次试验中事件 A 发生的概率，……，p_n 是第 n 次试验中事件 A 发生的概率，对于任意给定的 $\varepsilon > 0$
$$\lim_{n \to \infty} Pr\left\{\left|\frac{m}{n} - \frac{p_1 + p_2 + \cdots + p_n}{n}\right| < \varepsilon\right\} = 1$$

泊松大数法则说明，当实验次数充分多时，平均概率可以用事件发生的频率替代。

(四) 非寿险精算的方法

非寿险精算主要包括保险费率的厘定、责任准备金提存的计算、利润分析、风险评估与自留额的确定等。非寿险业务最主要的特点是短期性和波动性，精算原理则更为复杂。以下主要介绍保险费率厘定的主要方法。

1. 观察法

观察法是对个别保险标的的风险因素进行分析，观察其大小，估计其损失概率，直接决定其费率。用观察法决定费率，主要是凭借精算人员的有关经验及对将来发展趋势的分析。这种方法的采用，往往是因为保险标的数量较少，无法采用统计资料，只能靠精算人员的知识和经验。观察法能反映个别风险的特性，具有灵活、精确的特点，但只能在风险单位数很少的情况下使用。

2. 分类法

非寿险的一大特点是多数险种存在着风险不均匀的问题,即使是同一险种其不同标的在保险期间内出险的情况也会有很大差别。所以,对一项不均匀的、有几种风险混合的保险责任进行观察,在得到的平均赔款频率的基础上拟订保险费率是不恰当的。

分类法就是将性质相同的风险进行分类,对同一分类的风险单位,根据其损失概率,计算出该类别的赔款频率和保险费。例如我国把工业企业分为六个风险级别,费率根据风险的增加而增加。分类法是最重要的费率厘定方法,其他确定费率的方式都要直接或间接利用这种方法。分类法厘定费率的计算,一般有两种基本的方法:纯保费法和损失率法。以下简要介绍纯保费法的计算方法。

用纯保费法计算保险费率,需要有充分的统计资料作为计算基础,以使计算所得到的费率比较精确。其具体方法是,首先根据统计资料确定每一风险单位的损失概率,进而确定纯保险费率,然后再确定附加费率。纯保费法的计算保险费率的公式为:

$$R = \frac{P+F}{1-V-Q}$$

式中:R——每风险单位的保险费率;

P——纯保费;

F——每风险单位的固定费用;

V——可变费用因子;

Q——利润因子。

纯保费法得到的费率能够弥补期望索赔和费用支出,并提供期望的利润水平费率。

费率确定后,经过一定时期,如与实际经验有所出入,就应进行调整,其调整公式为:

$$M = \frac{A-E}{E} \cdot C$$

式中:M——保险费率应调整的百分比;

A——实际损失比率;

E——预期损失比率;

C——信赖因素,表示经验期间所取得的数据的可信赖程度。

3. 增减法

增减法是指在同一费率类别中,对被保险人给以变动的费率。费率变动或基于在保险期间的实际损失经验,或基于预想的损失经验,或同时以两者为基础。增减法对分类费率可能有所增加,也可能有所减少,主要在于调整个别费率。增减法在实施中有经验法、过去法、折扣法、表定法等多种形式。采用增减法的目的是为了实现保险费率的公正性。

(1)经验法。经验法是根据被保险人以往的损失经验,对按照分类费率制定的费率加以增减变动,过去有利的经验将使投保人减少保险费的支出,反之,将使投保人增加保险费的支出,这种方法具有鼓励防灾防损的作用。

经验法的理论基础是,凡是能够影响损失发生于将来的因素,也必然已经影响被保险人的过去经验。因此,在计算保险费率时,采用过去的经验,也就包括了将来的因素在内。计算公式为:

$$M = \frac{A-E}{E} \cdot C \cdot T$$

式中：M——经验费率调整的百分比；
A——经验时期被保险人的实际损失；
E——被保险人适用某分类时的预期损失；
C——信赖因子；
T——趋势因子。

(2) 过去法。过去法是与经验法相对的一种费率调整方式，它以保险期内被保险人的实际损失为基础，计算被保险人当期应缴的保险费。由于被保险人当期的实际损失要到保险期满才能知道，所以确切的保费要到保险期满后才能计算出来。因而，在使用这种方法时，先在保险期开始前以其他方式先确定预缴保费，然后在保险期满后，根据实际损失，对已缴保费进行增减变动，其计算公式为：

$$RP = (BP + L \cdot LCF) \cdot TM$$

式中：RP——用过去法计算的保险费；
BP——基本保险费；
L——实际损失金额；
LCF——损失换算因子；
TM——税收乘数。

(3) 折扣法。折扣法是对被保险人采用折扣费率的方法。这种方法类似于奖惩制度或无赔款优待制度，对在某一期限内未发生索赔的被保险人，在续保时实行保费折扣，以吸引和保留一些质量高的保险业务。

(4) 表定法。表定法是根据事先设立的客观标准，来测量被保险人的风险大小。这些客观标准是依据各分类中的显著风险因素而设立的，比如建筑物内财产的费率可以根据建筑结构、城市消防级别和财产种类等设立一定的调整幅度。采用表定法时，必须首先在分类中对各项特殊显著的风险因素设立客观的标准。当投保人购买保险时，根据这种客观标准来测度风险等级，确定相应的费率标准。

(五) 寿险精算的方法

寿险精算主要研究以生存和死亡为保险金给付条件的一系列计算问题，主要涉及的问题包括保险费计算问题、准备金的提存问题及保单现金价值计算等。

1. 生命表

生命表是反映在封闭人口条件下，一批人从出生到死亡的全部过程的一种统计表，也称为死亡表。封闭人口指没有人口的迁移，在封闭人口中只有人口的出生和死亡变动。

生命表按照不同的标准可以划分为不同的种类，一般按照编制的对象不同可以分为两大类：一类是以全社会或某地区为统计对象，按照人口普查资料来编制的国民生命表，另一类是以寿险公司经验数据编制的经验生命表。

生命表中最基本的数据是 l_x，表示存活到确切年龄 x 岁的人数，它是计算其他一切数据的基础。在生命表中首先选择一个开始年龄 x，它是生命表中的最低年龄，x 的选取一般取决于能够得到的数据或实际的用途。在很多情况下取 $x=0$，但是并不一定要这样做。例如在研究领取养老金人口的死亡率时，不需要观测年龄小于 50 岁或 55 岁的人，因此可以取 $x=50$。

l_x 表示生命表的基数，因为我们关心的是一批人在今后成长过程中的死亡规律，即各个年龄段的死亡率水平，因此最初人口的绝对数并不重要，在研究中可以任意取值。但是，因为在生命表中人口数只能为整数,所以 l_x 的绝对数值不能太小,一般为 100 000 或 1 000 000。

d_x 表示年龄 x 的群体 l_x 在 x 岁到 $x+1$ 岁之间死亡人数的期望值。

q_x 表示 x 岁的人在一年内死亡的概率。

2. 离散型寿险趸缴纯保费的计算

(1)定期寿险。设 n 为定期寿险的保险期限,有 l_x 人投保了 n 年定期寿险,保险金额为 1 元,在死亡年末给付,如果被保险人年龄超过 $x+n$,则保险责任结束,保险公司不必给付保险金。趸缴纯保费为:

$$A^1_{x:\overline{n|}} = E(Z) = \sum_{k=0}^{n-1} v^{k+1} \cdot {}_{k|}q_x = \sum_{k=0}^{n-1} v^{k+1} \cdot {}_kp_x \cdot q_{x+k}$$

(2)终身寿险。考虑保险金额为 1 元的终身寿险,则 l_x 人自投保之日起,无论何时死亡,保险人均须在被保险人死亡的当年末给付保险金额 1 元。趸缴纯保费为:

$$A_x = E(Z) = \sum_{k=0}^{\infty} v^{k+1} \cdot {}_{k|}q_x = \sum_{k=0}^{\infty} v^{k+1} \cdot {}_kp_x \cdot q_{x+k}$$

3. 离散型生存年金趸缴纯保费的计算

(1)定期年金。设有 l_x 人投保了 n 年定期生命年金,第一次年金的给付是在第一年初,金额为 1 元,以后直到第 n 年,在每年初,只要被保险人生存,均给付年金 1 元。趸缴纯保费为:

$$\ddot{a}_{x:\overline{n|}} = \sum_{k=0}^{n-1} v^k \cdot {}_kp_x$$

(2)终身年金。设有 l_x 人投保了终身生命年金,第一次年金的给付是在第一年初,金额为 1 元,以后在每年初,只要被保险人生存,均给付年金 1 元。趸缴纯保费为:

$$\ddot{a}_x = \sum_{k=0}^{\infty} v^k \cdot {}_kp_x$$

4. 全离散型寿险年均衡纯保费

全离散型寿险指保费在保单生效时起,每年初缴纳,保险金额在被保险人死亡的保单年度末给付。

(1)定期寿险。保险金额 1 元的 n 年定期寿险的年均衡纯保费为:

$$P^1_{x:\overline{n|}} = \frac{A^1_{x:\overline{n|}}}{a_{x:\overline{n|}}}$$

(2)终身寿险。保险金额 1 元的终身寿险的年均衡纯保费为:

$$P_x = \frac{A_x}{a_x}$$

(六)理论责任准备金及其计算

在保险业务中,普遍实行的是均衡保费收取的方式。对于保险人来说,每年收取的保险费与给付的保险金是不同的,在一定时期,保险公司所收取的年缴纯保费大于自然纯保费,而在随后的一些时间里,年缴纯保费又小于自然纯保费。这样对于被保险人在早期所缴纳的纯保费中高于自然纯保费部分,保险人将其按复利方式积存起来,用以弥补后期给付的不足,从而保证将来必然要履行的给付保险金的义务。而这种保险人以保险合同为依据,为将来发生的给付而提存积累的基金称为责任准备金,这种责任准备金在将来保险责任终止时,要全部支付给被保险人或其受益人。因此,保险责任准备金实际上是保险公司对被保险人的负债。

责任准备金分为期末准备金和期初准备金,期末准备金考虑的是某时期期末的准备金,而期初准备金则考虑的是某时期期初的准备金。前一期的期末准备金加上下一期期初所收取的保费即为下一期的期初准备金。

因为纯保费是保险金给付的来源,责任准备金的提存和计算是以纯保费为依据的。在保险合同生效时,纯保费的精算现值等于保险给付额的精算现值。而在保险合同到期时,纯保费的精算终值等于保险金给付额的精算终值。在保险合同有效期内的任一时刻 t,从保险公司过去的保费收入来看,责任准备金就是保险公司已收取的纯保费的精算累积额与已给付的保险金的精算累积额的差额。另一方面,从保险公司未来的给付责任来看,责任准备金是保险公司未来给付的精算现值与未来纯保费收入的精算现值的差额。因此,责任准备金的计算有两种方法:过去法和未来法,以下仅介绍未来法计算方法。

考虑每年初缴纳均衡纯保费,死亡发生的当年末保险公司给付保险金的情况下的责任准备金的计算问题。

1. 终身寿险

考虑 x 岁投保保险金额为 1 元的终身寿险,采用年缴均衡纯保费的方式,则第 k 年末的责任准备金为:

$$_kV_x = A_{x+k} - P_x \cdot \ddot{a}_{x+k}$$

2. 定期寿险

h 年缴费的 n 年定期寿险在第 $k<n$ 年末的责任准备金为:

$$_k^hV_{x:\,\overline{n|}}^1 = \begin{cases} A_{x+k:\,\overline{n-k|}}^1 - {_hP}_{x:\,\overline{n|}}^1 \cdot \ddot{a}_{x+k:\,\overline{h-k|}} & h > k \\ A_{x+k:\,\overline{n-k|}}^1 & h \leqslant k \end{cases}$$

(七)实际责任准备金及其计算

以上分析的纯保费责任准备金是在均衡纯保费假设的基础上计算的,在这一假设下,每个保险年度的纯保费和毛保费都被认为是均衡的。当发生保险事故时,每年的保费和积累的准备金是可以应付所发生的生存或死亡保险金给付和一切费用的。在均衡纯保费和毛保费的假定下,附加费在各个年度的分配也是均衡的。

保险公司在实际中所发生的各种费用在各个年度的分配是不均衡的。一般来说,因为出售和签发保单的主要费用都发生在初年(如高额度的代理人佣金、体检费等),因而在保单的初年费用比较高,而后续各年的各种费用比较少。如果按照均衡纯保费计算,则在初年度的各种费用要高于附加费,而在以后的年份的费用又少于附加费。保险公司在初年度发生的费用必须要予以补偿,因为附加费不能满足要求,保险公司只有动用别的资金(如盈余)或修改原有的准备金计算方法才能应付第一年的费用支出。对于长期经营、盈余充分、业务庞大的保险公司,动用盈余来补偿初年的费用并不是很困难的。但是,对于一些新开业的或规模比较小的保险公司,这种补偿初年费用的方法可能并不可行。因为新开业的公司或小公司的盈余很少,公司如果想扩展业务,势必会增加费用,但是如果因此而限制公司的承保量,又不利于公司的发展。

为了克服以上的困难,一般采用修改原有的计算准备金的方法,不再以均衡纯保费作为计算准备金的基础,而是将纯保费在保费缴付的全部期限或部分期限内重新分配,在调整后的纯保费基础上再计算责任准备金。通常将这种经过调整后在非均衡纯保费基础上计算的责任准备金称为实际准备金或修正准备金。

修正责任准备金的基本方法是,在准备金的定义中从未来给付的精算现值中减去的不是均衡纯保费的精算现值,而是定义了一系列的分段纯保费,以未来给付的精算现值减去这些分段纯保费的精算现值作为准备金。尽管在理论上可以将纯保费分为多个不同的水平,但是通常是把纯保费分为三个不同水平。

纯保费的三个不同的水平是:初年度纯保费记为 α,往后的 $j-1$ 年纯保费记为 β,j 年以后的纯保费即为原来的均衡纯保费 P。

设年均衡总保费为 G,则均衡附加费为 $G-P$。假设在第一年由实际营业费用占用一部分纯保费,即因为营业费用的超支占用均衡纯保费为 $P-\alpha$。第二年到第 j 年由营业费用逐年归还所占用的纯保费。纯保费的这种调整必须要保证经过调整后的纯保费与均衡纯保费的精算现值相等,即

$$\alpha + \beta a_{x,\,\overline{j-1|}} + P_{j|}\ddot{a}_{x,\,\overline{h-1|}} = P\ddot{a}_{x,\,\overline{h|}}$$

根据延期生存年金的性质

$$_{m|}\ddot{a}_{x,\,\overline{n|}} = \ddot{a}_{x,\,\overline{m+n|}} - \ddot{a}_{x,\,\overline{m|}}$$

因而有

$$\alpha + \beta a_{x,\,\overline{j-1|}} = P\ddot{a}_{x,\,\overline{j|}}$$

根据生存年金的性质

$$\ddot{a}_{x,\,\overline{n|}} = a_{x,\,\overline{n-1|}} + 1$$

有

$$\alpha + \beta a_{x,\,\overline{j-1|}} = P(a_{x,\,\overline{j-1|}} + 1)$$

于是得

$$\beta = P + \frac{P-\alpha}{a_{x,\,\overline{j-1|}}}$$

由以上的等式可见,如何计算责任准备金取决于对 α、β 和 j 的选取,选取不同的 α、β 和 j 会导致不同的实际准备金,一般对 α、β 和 j 都有一定的限制。首先,对于 α 有下限的要求,即第一年的纯保费责任准备金不能为负值,因此一般要求有

$$\alpha > A^1_{x,\,\overline{1|}}$$

即第一年的纯保费大于一年定期死亡成本。

此外,从公式

$$\beta = P + \frac{P-\alpha}{a_{x,\,\overline{j-1|}}}$$

可见,续年度的修正纯保费 β 随着修正周期 j 的增长而减小。由于修正周期不能长于保费的缴纳期,因此如果取

$$\alpha = A^1_{x,\,\overline{1|}}$$

而以整个缴费期为修正周期,则 β 为从 $x+1$ 岁开始的均衡纯保费,这种修正准备金的方法称为一年定期全缴费期修正法或 FPT 法(full preliminary term)。

考虑 h 年缴费,j 年修正周期的 n 年两全保险的实际准备金的计算,以 V^{mod} 表示修正后的准备金,则当 $k<j$ 时有

$$\begin{aligned}{}^h_k V^{\mathrm{mod}}_{x,\,\overline{n|}} &= A_{x+k,\,\overline{n-k|}} - \beta\ddot{a}_{x+k,\,\overline{j-k|}} - {}_hP_{x,\,\overline{n|}} \cdot {}_{j-k|}\ddot{a}_{x+k,\,\overline{h-j|}} \\ &= A_{x+k,\,\overline{n-k|}} - {}_hP_{x,\,\overline{n|}} \cdot \ddot{a}_{x+k,\,\overline{h-k|}} - \ddot{a}_{x+k,\,\overline{j-k|}}(\beta - {}_hP_{x,\,\overline{n|}}) \\ &= {}^h_k V_{x,\,\overline{n|}} - \ddot{a}_{x+k,\,\overline{j-k|}}(\beta - {}_hP_{x,\,\overline{n|}}) \end{aligned}$$

而当 $k \geqslant j$ 时,有

$$_k^h V_{x:\,\overline{n}|}^{\mathrm{mod}} = {}_k^h V_{x:\,\overline{n}|}$$

四、再保险

根据保险原理,保险是建立在大数法则基础上,通过损失分摊原则,提供经济保障的一种机制。大量的企业和个人通过支付少量保险费的办法将自身面临的风险转移给了保险人承担,因而保险人集中了大量的风险。而作为保险人来说,只有集中大量的同类风险单位,才能稳定经营。如果一家保险公司所承保的某种风险单位的数量比较少,则保险公司的实际损失偏离预期损失的可能性增大,从而使得保险公司的经营风险加大。

另外,随着社会经济和科学的发展,财产的价值日趋集中(例如有的企业资产总值可以达到数千万元或数十亿元甚至更多,一些远洋运输船只或大型客机价值数亿美元),从而使保险人承担的风险责任越来越大,使保险经营风险增大。

企业或个人为了避免风险事故所造成的损失,可以将风险转移给保险人承担,而保险公司为了稳定经营,避免风险事故的发生给公司造成损失,同样可以将风险转移出去,这就是再保险的基本思想。

(一)再保险概述

再保险也称分保,是保险人通过订立合同的形式将自己所承担的风险责任部分或全部向另一个保险人再进行保险,因而所谓再保险实际上就是保险人的保险。一般我们将分出自己承保业务的保险人称为原保险人或分出公司,接受再保险业务的保险人称为再保险人或分入公司。

订立再保险合同的双方当事人都是保险人,因此,再保险合同是保险人之间签订的一种独立合同。尽管再保险合同是在原保险合同的基础上产生的,没有原保险合同就没有再保险合同,但是,再保险合同与原保险合同在法律上没有任何继承关系。因为保险与再保险没有必然联系,是否再保险,分出多少业务,是由原保险人根据自己的资产和经营状况自行确定的。因而再保险是一种独立的保险业务,再保险合同独立于原保险合同。

再保险合同作为一种保险合同,双方当事人必须履行合同规定的权利和义务,分出公司向分入公司缴纳保险费,而分入公司对分出公司的损失负有补偿责任。再保险人同原保险合同中的被保险人不发生任何业务关系。再保险人不是直接对原保险合同中被保险人的物质损失给予补偿,而是对原保险人所承担的风险责任给予补偿,即对分出公司在原保单下的赔付责任予以补偿。所以再保险合同中的标的是非物质的,但是这种非物质的保险标的是以原保险合同中的物质性保险标的为基础的。

原保险人将自己所承担的风险责任转移给再保险人,相应的支付保险费给再保险人,称为分保费。而分出公司(原保险人)在承保业务时需要支付一定的费用,因此分出公司往往要向分入公司支付一定的佣金,称为分保费或分保佣金。

再保险业务可以在国内开展,但是对于一些保险金额较大的项目,可能会超出整个国内保险市场的承受能力,因此需要在国际保险市场上进行分保,称为国际再保险。我国的远洋运输船舶、飞机、人造卫星保险等都在国际保险市场进行再保险。

(二)再保险的作用

保险是被保险人将其所面临的风险转移给保险人,而保险人通过收取保险费的方法,将其

承担的风险责任分摊在大量的被保险人身上。保险人所制定的保险费率是根据该类保险标的的损失概率确定的,而损失概率确定的依据是大数法则。保险标的发生损失是随机事件,即标的有可能发生保险事故,也有可能不发生保险事故。保险经营的基础是大数法则,保险公司在业务经营中运用大数法则以确保其经营的稳定性。从整体上来看,即从大量的同类保险标的来看,总的损失率是有一定规律的,而且一般来说统计的数量越大,损失概率的精确性就越高。但是,大数法则还受到各种不同因素的影响,因而还可能出现不稳定的情况。再保险也是一种保险,因而其原理与一般的保险原理是相同的,再保险的作用主要有以下几个方面:

1. 分散风险责任,避免风险集中,保证业务稳定

保险公司所支付的赔款来自通过收取保险费所建立起的保险基金,对于每一个保险标的来说,保险费只占保险金额的很小一部分。任何一家保险公司的资金和承受风险的能力都是有限的,因而当发生巨额损失时,就可能使保险公司难以履行赔款责任,甚至可能导致保险公司破产。这不仅有损于保险企业的利益,也损害了大多数被保险人的利益。

根据大数法则,如果保险人所承保的每一个风险单位的风险责任都比较接近,那么保险公司的经营就比较稳定。例如,某保险公司承保了 10 000 条船只的风险责任,每一条船的价值为 500 万元,保险费率为 6‰,则该保险公司共收取保险费 3 亿元。这些保险费可以支付 60 条船只的全损责任,由于所有船只的风险责任相同,因而发生巨额赔款的概率非常小,从而不影响保险公司的稳定经营。再如,某保险公司承保了 10 万户家庭财产保险,每户保险金额 6 万元,保险费率为 3‰,则共收取保险费 1 800 万元。因为所有的标的保险责任相当,因而保险公司的经营风险很小。

但是,实际上保险人所承保的大量保险业务中,保险标的的价值可能相差悬殊,如果高额标的发生保险事故而遭受损失,就会严重影响保险公司的财务稳定,使保险公司的赔付率大幅上升,可能导致企业亏损甚至破产。

例如 1983 年韩国的一架波音 747 客机被前苏联击落,飞机价值 3 500 万美元,269 名乘客和机组人员的人身保险和货物保险及飞机保险总金额超过 4 亿美元,承保这架飞机的是一家韩国保险公司。该公司在国际保险市场上对这架飞机的保险进行了分保,原保险人只承担了保险责任的 1.46%,而其余 98.54% 的风险责任都转移给了再保险人,原保险人只承担了 600 万美元的赔付责任。

2. 扩大业务经营能力

根据统计原理,如果保险人承保的风险单位比较多,就会使实际损失与预期损失比较接近,从而使保险公司正常经营。因此保险公司往往希望保险业务越多越好,但是保险公司的业务量要受到公司的资本数额的限制,如果承保的数量过大,也会影响公司财务的稳定。

例如,某保险公司的资本金总额为 2 亿元,该公司是一家地区性的保险公司。假定该公司共承保金额 1 000 亿元(基本上集中于该地区,没有高额保险责任),按照平均保险费率 5‰ 计算,公司共收取保险费 5 亿元(没有超过保险法规定的关于保险业务容量比率的限制——4 倍)。

如果由于严重的自然灾害(台风、洪水、地震等)造成保险标的大面积受损,则该保险公司也可能出现偿付危机。例如保险标的共损失 10 亿元,则该保险公司将无力赔偿损失,不仅可能使保险公司破产,而且使众多的被保险人的损失得不到补偿。

为了保证保险公司的稳定经营,许多国家都通过立法的形式规定保险公司的承保金额不能超过一定的限度。我国《保险法》第 102 条规定:经营财产保险业务的保险公司当年自留保

险费,不得超过其实有资本金加公积金总和的四倍。第 103 条规定:保险公司对每一危险单位,即对一次保险事故可能造成的最大损失范围所承担的责任,不得超过其实有资本金加公积金总和的百分之十;超过的部分应当办理再保险。

根据保险法的要求,对于每一个保险公司来说,第一不能承保过多的保险责任,第二不能单独承保保险金额过高的标的。那么,如果没有再保险,就会限制保险公司的承保能力,特别是对于一些中小型的保险公司来说,由于受到财力的限制,不能承保更多的保险业务,因而可能使同类风险单位的数量比较少,使实际损失与预期损失的偏离增大,影响到保险公司经营的稳定性。另一方面,由于中小型保险公司财力的限制,无法承保高额标的的保险业务,同样影响到保险公司的资信。

通过再保险,保险人就可以突破这一限制,特别是对于中小型的保险公司来说,可能在自身承保能力的基础上承保更多的保险标的(或高额度的保险标的),扩大了保险公司的业务能力和经营的稳定性。对于一家保险公司来说,是否能够承保更多的保险责任和高额的保险标的,关键在于是否有分保能力。只要保险人有分保能力,就可以使中小型保险公司与大公司公平竞争。同时,由于风险单位的增加,使保险公司的实际损失与预期损失的偏离程度缩小,有利于公司的稳定经营。

3. 形成国际性的巨额联合保险基金

随着工业生产的现代化,使一些风险单位的价值增大,使保险公司的风险责任集中,任何一家公司单独承保价值数千万元或数亿元的风险单位,都可能影响到公司的偿付能力。通过再保险,可以使众多的保险公司联合起来,形成巨额的保险基金,共同承保巨额的保险责任。这不仅对保险人来说是可靠的经济保障,同时,发挥了在较大的范围内的资金的再分配作用。各国的保险公司通过分出分入业务,形成了国际性的保险基金,使保险在国际范围内发挥分散风险、补偿损失的作用。

(三)比例再保险和非比例再保险

保险人通过再保险,将自己所承担的风险责任部分自留,其余的则转移给再保险人承担,因而涉及原保险人的自留额与分保额的划分问题。保险责任的划分和转让可以以保险金额为基础,也可以以赔款金额为基础。以保险金额为基础的,称为比例再保险,以赔款金额为基础的,称为非比例再保险。

1. 比例再保险

比例再保险是以保险金额为基础计算自留额与分出额的一种分保方式,分出公司按照事先的合同约定(与分入公司事先签订合同),将其承保的部分保险责任(或全部保险责任)按照一定的比例分给再保险人,并且按照约定的保险金额分享保险费、分摊赔款及费用。比例分保有两种基本的方式——成数再保险与溢额再保险。

成数再保险是一种最为简便的比例分保方式,分出公司的自留额与分入公司的分保额都是按照双方约定的百分比确定的。不论原保险人承保的危险单位的保险金额的大小,只要在合同约定的限额以内,双方均按比例分担责任。即双方按照事先约定的百分比来分配保险金额、保险费及赔款。对于承保业务保额超过合同限额部分,由分出公司自担责任或安排临时再保险。

例 9-1 某保险公司的船舶货运险费率为 1‰,按照成数分保合同约定,在每船最高责任限额 1 000 万元以内按 80% 分保。现有 3 笔业务,列表计算如下:

单位:万元

船名	总额100%			自留20%			分出80%			其他
	保额	保费	赔款	自留额	保费	自负赔款	分保额	分保费	摊回赔款	
A	500	5	30	100	1	6	400	4	24	
B	1 000	10	20	200	2	4	800	8	16	
C	1 500	15	15	200	2	2	800	8	8	500

溢额再保险是以将每一风险单位保险责任的一定金额作为自留额,将超过自留额的剩余金额,即溢额部分,根据分保合同的约定分给再保险人。原保险人与再保险人按照自留额与分保额占全部保险金额的比例分配保险费和分摊损失。如果某一保险业务的保险金额在自留额度之内,则无须办理再保险,这一点是溢额再保险与成数再保险的最大区别。

例 9 – 2 某保险公司对于企业财产保险的每一个风险单位自留额的限度为 500 万元,即保险金额在 500 万元以内的责任全部自留,超过 500 万元的部分进行再保险。假定有三项业务,保险金额分别为 500 万元、1 000 万元和 5 000 万元,保险费率均为 4‰。这些业务的经营状况如下:

项目 A		原保险人	再保险人
保险金额	5 000 000	5 000 000	0
保险费	20 000	20 000	0
平均赔款额	5 000	5 000	0
项目 B		原保险人	再保险人
保险金额	10 000 000	5 000 000	5 000 000
保险费	40 000	20 000	20 000
平均赔款额	20 000	10 000	10 000
项目 C		原保险人	再保险人
保险金额	50 000 000	5 000 000	45 000 000
保险费	200 000	20 000	180 000
平均赔款额	200 000	20 000	180 000
总保险金额	65 000 000	15 000 000	50 000 000
总保险费	260 000	60 000	200 000
总平均赔款额	225 000	35 000	190 000
赔率	86.538%	58.333%	95%

2. 非比例再保险

非比例再保险又称超额损失再保险,它是以分保双方协定的赔款额或赔付率限度为基础来计算自赔额和分保责任额的分保方式。赔款额或赔付率在自赔额以内的由分出公司承担责任;赔款额或赔付率超过自赔额以上的部分,由分入公司在分保责任额内承担责任。

(四)再保险的分出与分入

再保险合同与原保险合同一样,也是一种保险合同,通过这种合同关系,明确原保险人与再保险人之间的权利义务关系。再保险合同中必须要明确的内容主要包括：项目、条件、期限、手续费等。再保险合同的形式主要分为以下三类：

1. 临时再保险

临时再保险是最原始的分保方式，当原保险人承保了一笔业务后，他是否要办理分保，按照何种方式分保，完全由原保险人自行决定。

因为在保险业发展初期，生产力发展水平和科学技术水平都比较低，人们对于风险的性质、风险程度、频率等都难以确定其规律性，在这种情况下，如果需要再保险，往往采用临时再保险的方式。

一般的情况是这样的，当保险人承保了一笔保险业务后，认为超过了自己的承保能力，则需要设法进行分保。这种分保方式的特点是：

（1）分保是以个别的保单或者一个风险单位作为分保的基础。

（2）分出公司与分入公司均无意义分出和分入，可以自由选择。即对于某一保单，是否需要再保险，分出多少责任，完全是由保险人本身所能够承受的能力来确定的。而对于分入公司来说，是否接受分入业务，按照何种方式分入，完全由分入公司自己决定。即双方均可以自由选择，无任何强制性，再保险的所有条款都由双方临时商定。

对于原保险人来说，临时再保险的优点在于可以灵活地决定业务的取舍（全部自己承担或将部分责任分出），因此对于保险业务的稳定及发展是有利的。而对于再保险人来说，可以自由决定是否承保，接受多少责任，再保险费率如何确定，选择的余地比较大。

临时再保险的缺点在于，原保险人在取得分入公司的同意后才能对投保人承保，因而可能因此而耽误时机，从而失去客户，同时影响到保险人的信誉，对公司的发展不利。

2. 合同再保险

分出公司与分入公司双方通过签订再保险合同，明确双方的权利和义务，凡是属于再保险合同范围内的业务，不论业务质量的优劣，分出公司必须按照合同的约定向分入公司分保，而分入公司则必须接受。即在合同约定的范围内，双方均无选择的权利，这种分保方式对于双方都有一定的强制性。

合同再保险一般要规定分保的业务范围（如企业财产保险、汽车保险、道路运输保险等）、地区范围、保险责任、除外责任、分保佣金、自留额或自留比例、合同的最高限额等各种分保条件，但是通常不规定合同的期限（有些情况下规定一定的期限，但是通常属于长期合同）。

对于不规定合同期限的情况（或长期合同的形式），通常双方都有终止合同的权利，一般的要求是：如果一方提出终止合同，必须在要求终止日之前的三个月之前提出注销合同的通知，在合同尚未注销时，仍然按照合同规定分保，在合同注销后不再进行分保，但是双方必须继续承担相应的责任，直到全部保险合同到期为止。

但是在非正常情况下，合同的一方可以立即终止合同，非正常情况一般指合同的一方破产，所在国发生战争、动乱等。但是，合同终止前双方的权利义务仍须继续执行。

在大多数情况下，合同再保险往往是双方互相进行再保险，从而合同双方有着密切的利害关系，因而在国际保险市场上是比较流行的。

3. 预约再保险

预约再保险是介于临时分保和合同分保之间的一种分保方法。对分出公司来说，可以像临时分保一样选择是否分出；对分入公司来说却像合同分保一样，一旦有预约分保范围以内的分入业务则必须接受，无选择余地。预约分保方法具有以下特点：

（1）预约再保险对于分出公司具有临时分保的性质，而对于分入公司则具有合同分保的性质。

（2）预约分保较临时分保手续简单，节省时间。预约分保对于分入公司来说有义务执行合同，避免了临时分保的繁琐手续和反复磋商过程，有利于保障分出公司的利益。

（3）分入公司对预约分保的业务质量不易掌握，特别是那些由经纪人中介服务的业务，更难了解，因此，预约分保业务对分入公司来说其稳定性一般较差。

预约分保常用于合同分保的补充，当合同分保限额不能满足业务需要时，运用预约分保限额作为合同分保的补充，可以及时分散风险。预约分保通常是用于解决特定地区、特定风险、特别巨大责任额时的权宜之计，因其对分出公司较为有利，分入公司不大愿意接受这种分保方法，故这种分保方法尚未被广泛运用，仅在业务上关系密切且能够互相信赖的公司之间运用。预约分保条件与合同分保有所不同，表现为：预约分保的分保佣金少于合同分保；合同分保有盈余佣金而预约分保则没有；合同分保期限较长，预约分保通常定期1年。预约分保一般仅适用于比例分保方式，这样可使分出公司与接受公司的利益一致。

五、保险经营风险

保险企业作为经营风险的特殊企业，承保的各种自然灾害、意外事故等风险造成的损失是保险企业预期内的损失，一般来说并不构成保险企业本身的风险。保险企业的经营风险指保险企业在经营过程中由于各种因素，如风险选择、费率厘定、市场竞争、通货膨胀、投资市场波动、法律变更、国内外政治经济形势变动等的影响，使保险企业的实际经营结果与预期值发生偏离，从而遭受损失的风险。

（一）保险经营风险的特征

由于保险企业的特殊性，保险企业经营风险具有以下的特征：

1. 潜伏期长，反应滞后

保险业务特别是寿险业务通常是长期业务，保险期限可长达数十年，有些风险保险公司在承保时往往难以发现，从而可能给保险公司造成严重损失。例如在人寿保险业务中，被保险人的家族病史是核保的要素之一，目的是调查被保险人家族有无高血压、心脏病、糖尿病等遗传性疾病。因为被保险人在投保时往往年轻力壮，身体似乎很健康，但是在20年后、30年后，有家族病史的被保险人比无家族病史的被保险的死亡率更高，对这类风险只能通过有条件承保进行控制。

2. 隐蔽性强

尽管保险费率的厘定、责任准备金的提存、红利的分配都是建立在科学精算的基础上，但是由于各保险公司的精算水平不一，政府的监管条件不一致，因而使风险仍然存在。例如寿险的核算体系难以反映当年的利润水平或亏损程度，使经营管理者对某一具体的险种的经营效果难以做到科学的评价，从而增加了风险的隐蔽性。

3. 危害严重

保险已经成为现代社会生产和生活中必不可少的一环，它像一张无形的网围绕在人的周围，给人们提供经济保障。但是，作为集合和分散风险的保险企业，如果经营上稍有不慎，所承担的高密度、大容量的风险不能得到有效的控制，将会造成保险公司的偿付能力不足，不仅使保险企业本身受到损失，还将使大量的被保险人的损失无法得到补偿，影响到被保险人的生产和生活,威胁到整个社会的安定。

(二)保险经营风险的类型

1. 承保风险

(1)财务风险。财务风险指保险公司因偿付能力不足或流动性不足所导致的支付危机。这主要是由于保险企业不遵守国家有关的财经法规、会计准则,忽视了对财务规章制度的健全、稽核和审查,导致会计核算数据虚假,无法真正反映保险企业的经营状态,从而可能造成保险企业经营决策的失误。

(2)逆选择。逆选择指保险标的的损失概率高于保险企业平均损失概率的风险。例如,在人寿保险中,一些身体状况差或职业危险程度高的被保险人积极投保高额的死亡保险和人身意外伤亡险。而一些身体状况好或职业危险积度低的被保险人不愿参加保险或只投保生存保险、养老保险,这种情况就构成了人寿保险的逆选择。逆选择风险的出现会影响保险企业收支相等、公平合理原则的贯彻,无法保证被保险人权利义务的对等和保险企业业务经营的稳定。因为逆选择的存在,有可能使一部分人得到的保险金的数学期望值大于他们缴付的保险费,这一部分人就要其他投保人为其作出贡献,从而损害大部分被保险人的正当利益。

(3)道德风险。道德风险是一种与人的道德品质有关的无形的风险,它主要是由于被保险人、投保人或者受益人为了谋取保险金故意制造保险事故而导致的风险。道德风险是保险企业在承保时必须严格防范和控制的风险。通常保险企业通过控制保险金额和限制赔偿程度,使被保险人不能从保险中额外获利,从而达到避免或减少道德风险。

(4)竞争风险。由于保险市场主体的增加而导致保险公司原有客户的流失和各保险公司在竞争中所采取的正当和不正当手段而导致的风险。恶性的竞争可能影响到保险企业的财务稳定性和偿付能力。

(5)利率风险。利率是国家调整宏观经济的杠杆,国家为了实现宏观调控的目的,频繁运用利率杠杆调节资金的供求,由于寿险业务的长期性、返还性,预定利率以当期银行利率为基础,并且长期不变,而银行利率是经常变动的。当银行利率提高时,虽然可以刺激寿险需求,但是增加了寿险公司的投资风险。而当银行利率下降时,不仅影响到投保人的投保行为和保单持有人的保单维持行为,而且会影响到寿险公司的资产、负债和利润。我国从1996年起连续7次下调银行利率,使寿险公司积累了大量的利差风险,在保险资金受到严格限制的情况下,造成保险公司的大量政策性亏损,严重影响了寿险企业的偿付能力。一旦给付的高峰期到来,寿险企业将面临严峻的考验。

(6)汇率风险。汇率政策是国家为了保障本国经济发展、稳定货币,改善国际收支而采取的政策。随着世界经济的一体化,国家的汇率政策也会对保险业产生影响。特别是经营涉外业务的保险公司在接受国际运输保险、国际分保等业务时,保险费都是按照外币收取,因此存在着汇率风险。

2. 投资风险

保险企业作为金融业的重要组成部分,聚集了巨额的保险资金,这些资金是保险企业对保户的负债,如何管好用好保险资金,关系到保险企业的生死存亡。在英、美、日等保险业发达的国家,保险资金在政府限制的比例内可以投资于股票、抵押贷款、不动产等领域,这些领域具有高风险和高收益并存的特征,一旦投资管理不善,将出现变现力风险、坏账风险、倒闭风险等投资风险。目前我国保险投资中存在不少问题:一是资金运用渠道狭窄,限制过严;二是投资结构不合理,投资专业人员缺乏,投资收益普遍较低。

六、保险经营效益

(一)保险经营效益概述

1. 保险经营效益的概念

保险经营效益,是指以尽可能少的保险经营成本,为社会提供尽可能多的符合社会需要的保险保障服务,取得最大的有效成果。具体而言,保险经营效益的主要内容有:一是以尽可能少的承保成本,获得尽可能多的承保利润;二是以尽可能少的投资成本,获得尽可能大的投资收益。这两项内容,前者是保险经营的基础和前提,后者是保险经营的两大主要内容之一。

2. 提高效益的途径

根据保险经营的含义和主要内容,提高保险经营效益的基本途径主要有以下几个方面的内容:

(1)增加保费收入,提高承保质量。提高保险经营效益是以一定的保费收入为前提的。在一定条件下,保险公司取得利润的数量取决于保费收入的增长量。在保险业务经营中,充分挖掘市场潜力,发挥每一个业务人员的积极性,是保持一定的保险业务量增长速度的重要手段。

(2)有效地进行保险投资。现代保险市场环境下,保险投资已成为保险经营不可分割的组成部分,特别是保险承保业务的赔付率逐年提高已成为现代保险业的一个趋势,如何有效地进行投资就显得越来越重要。保险投资不仅是保险公司弥补承保业务利润减少甚至亏损并获取综合利润的重要途径,也是提高公司竞争能力,增强偿付能力最重要的手段。

(3)提高保险公司经营管理水平。在一定的保费收入数量的条件下,保险经营效益的高低则取决于保险公司经营管理水平的高低。保费收入不变,如果提高了保险经营管理水平,就能增加保险公司经营效益。保险经营管理水平的高低直接影响了保险成本支出,既影响保险公司的赔付率,也影响保险公司费用率。

(4)提高保险公司的人员素质。保险公司经营效益,从根本上说是保险公司的职工占用一定的资金创造出来的。因此,提高公司人员素质是提高公司经营效益的重要途径。保险涉及多种学科,需要社会各方面的知识。因此,必须提高保险公司业务人员的整体素质。保险公司人员素质主要包括:公司经理人员的素质,他们对保险公司发展起关键作用;职能部门管理人员的素质,他们对提高保险经营管理水平起决定作用;技术人员素质,他们对保险公司产品开发、产品质量起着重要作用;保险公司广大职工素质,他们对保险公司劳动生产率的提高起着重要作用。

(二)经营效益技术指标

1. 保费收入指标

保费收入既是衡量保险业务发展规模的客观尺度,也是提高保险公司经营效益的基础和出发点。衡量保险公司经营效益的保费收入指标有:

(1)保费收入增长率。保费收入增长率指保险公司在报告期保费收入增长额与基期保费收入的比率,是衡量保险公司保费收入变动情况的相对量指数,也反映了保险公司的业务发展水平,反映了保费收入在年度间的变化趋势。计算公式为:

$$保费收入增长率 = \frac{报告期保费收入 - 基期保费收入}{基期保费收入} \times 100\%$$

(2)人均保费收入。人均保费收入反映保险公司的经营管理水平和劳动生产率水平的高低。其计算公式为：

$$人均保费收入=\frac{某年度保费收入}{年度平均职工人数}$$

2. 赔付率指标

赔付率是一定时期的赔款支出与保费收入的比率，一般用百分数表示。赔付率是一个重要的经济技术指标，也是评价保险业务的经营状况、衡量保险公司经营效益的重要指标。计算公式为：

$$赔付率=\frac{赔款支出}{保费收入}\times100\%$$

3. 保险公司成本指标

保险公司的成本是保险公司在一定时期内经营保险业务中所发生的各项支出。保险成本指标既是制定标准价格的依据，也是衡量保险公司经营效益的一个重要指标。计算公式为：

$$成本率=\frac{总成本}{营业收入}\times100\%$$

4. 资金运用效率指标

现代保险业的重要特征就是承保业务与投资业务并重。保险投资不仅可以弥补承保业务的亏损，而且还可以增加保险公司的利润，扩大保险积累，增强保险公司的偿付能力。保险公司资金运用的指标主要有资金运用率和投资收益率等。

(1)资金运用率。资金运用率是保险公司在一定时期内投资总额占公司全部可运用资金总额的比率，反映了保险公司在金融市场上的融资能力以及在国民经济中的地位和作用。计算公式为：

$$资金运用率=\frac{投资总额}{资产总额}\times100\%$$

(2)投资收益率。投资收益率指保险公司在一个计划期内投资所获得的收益占投资总额的比率。它是反映保险公司投资管理水平和投资效益的重要经济指标，计算公式为：

$$投资收益率=\frac{投资收益}{投资总额}\times100\%$$

5. 利润指标

利润是指在一定时期内，通过保险公司的业务经营活动，以其全部财务收入抵补全部财务支出后的结余。利润是公司生存和发展的原动力。利润指标是考核保险公司经营效益的综合指标，能综合地反映公司经营各方面的情况，包括利润率和全员人均利润等。

(1)利润率。利润率指保险公司在某一年度利润总额与该年度营业收入总额之间的比率，反映保险公司经营管理水平。其计算公式为：

$$利润率=\frac{利润总额}{保费收入总额+其他收入总额}\times100\%$$

(2)人均利润。人均利润指在某一年度内保险公司平均每个职工所创造的利润，是衡量保险公司平均每个职工创造多少经营效益的综合性指标。计算公式为：

$$人均利润率=\frac{某年度利润总额}{年度平均职工人数}\times100\%$$

本章小结

1. 保险经营的是风险,因此,保险经营有其自身独特的经营特征、目标与理念。保险经营的原则有风险大量原则、风险选择原则和风险分散原则等。

2. 保险公司的经营活动通常包括险种开发、营销、投保、承保、防灾防损、理赔及保险投资等环节。

3. 保险营销是现代市场营销理论和技术在保险经营中的应用。保险公司关于保险产品开发、研究、定价、促销、推销及服务等的计划和实施过程,即保险公司以保险为商品,以市场为中心,以利润为目标而进行的发掘、创造及满足各阶层保户对保险商品需求的一系列商业活动。其中包括保险营销的管理、目标市场的选择和保险营销策略的制定等内容。

4. 保险基金的本质属性决定了保险基金的专用性、契约性、互助性、科学性等特征。

5. 保险投资是指保险公司在经营过程中,将积聚的各种保险资金加以运用,使其保值增值的活动,是现代保险业得以生存和发展的重要支柱。一国的保险投资状况同该国保险业的偿付能力与保险经营的稳定性呈现高度的相关性。

6. 保险精算是依据经济学的基本原理和知识,利用现代数学方法,对各种保险经济活动未来的财务风险进行分析、估价和管理的一门综合性的应用科学。如研究保险事故的出险规律、保险事故损失额的分布规律、保险人承担风险的平均损失及其分布规律、保险费率和责任准备金、保险公司偿付能力等保险具体问题。

7. 再保险是在保险同业之间通过签订再保险合同相互转移风险与分担责任的业务经营活动,它是现代保险经营的一种非常重要的稳定机制,具有非常重要的作用。

8. 保险公司经营效益是指以尽可能少的保险经营成本,为社会提供尽可能多的符合社会需要的保险保障服务,取得最大的有效成果。具体而言,保险经营效益就是经营成本与收益之间的比例关系。如果保险收益大于保险经营成本就有保险经营效益,反之,则无经营效益。

关键术语

展业 承保 核保 续保 保险理赔 保险投资 赔付率 综合费用率 资金运用率 投资收益率 趸缴保费 年均衡保费 责任准备金 再保险 风险单位 自留额 分保额

思考练习题

1. 说明为什么在保险经营中要遵循风险分散原则。
2. 试分析保险经营的特征。
3. 什么是保险市场细分？如何选择目标市场？
4. 比较社会防灾与保险防灾的区别。
5. 简述保险营销的特点。
6. 简述再保险的特点。
7. 比较比例再保险与非比例再保险。
8. 根据保险经营的特点,保险公司提高其经营效益的基本途径有哪些？

第十章 保险市场

> **本章要点**
>
> 1. 保险市场的概念、特点和种类
> 2. 保险公司的组织形式
> 3. 保险公司设立的条件和设立的程序
> 4. 保险市场的供求机制

第一节 保险市场概述

一、保险市场的概念

一般意义的市场通常有两个含义：一种是狭义上的市场，是指商品交换的场所；另一种是广义上的市场，它是商品生产者之间全部交换关系的总和。

参照市场的含义，保险市场是指保险商品交换关系的总和或是保险商品供给与需求关系的总和。它既可以指固定的交易场所如保险交易所，也可以是所有实现保险商品让渡的交换关系的总和。较早的保险市场出现在美国的保险中心——伦巴第街；参与保险市场交易活动的两大主体为供给方与需求方，随着经济全球化趋势的加强和保险业的发展，保险中介人也应运而生，从而使保险交换关系更加复杂化。随着科学的发展，信息革命在全世界范围内产生广泛影响，保险市场也被注入新的活力。因此，应更全面地了解和分析保险市场。

二、保险市场的构成要素

无论是财产保险市场，还是人身保险市场，也无论保险市场的模式属于何种类型，其构成必须具备如下要素：交易主体、交易客体和交易价格。起初的保险市场只要具备这三个要素，保险交易活动就可以完成。以后随着保险业的不断发展，保险市场内部分工的形成，除保险供给方与需求方必须参加外，为了促成保险交易，还应有保险中介方的介入。

（一）保险市场的主体

保险市场的主体是指保险市场交易活动的参与者，也包括保险商品的供给方和需求方以及充当供需双方媒介的中介方。保险市场就是由这些参与者缔结的各种交换关系的总和。

1. **保险商品供给方**

保险商品的供给方是指在保险市场上，提供各类保险商品、承担、分散和转移他人风险的各类保险人。根据保险人所有制形式的不同，可以将其分为国有保险人、私营保险人、分作保险人，综合起来主要有保险股份有限公司、相互保险与合作保险组织、个人保险组织、政府保组织等形式。根据我国《保险法》的规定,保险业务由依照该法设立的保险公司以及法律、行政法规规定的其他保险组织经营,其他单位和个人不得经营保险业务。因此,在我国提供各类保险商品的是各类保险公司,他们构成了保险供给方,如中国人寿保险有限公司、中国太平洋保险公司、中国平安保险公司等。

2. 保险商品的需求方

保险商品的需求方是指保险市场上所有的现实的和潜在的保险商品的购买者,即各类投保人。投保人根据自身的具体情况,如可能面临的危险、收入水平、社会地位等因素选择适合自己的险种。根据保险消费者不同需求特征,可以把保险市场的需求方划分为个人投保人、团体投保人等;根据保险需求的层次还可以把保险市场需求方划分为当前的投保人与未来投保人等。

3. 保险市场的中介方

保险市场的中介方又称保险市场辅助人,既包括活动于保险人与投保人之间,充当保险供需双方的媒介,把保险人和投保人联系起来并建立保险合同关系的人,也包括独立于保险人与投保人之外,以第三者身份处理保险合同当事人委托办理的有关保险业务的公估、鉴定、理算、精算等事项的人。保险市场的中介方具体包括保险代理人或保险代理机构、保险经纪人或保险经纪机构、保险公估人或保险公估机构、保险律师、保险理算师、保险精算师等。

(二)保险市场的交易客体

保险市场客体是指保险市场上供求双方具体交易的对象,这个交易对象就是保险经济保障。所以保险市场的客体是保险经济保障。

保险经济保障是保险市场的客体,作为一种特殊形式的商品,其特殊性在于:

(1)这种商品是一种无形商品。因为它看不见、摸不着、嗅不到、听不见,也无法品尝。消费者不可能用身体器官确切地感受保险商品,即使保险合同是有形的,是物质的,但那也只不过是一种形式,而保险商品本身仍是无形的。保险商品仅仅是对保险消费者的"一纸承诺",而且这种承诺的履行只能在约定的事件发生或约定的期限届满时,不像一般商品或服务可以立即实质性地感受其价值和使用价值(即保险单的收益与效果),消费者只能依靠主观感觉,以抽象的方式如体验、信任、感觉、安全等去描述,因而也难以作出具体、精确的评价。

(2)它是一种"非渴求"商品。所谓非渴求商品,是指消费者一般不会想到要去主动购买的商品。通常,很少有人主动买保险,除非法律上有强制性的规定,因为人们总是在风险事故发生前存在侥幸心理,而在风险事故发生之后才知道保险必要性。

(3)它是一种异质性商品。保险商品不可能像一般商品那样是标准化的,具有"同质性"。这是因为服务是一个复杂的动态过程,具有"异质性"即"易变性",发生的时间、地点、方式等特定条件不同,差异性就会很大。不同的公司、不同的营销人员,即使提供同一种保险产品,消费者的感受也会不同,甚至是同一个营销人员提供服务,也不一定一成不变,会因时间、地点、准保户等具体情况不同表现出相当大的差异。

(4)它是一种复杂的商品。从一般形式上看,保险商品表现为一些法律文件,即保险人承诺在特定情况发生时提供保险保障的法律文件。尽管大多数保险公司都试图简化保险合同条款的措辞,但法律上的要求仍然使这些措辞难以理解。

(5)它是一种隐形消费的商品。保险商品消费不可能像其他有形物质商品那样可以借助直观感觉,其消费过程往往难以体察。

(三)保险市场的交易价格

保险市场的交易价格是指保险费,是每一保险额单位应缴纳保险费的比率。一般来说,投保人所缴纳的保险费数额为保险金额和保险费率的乘积,即:保险金额×保险费率=保险费。它是个非常敏感的因素,深刻影响着供求双方,并会起到很好的调节市场的功能,是保险市场的晴雨表。

三、保险市场的特征

保险市场的特征是由保险市场交易对象的特殊性决定的。保险市场的交易对象是一种特殊形态的商品——保险经济保障,因此,保险市场表现出其独有的特性。

(一)保险市场是直接经营风险市场

任何市场都有风险。但是,一般的市场交易,交易的对象是商品和劳务,并不是风险本身。而保险的经营对象恰是风险,它是通过对风险的聚集和分散来开展经营活动。这就需要保险人具有专业知识,能够满足各种各样的人对规避风险的需求。正是由于保险市场交易对象的特殊性,才导致了保险市场具有专业性强、经营面广的特点。风险的客观存在和发展是保险市场形成和发展的基础和前提。没有风险,投保人或者被保险人就没有通过保险市场购买保险保障的必要,"无风险,无保险",可以说,保险市场是一个直接的风险市场。

(二)保险市场是无形市场

随着科学技术的进步,人们之间交易的手段和方式也不断更新、变化,从原有的直接方式发展为利用电话、电讯、电传等进行交易的方式。这种没有固定场所和时间,通过现代化技术手段进行的交易行为,即为无形市场。现代经济市场,特别是金融市场绝大多数为无形市场。

(三)保险市场是非即时清结市场

在小商品经济和资本主义商品经济初期,市场的交易活动无论是物物交换,还是货币的交换,都是当场成交,即时完成,属即期交易。保险交易活动,风险的不确定性和保险的射幸性使得交易双方都不可能确切知道交易结果,因此,不能立刻结清。相反,必须通过订立保险合同来确立双方当事人的保险关系,并且依据保险合同履行各自的权利与义务,因此,保险单的签发,看似是保险交易的完成,实则是保险保障的开始,最终的交易结果还要看双方约定的保险事故是否发生。所以,保险市场是预期市场。

(四)保险市场是特殊的"期货"交易市场

由于保险的射幸性,保险市场所成的任何一笔交易,都是保险人对未来风险事件所致经济损失进行补偿的承诺。而保险人是否履约即对某一特定的对象进行经济补偿,取决于保险合同约定时间内是否发生约定的风险事件以及这种风险事件造成的损失是否达到了保险合同约定的补偿条件。只有在保险合同所约定的未来时间内发生保险事件,保险人才可能对被保险人进行经济补偿。这实际上交易的是一种"灾难期货",因此,保险市场是一种"期货"市场。

四、保险市场的类型

(一)按照保险业务性质不同可分为人身保险市场和财产保险市场

1. 人身保险市场

人身保险是以人的身体或生命为保险标的一种保险。因此,人身保险市场是专门为社会公民提供各种人身保险商品的市场。

2. 财产保险市场

财产保险是指以财产及其相关利益为保险标的,因保险事故发生导致财产利益损失,保险人以保险赔款进行补偿的一种保险。因此,财产保险市场是从事各种财产保险商品交易的市场。

(二)按保险业务承保的程序不同可分为原保险市场和再保险市场

1. 原保险市场

原保险市场亦称直接业务市场,是保险人与投保人之间通过订立保险合同而直接建立保险关系的市场。在原保险关系中,保险需求者将其风险转嫁给保险人,当保险标的遭受保险责任范围内的损失时,保险人直接对被保险人负损失赔偿责任。

2. 再保险市场

再保险市场亦称分保市场,是原保险人将已经承保的直接业务通过再保险合同转分给再保险人的方式形成保险关系的市场。再保险是保险的一种派生形式。原保险是再保险的基础和前提,再保险是原保险的后盾和支柱。

(三)按保险市场的竞争程度不同可分为自由竞争型保险市场、垄断型保险市场、垄断竞争型保险市场

1. 自由竞争型保险市场

自由竞争型保险市场是保险市场上存在数量众多的保险人、保险商品交易完全自由、价值规律和市场供求规律充分发挥作用的保险市场。

2. 垄断型保险市场

垄断型保险市场是由一家或几家保险人独占市场份额的保险市场,包括完全垄断和寡头垄断型保险市场。

3. 垄断竞争型保险市场

垄断竞争型保险市场是大小保险公司在自由竞争中并存,少数大公司在保险市场中分别具有某种业务的局部垄断地位的保险市场。

(四)按保险业务活动的空间不同可分为国内保险市场和国际保险市场

1. 国内保险市场

国内保险市场是专门为本国境内提供各种保险商品的市场,按经营区域范围又可分为全国性保险市场和区域性保险市场。

2. 国际保险市场

国际保险市场是国内保险人经营国外保险业务的保险市场。

五、保险市场的模式与机制

(一)保险市场的模式

在当今世界保险市场上,主要存在完全竞争、完全垄断、垄断竞争、寡头垄断等保险市场模式。

1. 完全竞争模式

完全竞争型保险市场,是指一个保险市场上有数量众多的保险公司,任何公司都可以自由进出市场。在自由竞争模式下,保险市场处于不受任何障碍和干扰的状态中,同时由于大量保险人的存在,且每个保险人在保险市场上所占份额都很小,因而任何一个保险人都不能单独左

右市场价格,而由保险市场自发调节保险商品价格。在这种市场模式中,保险资本可以自由流动,价值规律和供求规律充分发挥作用。

一般认为完全竞争是一种理想的市场模式,它能最充分、最适度、最有效地利用生产资源。因此,保险业发展较早的西方国家多为该种类型。但是,自由竞争发展的结果,必然导致垄断。自垄断资本主义以后,完全竞争已无现实意义。现实中存在的完全竞争,往往是一种不完全的竞争。

2. 完全垄断模式

完全垄断型保险市场,是指保险市场完全由一家保险公司操纵,这家保险公司的性质既可是国营的,也可是私营的。在完全垄断的保险市场上,价值规律、供求规律和竞争规律受到极大的限制,市场上没有竞争,没有替代品,没有可选择的保险人。因此,这家保险公司可凭借其垄断地位获得超额利润。

完全垄断模式还有两种变通形式,一种是专业型完全垄断模式,即在一个保险市场上同时存在两家或两家以上的保险公司,各垄断某类保险业务,相互间业务不交叉,从而保持完全垄断模式的基本性质。另一种是地区型完全垄断模式,指在一国保险市场上同时存在两家或两家以上的保险公司,各垄断某一地区的保险业务,相互间没有业务也没有交叉。

3. 垄断竞争模式

在垄断竞争模式下的保险市场,大小保险公司并存,少数大保险公司在市场上取得垄断地位。竞争的特点表现为:同业竞争在大垄断公司之间、垄断公司与非垄断公司之间、非垄断公司彼此之间激烈展开。

4. 寡头垄断模式

寡头垄断型保险市场,是指在一个保险市场上,只存在少数相互竞争的保险公司。在这种模式的市场中,保险业经营依然以市场为基础,但保险市场具有较高的垄断程度,保险市场上的竞争是国内保险垄断企业之间的竞争,形成相对封闭的国内市场。存在寡头垄断模式市场的国家既有发展中国家,也有发达国家。

(二)保险市场机制

现代意义上的市场,是以市场机制为主体进行经济活动的系统和体系。所谓市场机制是指价值规律、供求规律和竞争规律三者之间相互制约、相互作用的关系。其具体内容包括价值规律、供求规律和竞争规律及其相互关系。

保险市场机制是指将市场机制应用于保险经济活动中所形成的价值规律、供求规律及竞争规律之间相互制约、相互作用的关系。由于保险市场具有不同于一般市场的独有特征,市场机制在保险市场上表现出其特殊的作用。

1. 价值规律在保险市场上的作用

保险商品是一种特殊商品,这种商品的价值一方面体现为保险人提供的保险保障所对应的等价劳动的价值,另一方面体现为保险从业人员社会必要劳动时间的凝结。保险费率即保险商品的价格,投保人据此所缴纳的保险费是为换取保险人的保险保障而付出的代价,从总体上表现为等价交换。但是,由于保险费率的主要构成部门是依据过去的、历史的经验测算自发调节只能限于凝结在费率中附加费率部分的社会必要劳动时间。因此,对于保险商品的价值形式方面具有一定的局限性,只能通过要求保险企业改进经营技术,提高服务效率,来降低附加费率成本。

2. 供求规律在保险市场上的作用

供求规律通过对供需双方力量的调节达到市场均衡,从而决定市场的均衡价格,即供求状况决定商品的价格。就一般商品市场而言,其价格形成直接取决于市场的供求状况。但在保险市场上,保险商品的价格即保险费率不是完全由市场供求状况决定的,即保险费率并不完全取决于保险市场供求的力量对比。而保险市场上保险费率的形成,一方面取决于风险发生的频率,另一方面取决于保险商品的供求情况。如人寿保险的市场费率,是保险人根据预定死亡率、预定利率与预定营业费用率三要素事先确定的,而不能完全依据市场供求的情况由市场确定。尽管保险费率的确定需要考虑保险市场供求状况,但是,保险市场供求状况本身并不是确定保险费率的主要因素。

3. 竞争规律在保险市场上的作用

价格竞争是商品市场的重要特征。一般的商品市场竞争,就其手段而言,价格是最有利的竞争手段,然而在保险市场上,由于交易的对象与风险直接相关联,使得保险商品的费率的形成并不完全取决于供求力量的对比,风险发生的频率即保额损失率等是决定费率的主要因素,供求仅仅是费率形成的一个次要因素,因此,一般商品市场价格竞争机制在保险市场上必然受到某种程度的限制。

第二节 保险公司的设立

一、设立保险公司应当具备的条件

保险业是一种特殊行业,保险公司的偿付能力直接关系到社会经济的运行和社会生活的稳定。因此,设立保险公司除了要符合公司法对公司设立的一般要求外,还必须符合保险法对保险公司设立所规定的条件。

(一)拥有符合保险法和公司法规定的公司章程

公司章程是确定公司内部管理体制和股东或出资人基本权利义务的法律文件,是关于公司组织及行为的基本规则,公司的一切基本和重大问题均应在公司章程中加以规定。根据《保险法》和《公司法》规定,国有独资保险公司的章程由国家授权投资的机构或者国家授权的部门制定,或者由董事会制定,报国家授权投资的机构或者国家授权的部门批准。其章程应当载明下列事项:①公司名称和住所;②公司经营范围;③公司注册资本;④出资人名称;⑤出资人出资的方式和出资额;⑥出资人转让出资的条件;⑦公司的组织机构及其产生办法、职权、议事规则;⑧公司的法定代表人;⑨公司的解散事由和清算办法;⑩出资人认为需要规定的其他事项。

保险股份有限公司的章程由发起人制订,并经创立大会通过。其章程应当载明下列事项:①公司名称和住所;②公司经营范围;③公司设立方式;④公司股份总数、每股金额和注册资本;⑤发起人的姓名或者名称、认购的股份数;⑥股东的权利和义务;⑦董事会的组成、职权、任期和议事规则;⑧公司的法定代表人;⑨监事会的组成、职权、任期和议事规则;⑩公司利润分配办法;⑪公司的解散事由和清算办法;⑫公司的通知和公告办法;⑬股东大会认为需要规定的其他事项。

需特别强调的是,保险公司章程的制定程序与章程内容必须符合《保险法》和《公司法》的规定,不得与《保险法》和《公司法》相抵触。如关于保险公司的注册资本,《保险法》规定最低限额为人民币2亿元,且必须为实缴货币资本;又如关于出资人转让出资的条件,《公司法》规定国有独资保险公司转让资产,必须由国家授权投资的机构或者国家授权的部门办理审批和财产权转移手续;其他如关于保险公司的组织机构、保险公司的解散事由和清算办法等,《保险法》和《公司法》都有明确规定,保险公司的章程应当符合这些规定。

(二)拥有符合保险法规定的注册资本最低限额

公司的注册资本是公司对债权人承担民事法律责任的上限,它标志着公司独立行使民事权利和承担民事责任的经济能力。根据《公司法》的有关规定,按照有限责任公司或股份有限公司方式设立的公司都必须具有符合要求的注册资本。《保险法》规定设立保险公司,其注册资本的最低限额为人民币2亿元。保险公司的注册资本最低限额必须为实缴货币资本。

由于保险公司的业务范围和经营规模不同,对于业务范围较宽、经营规模较大的保险公司,其注册资本最低额也相应提高。中国保监会进一步规定:申请设立保险公司,"在全国范围内经营保险业务的保险公司,实收货币资本不低于人民币5亿元;在特定区域内经营业务的保险公司,实收货币资本不低于人民币2亿元"。

(三)拥有具备专业知识和业务工作经验的高级管理人员

保险是为了保障经济运行和人民生活的稳定,以保险合同的方式建立保险关系,当约定的危险发生时,根据合理的计算,对特定的灾害事故或人身保险事故,提供资金补偿或给付的一种制度。可见,保险公司的运作有很强的技术性和专业性,如保险费率的确定、新险种的设立、保险资金的运用等,都需要专业知识和业务经验。这就要求保险公司的高级管理人员有较深厚的专业知识和丰富的业务工作经验,以保证保险公司的正常经营和健康运作,保护被保险人的利益。因此,本条规定保险公司在设立时,就应当有具备专业知识和业务工作经验的高级管理人员。《保险公司管理规定》第22条、第23条、第38条、第57条和第76条对保险公司高级管理人员的任职资格进行了明确规定。

(四)拥有健全的组织机构和管理制度

保险公司的组织机构是依法行使保险公司决策、执行和监督权能的机构的总称,健全的组织机构是保险公司得以健康有序运行的组织保证。公司的管理制度,是公司依据公司章程,根据公司业务的性质,对其内部经营活动等进行管理的基本制度。健全的管理制度是公司进行正常经营活动的基础,也是公司提高工作效率,追求经济效益的制度保障。保险公司的基本管理制度,由公司经理拟订,由公司董事会制定或决定。另外,根据开展业务的需要保险公司还应有有关业务部门以及设立稽核审计、监察等监督部门,还应该制定人事、财务、核保、核赔、资金运用等管理制度。

(五)拥有符合要求的营业场所及和业务有关的其他设施

营业场所和必备的设施是保险公司存在和运行的物质基础,也是所有公司都应具备的设立条件。保险公司作为一个相对稳固的企业法人,从事连续性经营是保险公司的经营特点,长期发展和不断盈利是其追求的最大目标。这就要求保险公司在设立之初就应具备适合其经营、发展的营业场所和有利其开展业务的相关设施。

另外,《保险法》还规定:保险监督管理部门审查设立申请时,应当考虑保险业的发展和公平竞争的需要。在批准设立保险公司时,还应对股东资格进行必要的限定。目前,保险监管部门一般要求保险公司的股东在资本金和资产数量上达到一定标准;同时审查股东的经营业绩以及净资产占总资产的比例、长期投资占净资产的比例等基本的财务指标,考察股东的经营状况和增资扩股的潜力。

二、设立保险公司的程序

我国对保险公司实行较为严格的审批制度,根据《保险法》及《保险公司管理规定》,设立保险公司需经过申请、筹建和开业三个阶段。

申请设立保险公司,申请人首先要向保险监督管理部门提出申请,经批准后进行筹建。筹建就绪,经验收合格,由保险监督管理部门颁发经营保险业务许可证和法人机构许可证,并向工商行政管理机关办理企业登记,领取营业执照,然后才能开业。

(一)申请

《保险法》第70条规定:"申请设立保险公司,应当向国务院保险监督管理机构提出书面申请,并提交下列材料:①设立申请书,申请书应当载明拟设立的保险公司的名称、注册资本、业务范围等;②可行性研究报告;③筹建方案;④投资人的营业执照或者其他背景资料,经会计师事务所审计的上一年度财务会计报告;⑤投资人认可的筹备组负责人和拟任董事长、经理名单及本人认可证明;⑥国务院保险监督管理机构规定的其他材料。"设立申请书是保险公司的设立发起人明确向保险监督管理部门表示请求设立保险公司的书面申请。设立申请书必须载明拟设立的保险公司的正式全称、实收货币资本出资的注册资本、业务范围即财产保险或人身保险等内容。此外,申请书中一般还应载明拟设立的保险公司总公司的所在地(城市)、发起人单位或主要发起人单位的名称、筹建负责人的姓名等。可行性研究报告是分析公司所在地的保险市场现状(包括已有保险机构数量、保险品种、业务量、可保资源、对保险的社会需求、公众购买力等)与本公司的经营计划(根据本公司的资金、人才、技术实力、业务特长等拟订)。

(二)筹建

筹建保险公司指保险公司的设立发起人向保险监督管理部门提出设立保险公司的申请经保险监管部门初步审查合格获得批准后进行的一系列工作。

《保险公司管理规定》第8条规定,申请筹建保险公司的,申请人应当提交设立申请书,设立保险公司可行性研究报告,筹建方案,保险公司章程草案,中国保监会规定投资人应当提交的有关材料,筹备组负责人、拟任董事长、总经理名单及本人认可证明,以及中国保监会规定的其他材料。第9条规定,中国保监会应当对筹建保险公司的申请进行审查,自受理申请之日起6个月内作出批准或者不批准筹建的决定,并书面通知申请人。决定不批准的,应当书面说明理由。第11条规定,经中国保监会批准筹建保险公司的,申请人应当自收到批准筹建通知之日起1年内完成筹建工作。筹建期间届满未完成筹建工作的,原批准筹建决定自动失效。

保险公司的筹建工作一般包括:起草保险公司章程;落实股东及其所占股份或出资额;各股东将其出资金额划入筹建机构开设的银行账户,并请法定验资机构(保险监督管理部门认可的会计师事务所、审计事务所)验资、出具验证证明;选配总经理、副总经理等高级管理人员,招聘员工;拟订营业计划(设计险种的条款、费率,制定业务发展规划);购置或租赁办公、营业用房及电脑、交通工具、通讯器材等设施;召开股东会,选举董事会、监事会,选举董事长、副董事长,通过公司章程等。筹建期间筹建机构不得从事任何保险业务经营活动。

(三)开业

筹建工作完成后,筹建机构即可向保险监督管理部门正式申请开业。根据《保险公司管理规定》第12条、第13条、第14条规定,筹建工作完成后,符合下列条件的,申请人可以向中国保监会提出开业申请:

①股东符合法律、行政法规和中国保监会的有关规定;②有符合《保险法》和《公司法》规定

的章程;③注册资本最低限额为人民币2亿元,且必须为实缴货币资本;④有符合中国保监会规定任职资格条件的董事、监事和高级管理人员;⑤有健全的组织机构;⑥建立了完善的业务、财务、合规、风险控制、资产管理、反洗钱等制度;⑦有具体的业务发展计划和按照资产负债匹配等原则制订的中长期资产配置计划;⑧具有合法的营业场所,安全、消防设施符合要求,营业场所、办公设备等与业务发展规划相适应,信息化建设符合中国保监会要求;⑨法律、行政法规和中国保监会规定的其他条件。

申请人提出开业申请,应当提交下列材料一式三份:

①开业申请书;②创立大会决议,没有创立大会决议的,应当提交全体股东同意申请开业的文件或者决议;③公司章程;④股东名称及其所持股份或者出资的比例,资信良好的验资机构出具的验资证明,资本金入账原始凭证复印件;⑤中国保监会规定股东应当提交的有关材料;⑥拟任该公司董事、监事、高级管理人员的简历以及相关证明材料;⑦公司部门设置以及人员基本构成;⑧营业场所所有权或者使用权的证明文件;⑨按照拟设地的规定提交有关消防证明;⑩拟经营保险险种的计划书、3年经营规划、再保险计划、中长期资产配置计划,以及业务、财务、合规、风险控制、资产管理、反洗钱等主要制度;⑪信息化建设情况报告;⑫公司名称预先核准通知;⑬中国保监会规定提交的其他材料。

中国保监会应当审查开业申请,进行开业验收,并自受理开业申请之日起60日内作出批准或者不批准开业的决定。验收合格决定批准开业的,颁发经营保险业务许可证;验收不合格决定不批准开业的,应当书面通知申请人并说明理由。

经批准开业的保险公司,应当持批准文件以及经营保险业务许可证,向工商行政管理部门办理登记注册手续,领取营业执照后方可营业。

三、保险公司的变更

(一)公司类型的变更

保险有限责任公司变更为保险股份有限公司的,应向公司登记机关提交有关符合股份有限公司登记的各种法律文件,包括公司发起人的各种资质证书,满足公司章程规定的注册资本或者《保险法》规定的最低注册资本的验资证明。股份有限公司变更为有限责任公司的,应当有公司股东会的决议,公司变更类型应当说明变更的主要内容,例如股份有限公司变更为有限责任公司的主要原因是公司的注册资本不能达到《公司法》规定的最低注册资本的条件,或者持股1 000股以上的股东不满1 000人的,该股份有限公司就不再符合股份有限公司存续的条件,或者变更为有限责任公司,或者对该公司进行清算,然后解散该公司。

(二)名称变更

保险公司变更名称首先由股东会做出决议,不设股东会的有限责任公司要由董事会做出决议,并附保监会批准变更的文件,然后到公司登记机关登记,公司的名称需要注明有限责任公司或者股份有限公司的字样,不能与其他公司的名称相同或者字同音不同。

(三)增减注册资本

保险公司增减注册资本,首先要由股东会做出决议,不设股东会的有限责任公司应当由董事会做出决议,然后报中国保险监督管理委员会审批。增加注册资本的应当提交已经注入公司的验资证明、资产评估报告;减少注册资本的应当依照公司法的规定在有关报刊上至少发布公告3次,周知社会本公司即将减少注册资本,通知债权人主张自己的债权。如果没有通知债权人或者没有按照公司法的规定公告社会的,减少注册资本没有法律效力,原股东须在登记的注册资本范围内承担民事责任。

(四)场所变更

保险公司变更公司或者分支机构的营业场所,首先由公司股东会做出决议,不设股东会的有限责任公司由董事会做出决议,并且提供有关营业场所的产权证书或者使用该营业场所的法律文件,经保监会审批后,到公司登记机关办理登记。

(五)调整业务范围

保险公司的业务范围由中国保监会审定,然后由公司的章程记载,公司须在章程的范围内进行各种业务活动,如果有必要超出法定的业务范围经营的,首先由公司股东会做出决议,不设股东会的有限责任公司由董事会做出决议,报保监会审批后到公司登记机关办理登记。在得到保监会的批准之前不得进行股东会或者董事会决议通过增加的业务。

(六)公司分立

保险公司的分立意味着增加保险公司,对现有的保险市场会有所影响。所以保险法规定公司分立必须遵守基本的法定程序,首先由公司股东会做出决议,不设股东会的有限责任公司由董事会做出决议,报保监会审批后编制资产负债表和财产清单,公司应当自做出分立决议之日起10日内通知债权人,并于30日内在报纸上至少公告3次。债权人在接到通知书之日起30日内,未接到通知书的自第一次公告之日起90日内,有权要求公司清偿债务或者提供相应的担保。既不清偿债务也不提供相应的担保的,公司不得分立。公司分立前的债务按所达成的协议由分立后的公司承担。公司分立后到公司登记机关办理登记。

(七)公司合并

保险公司合并是指两个或者两个以上的保险公司合并成一个保险公司,被合并公司的债权债务全部由合并后的公司承接。公司合并首先由拟合并的公司股东会做出决议,不设股东会的有限责任公司由董事会做出决议,报保监会审批后到公司登记机关办理登记。

(八)修改公司章程

公司的章程是公司权利能力和行为能力的法定记载文件,也是股东的权利义务关系的法定关系文件。对公司章程的任何一个修改都可能影响部分股东的利益或者对有关公司监管机构的机关发生负面影响,所以公司章程的变更要依照公司法的规定进行,首先由公司股东会做出决议,不设股东会的有限责任公司由董事会做出决议,报保监会审批后,到公司登记机关办理登记。

(九)组织机构变更

变更出资人或者持有公司股份5%以上的股东,因为这些主体对公司的业务和对外形象关系重大,当发生变动时,应当按照公司法的规定履行报批程序,经保监会批准后再到公司登记机关办理登记。

第三节 保险市场的组织

一、保险市场的组织形式

一般经营保险业务的组织,由于财产所有制关系不同,有以下几种组织形式:

(一)国营保险组织

国营保险组织是国家或政府投资设立的保险经营组织。它们可以由政府机构直接经营,也可以通过国家法令规定某个团体来经营。1988年以前的中国人民保险公司就属于这一性质的国营保险组织。目前大部分国家的国营组织同其他组织形式一样，可以自由经营各类保险业务，并可与之展开平等竞争，这是一种商业竞争型的国营保险组织。如中国人民保险公司、中国人寿保险有限公司就属于这一性质的国营保险组织。

(二)私营保险组织

私营保险组织是由私人投资设立的保险经营组织，它多以股份有限公司的形式出现。保险股份有限公司是现代保险企业制度下最典型的一种组织形式。

(三)合营保险组织

合营保险组织指政府和私人共同投资设立的保险经营组织。目前，我国已有多家这样的保险组织。如1990年11月由中华集团对外贸易信托公司与加拿大宏利人寿保险公司合资设立的中宏人寿保险公司就属于这种形式。

(四)合作保险组织

合作保险组织是由社会上具有共同风险的个人或经济单位，为了获得保险保障，共同集资设立的保险组织形式。在西方国家的保险市场上，合作保险组织分为消费者合作保险组织与生产者合作保险组织。前者是由保险消费者组织起来并为其组织成员提供保险的组织，它既可以采取公司形式如相互保险公司，也可采取非公司形式如相互保险社与保险合作社。后者多半是由医疗机构或人员为大众提供医疗与健康服务组织起来的。

(五)个人保险组织

个人保险组织是以个人名义承保保险业务的一种组织形式。迄今为止，这种组织形式只有英国的"劳合社"，它是世界上最大也是唯一一家个人保险组织。"劳合社"本身并不是承保风险的保险公司，它仅是个人保险组织的集合体，是一个社团组织，其成员全部是个人，且各自独立，自负盈亏，进行单独承保，并以个人的全部财力对其承保的风险承担无限责任。

(六)行业自保组织

行业自保组织是指某一行业或企业为本系统或企业自身提供保险保障的组织形式。欧美国家的许多大型企业集团，都有自己的自保保险公司，我国新疆兵团保险公司就属于这一性质的保险组织。行业自保公司是在第一次和第二次世界大战期间首先在英国兴起的。到20世纪50年代美国开始出现了这种专业性自保公司。目前，在美国最大的500家公司中，将近有200多家拥有自己的自保公司。

二、几种典型的保险市场组织形式

由于社会经济制度、经济管理体制和历史传统等方面的差异，保险人以何种组织形式进行经营，各个国家都有特别限定。

(一)保险股份有限公司

保险股份有限公司简称股份公司，是现代企业制度最典型的组织形式，它是由一定数目以上的股东发起组织，全部注册资本被划分为等额股份，通常以发行股票(或股权证)筹集资本，股东以其所认购股份承担有限责任，公司以其全部资产对公司债务承担全部责任。

1. 保险股份有限公司的特点

股份公司因其严密而健全的组织形式早已被各国保险业广泛推崇，因而，建立我国的现代保险企业制度，稳妥而健康地发展保险股份有限公司，将是十分有意义的。首先，股份有限公司是典型的合资公司,公司的所有权与经营权相分离,有利于提高经营管理效率,增加保险利润,进而扩展保险业务,使风险更加分散,经营更加安全,对被保险人的保障更强。其次。股份有限公司通常以发行股票(或股权证)筹集资本,因而,比较容易筹集大额资本,使经营资本充足,财力雄厚,有利于业务扩展。最后,保险股份有限公司采取确定保险费制,使投保人保费负担确定,比较符合现代保险的特征和投保人的需要,为业务扩展提供了便利条件。

2. 保险股份有限公司的组织机构

所谓组织机构就是保险公司为了达到有效经营管理目的,确定各个部门其组成人员的职责以及不同职责间的相互关系,从而使全体参加者既要有明确的分工,又要通力合作的一种形式。保险股份有限公司的组织机构为:股东大会、董事会、监事会和经理。

(1)股东大会。股东大会由保险股份有限公司的股东组成,它是保险股份有限公司的最高权力机构,股东大会会议由股东选举的董事会负责召集,董事长主持,一般每年召开一次,某些特殊情况下可以召开临时股东大会。股东大会行使的职权一般是有关公司的重大决策,如对公司合并、分立、解散和清算等事项进行投票表决,一般采取"一股一票"表决权。

(2)董事会。董事会是由股东选举的,一般由5~19名成员组成,设董事长1人,副董事长1~2人。董事会是公司组织的主要统治集团,它接受委托执掌决策大权,并对重大过失、欺诈、使用公司资产为个人目的而损害公司利益的行为向股东负责,但对正常业务判断错误不负直接责任。董事会主要是负责宣布派息方针,决定收益留存的比例和股息的支付方式,并决定扩大和缩减生产和经营规模,任命高级管理人员。董事长为保险股份有限公司的法定代表人,他负责主持股东大会和召集、主持董事会会议,检查董事会决议的实施情况,签署公司股票、公司债券。董事会每年度至少召开两次会议,也可召开临时会议。

(3)监事会。监事会由股东代表和适合比例的公司职工代表组成,成员一般不得少于3人。监事会行使的主要职权有:检查公司财务,监督董事执行公司职务时不得违反法律、行政法规或公司章程的行为;要求董事、经理纠正损害公司利益的行为;提议召开临时股东大会。监事的任期每届三年,任期届满,可连选连任。监事会应当依照国家法律、行政法规、公司章程,忠实履行监事职责。监事可列席董事会会议。

(4)经理。经理由董事会聘任或解聘,负责执行公司的经营方针,并向董事会负责。经理是公司的代理人,有权以公司名义签约,但应遵守公司的章程,忠实履行职务,维护公司利益,不得利用在公司地位和职权为自己谋私利。

(二)国有独资保险公司

国有独资公司是由国家授权投资的机构或国家授权的部门单独出资设立的有限责任公司。对于一些特殊行业,特别是那些关乎国计民生的行业,宜采用国有独资公司进行经营管理。保险行业涉及千家万户、各行各业,被誉为社会经济的"稳定器",在这一领域设立少量的国有独资保险公司,是十分必要的。目前,在我国保险市场上,原中国人民保险公司就属于国有独资保险公司。

1. 国有独资保险公司的特点

首先,国有独资保险公司是一种特殊的有限责任公司。一般有限责任公司的投资主体是多元的,即股东必须有两个以上50个以下,而国有独资保险公司的投资主体单一,仅有国家授权投资的机构或国家授权的部门,股东只有一个,因而它是一种特殊的有限责任公司。其次,国有独资保险公司是一种特殊的国有保险企业。国有独资保险公司适用的是《公司法》,实行的是公司制度,与国家或政府间以平等的民事主体关系联结,而非行政隶属的上下级关系。最后,国有独资保险公司是一种特殊的独资企业。一般个人独资是不能设立有限责任公司的,而国有独资保险公司由于其投资主体是国家,因而可以成立有限责任公司。

2. 国有独资保险公司的组织机构

国有独资保险公司因无其他投资主体,因而不设股东大会,其组织机构由董事会、监事会和经理组成。

(1)国有独资保险公司的最高权归于国家授权投资的部门。这就是说,凡是股份公司股东大会的权利,在国有独资公司都归于国家授权投资的部门,因此,有关公司的合并、分立、解散、增减资本和发行公司债券,必须由国家授权投资的机构或国家授权的部门决定。

(2)董事会。国有独资保险公司的董事会成员为3～9人,由国家授权投资的机构或国家授权的部门委派或更换,成员中应包括由公司职工民主选举产生的职工代表。董事会设董事长1人,他是国有独资保险公司的法定代表人。除机构或国家授权的部门授予的股东大会的部门职权以外,同时还要执掌公司决策大权,如决定公司的经营计划,制订公司的年度财务预决算方案、利润分配和弥补亏损方案、增减注册资本的方案,拟订公司合并、分立、解散以及变更公司形式的方案等。

(3)监事会。根据《保险法》的规定,国有独资保险公司的监事会由金融监督管理部门、有关专家和保险公司工作人员的代表组成,监事会行使的职权是:监督国有独资保险公司各项准备金的提取、最低偿付能力、国有资产的保值增值以及高级管理人员违反法律、行政法规或公司章程的行为。

(4)经理。国有独资保险公司的经理由董事会聘任或者解聘。经国家授权投资的机构或国家授权的部门同意,董事会成员可以兼任经理。经理负责执行公司的具体方针,如组织实施公司年度经营计划和投资方案,拟订公司内部管理机构设置方案、基本管理制度,制定公司具体规章等。

(三)相互保险公司

相互保险公司是由所有参加保险的人自己设立的保险法人组织,是保险业特有的公司组织形式。与股份保险公司相比较,相互保险公司具有以下特点:

1. 相互保险公司的投保人具有双重身份

相互保险公司没有股东,保单持有人的地位与股份公司的股东地位相类似,公司为他们所拥有。因此,保单持有人具有双重身份,既是公司所有人,又是公司的顾客;既是投保人或被保险人,同时又是保险人。他们只要缴纳保险费,就可以成为公司成员,而一旦解除保险关系,也就自然脱离公司,成员资格随之消失。

2. 相互保险公司是一种非营利型公司

相互保险公司没有资本金,以各成员缴纳的保险费形成公司的责任准备金,来承担全部保险责任,也以缴纳的保险费为依据,参与公司盈余分配和承担公司发生亏空时的弥补额。因为没有所谓的盈利问题的存在,所以,相互保险公司不是一种以营利为目的的保险组织。

3. 相互保险公司的组织机构类似于股份公司

相互保险公司的最高权力机关是全员大会或会员代表大会,即由保单持有人组成的代表大会,由他们选举董事会,由董事会任命公司的高级管理人员,但随着公司规模的扩大,董事会和高级管理人员实际上已经控制了公司的全部事务,会员很难真正参与管理,而且现在已经演变成委托具有法人资格的代理人营运管理,负责处理一切保险业务。相互保险公司比较适宜人寿保险公司,在美国人寿保险业中,约有 7% 的人寿保险公司采用相互保险公司的组织形式。如美国最大的人寿保险公司谨慎人寿保险公司、大都会人寿保险公司都是相互保险公司。但是,需要指出的是,相互保险公司最初的相互性正在渐渐消失,与股份保险公司已无明显差异,而且事实上,不少相互保险公司最初也是以股份公司形式设立,后来通过退股相互公司化。因而,相互保险公司在内部组织机构设置、保险业务拓展、保险费率拟定、保险基金运用等方面,都遵循了保险的一般原则。

(四)相互保险社

相互保险社是同一行业的人员,为了应付自然灾害或意外事故造成的经济损失而自愿结合起来的集体组织。相互保险社是最早出现的保险组织,也是保险组织最原始的状态。但是,在欧美国家现在仍然相当普遍,如在人寿保险方面有美国的"友爱社",美国的"同胞社",海上保险方面有"船东相互保障协会"等。与保险合作社及相互保险公司相比较,相互保险社具有以下特征:一是参加相互保险社的成员之间相互提供保险,即每个社员为其他社员提供保险,每个社员同时又获得其他社员提供的保险,真正体现了"我为人人,人人为我"。二是相互保险社无股东,其经营资本的来源仅为社员缴纳的分担金,一般在每年年初按暂定分摊额向社员预收,在年度结束计算出实际分摊额后,再多退少补。三是相互保险社保障费采取事后分摊制,事先并不确定。四是相互保险社的最高管理机构是社员选举出来的管理委员会。

(五)保险合作社

保险合作社是由一些对某种风险具有同一保障要求的人,自愿集股设立的保险组织。保险合作社与相互保险社很相似,而且相互保险社通常又是按照合作社的模式建立的,因此,人们往往对二者不加区别。实际上它们之间存在着很大的差异。首先,保险合作社是由社员共同出资入股设立的,加入保险合作社的社员必须缴纳一定金额的股本。社员即为保险合作社的股东,其对保险合作社的权力以其认购的股金为限。而相互保险社却无股本。其次,只有保险合作社的社员才能作为保险合作社的被保险人,但是社员也可以不与保险合作社建立保险关系。也就是说,保险关系的建立必须以社员为条件,但社员却不一定建立保险关系,保险关系的消灭也不影响社员关系的存在,也不丧失社员身份,因而保险社与社员间的关系比较长久,只要社员认缴股本后,即使不利用合作社的服务,仍与合作社保持联系。而相互保险社与社员之间是为了一时目的而结合的,如果保险合同终止,双方即自动解约。再次,保险合作社的业务范围仅局限于合作社的社员,只承保合作社社员的风险。最后,保险合作社采取固定保险费制,事后不补缴。而且相互保险费采取事后分摊制,事先并不确定。

(六)劳合社

"劳合社"是当今世界上最大的保险垄断组织之一。劳合社并不是一个保险公司,它仅是个人承保商的集合体,其成员全部是个人,各自独立、自负盈亏,进行单独承保,并以个人的全部财力对其承保的风险承担无限责任。因而,劳合社实际上是一个保险市场,它的保险交易方式通常是由经纪人为其保户准备好一份承保文件,写明保险的船舶和货物,然后将此保单置于桌上,由劳合社中的承保会员承保,如若愿意承保,即在承保文件上签字,并写明所愿接受的金额。往往一张承保单需要许多承保会员签字承保,直到所需承保的金额全部有人承保为止,再交签单部签单,交易才算达成。这种在承保文件下方签字的习惯,就是当今所采用的"承保人"(underwriter)一词的由来。

目前，劳合社已有成员34 000多个，并组成400多个水险、非水险、航空险、汽车险和人身险组合，经营包括海上保险在内的各种保险业务。劳合社的成员经过劳合社组织严格审查批准，最先只允许具有雄厚财力且愿意承担无限责任的个人为承保会员，但是，近年来由于来自伦敦市场超赔分保的压力和美国责任险的压力，其经营陷入了困境，承保能力连年下降。1999年劳合社的总承保能力为987亿英镑，比1998年的1 017亿英镑有较大幅度的减少。不过早在1995年劳合社就制定了长达48页的计划纲要，其中一点是将过去的劳合社进行改造，接纳一些实力雄厚的法人团体入社。据悉，1999年已有5家辛迪加加入劳合社，给劳合社增加了117亿英镑的承保能力。经过调整与创新，劳合社仍将在伦敦保险市场占据主要地位，使伦敦成为更具吸引力的世界保险中心。

第四节　保险市场的供给与需求

一个完整意义上的保险市场，应该具备有迫切需求的买方、有充足供给的卖方、公平合理的价格以及健全完备的保险中介等四大因素。

一、保险市场供给

(一)保险市场供给的概念

供给，就是指在一定时期和一定条件下，生产者或劳务提供者对某一产品或某种劳务可能提供的数量。保险市场供给，就是在一定保险价格条件下，保险市场上各家保险公司愿意并且能够提供的保险商品的数量。保险市场供给如果用保险市场上的承保能力来表示，它就是各个保险企业承保能力之和。

(二)影响保险供给总量的因素

从根本上说，保险需求是制约保险供给的最基本因素，在存在保险需求的前提下，影响保险供给的主要因素有：

1. 资本因素

资本因素即社会可用于经营保险业的资本量，它制约着保险供给的总体规模。经营保险业资本总量与保险供给总量成正方向运动。

2. 从业人员因素

从业人员因素是指保险从业人员的数量与质量。保险经营活动是人的经济活动。在一定时期内，社会劳动总量是确定的。用于经营保险活动的劳动量也是确定的，制约着保险供给规模。同时，保险经营活动又是具有特殊专业性保险人才的复杂劳动，专业素质水平也影响着保险供给的总量。保险从业人员的数量和质量与保险供给成正方向运动。

3. 偿付能力

由于保险经营的特殊性所在，各国法律对保险企业都有最低偿付能力标注的规定，因而保险供给也会受到偿付能力的制约，另外企业的业务容量比率也制约着保险企业不能随意、随时扩大供给。

4. 互补品、替代品的价格

互补品价格与保险供给成正相关关系；互补品的价格上升，引起保险需求减少，保险费率上升，使保险供给增加；互补品的价格下降，引起保险需求增加，保险费率下降，使保险供给减少。替代品价格与保险供给成负相关关系:替代品的价格上升,引起保险需求增加,保险费率下降,使保险供给减少;替代品的价格下降,引起保险需求减少,保险费率上升,使保险供给增加。

5. 经营管理因素

具有丰富的承保经验和先进的管理水平的保险公司可以不断推出新的保险品种,满足社会出现的新的保险需求。保险业的经营管理水平与保险供给成正方向运动。

6. 缴费能力因素

投保人缴纳保费的能力直接影响保险供给的规模。投保人缴费能力强,保险供给就充足;反之,保险供给就匮乏。投保人缴费的能力与保险供给成正方向运动。

7. 保险费率因素

在市场经济的条件下,决定保险供给的因素主要是保险费率。保险费率是保险商品价值的货币表现,也就是保险人用于履行经济补偿、弥补营业费用,而由投保人支付的货币额。保险费率由价值决定,受保险市场供求关系的影响,同时对供给和需求产生反作用。保险费率对供给的影响是:费率偏高刺激保险供给,费率偏低则抑制保险供给。

8. 保险利润率因素

保险利润是保险企业从当年保险费中扣除当年的赔款、税金、费用支出和提留各项准备金后的纯收入与投资纯收入之和,包括营业利润和投资利润两部分。保险利润率是制约保险供给总量的最重要因素。在市场经济条件下,平均利润率规律支配着一切经济活动,市场竞争的结果使保险经营的利润趋于平均化。

9. 政府行为因素

政府行为因素包括国家政策、法制建设等。国家制定的经济发展政策从宏观上给予了保险供给重要影响。在国家不同的经济政策的指导下,保险供给的总量发生不同的变化。健全的法制建设能使保险供给维持应有的正常水平。此外,政治和经济秩序的稳定,国家对保险的有效管理,都能制约保险供给的规模。

(三)保险市场供给的形式和内容

1. 保险市场供给的形式

保险市场供给的形式包括有形与无形两种经济保障形式。有形的经济保障是指保险人对遭受损失或损害的被保险人,按照保险合同规定的责任范围给予一定金额的补偿或给付,体现在物质方面;无形的经济保障是指保险人对所有被保险人提供心理上的安全感,体现在精神方面。一般而言,无形的经济保障是大量的,而有形的经济保障则是少量的。

2. 保险市场供给的内容

保险市场供给的内容包括质和量两个方面。保险市场供给的质既包括保险企业提供的各种不同的保险商品品种,也包括每一具体的保险商品品种质量的高低;保险市场供给的量既包括保险企业为全社会所提供的保险商品的经济保障总额,也包括保险企业为某一保险商品品种提供的经济保障额度。

(四)保险商品供给函数和弹性

1. 保险商品供给函数

保险供给函数表示保险供给量与制约保险供给量诸因素之间的关系。在一定时期内保险供给总量是保险业的资本额、从业人员数量与质量、投保人的缴费能力、保险费率、保险企业管理水平、政府行为等因素的线性函数。

保险供给量是所有影响该供给量因素的函数,因此,供给函数可表示为:
$$S = F(C,L,M,P,U)$$
式中:S——保险供给量;
　　　F——函数关系;
　　　C——保险业的资本额;
　　　L——保险从业人员的数量和素质;
　　　M——保险业的经营技术和管理水平;
　　　P——保险价格即保险费率;
　　　U——其他因素,如,保险企业管理水平、政府行为等因素。

2. 保险商品供给弹性

保险商品供给弹性通常是指保险商品供给的费率弹性,即指保险费率变动所引起的保险商品供给量变动,它反映了保险供给费率变动的反应程度,一般用供给弹性系数来表示,其公式为:
$$Es = \frac{\Delta s/s}{\Delta p/p}$$
式中:Es——保险商品供给弹性;
　　　s——保险商品供给量;
　　　Δs——保险商品供给量变动;
　　　p——保险费率;
　　　Δp——保险费率变动。

3. 保险商品供给弹性的种类

由于保险商品的有机结构、保险对象、设计的难易程度等诸多因素的影响,使得保险商品供给弹性表现出不同的情况。

(1)保险商品供给的价格弹性。保险商品供给的价格弹性,指某种保险商品价格每变动1%所引起的该种保险商品供给量变化的百分率。一般来讲,根据保险价格与保险供给的函数关系,两者成正比例关系,并同时受到保险商品的必需程度、可替代性和货币投入量三项因素的影响。

(2)保险商品供给的资本弹性。保险商品供给的资本弹性,指保险资本每变动1%所引起的保险供给量变动的百分率。两者成正比例关系。但强制保险的资本弹性小而自愿保险的资本弹性较大。

(3)保险商品供给的利润弹性。保险商品供给的利润弹性,指保险利润每变动1%所引起的保险供给量变动的百分率。两者成正比例关系。一般而言,保险供给的利润弹性是正值。

4. 保险商品供给弹性的特征

虽然保险商品的供给弹性表现为不同的种类,但从保险商品的总体而言,其供给弹性又有自身特殊性。首先,保险商品供给弹性较为稳定。由于保险商品向人们提供的是风险保障,并且其供给与需求几乎同时存在,它不易受经济周期的影响,因此,无论繁荣期还是衰退期,保险商品的供给并无显著不同,弹性较为稳定。其次,保险商品供给弹性较大。由于保险业属于国民经济第三产业,生产中的固定资产比例较低,供给不必经由调整生产规模就能适应社会需求,因此,保险供给弹性较大。

二、保险市场需求

(一)保险市场需求的含义

需求,是指在一定时期内和一定条件下,消费者愿意并且能够购买某种商品或某种劳务的要求。保险市场需求(量)就是个人或经济单位在一定时间内及一定费率水平上,愿意并且能够购买保险服务的需要(总量)。它是消费者对保险保障的需求量,可以用投保人投保的保险金额总量来计量。保险市场虽是一个总括性、集合性的概念,但它又不是所有保险需求的简单加总,而是在各种不同的费率水平上消费者购买的保险商品数量表。即在特定时间内,在不同的费率水平上,保险需求的集合形成了保险市场需求。与一般需求的表现不同,保险需求有两种表现形式:一种是有形的经济保障,体现在物质方面,即在自然灾害和意外事故发生之后,参加保险的个人或单位所得到的经济补偿和给付;另一种是无形的经济保障,体现在精神方面,即在获得保险经济保障之后,参加保险的个人或单位获得心理上的安全感。从企业、个人及至整个社会来说,保险需求无形的经济保障是经常的、大量的,而有形的经济补偿则是局部的、少量的,两者都是客观存在和同等重要的。然而,由于保险商品的特殊性所在,消费者除了要有投保欲望与缴费能力以外,保险利益的存在成为保险需求的首要前提。无论是财产保险还是人身保险,倘若投保人对保险标的不具有保险利益关系,那么投保是毫无意义的。

保险市场需求包括三个要素:有保险需求的人、为满足保险需求的购买能力和购买愿望。这三个要素相互制约、缺一不可,结合起来构成现实的保险市场需求,决定市场需求的规模和容量。人口众多但收入很低,购买力有限,不能成为容量很大的保险市场需求;反之,购买力虽然很高,但人口很少,也不能成为很大的保险市场需求。既有众多的人口,又有很强的缴费能力,才能形成一个有潜力的保险市场需求。但是,如果保险商品不适合保险消费者需要,不能引起人们的购买愿望,对保险企业来说,仍然不能成为现实的保险市场需求。所以保险市场需求是上述三个要素的统一体。

(二)影响保险市场需求的主要因素

影响保险市场需求的因素有许多,其中最主要的有风险因素、经济发展因素、经济制度因素、科学技术因素、风险管理因素、文化传统、费率因素和利率因素等。

1. 风险因素

"无风险,无保险",风险是保险产生、存在和发展的前提条件与客观依据,从而也就成为产生保险需求的触发条件。而且,风险程度越高,范围越广,保险需求总量也就越大;反之,保险需求总量越小。保险需求总量与风险程度成正方向运动。

2. 保险费率因素

保险商品的价格就是保险费率。保险需求总量取决于可支付的保险费的数量,而不是愿意购买保险的数量。保险费率上升,保险需求下降;保险费率下降,保险需求回升。保险需求总量与保险价格成反方向运动。

3. 保险消费者的货币收入

消费者的货币收入直接关系到购买力的大小。当国民收入增加时,作为保险商品的个人的货币收入、企业的利润也会随之增多,会有更强的缴费能力,保险的需求也就随之扩大。因而,保险消费者的货币收入是影响保险需求的主要因素之一。

4. 互补品与替代品价格

财产保险的险种是与财产相关的互补商品,例如汽车保险与汽车,当汽车的价格下降时,会引起汽车需求量的增加,从而导致汽车保险商品需求量的扩大,反之则会引起汽车保险商品需求量的减少。另外,一些保险商品特别是人寿保险商品是储蓄的替代品,当储蓄利率上升时,人寿保险商品品种的需求就会减少,反之则会增加。

5. 文化传统

保险需求在一定意义上受人们风险意识和保险意识的直接影响,而人们的风险意识与保险意识又是受特定的文化环境影响和控制的。

6. 经济发展因素

经济发展既是刺激保险需求产生的因素,也是促成保险需求总量扩充的因素。社会总产值的增长程度,特别是可用于保险的剩余产品的价值增长幅度和居民收入增长幅度,是保险需求增长的决定性因素。保险需求总量与国民生产总值的增长成正方向运动。

7. 经济制度因素

现代保险属于商品经济范畴。保险发展的历史表明,现代保险随着商品经济的产生而产生,随着商品经济的发展而发展。保险需求总量与商品经济制度发展程度成正方向运动。

8. 科学技术因素

科学技术是第一生产力,科学技术的不断进步及在经济生活中应用,会不断开拓出新的生产领域,从而产生新的保险需求。保险需求总量与科学技术进步之间成正方向运动。

9. 风险管理因素

风险管理对保险需求总量的增减有直接影响。一般说来,风险管理好,出险频率低,保险需求量减少,反之,保险需求量增加。保险需求总量与风险管理优劣成反方向运动。

10. 利息率因素

现代保险的相当部分是投资性保险,特别是长期性人寿保险业务,银行利息率是操纵投资者闲置资金流向的杠杆。如果利率高于保险公司收益,资金就会流向银行,保险需求减少;反之,则会投向保险公司,从而使保险需求扩大。保险需求总量与利率高低成反方向运动。

此外,宗教信仰、文化水平等对保险需求总量也会产生不同的影响。在上述诸多因素中,既有内生变量,也有外生变量,起最主要作用的是个人收入和保险价格两个因素。

(三)保险市场需求的类型

保险市场需求可以从很多不同的层次进行测量。某一地区或某一险种的市场需求规模是由购买者人数决定的,有多少人将成为该地区或该险种的消费者,涉及其兴趣、收入和通路三个特性。据此,保险市场需求可以划分为以下几种类型:

1. 潜在的保险市场需求

潜在的保险市场需求是由一些对保险商品或某一具体险种具有一定兴趣的消费者构成的。一般通过随机询问的调查方法取得有关信息。

2. 有效的保险市场需求

仅仅有兴趣还不足以确定一个保险市场需求。潜在的保险消费者还必须有足够的收入来供购买保险商品使用。除投保兴趣外,还必须有缴费能力。费率越高,消费者人数会越少。因此,有效的保险市场需求是关于"兴趣"与"收入"这两个变量的函数。

有效保险市场需求的规模还取决于消费者是否容易接近保险商品或某一具体险种,即是否有通路。通路障碍可以阻止消费者对市场所提供的险种响应,因而会使需求规模缩小。需求规模与通路障碍成反比。例如,居住在偏僻山区的散户人家,他们对需要的险种虽有兴趣,但是限于保险企业的人力物力,在风险勘查、理赔勘查诸多方面多有困难,无力对他们的风险进行承保,因而这些潜在的消费者仍然不能成为现实的消费者。因此,有效的保险市场需求是指既有保险商品的购买兴趣又有足够的缴费能力,并有可能接近保险商品的保险消费者的需求总和。

3. 合格有效的保险市场需求

在某些保险商品的供给中,保险企业可能会对一些消费者作出投保限制。例如,虽然所有的消费者都需要人寿保险,但是,只有那些能付得起保费、身体健康、具有责任感并容易接近的人才能成为合格的投保人或被保险人。因此,合格有效的保险市场需求,是指具有保险商品的购买兴趣、有足够的缴费能力、能接近保险商品同时还有资格成为投保人或被保险人的消费者的需求总和。

4. 已渗透的保险市场需求

一个保险企业应尽量满足全民有效的需求,但是,在一定时期内,它只能根据自己的资源选择其中的某些部门作为为之服务的对象,即确定自己的目标市场,并与其他竞争者展开角逐,在目标保险市场上,那些已经成为本企业的投保人或被保险人是该企业已渗透的保险市场需求。

(四)保险需求函数和弹性

1. 保险需求函数

保险需求函数表明了保险需求量与影响保险需求量诸因素间的关系。用公式表示为:

$$Q = aA + bB + cC + dD + eE + fF + pP$$

式中:Q——一定时间内保险经济需求总量;

A——风险因素;

B——经济增长因素;

C——经济制度因素;

D——技术进步因素;

E——风险管理因素;

F——利息率因素;

P——价格因素。

a,b,c,d,e,f,p 分别表示各项影响参数。方程表明,Q 是其余变量的线性函数。

2. 保险需求弹性

在影响保险需求量的众多变量中,个人收入和保险商品的价格是两个最重要的影响因素。保险需求弹性主要指因保险价格的变动或消费者收入的变化所引起的对保险需求的变动率。

(1)保险需求的费率弹性。保险需求的费率弹性,指保险商品的价格每变动1%所引起的需求量变化的百分率。一般来讲,强制保险的价格弹性被认为完全缺乏弹性,而自愿保险则比较复杂,由于各人的认识不一样,可投入的货币量不一样等原因导致对价格变化的敏感性不同,对保险需求价格弹性产生一定的影响。

(2)保险需求的收入弹性。保险需求的收入弹性,是指因国民收入和个人收入变化引起对保险需求的变动率,或指收入每变动1%所引起的需求量变化的百分率。一般来说,保险需求的收入弹性大于一般商品。这因为:首先,保险商品特别是人身保险带有很大的储蓄性。储蓄与消费者的货币收入呈正方向变化。其次,人们的消费结构会随货币收入的增加而变化,一些高额财产、文化娱乐、旅游等精神支出的比例会由此增大,而与其具有互补作用的消费会随消费者货币收入的增加而增加。

(3)保险需求的交叉弹性。保险需求的交叉弹性,指因其他商品和劳务价格的变动所引起的保险需求量的变动率。保险商品与其他商品是互补品、替代品或是相互独立。不同的关系决定了其弹性不一样。一般而言,保险需求与替代商品的价格呈正方向变动,即交叉弹性为正,且交叉弹性愈大,替代性也愈大,如自保与保险就是互为替代品。保险需求与互补商品价格呈反方向变动,即交叉弹性为负,如汽车保险与汽车具有互补作用,当汽车价格提高时,汽车保险需求量减少。

此外,保险需求还有商品制度弹性、技术进步弹性、利率弹性、风险程度弹性等。

三、保险市场的供求平衡

保险市场供求平衡应包括供求的总量平衡与结构平衡两个方面,而且平衡还是相对的。所谓保险供求的总量平衡是指保险供给规模与需求规模的平衡。所谓保险供求的结构平衡是指保险供给的结构与保险需求的结构相匹配,包括保险供给的险种与消费者需求险种的适应性,保险费率与消费者交费能力的适应性以及保险产业与国民经济产业结构的适应性等。

保险市场的供求状况一般分为三种状况:保险市场供求平衡,保险供给大于保险需求,保险需求大于保险供给。

(一)保险市场供求平衡

保险供给等于保险需求,即为保险市场供求平衡,在一定的保险费率条件下,保险供给恰好等于保险需求,即保险供给与保险需求达到均衡点。

(二)保险供给大于保险需求

保险供给大于保险需求,即当市场费率高于均衡费率时,保险需求缩小,保险供给大于保险需求。

(三)保险需求大于保险供给

保险需求大于保险供给,即当市场费率低于均衡费率时,保险供给缩小造成保险需求大于保险供给。

保险市场供求平衡,受市场竞争程度的制约,市场竞争程度决定了保险市场费率水平的高低,因此,市场竞争程度不同,保险供求水平各异。而在不同水平的费率下,保险供给与需求的均衡状态也是不同的。如果保险市场达到均衡状态后,市场费率高于均衡费率,则保险需求缩小,迫使保险供给缩小以维持市场的均衡;反之,如果市场费率低于均衡费率,则保险供给缩小而迫使需求下降,实现新的市场均衡。所以保险市场有自动实现供求平衡的内在机制。

本章小结

1. 保险市场是所有实现保险商品让渡的交换关系的总和。目前世界范围的保险市场主要有完全竞争型、完全垄断型、垄断竞争型和寡头垄断型四种模式。在保险市场上,交易的对象是保险人为经济提供保障,既包括物质财产及相关利益的保险保障,也包括对人的生命或者身体的保险保障。前者即为财产保险市场,后者即为人身保险市场。

2. 无论财产保险市场,还是人身保险市场,也无论何种市场模式,其构成必须具备保险供给方(即以各种组织形式存在的保险人)、保险需求方(即各种投保人)以及协助保险交易活动完成的保险中介人，它们是构成保险市场的三要素。市场机制在保险市场上同样发挥作用,但具有其独有的特殊作用。与一般市场相比较,保险市场是一种直接的风险市场,是无形市场,是一种非即时清结市场,是一种特殊的期货交易市场。

3.保险市场类型按照不同的方式有不同的表述：如果按照承保方式不同可以分为原保险市场和再保险市场，按照保险业务性质不同可分为人身保险市场和财产保险市场，按保险业务活动的空间不同可分为国内保险市场和国际保险市场，按保险市场的竞争程度不同可分为垄断型保险市场、自由竞争型保险市场、垄断竞争型保险市场。

4.保险市场的组织形式多种多样，一般按照财产组织关系不同可以划分为国营、私营、合营、个人保险组织等组织形式，这些组织形式可具体采用国有独资保险公司、股份有限保险公司、相互保险社、相互保险公司及保险合作社等形式。

5.保险业是一种特殊行业，保险公司的偿付能力直接关系到社会经济的运行和社会生活的稳定。因此，设立保险公司除了要符合公司法对公司设立的一般要求外，还必须符合保险法对保险公司设立所规定的条件。设立保险公司申请人首先要向保险监督管理部门提出申请，经批准后进行筹建。筹建就绪，经验收合格，由保险监督管理部门颁发经营保险业务许可证和法人机构许可证，并向工商行政管理机关办理企业登记，领取营业执照，然后才能开业。

6.保险市场供求及其供给平衡是保险市场正常运行的具体所在。其包括总量平衡与结构平衡两个方面。保险供给包括质和量两个方面的内容，它受保险费率、偿付能力、互补品及替代品价格、保险技术、市场的规范程度及政府监管等因素的影响。保险需求表现为物质与精神两个方面，受风险因素、保险费率、消费者货币收入、互补品及替代品价格、文化传统、经济制度等因素的影响。计算保险供给弹性与需求弹性，可以分析影响保险供给与保险需求对其各个因素变动的反应程度。

关键术语

保险市场　保险市场机制　完全竞争型保险　完全垄断型保险　垄断竞争型保险　寡头垄断型保险　保险市场的组织形式　保险公司成立　保险公司变更　保险市场供给　保险市场需求　保险商品供给弹性　保险市场需求弹性　保险市场的供求平衡

思考练习题

1.试述保险市场及其模式。
2.简述保险市场的基本构成要素。
3.简述保险市场的主要特征。
4.试述保险公司成立的条件。
5.试述保险市场供求及其各自的影响因素。
6.试述保险供求弹性及其种类。

第十一章 保险市场的监管

> **本章要点**
> 1. 保险监管的目标与监管的原则
> 2. 保险监管的体系、保险监管方式
> 3. 保险监管内容

第一节 保险监管概述

一、保险监管的产生及其原因

(一)保险监管的产生与发展

保险业是经营保险商品的特殊行业。它作为经济损失补偿体系的一个重要组成部分,对社会经济的发展和人民生活的安定,具有不可替代的地位和作用,素有社会的"稳定器"与"助动器"的美称。因此,世界各国包括那些实行自由经济的国家,无不对保险业实施监管。

保险监管是指一个国家对本国保险业的监督和管理。一个国家的保险监管制度通常由两大部分构成:一是由国家制定有关的保险法规,对本国保险业进行宏观指导与管理;二是由国家设专职的保险监管机构,依据法律或行政授权对保险业进行行政管理,以保证保险法规的贯彻执行。

保险监管的历史最早可追溯到 16 世纪后半期。在此之前,保险公司的设立、保险公司的运营、保险公司的破产等,都是按照市场自由竞争的原则进行,国家不强行干预。但是随着商品经济和社会的发展,保险在西方各主要资本主义国家得到了空前的发展,大家一致认为保险业有利可图,纷纷进入该领域投机经营。随着竞争的逐渐激化,保险业出现了无序混乱的局面,新的保险公司相继成立,老的保险公司陆续倒闭,从而给被保险人以及整个社会带来很大的损害。

面对这种局面,一些国家开始干预保险业,通过保险立法或成立专门机构对保险业进行监管。最早建立保险监管制度的国家是英国。它于 1575 年率先成立了保险商会,当时的英国政府要求海上保险单必须向该商会办理登记。1720 年,英国女王特许皇家交易保险公司和伦敦保险公司统一经营海上保险,其他保险公司不得涉足。18 世纪 40 年代,为了区分赌博与正常的保险业务,英国颁布了禁止赌博性保险的法律,从而诞生了保险利益这一重要的保险概念。

现代保险监管制度发展的一个重要标志是国家授权给专门的保险监管机构,使其专司保险监管之责。这种制度最早产生于美国。在美国的内战爆发之前,国家对保险业几乎不加约束,放任经营,结果弊端频出,如不公平的保险条款充斥市场,由于责任准备金提取不足导致保险公司倒闭等,严重影响了保险业的健康发展。对此,政府不得不考虑对保险业进行监管。1851年,新罕布什尔州率先设立保险监督署,1855年,马萨诸塞州也设立了类似的保险监管机构。1857年,由于俄亥俄人寿保险公司纽约分公司及辛辛那提信托公司经营突然失败引起金融恐慌,促使政府于1859年成立了纽约州保险监督委员会,其他各州纷纷效仿,从而建立了具有现代意义的保险监管机构。

现代保险监管制度发展的另一个重要标志是保险监管法规的不断完善。这方面的先行者还是英国。1870年,英国颁布了《寿险公司法》,对寿险公司的保证金、财产账户、公司兼并等作出了规定,并且创立了保险人的信息公开制度。随后英国在1909年颁布了《保险公司法》,并在以后的保险监管中不断完善。

与此同时,奥地利于1859年,瑞士于1885年,德国于1909年也都先后建立了各自的保险监管制度。到20世纪20年代,西方各发达国家已普遍采取国家监管,保险业至此进入新的发展阶段。尽管欧美各国的经济政策经历了由自由放任到政府干预再到自由主义复兴的变迁,但由于保险业本身的特殊性及其在整个国民经济中举足轻重的地位,目前各国政府仍然没有完全放开对保险业的监督管理,其目的是通过建立一套高效的宏观保险监管体制,从制度上确保保险业在社会经济中的稳定发展并实现良好的社会效益。

(二)保险监管产生与发展的原因

保险监管之所以具有国际普遍性,主要是由保险业的性质及其经营特点所决定的。

1. 保险事业的公共性

建立在互助共济基础上的保险业,其公共性质主要体现在保险经营具有负债性、保障性和广泛性。所谓负债性,指保险公司的保险基金是建立在收取保费的基础上,其很大一部分是保险公司未来的准备金。保险准备金是必须依法提取的,专门用于将来的赔偿或给付,它是保险公司对其客户的负债,而不是保险公司的资产,在保险合同期满之前不被保险公司所有。保险经营的此项特征,决定了它不适用一般商业的自由竞争原则,不能任凭保险公司在市场竞争中优胜劣汰、自生自灭。所谓保障性,指保险的基本职能是损失补偿或保险金的给付,在突如其来的灾害面前,在巨大的损失发生以后,通过它的赔偿或给付使社会生产尽快恢复,使人民生活早日安定。如果保险公司本身经营不善甚至破产倒闭,其正常的赔偿或给付职能就无法履行,也就起不到"稳定器"的作用。所谓广泛性,指保险业对整个社会有较大的影响力和渗透力。从范围上看,一家保险公司的经营失败可能涉及众多的企业和家庭的安全;从时间上看,一张保险单可能涉及投保人的终生保障。如果"安全网"出现问题,即使是一家保险公司经营不善,也必然导致众多的企业和家庭失去保障,进而引发社会震荡。总之,由于保险业的公共性质,决定了国家对其进行监管的必要性。

2. 保险合同的特殊性

与一般的商业合同相比,保险合同有其特殊性,表现为:双务性、射幸性、条件性、附和性、补偿性及个人性。之所以要对保险业进行监管,主要是由于保险合同的射幸性和附和性。

(1)保险合同射幸性与保险监管的关系。保险合同的射幸性体现在当事人的权利义务不具有等价交换关系。在合同有效期内,如果保险标的发生损失,被保险人得到的赔偿金额可能远远超过其所支出的保险费;反之,如果保险标的没有受损,则被保险人只付出了保费而没有得到任何货币补偿。对于保险人来说,情形正好相反。因此,必须通过政府监管,以确保保险合同交易的公平合理。

(2)保险合同附和性与保险监管的关系。附和合同指当事人的一方提出合同的主要内容,另一方只是作出取或舍的决定,一般没有商议变更的余地。保险合同就具有这样的特点。保险人依照一定的规定,制定出保险合同的基本条款,投保人依照该条款,或同意接受,或不同意投保,一般没有修改某项条款的权利。产生这种情况的历史原因是,由于保险业的普及和发展,各国保险业的交叉经营及协作,保险合同逐渐出现技术化、定型化和标准化的趋势。一般地,保险合同的主要条款由保险人一方确定,通常是印好的标准合同条款,包括承保的基本条件,双方的权利义务等。从表面上看,保险合同是双方自愿签订而成立的,实际上,这种保险合同是建立在当事人一方信息不对称、交易力量不相等的基础上。因此,政府从保护被保险人的权益出发,对保险合同的条款、费率等进行严格审核,以达到公平合理的目的。

3. 保险技术的复杂性

保险技术非常复杂,主要体现在以下的几个方面:保险承保的对象既包括生产资料又包括人;保险承保的风险有财产风险、生命风险、法律风险、信用风险等;保险精算要以数学及统计学为基础;保险法规、保险条款及保险惯例,有很专门的术语。以上种种情况,并非一般的投保人能够完全了解,进而去进行理智选择,因此非常需要保险监管机构对保单条款及费率水平进行审核,以保护投保人的利益。

4. 保险市场具有一定的垄断性

从经济学角度考虑,国家对保险业进行监管主要是为维护市场配置资源的有效性,避免市场失灵,以追求社会福利的最大化。

根据西方经济学的一般原理,在完全竞争的市场中,资源在"看不见的手"的支配下,能自动实现在全社会的最优配置,但是,完全竞争的情形在现实中很难做到,因为其假设条件过于苛刻。因此,资源配置总是存在一定的无效性。事实上,目前世界各国的保险市场都不同程度地存在着市场支配力现象,即一个或多个销售者具有影响他们所交易的商品或服务价格的能力。在垄断条件下,保险公司通过制定高于其边际成本的价格,以牺牲消费者利益为代价,实现个别企业的高额垄断利润。例如,伊朗和印度属于垄断市场,日本和韩国属于寡头市场。

国家从整个社会的角度衡量,有必要对市场行为加以干涉,以实现帕累托改进,即在不损害一部分人利益的条件下,考虑如何增进其他人的利益。例如,通过价格管制,使保险人在增加产品销量、维持甚至增加原有收益的前提下,使消费者的消费数量增加。在各种措施中,后果最强烈的无疑是制定反垄断法或反托拉斯法,尤以美国为代表,旨在促进竞争。

5. 保险交易双方信息的不对称性

在关于完全竞争市场的假设中,有一条假设是生产者和消费者拥有完全信息。事实上,我们知道这是无法成立的。信息的不对称性往往是造成保险市场失灵的主要原因。所谓信息的不对称性,是指交易一方拥有而另一方缺少相关信息。

交易双方事先信息不对称的例子是次品市场,所产生的后果是逆向选择。作为保险销售者,他对保险产品的了解要比保险购买者多,而个人和小企业等保险购买者无力评估和监督保险企业的财务状况,从而可能引致"旧车问题";同时,保险购买者对自身情况的了解往往多于保险销售者,就有可能以低于合理保费的价格取得保险,这种倾向叫做"逆向选择"。

交易双方事后信息不对称的例子是委托人—代理人问题,所产生的后果是道德危险,表现在保险市场中,即个人行为由于受到保险的保障而发生变化的倾向。此处,保险公司是委托人,投保人或被保险人是代理人,比如,已投保车辆损失险的人可能比未投保的人开车更莽撞一些,这种疏于防范的行为,会加大保险经营的风险。信息不对称的更极端结果就是欺诈。保险的高额赔偿或给付,极易引诱被保险人从事保险欺诈。

有鉴于此,国家一方面应尽力提供信息传递渠道,减少信息不对称性;另一方面,应采取法律的手段控制道德危险,减少信息不对称造成的不利结果,维护处于信息弱势一方的利益。

二、保险监管的原则与目标

(一)保险监管的原则

保险监管的通用原则一般有四个:坚实原则、公平原则、健全原则和社会原则。

1. 坚实原则

坚实原则是保险监管的首要原则,其目的是保证保险业的清偿能力,进而维护广大被保险人的权益,其内容包括资产坚实和负债坚实。前者是对保险业资产的要求,不仅要数量充足,而且要质量上乘;后者是对保险业负债的要求,即各种准备金要及时足额地提取,以满足将来的赔偿或给付需要。

2. 公平原则

公平原则包括两层含义:一是对保险新加入者的公平,包括申请加入保险业者的资格要公平、申请条件要公平、经营过程中的竞争要公平,规则要一视同仁,不能厚此薄彼;二是保单条款及保险费率要公平,同一险种、同一保险责任、同一条件的投保人之间不能有人为的歧视。符合条件的优惠费率不在此列。

3. 健全原则

健全原则指保险监管者在监管过程中要指导、督促保险业的正常经营和健康发展,提高保险的经营效益,维护企业的股东及合伙人的权益,其内容包括全面提高保险服务质量,不断提供适合社会需要的保险险种,努力创造保险经营的经济效益和社会效益等。

4. 社会原则

社会原则的出发点是根据国家经济发展和社会政策的需要,积极发展保险业,促进社会进步和经济发展。其主要内容有:扩大保险保障的覆盖面,宣传保险和风险的管理知识,积极而又稳健地运用保险资金,为国家经济建设和社会发展服务。

(二)保险监管的目标

1. 保证保险人具有足够的偿付能力

保险业是经营风险的行业,保险产品是保险人在约定的事故发生时对投保人进行经济补偿的承诺。但缴费在前,赔付在后,一旦保险人的偿付能力不足甚至破产,就会使得被保险人在保险事故发生时不能得到补偿,从而极大地损害投保人和被保险人的利益。因此,保证保险人具有足够的偿付能力是保险市场监管的核心内容和首要目标。为保证保险人具有足够的偿付能力,各国保险法规对保险公司的最低资本金、资本充足性、保证金及各项责任准备金的提取、业务的分保、偿付能力的计算标准等都作出了明确的规定。

2. 防止保险欺诈

作为一个特殊行业,防止保险市场的欺诈具有特别重要的意义,而利用保险进行欺诈的手法很多,主要包括以下三个方面:

(1)保险人方面的欺诈。保险人方面的欺诈行为包括保险人缺乏必要的偿付能力经营保险业务;超出核定的业务范围经营保险业务;不具有保险人的资质却经营保险业务;利用自己拟定保险条款和制定保险费率的优势欺骗投保人或被保险人。针对此类欺诈行为,保险监管机构可以通过审定保险经营范围、审批保险条款、制定明确的偿付能力指标等来防范。

(2)投保人方面的欺诈。来自投保人方面的欺诈花样很多,手法各异。主要表现在投保人利用保险谋取不当利益,例如投保人故意制造保险事故;没有发生保险事故,谎称发生了保险事故;事故发生以后,故意夸大其经济损失,以获取更多的保险赔款等。针对此类行为,各国保险法大都规定了保险利益原则、最大诚信原则、损失补偿原则、保险人的责任免除等来加以杜绝。

(3)社会方面的欺诈。社会方面的欺诈包括保险公司以外的单位或个人,未经主管机关批准非法从事保险经营活动,盗用保险人或其代理人的名义骗取客户;保险公司工作人员内外勾结,编制假案,骗取保险赔款等。针对此类行为,各国保险法都规定了具体的罚则,包括行政处罚、经济处罚及法律处罚,来打击和制止此类违法犯罪行为。

3. 确保保险业整体稳定发展

对保险市场设施监管的另一个目标在于保持保险市场的适度竞争,限制、甚至避免恶性竞争的行为,有助于效率目标的实现。不合理的恶性竞争,不但提高企业的经营成本,形成无效率运作,而且容易导致偿付能力的消失。通过监管可以防止市场独占或过度竞争;减少破产保险企业的数量;保证合理的价格水平,最终促进保险业的健康发展。因此,需要建立完善的市场准入与退出机制,并对保险机构的兼并、破产等行为实施监管,防止一家保险公司经营不善导致的偿付危机扩散,维护整个保险业整体的稳定发展。

第二节 保险监管体系与方式

一、保险监管体系

保险监管的体系一般分为两大部分:一是保险监管的法规,二是保险监管的机构。有时,将保险行业的自律也纳入保险监管的体系当中,因此,也可以说,保险监管的体系包括保险监管法规、保险监管机构、保险行业自律三个部分。

(一)保险监管法规

保险监管法规,又称保险业法,是调整国家对保险业进行管理过程中所形成的权利与义务关系的一种法律规范。其一般以单行法规的形式出现,内容包括两大部分:一是对保险监管对象的规定,二是对保险监管机构授权的规定。

英国是保险立法最为先进的国家之一,自1870年推出《寿险公司法》之后,于1909年将其有关规定扩展到其他险种,推出了《保险公司法》,现行的《保险公司法》是1982年引入欧共体指令后的版本。英国的保险监管法规已形成了一个体系,除上述法律外,还有《保险公司管理条例》、《保险公司(财务和报表)管理条例》、《保险经纪人法》、《被保险人保护法》等。

日本的保险监管法规也自成体系,而且在广度上有所突破。日本现行的是1996年颁布实施的新的《保险业法》,它对原有的法规进行了较大修订,具体包括:放宽限制,促进市场自由化和竞争;撤销和放宽资金运用上限,允许损害保险的费率逐步实现自由化和市场化;正视经营安全,加强预测和防范市场风险;公正运作,切实维护投保人的利益。

美国的保险法规有自己的特色,它的保险监管法由各州自行制定,负责协调各州保险立法的全国保险监督官协会只是定期召开会议,讨论修改各州的保险法规,并拟定样板法律和条例,供各州立法时参考。

我国的保险监管法规起步较晚,但发展较快。1985年颁布了新中国成立以来第一部保险业法规,即《中华人民共和国保险业管理暂行条例》,该条例属于临时性、行政管理措施,法律效力不明显。1995年,颁布了《保险法》,虽然该法是将保险合同法与保险业法合二为一的法律,但对保险监管作出了比较充分的规定。2002年又修订了《保险法》,与之配套的还有《保险代理机构管理规定》,《保险经纪公司管理规定》,《保险公估机构管理规定》,《中华人民共和国外资保险公司管理条例》,《保险公司偿付能力额度及监管指标管理规定》。2004年5月,中国保监会颁布了《保险公司管理规定》。2009年重新修订了《保险法》和《保险公司管理规定》,并于同年10月1日颁布实施。可以看出,中国的保险监管法规建设正向规范化、体系化发展。

尽管各国保险监管的法规形式不尽相同,但内容却基本一致,主要包括:保险业务的许可,保险企业的组织形式,最低偿付能力,保险准备金的提取,再保险安排,保险资金的运用,保险企业的资产评估,会计制度,审计制度,财务报表,破产和清算,保险中介人的管理,等等。

(二)保险监管机构

在世界各国,保险监管职能主要由政府依法设立的保险监管机关行使。其形式多样,名称也不一致,不同国家有不同的称谓,同一国家的不同时期也有不同的监管机构。

英国是现代保险的重要发祥地,政府对保险市场的监管机构是贸工部,贸工大臣对合格的保险组织颁发营业许可证,并有权请求法院对有欺诈行为的公司裁决停业。同时,英国的保险人和保险经纪人也成立行业公会。这种社团组织的行业公会对维护保险市场正常秩序、加强行业自律发挥了重要的作用。

美国保险市场的监管主要由各州的州政府负责,一般在州政府内设保险署,保险署是由保险监督官负责的。大多数州的保险监督官由州长任命,个别州由选举产生。由各州监督官组成的全国保险监督官协会,负责协调各州保险立法与监管活动,并有权检查保险公司。

日本保险监管机构是大藏省,在大藏省的银行局设有保险部和保险审议会,前者具体负责对私营保险公司的行政监管工作,后者则是一个咨询机构。1998年,日本成立了金融监察厅,接管了大藏省的部分监管工作。

总之,国外保险监督机构的设置可分为两种:一是设立直属政府的保险监管机构;二是在直属政府的机构下设保险监管机构,它隶属于财政部(法国和澳大利亚)、商业部(泰国)、中央银行(马来西亚)、金融管理局(新加坡)等。

我国的保险监管机构最初是中国人民银行非银行金融机构管理司的保险处,《保险法》颁布后,人民银行内部调整,成立了保险司,专门负责保险市场的监管。1998年底成立了中国保险监督管理委员会,该会是国务院的直属事业单位,是全国商业保险的主管机关,根据国务院的授权履行行政管理职能,依照法律、法规统一监管中国保险市场。

保监会的任务是:拟定商业保险的政策法规和行业规划;依法查处保险企业违法违规威胁,保护被保险人的利益;维护保险市场秩序,培育和发展保险市场;完善保险市场体系,推进保险改革,促进保险企业公平竞争;建立保险业风险的评价和预警系统,防范和化解保险业风险,促进保险企业稳健经营与业务的健康发展。

(三)保险行业自律

保险行业自律组织通常以同业公会或行业协会的面目出现,保险行业协会是保险人或保险中介机构(代理人、经纪人、公估人)自己的社团组织,具有非官方性,它对规范保险市场发挥着政府监管所不具备的协调作用。有效的行业协会既可以避免国家的过分干预，又可以加强各保险机构之间的交流与合作，维护保险市场正常的竞争秩序。各国有很多这类保险行业协会，如英国的火灾保险人协会、人寿保险协会、劳合社承保人协会、伦敦承保人协会等。这些协会参与保险市场管理主要体现在以下方面：

(1)代表协会会员对政府有关保险的立法与管理措施发表意见，反映情况，对政府政策产生直接或间接的影响。

(2)协调会员在市场竞争中的行为。协会制定的协议或规定虽然没有法律效力，但会员都有遵守的义务，具有一定的约束力。

(3)在业务方面制定统一的保险条款格式，协调最低保险费率，统一回扣或佣金，为政府监管部门提供专业依据。

保险行业的自律组织虽然在维护保险市场秩序，增强市场活力，弥补政府行为的不足方面发挥着不可忽视的作用，但作用毕竟有限。其原因在于保险行业的自律组织只能出于自愿而不能加以强制；管理范围只是部分而不是全部；成立同业组织的目的在于保障或增加本身的利益，而不是为了被保险人或投保人的利益等。所以，保险监管的主体仍然是国家或政府，行业自律只能是政府监管的一种补充。

我国的保险行业协会，于2000年11月16日在北京宣告成立。中国保险行业协会由各个具有法人资格的国有保险公司、股份制保险公司和中外合资保险公司组成。协会还通过了《中国保险行业公约》，要求各会员公司应严格按照中国保监会核定的业务范围和核准的条款及浮动费率的范围经营保险业务，不得以不正当手段争夺业务，不得以任何形式贬低、诋毁其他公司。

二、保险监管方式

世界各国对保险的监管方式不尽统一，根据监管的宽严程度不同，可以分为公示方式、准则方式和实体方式三种。

(一)公示方式

公示方式是一种比较宽松的监督管理方式，国家将保险公司及保险中介人的经营状况和其他有关事项予以公布，而对其不加任何直接监管。保险业的组织，保险合同格式的设计，保险资金的运用等均由保险公司自主决定，政府不做过多干预，由保险客户和公众自行判断和选择。

公示方式的优点在于允许保险公司自由经营，使其在自由竞争环境中得到充分发展。在历史上英国曾采用过这种方式。但它也存在缺陷，普通公众难以准确把握评判保险公司优劣的标准，并且对保险公司的不当经营行为也无能为力。因此，采取这种方式的国家必须具备一定的条件：在客观上，需要该国经济高度发展，拥有公平竞争的市场环境，存在较多的保险机构，使投保人有选择的可能，并且保险机构具有一定的自律能力和良好的商业道德；主观上，要求社会各界对保险有相当的了解，对保险公司的经营状况有适当的判断能力。但目前大多数国家都达不到这种要求，只有英国等少数国家曾经采用这种方式。按照英国的规定，经营保险业无需执照或其他特别标准，但是随着现代保险业的发展，英国的公示方式也被放弃了。

(二)准则方式

准则方式是一种比较严格的监管方式。由政府规定保险业经营管理的一些基本准则，要求各保险公司共同遵守,并在形式上监督实施。如保险业的经营,只要在形式上符合规定条件,即予核准。在这种方式下,国家对保险公司的重大事项,如最低资本金的要求、资产负债表的审查、法定公布施行的主要内容、管理当局的制裁方式等,都有明确的规定。但从实践效果看,政府往往仅在形式上加以审查,由于保险技术性强,内容十分复杂,有些法规难以适用。荷兰、德国曾采用过此种方式,但目前大多数国家不采取这一方式。

(三)实体方式

实体方式又称许可方式或严格监管方式,由瑞士1885年首创,其主要特点是建立了比较完善的保险法律制度和管理规则,设立健全的、拥有较高权威和权力的保险监督管理机构。实体监管方式的过程可以分为三个阶段。第一阶段为保险业设立时的监管,即保险许可证监管,保险主管机关依照法律规定核准其营业并发给营业执照,包括新公司、合资公司、分公司的设立及其增设分支机构等。第二阶段为保险业经营期间的监管,此阶段为实体监管的重心,因此,采用实体监管的国家,大都有保险法、保险业管理法、外国保险业许可管理法等对保险经营过程予以规范,并对保险业作实体监督和检查。第三阶段为破产时的监管,即在保险公司经营失败时,对其破产和清算进行监管。

这种方式相对于前两种更严格、更全面。现在绝大多数国家和地区都采用这一方式,如美国、日本、德国、中国台湾等。实体监管方式,实际是对保险经营进行全方位监督,既维护了投保人的利益,又维护了保险市场的健康运行。

三、保险监管程度

前已述及,由于种种原因,对保险业进行监管是非常有必要的,但是一定要把握好监管的"度"。保险监管程度是指对保险市场准入、保险产品质量及保险公司偿付能力等保险业发展的各个环节的控制和监督的松严程度。这种"度"对保险市场会产生直接的影响。

完善的监管体系是保险市场成熟的标志,也是监管部门追求的目标。但并不是说,保险监管体系越完善越好,监管措施越严厉越好。历史和经验告诉我们,无论多么完善的监管体系和多么发达的监管机制,都不能完全保证不出现保险公司偿付能力不足乃至破产的问题。

因此,我们需要在监管的成本与收益之间权衡,只有达到临界点时,监管的收益最大,成本最低,此时的监管程度即为最优的"度",表示监管处于最优状态。

第三节 保险监管的内容

尽管各国保险监管的方式不同,程度不同,但是内容基本一致,凡是实施实体监管方式的国家,其内容大都包括组织监管、经营监管、费率监管和财务监管四个方面。

一、组织监管

(一)申请设立的许可

创设一家保险公司必须得到主管机关的批准,这是当今世界各国的普遍做法。申请设立时必须具备一定的条件,并且向主管机关递交相关文件,以证明申请人具备从事保险经营的资格,但必须的条件及需要递交的文件,各国则不尽相同。

我国《保险法》第68条规定:设立保险公司,应当具备以下条件:①主要股东具有持续盈利能力,信誉良好,最近三年内无重大违法违规记录,净资产不低于人民币二亿元;②有符合该法和《中华人民共和国公司法》规定的章程;③有符合该法规定的注册资本;④有具备任职专业知识和业务工作经验的董事、监事和高级管理人员;⑤有健全的组织机构和管理制度;⑥有符合要求的营业场所和与业务有关的其他设施;⑦法律、行政法规和国务院保险监督管理机构规定的其他条件。

《保险法》第70条规定:申请设立保险公司,应当向国务院保险监督管理机构提出书面申请,并提交下列材料:①设立申请书,申请书应当载明拟设立的保险公司的名称、注册资本、业务范围等;②可行性研究报告;③筹建方案;④投资人的营业执照或者其他背景资料,经会计师事务所审计的上一年度财务会计报告;⑤投资人认可的筹备组负责人和拟任董事长、经理名单及本人认可证明;⑥国务院保险监督管理机构规定的其他材料。

设立监管包括申请设立至营业开始,其过程需要下列四道程序:

1. 申请核准

保险企业的成立必须事先申请得到主管机关的核准。中国保险业的主管机关为中国保监会。

2. 营业登记

保险公司在开始营业之前,必须依法进行登记,并申请发给营业执照。

3. 缴存保证金

保险公司设立时,应按照其注册资本的一定比例提取缴存保证金,以确保保险人的担保能力。

4. 领取营业执照

申请设立者只有在领到营业执照后,才能开始营业。

(二)组织形式的限制

保险公司是保险市场的主体,保险人以何种组织形式进行经营,各国可以根据本国国情,作出具体限定。如:美国规定有股份有限公司和相互保险公司两种;日本有株式会社、相互会社及互济合作社三种;英国有股份有限公司、相互保险社及劳合社的个人保险组织形式。

(三)保险从业人员的资格认定

对保险从业人员的监管,主要是审查保险公司的高层管理领导人员的任职资格和保险专业部门经营人员的从业条件。由于保险经营的专业性、技术性强,从业人员的素质对企业的经营效果、财务状况有着重大影响。因此,专业人员的学识经验、资格条件成为保险监管的重要内容。保险企业的专业人员包括以下三种:核保员、理赔员、精算师。我国《保险公司管理规定》第12条的第4款规定:有符合中国保监会规定任职资格条件的董事、监事和高级管理人员。《保险公司管理规定》第57条规定:保险机构任命董事、监事、高级管理人员,应当在任命前向中国保监会申请核准上述人员的任职资格。保险机构董事、监事、高级管理人员的任职资格管理,按照《保险法》和中国保监会有关规定执行。

(四)保险中介人的监管

保险中介人是保险公司和保险消费者之间的媒介,它主要包括保险代理人、保险经纪人、保险公估人等,对保险中介人的监管包括资格监管、业务监管和财务监管。

1. 资格监管

根据多数国家保险立法规定,保险中介机构和个人开展业务经营必须取得营业执照或相应资质,在取得执照之前要通过有关的资格考试;在从事保险中介工作期间,还应接受培训以维持更新期营业执照。我国的《保险法》、《保险代理机构管理规定》、《保险经纪公司管理规定》、《保险公估机构管理规定》对保险中介人的资格要求与此类似。

2. 业务监管

各国保险法都有明确规定:保险中介人在开展保险业务时不得采用不良手段从事非法经营,不良手段包括越权和超范围代理业务、误导陈述、恶意招揽和保费回扣等行为。我国政府在对保险中介机构的业务监管方面,除了严格禁止上述行为外,还补充规定不得利用行政权力、职务或职业便利以及其他不正当手段,强迫、引诱或者限制投保人订立保险合同;经营人寿保险业务的代理人不得同时接受两个以上保险人的委托等。

3. 财务监管

由于保险中介人的业务直接关系到合同成立时间的确定,关系到保险业务数量及其核算,所以必须对其财务实行监管。我国《保险法》第112条规定:保险公司应当建立保险代理人登记管理制度,加强对保险代理人的培训和管理,不得唆使、诱导保险代理人进行违背诚信义务的活动。《保险法》第122条规定:个人保险代理人、保险代理机构的代理从业人员、保险经纪人的经纪从业人员,应当具备国务院保险监督管理机构规定的资格条件,取得保险监督管理机构颁发的资格证书。

特别指出,2009年修订的《保险法》保留了对保险中介人诚信经营的要求,主要包括两个方面:一是对保险中介人增加了在诚信方面的具体要求;二是增加了保险公司在委托代理关系这方面的责任和义务。

(五)停业解散的监管

当保险企业违法经营或有重大失误,以致不得不破产时,除按《中华人民共和国破产法》规定处理外,还有一些特殊规定和程序。例如,由保险监管部门令其停业或发布解散令,选派清算员,直接介入清算程序。其具体措施包括以下三个方面:

1. 整顿

整顿是指保险企业有违反保险法规的某些行为,且在国家保险监管部门限定的期间内未改正的情况下,国家保险监管部门采取必要的措施对其进行整治的行为。整顿以被整顿企业纠正其违法行为或恢复正常经营状况为结束的条件。

2. 接管

接管指保险企业实施了违反保险法规定的有关内容并造成了比较严重的后果,由国家保险监管部门代为行使其经营管理权力,以保护被保险人的利益,恢复保险企业的正常经营。

3. 解散与清算

解散是指依法设立的保险公司因为法定原因或者出现法定事由,并经主管部门批准,关闭其营业机构、停止其从事保险业务的行为。保险公司的解散必须进行清算。各国保险法一般都授权保险监管部门负责执行对保险公司的清算,依据不同的解散原因,采取不同的清算方式。

(六)对外资保险企业的监管

外资保险企业是指外国保险公司在本国设立的分公司或合资设立的保险公司。一般来说,发达国家对监管的限制较少,而发展中国家为维护本国利益,对外资保险公司的开业条件、经营业务范围、投资方向及纳税等都有严格的要求。

《中华人民共和国外资保险公司管理条例》第8条规定:"申请设立外资保险公司的外国保险公司,应当具备下列条件:①经营保险业务30年以上;②在中国境内已经设立代表机构2年以上;③提出设立申请前1年年末总资产不少于50亿美元;④所在国家或地区有完善的保险监管制度,并且该外国保险公司已经受到所在国家或地区有关主管当局的有效监管;⑤符合所在国家或地区偿付能力标准;⑥所在国家或地区有关主管当局同意其申请;⑦中国保监会规定的其他审慎性条件。"

该条例第13条还规定:"外资保险公司成立后,应当按照其注册资本或者营运资金总额的20%提取保证金,存入中国保监会指定的银行;保证金除外资保险公司清算时用于清偿债务外,不得动用。"

该条例第18条还规定:"外资保险公司的具体业务范围、业务地域范围和服务对象范围,由中国保监会按照有关规定核定。外资保险公司只能在核定的范围内从事保险业务活动。"

二、经营监管

(一)经营范围的监管

经营范围的监管,指政府通过法律或行政命令,规定保险企业所能经营的业务种类和范围,具体包括两个方面:一是是否允许兼业,即保险人可否兼营保险以外的其他业务,非保险人可否兼营保险或类似保险的业务;二是是否允许兼营,即同一保险公司可否经营性质不同的数种保险业务。

关于兼业,为了保障广大被保险人的利益,绝大多数国家都通过立法确立了商业保险的专营原则,未经国家主管机关批准,擅自开办保险业务的法人或个人属非法经营,国家主管机关可以勒令其停业并给予经济处罚或刑事处罚。同样,保险人也不得经营非保险业务。

关于兼营,多数国家禁止保险公司同时从事性质不同的数种保险业务,主要是财产保险与人寿保险不得兼营。其原因在于财产保险与人寿保险在经营技术基础、承保手续、保费计算方式、准备金的计提及保险金的给付条件和方法等诸多方面迥然不同,为避免业务上的混乱及经营的繁杂,保证保险企业的偿付能力,各国保险法一般都规定实行财险与寿险的分业经营。

我国《保险法》第95条规定:"保险公司的业务范围:①人身保险业务,包括人寿保险、健康保险、意外伤害保险等保险业务;②财产保险业务,包括财产损失保险、责任保险、信用保险、保证保险等保险业务;③国务院保险监督管理机构批准的与保险有关的其他业务。保险人不得兼营人身保险业务和财产保险业务。但是,经营财产保险业务的保险公司经国务院保险监督管理机构批准,可以经营短期健康保险业务和意外伤害保险业务。保险公司应当在国务院保险监督管理机构依法批准的业务范围内从事保险经营活动。"

违反保险法规定,擅自设立保险公司或者非法从事商业保险活动的,依法追究刑事责任,并由保险监督部门予以取缔。情节轻微的给予行政处罚。保险人超出核定的业务范围从事保险业务的,由保险监督部门责令改正,退还所收的保费,并处一定罚款,逾期不改正或后果严重的,责令整顿或吊销营业执照。

(二)保险条款的监管

保险条款是保险人与投保人关于保险权利与义务的约定,是保险合同的核心内容。由于保险合同是一种附和合同,在保险人与投保人协商之前保险条款就已确定,投保人只能通过接受或不接受表示其意愿,而不像一般的商业合同,签约双方能进行充分的意见表达与协商。可见,在保险合同中,投保人处于相对被动状态,因此,各国保险监管部门为维护投保人的合法权益,都不同程度地对保险条款进行监管。具体来说,保险条款监管包括以下几方面内容:

1. 保险标的

保险标的是保险合同保障的对象。对于财产保险标的,一般各国多采用标的所在地主义,即标的只能向其所在国有权经营此项业务的保险公司投保。

2. 保险责任与责任免除

保险责任指约定的保险事故发生后,保险人所承担的保险赔款或保险金给付责任。责任免除是保险人不予承担的危险种类,保险标的由于不保危险的发生而造成的损失或保险金请求均不属于保险人的责任范畴。所以,保险人在设计保险条款时,必须明确除外责任条款,以避免承担无限责任;在订立保险合同时应当向投保人明确说明,未明确说明的,该条款不产生效力。

3. 其他内容监管

其他内容监管包括保险赔偿方式、保险法律、权利义务条款以及违约责任和争议处理等。在这些方面,保险监管奉行公平原则,充分维护保险客户的权益。其中,违约责任是民事责任的一种,是所有合同的必备条款,争议处理条款一般包括诉讼条款和仲裁条款。我国《保险法》第30条规定:采用保险人提供的格式条款订立的保险合同,保险人与投保人、被保险人或者受益人对合同条款有争议的,应当按照通常理解予以解释。对合同条款有两种以上解释的,人民法院或者仲裁机构应当作出有利于被保险人和受益人的解释。

三、费率监管

保险费率是各个险种中每个危险单位的保险价格。由于费率的确定、保险费的缴纳先于实际损失的发生,因而对保险公司来说,确定合理的费率水平至关重要。它不仅要求保险公司考虑预期经营成本和预期损失等因素,还是保险公司参与市场竞争的重要工具。如果费率过高,则会影响保险公司的市场竞争力,同时也对投保人不公;如果费率过低,虽然容易占领市场,但会导致公司准备金不足,财务状况不稳定,甚至影响偿付能力。因此,监管部门有必要对保险费率的厘定实施监管。

(一)保险费率监管的原则

1. 足够性

保险费等于合理的预期损失及附加费用之和。从保险人的角度出发,保费收入应能足以支付其各项赔款和费用支出,并且有合理的利润与安全系数避免保险公司偿付能力不足的情况发生。

2. 合理性

费率足够性原则的存在及其作用,可能成为保险人提高保险费率的借口,造成保险费率偏高的现象。这对被保险人和保险人都是不利的。为了保障被保险人的权益,维护保险人的竞争能力,必须建立起保险费与其所提供的保障之间的合理关系。

3. 公平性

保险费率的公平性主要体现在对保险费率进行合理分类,消除歧视。从投保人的角度看,保险费率应与保险人所承担的危险性相匹配。在保险经营技术上,费率差别的存在是一种正常现象。国家对费率的监管,不在于有没有差别,而在于不同的费率能否真正反映不同的危险性。总之,不能将某一类保险的费率订得特别高,另一类保险的费率订得特别低,从而形成一种歧视性费率。

费率厘定的三原则,其核心在于说明保险费最低不得对保险人的资产构成侵蚀,最高不得对投保人群体构成勒索,足够性的保费应该大于赔款,合理性的保费应该小于赔款,公平性的保费应该等于赔款。

(二)保险费率监管的方式

保险费率的监管方式因保险业务的性质不同而不同。即使同一性质的保险业务,不同国家也有不同的做法。归纳起来,保险费率的监管方式大致可以分为强制费率、规章费率、事先核定费率、事先报批费率、事后报批费率和自由竞争费率等。

多数国家对人寿保险费率并不直接管理,各保险企业之间因竞争而有高有低,但间接控制还是普遍存在的。因此,人寿保险费率虽然可以由保险公司自主决定,但保险市场上公司相互之间的费率差异并不太大。至于财产保险费率的厘定和调整,各国政府大都规定必须先经核定,方可使用。

我国《保险法》规定,主要险种的基本险费率由国家主管机关制定,其他险种的费率由保险公司拟定,报主管机关备案。在《保险法》第136条明确规定:关系社会公众利益的保险险种、依法实行强制保险的险种和新开发的人寿保险险种等的保险条款和保险费率,应当报国务院保险监督管理机构审批。国务院保险监督管理机构审批时,应当遵循保护社会公众利益和防止不正当竞争的原则。其他保险险种的保险条款和保险费率,应当报保险监督管理机构备案。保险条款和保险费率审批、备案和具体办法,由国务院保险监督管理机构依照前款规定制定。

保险公司报批、备案的保险条款和费率有下列情形之一者,中国保监会可以要求公司对其进行修改,也可以要求保险公司停止使用:违反法律、法规或行政规章的禁止性规定;违反国家有关财政政策;损害社会公共利益;内容显失公平或价格垄断,侵害投保人、被保险人或受益人的合法权益;保险费率低于成本价格构成不正当竞争;条款设计或厘定费率、预定利率不当,可能危及保险公司偿付能力;中国保监会认定的其他事由。

此外,在保险公司运用其费率等竞争性优势时,必须注意不得将其保险条款、保险费率与其他保险公司类似的保险条款或保险费率进行部分或片面的比较,以免误导消费者。

四、财务监管

(一)资本金的监管

设立保险公司必须有一定的开业资本金,达不到法定最低资本金限额者,不得开业,它是保监会核准保险公司的一个重要条件。如此严格规定的原因在于:第一,损失发生具有偶然性和不平衡性,在保险人开业初期,存在着赔案的可能性。第二,开业初期承保范围不广,分保网络尚未健全,保险企业承保的方向不能在地区之间、各国之间、公司之间和各种保险业务之间有效地分散。风险过分集中,容易造成责任的累积,客观上要求开业资本金达到一定的规模,以使保险企业有能力应付可能出现的巨额损失索赔。

我国《保险法》第69条规定:设立保险公司,其注册资本的最低限额为人民币二亿元;保险公司注册资本最低限额必须为实缴货币资本;保险监督管理机构根据保险公司业务范围、经营规模,可以调整其注册资本的最低限额,但不得低于该条第1款规定的限额。第97条规定:保险公司应当按照其注册资本总额的20%提存保证金,存入国务院监督管理机构指定的银行,除公司清算时用于清偿债务外,不得动用。

(二)准备金的监管

保险准备金指保险人根据政府有关法律规定或业务特定需要,从保费收入或盈余中提存的一定数量的资金。准备金是保险企业的一种负债。各国政府之所以对准备金的提存作出限制性规定,其目的是为了充实保险公司营运资金,增加投资能力,促进保险业的健康发展;维护保险公司适当的清偿能力,保障被保险人的权益;确立适当的准备金提存标准及评估制度,稳定保险公司财务;加强保险业社会责任感,促进社会生活的安定。

政府对准备金的监管主要体现在提取准备金的种类和数额上,其内容因险种而异。一般地,财产保险公司提存的准备金主要有未满期责任准备金、赔款准备金和特别准备金;人身保险公司提存的准备金主要有责任准备金、未满期责任准备金和特别准备金等。

我国保险公司计提各类准备金的主要依据是《保险公司财务制度》,监管部门对准备金的管理体现如下:

1. 核定准备金种类

新的财务制度规定,公司提取的各项准备金包括未决赔款准备金、已发生未报告赔款准备金、未满期责任准备金、长期责任准备金、寿险责任准备金、长期健康险责任准备金。

2. 规定各种准备金的计提标准

例如,未决赔款准备金按最高不超过当期已经提出的保险赔偿或者给付金额的100%提取;已发生未报告赔款准备金,按不超过当年实际赔款支出额的4%提取;未满期责任准备金,按当期自留保费收入的50%提取。寿险责任准备金和长期健康险责任准备金的提取计算方法在开始实行年度前,报主管财政机关及保险监督管理部门备案,提取方法一经确定,不得随意变动,如需变动,须由保险监管部门批准并报主管财政机关备案。

3. 检查、监督准备金的计提

对于未按规定提取准备金或提取不足的保险公司,监管部门将依法给予罚款的处分,情节严重的,可以限制业务范围、责令停止接受新业务或吊销保险许可证。

(三)资金运用的监管

1. 国外保险资金运用监管简介

保险公司的资金来源比较多,可运用的主要包括保险公司的自有资金、保险准备金及其他资金。运用保险资金,一方面可以实现资金的保值增值,增强保险公司的偿付能力和经济实力,在竞争中处于优势。另一方面,保险企业作为非银行金融机构,具有资金融通的功能,其保险资金的运用可以极大地推动资本市场的发展,为社会经济的发展筹集大量资金,促进社会生产力的提高。

在保险资金里,除了一小部分是保险公司的自有资金外,很大部分是对投保人的负债,要用于将来可能的赔偿或给付,而且这种赔偿或给付具有时间上的不确定性和数额上的不一致性。如果保险公司的资金运用出现问题,到时不能足额赔偿或给付,不仅会影响保险公司的信誉,使其面临财务危机甚至破产,还会直接影响广大公众的利益。因而,各国政府无不对保险资金的运用进行严格的监管。

各国政府对保险资金运用的监管包括两方面:一是规定保险资金的运用方式;二是规定各种运用方式的限额。由于各国的经济政策、保险体制、历史背景等不同,政府的监管理念存在较大差异。一般来说,保险资金的运用主要有以下几种方式:不动产、股票、债券、银行存款、贷款。由于各国的经济发展程度不同,各种投资工具的完善程度有别,因而具体规定各不相同。如日本作出了如下规定,各种工具不得超过以下比例:购买股票30%、购置不动产20%、向同一人贷款10%、在同一银行储蓄或同一信托公司投资10%等。

2. 我国对保险资金运用的监管

我国《保险法》对保险资金的运用也有具体规定:保险公司的资金运用必须稳健,遵循安全性原则。保险资金运用的方式,仅限于银行存款,买卖债券、股票、证券投资基金份额等有价证券,投资不动产以及国务院规定的其他资金运用形式。保险公司的资金不得用于设立证券经营机构,不得用于设立保险以外的企业。保险公司运用的资金和具体项目的资金占其资金总额的具体比例,由金融监督管理部门规定。

(四)偿付能力的监管

1. 偿付能力监管概述

保障保险人的偿付能力是保险监管最根本的目标,保险公司偿付能力监管是保险监管的核心内容,保险监管各方面的工作都是围绕保险公司的偿付能力不低于某一水平而展开的。所谓偿付能力,指保险公司清偿到期债务的能力,即认可资产与负债的差额。一家保险公司偿付能力的强弱,归根到底取决于它的资产负债状况,即保险公司的自有资产和保险准备金的提留能否满足其偿债的责任。

各国保险法之所以对保险公司偿付能力标准的要求作出严格规定,目的在于确保被保险人的权益不受损害,当保险公司偿付能力发生困难时,有比较足够的缓冲时间来调整经营方向,并且为评估机构提供评估与检查保险公司偿付能力的标准。造成保险公司偿付能力不足的原因可归纳为以下几个方面:由于核保不当,承保的危险范围扩大,超过了预期损失;管理失误,未能做好内部控制与稽核;费用支出不合理;再保险安排失当;资产质量不佳;准备金提存不足;资金运用失误等。而造成整个保险业偿付能力下降的原因往往与一些特别因素有关,如通货膨胀、利率、行业盈利率等。

由于各国保险法规对认可资产和负债的规定不同,故保险公司偿付能力标准也因国家而异。如美国从业务、资产、投资等多项危险出发,选择采用风险基础资本额监管模式;英国及欧洲其他国家将承保、理赔、资本三者分别计算,取其高者;我国和其他一些国家则采用固定最低资本额模式。

2. 我国的偿付能力监管

中国保监会于2003年3月24日发布的《保险公司偿付能力额度及监管指标管理规定》进一步明确了如下内容:

(1)财产保险公司最低偿付能力额度为下述两项中数额较大的一项:①最近会计年度公司自留保费减营业税及附加后1亿元人民币以下部分的18%和1亿元人民币以上部分的16%;②公司最近3年平均综合赔款金额7 000万元以下部分的26%和7 000万元以上部分的23%。对于经营不满3年的保险公司,采取第①款规定的标准。

(2)长期人身险业务最低偿付能力额度为下述两项之和:①投资连结类产品期末寿险责任准备金的1%和其他寿险产品期末责任准备金的4%;②保险期间小于3年的定期死亡保险风险保额的0.1%,保险期间为3~5年的定期死亡保险风险保额的0.15%,保险期间超过5年的定期死亡保险和其他险种风险保额的0.3%。在统计中,未对定期死亡保险区分保险期间的,统一按风险保额的0.3%计算。

(3)短期人身险业务最低偿付能力额度为会计年度末实际资产价值减去实际负债的差额。

(4)最低偿付能力额度为衡量保险公司经营状况的核心指标,对实际偿付能力额度低于规定最低标准的公司,中国保监会根据具体情况可采取以下措施:

①对偿付能力充足率小于100%,但在70%以上的公司,中国保监会可要求该公司提出整改方案并限期达到最低偿付能力额度要求。逾期未达到的,可对该公司采取要求增加资本金、责令办理再保险、限制业务范围、限制向股东分红、限制固定资产购置、限制经营费用规模、限制增设分支机构等必要的监管措施,直至达到最低偿付能力额度要求。

②对偿付能力充足率在30%～70%之间的公司,中国保监会除采取上述所列措施外,还可责令该公司拍卖不良资产、责令转让保险业务、限制高级管理人员的薪酬水平和在职消费水平、限制公司的商业性广告、责令停止开展新业务以及采取中国保监会认为必要的措施。

③对偿付能力充足率小于30%的公司,中国保监会除采取上述所列措施外,还可根据《保险法》的规定对保险公司进行接管。

我国《保险法》对偿付能力监管作了许多规定。第138条规定,国务院保险监督管理机构应当建立健全保险公司偿付能力监管体系,对保险公司的偿付能力实施监控。第139条规定,对偿付能力不足的保险公司,国务院保险监督管理机构应当将其列为重点监管对象,并可以根据具体情况采取下列措施:责令增加资本金、办理再保险;限制业务范围;限制向股东分红;限制固定资产购置或者经营费用规模;限制资金运用的形式、比例;限制增设分支机构;责令拍卖不良资产、转让保险业务;限制董事、监事、高级管理人员的薪酬水平;限制商业性广告;责令停止接受新业务。第140条规定,保险公司未依照该法规定提取或者结转各项责任准备金,或者未依照该法规定办理再保险,或者严重违反该法关于资金运用的规定的,由保险监督管理机构责令限期改正,并可以责令调整负责人及有关管理人员。第145条规定,保险公司有下列情形之一的,国务院保险监督管理机构可以对其实行接管:公司的偿付能力严重不足的;违反该法规定,损害社会公共利益,可能严重危及或者已经严重危及公司的偿付能力的。被接管的保险公司的债权债务关系不因接管而变化。第150条规定,保险公司因违法经营被依法吊销经营保险业务许可证的,或者偿付能力低于国务院保险监督管理机构规定标准,不予撤销将严重危害保险市场秩序、损害公共利益的,由国务院保险监督管理机构予以撤销并公告,依法及时组织清算组进行清算。第152条规定,保险公司的股东利用关联交易严重损害公司利益,危及公司偿付能力的,由国务院保险监督管理机构责令改正。在按照要求改正前,国务院保险监督管理机构可以限制其股东权利;拒不改正的,可以责令其转让所持的保险公司股权。

(五)财务核算的监管

国家为了有效地管理保险企业的经营,必须随时了解和掌握保险企业的营业状况。各国一般都要求保险企业在年终时向主管部门递交年终报告,反映其财务核算状况。《保险法》第86条规定:"保险公司应当按照保险监督管理机构的规定,报送有关报告、报表、文件和资料。保险公司的偿付能力报告、财务会计报告、精算报告、合规报告及其他有关报告、报表、文件和资料必须如实记录保险业务事项,不得有虚假记载、误导性陈述和重大遗漏。"第87条规定:"保险公司应当按照国务院保险监督管理机构的规定妥善保管业务经营活动的完整账簿、原始凭证和有关资料。前款规定的账簿、原始凭证和有关资料的保管期限,自保险合同终止之日起计算,保险期间在一年以下的不得少于五年,保险期间超过一年的不得少于十年。"第88条规定:"保险公司聘请或者解聘会计师事务所、资产评估机构、资信评级机构等中介服务机构,应当向保险监督管理机构报告;解聘会计师事务所、资产评估机构、资信评级机构等中介服务机构,应当说明理由。"《保险公司管理规定》第66条要求保险机构应当按照规定及时向中国保监会报送营业报告、精算报告、财务会计报告、偿付能力报告、合规报告等报告、报表、文件和资料;保险机构向中国保监会提交的各类报告、报表、文件和资料,应当真实、完整、准确。所有这些都是为了保险企业的财务活动的稳定,防止其发生财务危机。

第四节 保险监管模式及其比较

保险监管的模式大致可以分为两类:一种是"英国型"模式,它重点监管保险企业的偿付能力额度,在其他方面,如承保费率、承保条件主张自由竞争;另一种是"日德型"模式,它主要是统一市场上的条款和费率,但对偿付能力额度却不作要求或要求不十分严格。

一、"英国型"保险监管模式

英国是世界保险大国,被公认为是全球最发达、最富竞争力的国际保险和再保险中心之一,其监管当局是金融服务局(FSA)。英国对保险经营的监管是相当宽松的,因为它崇尚自由市场的力量。而且发达的经纪人制度和完善的财务制度使放松国家监管成为可能。英国的保险市场分为保险公司市场和劳合社市场,英国的保险监督机关侧重的是对保险公司的管理,主要是对其偿付能力进行监管,对劳合社则依据专门立法赋予其自律的权利。

英国主要采取以下做法:

(一)规定偿付保证金

英国1981年的《保险公司管理条例》明确规定,所有注册的保险公司必须始终保持该条例规定的偿付保证金数额,所需的保证金的最低额度是以欧洲货币单位ECU计算的。英镑与ECU的汇率,统一使用上一年10月31日公布的汇率。

条例规定综合性公司必须将人身险与非人身险业务的偿付保证金分开计算,不能挪用。非人身险业务的最低限度保证金的计算按下面三种计算方法得出的最大金额为准。

1. 根据保费计算偿付准备金

总保费收入中第一个1 000万ECU的18%,加上总保费扣除这1 000万后剩余部分的16%。

2. 根据赔款计算偿付准备金

按前三个财务年度平均赔款计算,将总平均赔款中的第一个700万ECU的26%,加上总平均赔款剩余部分的23%。

3. 最低限度保证基金

根据业务种类的不同,在20万ECU和40万ECU之间。

人身险业务的偿付保证金按如下方法计算:数学准备金总额的4%,扣除一定再保险因素后(不超过15%),加上风险资本的0.3%(指保险金额减去技术准备金的余额)。人身险的最低限度保证基金是86万ECU。最低限度保证金以这两者中较大的为准。

(二)保险企业自由经营

保险企业只要具有足够的偿付能力,其经营是相当自由的。对保险费率的厘定,保险条款的设计,保险单的格式等,监管当局一般不加干涉。保险公司可以自己划分风险类别,保险企业的投资也不受任何限制。

"英国型"监管模式对于被保险人来说,既有有利方面,又有不利方面。有利之处是被保险人在购买保险商品时,由于竞争比较充分,价格水平较低。不利之处是,英国的被保险人容易遭受较多的保险人破产的损害。因此,英国后来通过了《被保险人保护法》,使其合法权益得到保护。

二、"日德型"保险监管模式

日本和德国同属一种模式,这种监管模式对保险企业的经营行为进行严格监管,主要是统一保险市场上的条款和费率。通过这种方式,可以使保险企业有足够的偿付能力,因而不必对企业的偿付能力额度进行直接规定。

日本保险业的管理部门是大藏省,大藏大臣是保险业的最高管理者。在大藏省内设有银行局,银行局下设保险部,具体负责对私营保险公司的行政监督和管理工作。此外,在大藏省内设有保险审议会和汽车损害赔偿责任审议会,作为咨询机构。

在日本,由各界学者、消费者、保险公司成员、大藏省人员组成了财产保险费率算定会。该会是一个中立机关,各财产保险公司均为该会会员。1949年,日本制定了关于财产保险费率计算团体的法律。该法规定:该团体算出的各险种费率须经大藏大臣认可,会员公司有遵守的义务;大藏大臣每年对算定会制定的费率进行实地检查;防止对保险费折扣的竞争,制定合理、妥当、公平的保险费率制度等。算定会的费率制度中,包括纯费率和附加费率在内的所有营业保费均用统一的费率。在日本的保险业法中对保险条款、险种和费率均有严格的规定。

德国的保险业是一个受到高度监管的行业,主要体现在以下几点:一是统一的契约和危险分类。比如德国的汽车险,监管部门将危险分成几类,保险公司以此作为承保的共同依据。在此基础上,形成了不同的契约种类。二是费率控制。所有的保险公司必须按监管部门的规定,确定各自的费率。制定方法是:风险保费加预计管理费用和佣金,再加安全准备金和占总保费3％的收益率。其中,风险保费由行业平均损失率确定,预计管理费用由前年的结果来确定,佣金不得超过保费的11％。三是利润控制。德国保险监管机构认为保险企业的利润水平不得超过总保费的3％,超过的部分要返还给被保险人。四是偿付能力控制。德国的偿付能力指标只是作为一种早期预警系统,只有出现了非常紧迫的偿付能力问题时,监管部门才进行干预。欧共体关于保险的指令也被引进了德国法规体系,关于偿付能力的规定与英国相同。实际上,由于严格的费率、条款的控制,一般保险公司拥有比要求水平还高的偿付能力,偿付能力指标对德国的保险公司约束力不强。

"日德型"监管模式的效果比较明显。1901年以来,德国只有3家保险公司破产,日本只有1家保险公司破产。但是有利必有弊,由于保险市场缺乏费率方面的竞争,保险商品的价格较高,并且由于保单条款、费率的统一,使保险经纪人失去了存在的土壤。

三、两种监管模式的发展趋势

随着时间的推移,也随着各国保险市场的不断开放,以上两种监管模式不断地融合,彼此互相借鉴。

(一)对偿付能力的监管被普遍接受

随着国际保险业的发展,对偿付能力指标进行监管越来越被国际社会接受。在欧共体各成员国内部,已普遍采用了对偿付能力进行监管的英国做法;在美国,各州保险监督局利用一套预警指标体系,对保险公司的偿付能力进行十分严格的监视,当保险企业的偿付能力亮起红灯时,保险监管机构就会采取措施及时处理;在我国香港、新加坡等亚洲较发达的市场,对偿付能力也有明确的规定。

(二)费率监管有放松的趋势

纵观世界各国对费率的监管,松紧程度差异很大:有的国家由监管部门统一制定费率,保险公司必须执行;有的国家只规定费率的计算公式,由保险公司自己制定费率,然后由监管机构审批;有的国家保险费率则由同业公会统一管理。随着国际贸易的一体化,保险业的国际性逐渐加强,各国对保险费率的管理受到外来的压力,如美国对日本的频频施压,在此大环境下,费率监管有放松的趋势。又如,在欧共体成员国内,任何一个国家的消费者可以购买任何一个成员国的保险商品,这种趋势必将导致国际范围内的保险竞争。各国监管机构制定的费率水平受到外来低费率的挑战,从而不得不放松对费率的管理。

(三)融合两种模式,两者兼取

在某些国家的保险市场上,监管机构根据本国的实际情况,既对保险企业的偿付能力进行要求,又对保险条款、保险费率进行管理。比如瑞典、瑞士、中国等。

第五节 我国保险监管的完善

一、保险监管的目的和意义

(一)我国保险监管的根本原因

在我国保险业短短的发展历史上,有较长的一段时期实施的是保险垄断经营模式和政策。应当指出,这种与当时计划经济体制相适应的垄断经营模式在我国社会生产和生活中,曾发挥过重要作用,因此其存在具有一定的合理性。然而在这种经营模式下,保险不属于商品经济的范畴,保险经营行为本质上是政府行为,保险监管也失去了意义和必要性。

随着我国经济体制的改革和对外开放,以及社会主义市场经济体制的建立,保险垄断经营模式已不适应外部环境的变化,其弊端也愈加明显,打破这种垄断经营模式具有客观必然性。1985年,我国颁布了《保险企业管理暂行条例》,这一条例从法律上确立了我国保险市场应采取多元化模式,否定了垄断经营模式,从而掀开了我国保险业的新篇章。

那么,在市场经济条件下,当保险按照市场机制要求运行和发展时,保险是否应被监管?保险监管的必要性是什么? 目前多数学者认为,保险监管的必要性是在于保险经营的特殊性。其具体表现为:保险经营对象的特殊性、保险销售过程的特殊性、保险经营对象的负债性、保险基金的返还性、保险业务的分散性、保险影响的广泛性等。事实上,上述经营特殊性在国民经济各行各业中并非都是唯一的。也就是说,保险经营的特殊性并不足以说明保险监管的必要性。保险监管的根本原因在于"市场失灵"。

从我国保险实践看,同样存在着"市场失灵"的情况。如:有的保险公司依靠行政手段采取强制的展业方式;有的保险公司违规经营,无序竞争,并形成垄断势力;由于保险经营特殊性,保险公司对市场调节信号缺乏敏感性,个人寿险市场发展已具有一定的盲目性;与保险人相比,被保险人的信息相对不足,被保险人的经济福利不能最大化,有时还会由于虚假的信息提供和不公正交易使被保险人的利益受到损失。此外,投保人或被保险人利用信息不对称进行逆选择。因此,为了弥补保险市场运行本身的弱点和缺陷,为了减小或消除这些"市场失灵"的情况及其影响,保险监管无疑具有必要性和合理性。

(二)我国保险监管的目标

保险监管运行的基本问题:一是有明确的管理主体,即谁来管;二是有明确的监管目标,即管理什么,通过监管活动应达到什么预期的结果;三是有明确的监管手段,即如何管。因此,监管目标是监管活动中的重要问题,也是监管活动的基础。

监管目标可分为总目标和一定时期的目标。就我国保险市场监管而言,保险监管的总目标是比较明确的。一般而言,保险监管总目标的确立与保险监管的基本职能有内在联系,其主要内容是保证保险事业的健康、有序发展,发挥保险的经济保障作用。对此,我国《保险法》在第1条也作了相应规定:保险监管是"为了规范保险活动,维护保险活动当事人的合法权益,促进保险事业的健康发展"。

根据我国社会主义市场经济要求,我国保险监管在未来一段时间(三到五年内)的主要目标是:加快培育保险市场,增加市场经营主体,建立一个市场主体多元化、地区分布合理、市场要素完善的以民族保险业为主导的具有开放性的保险市场体系。

需要指出的是,在市场经济条件下,保险市场失灵现象是不可避免的,即使非常完善的保险监管体系,也不能保证每一个市场主体的经营行为都是规范的,也不可能绝对保证任何一家保险公司都不破产。因此,保险监管的目标和任务不能简单地定位在规范保险市场行为上,如果把保险监管仅仅视为合法性、合理性的监控活动,显然是与保险监管的基本职能相违背的,也是与国家干预保险经济行为的经济职能相违背的。

为了达到上述保险监管的目标,应完成以下几个方面的任务:①进一步建设和完善保险法律体系,为培育保险市场创造一个良好的法律环境;②改革我国保险产业布局,根据经济区域合理配置保险产业资源;③扩大保险市场开放试点城市,在引进国外保险资本的同时,引进国外先进的保险技术,促进民族保险业的发展;④加强民族保险业的发展,在增加市场主体数量的同时,加快保险基金的积累,增强其偿付能力和承保能力;⑤充分发挥保险行为自律作用,将部分政府监管的内容转交给保险行为协会,为保险监管逐步过渡到以偿付能力为主的监管模式创造条件;⑥推进保险公司体制改革,逐步对保险公司的资产进行重组,加快保险公司上市的步伐。

二、我国保险监管的现状及影响因素

一个国家保险监管效率的高低,除了监管机构本身以外,还有其存在的社会环境。影响我国保险监管的因素很多,归纳起来有以下几个:

(一)有效竞争不足

近年来,恶性竞争成为我国保险市场的普遍现象,几乎所有的保险公司都或多或少地通过高返还、低手续费、提高保障范围、帮助企业融资等手段在市场上争揽客户。这种不计后果的竞争行为不仅导致保险公司经营成本的不断上升、经营风险日益加大,而且破坏了市场秩序,影响了保险公司的信誉。

对于恶性竞争形成的原因,一种观点认为:是由保险公司急功近利、片面追求数量增长,代理人市场混乱等因素所造成,因此需要强化对市场行为的监管;另一种观点则认为:是由于保险公司过于集中形成了竞争过度,因此要限制市场准入。近年来监管部门不断加大查处力度并严格控制新设保险公司,但从实际效果看,问题并未得到根治,这表明上述两种判断均没有抓住要害。

我们认为,问题的症结在于,我国保险市场仍然是一个具有较高垄断程度的不完全竞争市场。其基本特征,一是市场竞争主体数量过少,二是缺乏市场退出机制。由于市场准入受到严格管制,获取保险执照的公司事实上受到了无形的保护,特别在目前中资保险公司基本为国有或国有控股的情况下更是如此。在这样的市场中,有效竞争明显不足。

经济学将不完全竞争定义为企业对产品价格具有一定程度的控制能力,并因此而获得超额利润。由于中国保险商品的价格受到政府严格管制,不完全竞争并不表现在价格上,而是表现为:①企业竞争行为扭曲——既然优胜劣汰的市场机制不能发挥作用,经营者当然感受不到市场的压力,不计后果的高风险活动泛滥便成为自然结果;②压低赔付率,抑制投保人正常的合理赔偿要求以获得超额利润。20世纪90年代以来,我国保险业的平均赔付率基本保持在50%~60%之间。而在国外,保险业的赔付率一直较高。如英国、日本赔付率在80%以上,美国则曾高达100%。

需要指出的是,不完全竞争状况并不排除存在争夺市场份额的激烈商战,但这种颇具破坏性的市场角逐不能等同于有效竞争。不完全竞争的后果包括:

(1)加大业内风险。盲目竞争必然会抬升保险成本,最终带来偿付能力不足的问题。

(2)降低服务效率,抑制保险企业的技术创新能力和竞争力。目前从投保人得到保障的程度、保险商品的选择余地、出险以后的索赔等方面来看,中资保险公司的诚信度和提供的服务都远远不够。近年来,保险纠纷已成为投诉热点之一。

(3)加大监管成本,破坏竞争秩序。由于保险公司缺少自律动力,监管部门被迫承担了全部市场行为监管工作,不仅偏离了应有的监管重心,而且精力牵制过多,监管成本过大。由于监管部门事实上不可能监管所有分支机构和代理机构的全部市场行为,竞争秩序问题便无法根治。

改革开放以来,中国保险市场由高度垄断走向逐步开放,这一进步值得充分肯定。但现实表明,保险市场对内开放的程度还很不够,国有或国有控股保险公司的垄断程度依然很高。鉴于恶性竞争表象背后的深层原因是有效竞争不足,要改善保险监管和提高中资保险公司的竞争实力,只能从促进市场竞争着手。

(二)保险监管的法律法规体系内容尚需进一步完善

《保险法》作为基本大法经过2002年和2009年的两次修订,已基本适应我国保险业的快速发展要求,但《保险法》在许多方面——如对外资保险公司和再保险公司的监管、反不正当竞争、网络保险监管和保险企业高层管理人员的资格审定、保险资金运用管理、核保和理赔规则、保险企业的评估准则——都缺乏法律条文,缺乏具体的实施细则。

(三)政府监管部门缺乏足够的权威性,监管手段仍以行政手段为主,缺乏必要的透明度,监管者与被监管者之间的信息严重不对称

经国务院批准,1998年11月18日中国保险监督管理委员会在北京成立。根据国务院规定,中国保监会是中国商业保险的主管部门,为国务院直属事业单位,根据国务院的授权履行行政监管职能,依照法律、法规集中统一监管保险市场。

中国保监会的基本职能有两个:一是规范保险市场的经营行为;二是调控保险业的健康发展。具体分为四个方面:

(1)拟定有关商业保险的政策法规和行业发展规划;

(2)依法对保险企业的经营活动进行监督管理和业务指导,维护保险市场秩序,依法查处保险企业违法违规行为,保护被保险人利益;

(3)培育和发展保险市场,推进保险业改革,完善保险市场体系,促进保险企业公平竞争;

(4)建立保险业风险的评价与预警系统,防范和化解保险业风险,促进保险企业稳健经营与业务的健康发展。

但是,在保险公司的市场准入和退出问题上保监会没有实际权力,行政处罚和法律制裁往往也流于形式。同时因定位不清,实际工作中还存在着重复监管和监管真空并存的问题,例如,工商部门与保监会之间因职能划分不清产生纠纷,保险监管方面多有交叉和重复;又如,规模达40亿元左右的职工互助合作基金由总工会负责管理,规模达20多亿元的安保基金由石化集团管理,二者均未纳入保监会的监管范围之内。

(四)尚未实现从合规性监管向风险性监管的过渡

目前,监管重心仍然放在保险机构的市场行为上,对保险企业资本金和资产负债表的审慎监管、对真正的风险评估和风险管理均重视不够。特别是缺少对保险机构的跟踪分析,基本上还处于事后"救火"的被动状态。

在偿付能力监管方面存在如下问题:

(1)对偿付能力额度的计算方法和规定仍是照搬国外相关法规,如《保险公司偿付能力额度及监管指标管理规定》中关于财产保险、短期人身保险和长期人身保险偿付额度的计算方法、准备金提取比率等,都源自英国的《保险公司法》和相关的法规,缺乏可行的资产认可和实际负债界定制度的支持。

(2)未充分考虑保险公司承保风险的能力。如果公司保险金额迅速增长,而保费收入跟不上其增长,有可能会降低对保险公司最低偿付能力额度的要求,导致偿付能力出现问题。另外,对于资产的流动性风险问题也未能考虑在内,尤其是对公司的现金流量几乎没有分析,还有诸如经营管理风险等也未加考虑。

(3)预测性保险监管不及时,信息披露频率低。财务指标分析是一种静态分析,不能反映保险公司偿付能力风险的变化,可能会丧失及时采取补救措施的时机。当前,我国偿付能力监管的信息建立在每年一次的审计报告、精算报告和公司年度财务报告的基础上,而报告的提交要到第二年度的前3个月内,时间跨度长,指标分析不能动态反映保险公司偿付能力状况。对基层保险机构严重影响到偿付能力的经营行为更无法及时管控。

(4)保险监管报表内容不能适应当前需要。没有建立起一套既符合国际惯例又适应我国监管要求的保险监管会计准则。报表指标体系不健全,且部分偿付能力监管指标无法依据保险公司所报业务和财务监管报表来测算,只能被动地由保险公司填算,报表数据的利用率和有效性不高。由于缺乏真实性制约机制,受保险公司高管人员的法制观念和经营指导思想的影响,基于外部市场竞争和内部考核等压力,保险公司人为粉饰报表,主观上造成监管报表数据失真。

(5)我国的准备金提取不具有弹性。如寿险公司应当按照有效的人寿保险单的全部净值提取未到期责任准备金,未决赔款准备金的提取按照已经提出的保险赔偿或给付金额提取。而这种准备金提取方式对新成立的保险公司相当不利,保险公司所收的保险费如按规定提取准备金,所剩余的部分不足以支付公司的营业费用。这种准备金的提取方式必然加重了新公司的储蓄负担,致使公司的资金不足,不利于公司的发展。

三、建立和完善我国保险监管体系的若干设想

(一)进一步确立开放型的现代保险业监管目标和理念

当前要从全球保险业国际化的发展趋势出发,调整和完善我国的保险业监管目标:首先,努力维护保险人和被保险人的合法权益,保障我国保险业健康、安全、有序地发展;全面提升我国保险业的国际竞争力;充分发挥市场机制配置资源的作用,强化政府监管,兼顾保险市场的效率与公平。其次,建立和完善以保险监管机构为主体、保险机构内部控制为基础、行业自律和社会监督为补充的全方位、多层次的监督管理体系,不断提高我国的保险监管水平。最后,要坚持对保险业的依法合规性监管,避免监管的随意性和盲目性,克服治标不治本的短期监管行为,逐步使我国保险业监管向规范化、程序化、制度化的方向发展;在监管内容和方法上也要进一步更新观念,鼓励保险创新,降低监管成本。

当前在保险监管中要逐步实现以下转变:一是由单纯的业务合规性监管,向合规性监管与风险性监管并重、以风险性监管为主的方向发展;二是由非现场检查为主向现场检查与非现场检查相结合方向发展,尽快建立有效的风险预警系统;三是由传统的手工检查,向手工检查与计算机检查互补、以计算机检查为主的方向发展;四是由对保险违法"创新"的事后管制,向事前防范、正确引导保险机构的创新活动、将保险监管和保险创新有机地结合起来的方向发展。此外,还要注意根据不同时期监管政策的要求和保险机构的自身特点,努力寻找政府保险监管与保险机构内控的最佳结合点和结合方式,切实将保险监管政策融入保险企业完善内控、加强管理的工作之中,努力提高监管的有效性。

(二)尽快完善我国保险监管的法律法规体系

完善的保险法律、法规应该包括:对各类专业机构(代理人、经纪人、公估人)的监管、被保险人权益的保障、反垄断、反不正当竞争、反保险欺诈以及会计制度等诸多内容。建议国务院和全国人大的有关立法部门尽快将《保险法》的再次修改与完善纳入议事日程;同时,建议保监会抓紧制定和出台与《保险法》相配套的行政法规和规章制度。为了提高监管部门的权威性和独立性,提高监管效率,修改后的法律应进一步明确中国保监会对保险业所拥有的专属监管权利,其行为能力不受有关各方的干预和牵制,并适度增加保监会及其派出机构的编制。此外,在法律上应进一步确立以保监会为主、其他相关机构为辅的多重监管体系,明确各职能部门的分工和职责以及保险业行业协会、专业性的保险同业协会(如代理人协会、经纪人协会、公估人协会、精算师协会等)的地位和作用。

需要强调的是,立法部门要尽快扭转求全求稳求严的心态,克服现实中存在的"立法周期长、法律有效期短"和"立法过严、执法过松"等问题。可以参照国外做法,一是根据情况的变化,及时出台法律"修订案",使法律的修订工作经常化;二是实现专家立法,并委托专家对相关法律法规进行跟踪研究;三是及时、充分公布有关信息,以便于集思广益。

(三)努力改进保险业监管方式和手段

1. 进一步突出对保险公司偿付能力的监管

(1)建立适合我国国情的保险偿付能力监管预警系统。所谓建立预警系统是指根据相关法令和保险经营原则,设立一套关键业绩指标体系,评审保险公司财务状况,并对可能出现问题的公司在早期发出警告,或争取必要的措施指导其尽快予以改善。美国设有保险偿付能力

早期监管预警系统(EWS)。根据我国《保险法》相关规定,在保险公司经营运行过程中,国家金融监督管理部门有权实施监督管理,这为我国建立起一套早期风险预警系统提供了法律依据。根据保险业分业经营的特点,建立不同的财务指标体系。通过保险监督机构对保险公司的检查,可以得到评价结果,把该结果与设定预警指标相对照,由保险监督机构对各个保险公司实施预警。

(2)灵活监管保险企业资金的运用。一方面放宽保险资金的渠道,另一方面加强对其合理运用的法律监管。在具体的运用渠道上,可借鉴西方通行做法,允许保险资金按规定比例运用。保险公司应主要投资那些平均违约风险较小、投资收益稳定的中长期固定收入证券,同时为了避免中长期固定收入证券的利率风险,可以投资于对利率不敏感的短期固定收入证券,或者通过金融衍生产品的对冲来抑制利率风险。还可参加为支持国家大型工程建设项目而组织的银团贷款等。

(3)建立公开信息披露制度。保险监管部门应按《保险法》要求,督促保险公司向社会公众发布财务状况,披露公司资信,增加公司透明度,形成公众的社会监督。监管部门还可以指定独立的会计师事务所和独立的精算机构定期提供对各保险公司的审计报告和精算报告,督促保险公司不断改善自身的经营管理与资产状况,充分发挥保险同行间互相督促的作用,更能提高保险监管作用。

(4)建立保险保证基金的集中管理制度。建立保险保证基金的目的是保护无偿付能力保险公司保单持有者的利益。各国对保险保证基金的征收一般有两种方式,即无偿付能力前征收和无偿付能力后征收。在中国实行的是无偿付能力前征收。我国《保险法》规定,为了保障被保险人的利益,支持保险公司稳健经营,保险公司应当按照保险监督管理机构的规定提存保险保证基金。目前我国保险保证基金由各保险公司以大额存单的形式存放于中央银行或中央银行指定的商业银行,没有形成集中统一的管理制度,缺乏流动性,难以切实发挥其最后保障的功能。可成立专门的保证基金管理机构对其进行集中管理,在必要时给被保险人以补偿。

2. 推进保险业信息化建设,建立和完善保险业监管信息系统

要制定和完善全行业信息化建设规划和具体信息标准,构建开放型的中国保险业信息网以及完善的保险监管信息系统,及时披露保险机构的业务经营情况和风险状况。要充分运用现代电子化手段,改善信息传递方式和速度,增加信息的透明度和准确性,加强对保险业风险的实时监管。要建立和完善保险风险预警指标体系,做到有严密的风险控制、经常的风险监测、及时的风险报告、审慎的风险评估,并按不同的监管责任,提出防范和化解保险业风险的预备方案,妥善处置保险业风险。

3. 根据国际审慎监管原则,严格保险机构市场准入

优化保险机构体系,严格掌握外资公司市场准入标准,合理把握外资保险机构的发展规模和发展速度;同时要建立严格的市场退出机制,坚决淘汰偿付能力严重不足的公司,防止行业性风险的爆发。

4. 把道德风险的防范提升到应有的水平

突出对保险机构高级管理人员职责行为和职业道德操守的监管,严把保险机构高级管理人员准入关,建立保险机构高级管理人员退出机制,建立对保险机构高级管理人员任职期间的谈话与诫勉制度、业绩监测与考评的指标体系等,防止发生道德风险。

5. 加强监管队伍建设,完善监管责任

要通过选拔、培训等各种方式努力提高监管人员的素质,抓紧培养一支高素质的监管队伍。要明确和完善监管责任制,认真开展内审和监察工作,严肃查处在监管中的严重违规违章问题,加强对保险监管的再监督,保证保险业监管的公正性和有效性。

(四)加强对国有保险公司的监管

把保险监管部门的监管与金融机构监事会的监督检查结合起来,强化以财务监督为核心的监督检查力度,把年度定期检查与专项检查相结合,以专项检查为重点,促进国有保险公司依法合规经营。国有保险公司监事会要加强同保险监管部门的联系,相互通报有关信息和情况,进一步健全国有保险公司的监管机制,提高对国有保险公司的监管效率,从而形成保险监管部门与国有保险公司监事会相结合的监管体系,走出一条有中国特色的保险业监管的新路子。

(五)要强化保险机构内部控制和行业自律机制

保险机构内部控制是政府保险监管的基础。目前,我国保险机构内部控制还存在着各种各样的问题,个别保险机构的内部管理和控制还很不完善,缺乏必要的内部监督和制约。对此,我们要借鉴国际经验,按照《保险公司内部控制制度建设指导原则》的要求,不断强化各项内部管理机制、基础管理制度和内部监督体系。特别是要加强对保险资金运用的管理,严格分离资金运用业务与保险业务,建立独立有效的投资决策机制、投资风险评估机制和投资行为监督机制,切实防范和化解保险风险。与此同时,要加快保险业自律组织体系建设,保险行业协会要发挥行业协会自我管理、自我服务、自我监督功能,认真指导和监督各会员贯彻执行各项政策法规和遵守同业规则,制止保险机构之间的不正当竞争,努力成为政府监管部门的有效补充。

(六)借助中介机构力量加大现场检查力度

由于受保险信息披露质量、监管成本、监管资源等方面因素的制约,保险监管信息往往与实际情况存在一定误差。为了确保保险监管发挥应有的功效,我们还应借助独立审计等中介部门的力量对保险机构的财务报表和会计记录进行检查,并借此进一步分析保险公司的资产质量情况和风险状况,增强对违规违法事实认定的法律效力。

(七)加强保险业监管的国内和国际合作

随着保险竞争的加剧和保险信息化的发展,保险与银行、证券相互渗透的趋势正在加快,由此导致了监管交叉和监管真空问题。对此,保险监管部门要加强与银行业、证券业等监管部门的协调和合作,定期进行业务磋商,交流监管信息,解决混业经营趋势下的分业监管问题,支持保险公司拓宽业务。与此同时,要加强与各国保险监管部门的交流与合作,积极加入国际保险同业监管组织,认真学习国外保险监管的先进经验,及时掌握国际保险业监管发展的最新动向,加快与国际保险业监管接轨的步伐。

本章小结

1. 保险监管是指一个国家对保险市场进行的监督和管理。保险监管制度产生于 16 世纪后半期的英国。保险监管产生的原因在于:保险事业的公共性、保险合同的特殊性、保险技术的复杂性、保险市场具有一定的垄断性、保险交易双方信息的不对称性。

2. 保险监管适用的一般原则为坚实原则、公平原则、健全原则和社会原则等。保险监管的

目标有三个：保证保险人具有足够的偿付能力、防止保险欺诈、确保保险业整体稳定发展。

3.保险监管体系由保险监管法规、保险监管机构和保险行业自律三大部分组成,但严格意义上的保险监管体系不包括行业自律。保险监管法规的内容包括对保险监管对象的规定和对保险监管机构授权的规定。基本内容有：保险业务许可、保险企业的组织形式、最低偿付能力、保险准备金、再保险安排、保险资金的运用、保险企业的资产评估、保险会计制度、财务报表、破产与清算、保险中介人的管理等。保险监管机构因国家而异,不同国家或同一国家的不同时期有不同的监管机构。保险行业自律组织是保险监管的重要补充,起着十分重要的横向协调作用。

4.保险监管的方式有公示监管、准则监管、实体监管三种。保险监管的内容包括：组织监管、经营监管、费率监管和财务监管等。

5.目前世界保险市场存在着两种监管模式："英国型"和"日德型",两者各有所长,逐渐融合。

6.我国保险监管机构是中国保监会,我国已经建立了保险监管法律和法规,在已经加入WTO而且保护期已经结束的今天,我国有必要调整自己的监管目标,针对保险监管的现状,分析影响我国保险监管的因素。

关键术语

保险监管　偿付能力　保险行业自律　保险准备金

思考练习题

1.简述保险监管产生的原因。
2.保险监管的原则与目标有哪些？
3.比较保险监管三种方式的异同。
4.试述保险监管的内容。
5.如何理解偿付能力的监管是保险监管的核心？
6.如何评价两种保险监管模式？
7.结合实际,你认为我国的《保险法》在保险监管方面应作出哪些修订？

第十二章 社会保险

> **本章要点**
> 1. 社会保险的概念、特点、功能与作用
> 2. 社会保险的种类
> 3. 社会保险的产生与发展

第一节 社会保险概述

一、社会保险的概念

关于社会保险的含义,人们有多种表述。1953年在维也纳召开的国际社会保险会议文献中,曾对社会保险的概念做过如下的表述:"社会保险是以法律保证的一种基本社会权利,其职能主要是以劳动为生的人,在暂时或永久丧失劳动能力时,能够利用这种权利来维持劳动者及其家属的生活。"美国危险及保险学会社会保险学术委员会经过仔细研究讨论后,把社会保险界定为:"通常由政府采用危险集中管理方式,对于可能发生预期损失的被保险人提供现金给付或医疗服务",并给出了具体的构成要素。我国的学者有的将社会保险定义为:"社会保险是根据立法,由劳动者、劳动者所在的工作单位或社区及国家三方面共同筹资,帮助劳动者及其亲属在遭遇年老、疾病、工伤、残废、生育、死亡、失业等风险时,防止收入的中断、减少和丧失,以保障其基本生活需求的社会保障制度。"有的将社会保险定义为:"是由国家通过立法形式,为依靠劳动收入生活的工作人员及其家属保持基本生活条件、促进社会安定而举办的保险。"还有的将社会保险定义为:"是国家通过筹集各方资金或通过财政预算,对遭遇生育、疾病、工伤、失业、年老以至死亡等不可规避的风险,而暂时或永久丧失劳动能力,失去工资收入的工薪劳动者,提供一定程度的收入补偿,使他们仍然能够享有基本生活权利,安然度过风险,从而促进社会稳定的一种社会政策。"

尽管人们的表述不一,但从中我们可以看出,社会保险在以下几个方面具有共性:

社会保险是一个复杂的概念,它涉及政治学、经济学、社会学、伦理学、法学等多个领域,可以从不同的侧面下定义。社会保险也是一个动态的概念,随着社会经济环境的快速变迁不断在进行改革,因而社会保险的内涵和外延也在不断发生变化。

社会保险是以解决社会问题,确保社会安定为目的,是为实行政府的社会政策而建立的一种社会保障制度。社会保险是通过国家立法形式,强制实施的保险制度。凡在社会保险制度与法律规定范围内的劳动者,都有权利享受。社会保险保障的对象是劳动者。社会保险的保障水平略低于原有的生活水平,维持丧失劳动能力的劳动者及其家属的基本生活需要。社会

保险实行专业化、社会化管理。

综上所述,我们认为,社会保险是指国家通过立法形式,对国民收入进行分配和再分配,建立社会保险基金,为丧失劳动能力、暂时失去劳动岗位或因健康原因(疾病、残废、伤亡、生育)造成损失的人口及劳动者提供收入或补偿等基本生活需要的一种社会和经济制度。社会保险计划由政府举办,强制某一群体将其收入的一部分作为社会保险税(费)形成社会保险基金,在满足一定条件的情况下,被保险人可从社保基金获得固定的收入或损失的补偿,因此,社会保险是一种再分配制度,它的目标是保证物质再生产及劳动力再生产的顺利进行和社会的稳定。

二、社会保险的特点

社会保险作为一种特定目标的分配手段,和其他经济行为相比较,有以下几个特点:

(一)强制性

社会保险是国家为解决社会问题、确保社会安定,通过立法强制实施的一项社会政策。所谓强制性,是指社会保险由政府强行建立和实行。一经国家立法确定保险范围,其范围内所有的企业和劳动者都必须无条件地参加社会保险,即同社会保险机构之间建立了社会保险关系,并按现实情况履行缴费义务,不必事先订立契约。强制性对社会保险的发展有十分重要的意义:强制性可以使符合条件的国民都加入保险,从而保证社会保险经营原则——大数法则的实现;强制性能有效地减少逆选择;强制性能保证社会保险基本目标——维持劳动者基本生活的实现。

(二)保障性

社会保险的目的是对于生活、生存困难的社会成员的基本生活需要给予切实的物质保证。所谓保障性,是指社会保险对暂时或永久丧失劳动能力的劳动者提供基本生活保障,即当他们失去劳动能力或中断收入时,能获得必要的物质帮助,从而安定社会秩序,促进经济稳定和社会进步。这是实施社会保险的最基本目的。

(三)政策性

社会保险是国家和社会基本政策的直接体现,是维持社会政治、经济秩序和经济正常发展的战略手段。它要求社会效益重于经济效益。社会保险虽然在具体运行中不排除精确的计量手段,同时也强调基金运用要有一定的经济效益,但是不能以经济效益的好坏决定社会保险项目的取舍和保障水准的高低,这是社会保险的明显特征之一。由此就决定了社会保险所有成员均对实现上述根本政策目标负有不可推卸的责任,特别是国家在这一方面的责任更加明确,在必要时甚至可以暂时牺牲局部的经济效益,确保社会保险政策的实施,以求整个社会的稳定。

(四)社会性

社会性是指社会保险的实施范围很广,可以把劳动者普遍面对的风险,如生育、死亡、工伤、残疾、失业、年老、疾病等风险,都列入相关的保险项目。社会保险应在全社会范围内普遍实施,使所有社会成员都能得到保障。社会保险是所有社会劳动者的一项基本权利,社会保险对所有社会成员具有普遍保障的责任。社会成员之间,只存在着保险基金的筹集方式、保险的范围、项目、标准以及采取的形式等方面的不同,而不存在有或没有社会保险的差别。

(五)调节性

社会保险是国家调节个人收入差距的特殊手段。首先,它只有在劳动者劳动过程中断时才发挥作用；其次，社会保险提供的保障有专门的目标；同时社会保险待遇给付标准一般不与个人劳动贡献直接关联，而与满足基本生活保障的需要相联系。最后，社会保险分配政策的制定，以有利于低收入阶层为原则，因为同样的危险事故，对于低收入劳动者所造成的威胁要大于高收入劳动者，因此，社会保险具有调节个人收入差距的特征。

(六)互济性

互济性是指人与人之间在社会生活中相互帮助的社会行为。在社会保险中，互济性贯穿于整个基金的筹集、储存和分配过程中。社会保险的互济性主要表现为被保险人缴纳的保险费，在保险范围内进行地区之间、企业之间，或强者与弱者、老年人与年轻人之间的调剂，被保险人的实际使用数往往多于或少于缴纳数额，即"取之于己，部分用之于人；或部分取之于人，用之于己"。这是因为每个劳动者的情况是不一样的，每个劳动者的寿命长短不同，对社会保险金的需要量不一致，因而对社会保险金的分配、使用，在数量上、时效上不相等，有的人享受的社会保险金是"部分取之于己，部分取之于人"；有的人却"部分用之于己，部分用之于人"。这样，就在劳动者之间互相调剂。这种互济性还表现在在职的帮助离退休的劳动者，男工帮助女工，健康劳动者帮助不健康的劳动者。社会保险金统筹的范围越广，互济性的效果就发挥得越充分。

(七)福利性

所谓福利性，就是社会保险事业不追求营利，追求给全体劳动者生活保障，改善待遇。从广义上说，社会保险也是一种福利事业。社会保险事业一般由不以营利为目的的公共权力机构进行管理，社会保险的经费来自企业、个人、政府三方，被保险人缴纳的保险费比较低，个人负担不重，享受时可以以最少的支付获得最大的社会保障；另外，社会还根据被保险人的实际需要提供各种社会服务，如医疗护理、伤残重建、职业康复、职业介绍以及许多老年服务等活动。国际劳工组织规定，社会保险费个人只能负担一半，这是极限，不能超过这个极限。

三、社会保险的功能与作用

(一)社会保险的功能

1. 保证社会成员及劳动者的基本生活，实现社会稳定

保证暂时或永久丧失劳动能力及失业时劳动者的基本生活，使之生活安定，实现社会稳定，这是社会保险的首要功能。社会保险是安定社会的有效机制，也可以称之为稳定机制。社会保险通过对国民收入的分配和再分配形成的基金，为特定的人群提供收入损失的保障，保证了人民的基本生活需要，防止和减少了贫困的出现或缓和了贫困程度，使人口再生产得以顺利进行。社会保险致力于创造良好的社会环境，从而提高了全社会的就业水平和福利水平，保证经济的稳定发展和社会的安全运转。只有社会保险的稳定机制与市场经济的动力机制协调配套，才能形成高效率的社会经济运行模式。社会保险能使被保险人增强心理平衡和社会公平感，有利于社会安定。社会保险的这种功能尤其是在失业问题严重、经济衰退时期显得十分重要。所以有人把社会保险称作社会的"安全网"和"减震器"。

2. 保证社会成员及劳动者的健康，维护劳动力再生产

社会再生产是物质资料再生产和劳动力再生产的统一，劳动力再生产如果发生了故障，就会危及社会再生产的顺利进行。社会保险能保护劳动者的身体健康。此外，生产的发展和劳动生产率的提高不仅需要劳动力的维持，还需要劳动力素质的提高。建立社会保险，劳动者

生、老、病、死、伤残都能得到物质上的帮助,就可以减轻家庭负担,从而能够把更多的金钱和精力用于学习文化技术,以提高劳动力的素质。

3. 促进生产发展,保障经济正常运行

社会保险是生产发展和社会进步的产物。社会保险促进经济发展的功能表现在两个方面:一是社会保险作为需求管理的一个重要工具,通过加大公共开支,增加社会总需求促进经济的增长。当失业人数增多、有效需求不足时,社会保险增加失业救济金的发放,使原来无消费能力或只有较小消费能力的社会成员,现在提高了消费能力,增加有效需求,促进了商品的供给水平,推动了经济增长。二是社会保险基金的有效利用可以促进经济的持续繁荣。这一功能在社会保险基金积累制度下,基金按市场原则配置的情况下才会得以发挥。这一功能正受到越来越多的重视。

4. 推动精神文明建设

社会保险体现着劳动者之间互助、互济、合作的经济关系,体现了劳动者的眼前利益与长远利益、个人利益与集体利益、履行义务与行使权利的统一,体现出社会主义精神文明。在社会主义社会保险中,贯穿着国家、集体、个人三者利益统筹兼顾的原则,体现着国家、集体关心人民群众和人民群众之间相互关心、相互帮助的社会主义新型关系,体现着尊重人、关心人的社会主义人道主义精神。社会保险的经费来源,是全体劳动者创造的价值的一部分。但是,保险基金的使用却不是平均分配的,而是只有发生困难的劳动者才能享受。这充分体现了劳动者之间团结互助、关心他人的良好社会风气。因此,实行社会保险,有利于提倡和发扬社会主义集体主义和人道主义精神,培养新的社会主义道德风尚。

(二)社会保险的作用

社会保险是社会再生产过程中分配关系的一种特殊形式。国家通过强制手段对国民收入进行再分配,形成社会保险基金,保障劳动者在特殊情况下的基本生活需要,这对于维持和促进社会劳动力再生产、保证社会安定、推动经济发展有着极其重要的作用。社会保险的作用主要表现在以下方面:

1. 保障劳动者的基本生活,维持和促进劳动力再生产的顺利进行

在社会再生产过程中,劳动者不可避免地会遇到各种疾病、意外伤害和失业的威胁,不能再通过劳动获取生活资料、满足生活需要,这就会影响劳动力的正常再生产。对劳动者提供社会保险,可以使劳动者在疾病、失业等特殊情况下获得必要的物质保障,使劳动力的再生产得以正常进行。例如,通过社会保险,患病的劳动者可以获得医疗费用补贴,及时得到医治,有助于劳动力的早日恢复;通过社会保险,使失业者失业期间的生存得以维持,也就保护了他们所具有的劳动能力,不至于衰退和萎缩;另外,社会保险对于女性劳动者提供的生育休假、医疗费用补贴等,既保证了女性劳动者劳动能力的恢复,同时也使新的劳动力得以延续,保证劳动力的再生产顺利进行。

2. 保证社会安定,促进经济的发展

社会经济的正常运行,除了要有一个持续稳定的经济增长率,使物质财富不断增加外,还必须有一个安定的社会环境。要想社会环境安定,就必须使社会成员的多方面需要得到基本满足。劳动者除了应享有通过劳动获取报酬的权利之外,还应能够在衰老、疾病等丧失劳动能力或劳动机会时,获得物质帮助,能满足自己及其赡养家庭成员最低生活的需要。如果众多的劳动者面临各种劳动危险和收入损失,并且得不到及时解决,使他们及其家属的生活无法维持

时,就会形成一种社会不安定因素,威胁社会再生产的顺利进行。劳动者享受的社会保险的待遇标准部分地与其劳动期间的贡献相联系,工作时间长短不同,工资高低不同,可享受的保险待遇也适当有所差异,这样就可以鼓励劳动者在劳动期间努力工作,为社会多作贡献,促进社会经济的发展。

3. 调节收入差别,促进社会公平分配

在市场经济条件下,社会消费产品的分配主要实行的是按劳分配的原则。由于劳动者的劳动能力和家庭负担存在差异,因此就会产生劳动收入和生活富裕程度上的差别和不平等。在市场机制作用下,这种差距必然会进一步地扩大。收入差别和贫富悬殊程度的扩大,如不能得到及时调节,就会产生和激化社会矛盾,有碍社会安定和经济的发展。从某种意义上说社会保险就是国家以法律形式,采用强制手段对社会消费产品分配的干预,调节劳动者的收入差距和贫富悬殊程度,使之保持在适度的水平上,从而实现人们对社会公平的普遍要求。国家通过强制措施收取保险费,建立社会保险基金,再分配给那些收入较少或丧失收入来源以致生存发生困难的劳动者,使之赖以维持基本生活,这就将社会财富的一部分转移到广大低收入和生活贫困者手中,在一定程度上实现了社会公平分配。

4. 积累社会资金,促进经济的发展

社会保险具有储蓄返还性,即劳动者在劳动期间,国家就将其创造的一部分产品和价值以保险费形式逐年逐月强行扣除储存起来,等待劳动者丧失劳动能力和实际需要时再进行分配使用。众多劳动者缴纳的保险费积少成多,形成数额巨大的社会保险基金。这笔基金在分配使用之前可以在较长时间内进行资金运用,一方面,增强了社会保险基金的偿付能力;另一方面,将社会保险基金投入社会再生产过程,参与社会资金的再分配,使社会资金的积累规模扩大,促进了社会经济的发展。

四、社会保险与社会保障

(一)社会保障的含义与特点

社会保障制度是一项关系到整个国民经济全局的重大社会经济问题。社会保障也可称为社会安全,它是现代社会学和立法上常见的专门术语,与社会福利一词常交换使用。社会安全从广义讲,即维护社会秩序和保护社会安宁;就经济意义讲,其本质在于保障公民的经济生活的安定。

社会保障是指国家通过立法对社会成员给予物质帮助而采取的既互相独立又相互联系的各项社会保障措施的总和。它主要由社会保险、社会救济及社会福利、优抚安置和社会互助、个人储蓄积累保障构成。社会保障是一种公共福利计划,旨在国家为公民提供一系列基本生活保障,公民在年老、疾病、失业、灾害及丧失劳动能力等情况下,有从国家或社会获得物质帮助的权利。国家发展社会保障事业为公民提供保障措施,除了现金的救济外,更重要的是为公民提供达到最低生活水平的基本措施、就业辅导、医疗卫生服务、国民住宅、儿童福利的一种制度。社会保障具有以下特点:

第一,社会保障制度是根据各自的国情、经验、要求和传统来确定并加以划分和组合的,是自成体系的。

第二,社会保障体系的基本项目是相同的。为了适应社会中普遍存在的老龄、疾病、残疾、工伤、失业、死亡等风险,社会保障都相应设立了养老退休、医疗健康、残疾补贴、工伤补贴、失业保障、遗属抚恤等子项目,这些基本项目是每一个社会保障体系中必不可少的。其中最主要的是社会保险、社会救济和社会福利。

第三,随着一国经济社会的发展,社会保障体系的项目会不断地变化,从无到有,由少变多,逐步完善。

(二)社会保险与社会保障的联系与区别

社会保险与社会保障是相互联系的。社会保障包括社会保险,社会保险是社会保障制度的一个最重要的组成部分,尤其在社会保障制度的早期,社会保障制度的内涵和外延与社会保险都是非常接近的。而社会保险是社会保障的核心内容,社会保障离开了社会保险则变成空洞无内容的社会保障。社会保险与社会保障都具有保障基本生活需要的功能,并且都是通过国民收入再分配的手段来保证居民最低收入的生活水平,增加平均购买力,促进经济稳定发展和社会的安定。所以说,现代意义上的社会保障是社会保险发展的必然延伸。

但社会保险与社会保障不能等同。社会保险与社会保障在以下几个方面具有明显的区别:

1. 实施范围及对象不同

社会保险的实施范围直接受一国经济发展水平的制约,在特定的时期内,社会保险只在相应的法律规定范围内实行,如我国目前主要在全民所有制职工中实行,主要以社会劳动者为保障对象,参加社会劳动是取得社会保险资格的前提条件。社会保障的概念较广泛,它是在全社会的范围内实行。因此,经济发展的水平只决定保障水平的高低,而不决定社会保障范围的大小。

2. 职责不同

社会保险是对丧失劳动能力和失去劳动机会的劳动者承担生活保障责任,职责只限于补偿劳动危险事故所造成的直接收入损失,因此,它是维持劳动力再生产的特定手段。社会保障的对象比社会保险更为广泛,不仅包括劳动者,而且包括所有国民可能遇到的普遍危险、困难和损失承担保障责任。因此它是以保障整个社会机制的正常运行为己任,是协调社会各个方面、各种关系的多功能、多责任的手段。

3. 分配原则和保障水平不同

社会保险的分配与劳动者对保险基金的贡献直接相关,待遇给付适当考虑劳动者原有的收入水准,满足其基本生活需要。社会保障除社会保险外的其他项目的分配,在多数情况下是国家或社会对国民的单方面的援助,待遇给付不考虑受援者原有的收入水平,它仅满足最低生活需要。

4. 起源不同

就起源而言,社会保险的产生,起因是政治因素多于经济因素,而社会保障是经济因素多于政治因素及社会因素。社会保险产生于1881年德国俾斯麦时代;社会保障产生于1935年的美国。

可见,社会保险是以社会劳动者为对象,在劳动危险损失条件下发挥作用的保障制度;而社会保障是以全体国民为对象,在发生任何危险损失的条件下都发挥作用。由于社会劳动者是社会的主体,劳动危险是影响社会生活的主要社会风险,因此,社会保险就成为社会保障体系中的主体。在社会保险的作用能够充分发挥的情况下,社会保障的作用就主要体现在社会福利的发展上了。

五、社会保险与社会救济

(一)社会救济的概念

社会救济是国家对无依无靠、无法维持最低限度生活水平的对象,包括老弱病残者和孤儿及虽有固定收入但因遭受到意外事故生活发生困难的公民,按照法定的标准向其提供援助的各项措施,包括救灾扶贫、"五保"及社会福利性生产项目等。

(二)社会保险与社会救济的联系与区别

社会保险与社会救济既有联系又有区别。

1. 社会保险与社会救济的联系

社会保险、社会救济都属于社会保障体系,社会保险是社会保障的核心,社会救济是社会保险的必要补充,从目的、作用、特征看有许多相似的地方。

2. 社会保险与社会救济的区别

(1)产生的历史不同。社会保险产生于商品经济高度发展,资本主义自由竞争向垄断竞争过渡的19世纪后期,距今只有100多年的历史。而社会救济在国家出现后的远古自然经济时代就存在。

(2)对象不同。社会保险的对象是在法律规定实施范围内的社会劳动者;社会救济以全体公民为对象。

(3)条件不同。社会保险的对象享受保险条件是有特殊规定的:暂时和永久丧失劳动能力、失业等;而享受社会救济的条件主要是老、弱、病、残没有固定收入的,或孤寡无依无法生活者。此外,对于虽有固定收入,因一时遭受意外事故,或固定收入不能维持最低生活的城乡居民也能享受社会救济。

(4)权利与义务关系不同。社会保险存在着权利和义务关系,劳动者要尽参加社会劳动、缴纳社会保险费的义务,然后才能享受社会保险的权利,需求比较稳定,保障水平要考虑原有生活水平和维持基本生活需要,比社会救济高;社会救济不讲究权利与义务对等关系,只强调国家和社会对个人的责任和义务,除对固定对象的长期救济外,一般设有专用基金,保证最低生活需要,保障水平视地方财政实力的大小而加以调整。

(5)经费来源不同。社会保险的经费来自个人的缴纳、企业单位的缴纳和国家给予的资助,是依照国家法律规定执行的;而社会救济的经费一般是由政府财政拨付的。

第二节 社会保险的种类

社会保险的分类有多种方法。按经营主体不同,社会保险可分为国家社会保险、地方社会保险、民办社会保险、联合社会保险、企业补充社会保险和工会团体保险;按实施的办法不同,社会保险可分为任意保险和强制保险;按实施范围不同,社会保险可分为普遍社会保险与就业挂钩保险和强制储蓄保险;按风险事故的性质不同,社会保险可分为养老保险、失业保险、工伤保险、医疗保险、生育保险与疾病保险等。本节主要介绍按风险事故的性质不同划分的社会保险的种类。

一、养老保险

养老保险,也称老年保险,是指国家和社会通过立法,对于劳动者因年老而丧失劳动能力时的基本生活需要,给予经济帮助的一种社会保险。养老保险是社会保险体系中的重要组成部分,直接关系到社会的安定和经济的发展,历来被各国政府所重视。

养老保险是以社会保险为手段来达到保障的目的。养老保险是世界各国较普遍实行的一种社会保障制度,一般具有以下几个特点:由国家立法,强制实行,企业单位和个人都必须参加;养老保险费用一般由国家、单位和个人三方或单位和个人双方共同负担,并实现广泛的社会互济;养老保险具有社会性,影响很大,享受的人多且时间较长,费用支出庞大。因此,必须设置专门机构,实行现代化、专业化、社会化的统一规划和管理。

养老保险的承保对象,一般包括所有工、农、商行业中的雇佣劳动者以及公教人员在内。由于各国社会保险的发展历史和生产力发达程度不同,承保对象也有所差别。多数国家对劳动者提供养老保险保险金的同时,还规定了一些给付条件,通常为被保险人必须达到法定的年龄,必须缴足一定期间的保险费或者服务满一定年限,以及被保险人完全退休。养老保险保险金的给付大多数采用年金形式,一般按照劳动者工资收入的一定比例,按年、月、季分期支付。由于社会经济状况是处在变动状态的,为了避免各种不良的社会、经济因素的冲击,影响被保险人的实际生活水平,许多国家都有对养老保险保险金给付标准适时调整的规定,使老年人的生活水平不致因通货膨胀等因素的影响而降低。

目前,世界上实行养老保险制度的国家可分为三种类型,即传统型养老保险、强制储蓄型养老保险和国家统筹型养老保险。另外,根据具体国情,我国创造性地实施了"社会统筹与个人账户相结合"的基本养老保险改革模式。该模式吸收了传统型的养老保险制度的优点,又借鉴了个人账户模式的长处;既体现了传统意义上的社会保险的社会互济、分散风险、保障性强的特点,又强调了职工的自我保障意识和激励机制。随着该制度在中国实践中的不断完善,其必将对世界养老保险发展产生深远的影响。

我国的养老保险由三个部分组成:即基本养老保险;企业补充养老保险;个人储蓄性养老保险。

二、失业保险

失业保险是指国家通过立法,对于劳动者因受本人所不能控制的社会或经济原因影响失去职业,或欲求工作而寻找不到工作,收入中断,按劳动法规的规定,在一定期限内对失业者支付一定保险金的一种社会保险。失业保险的保险费,在许多国家由雇主和雇员平均负担,但有些国家规定全部由雇主负担,政府和地方社团有时给予必要的补贴。

失业保险分任意保险和强制保险。实行任意保险制度时,一般由公共团体对企业工人支付一定的失业津贴或救济金(补助金)。实行强制失业保险时,是以法律的形式规定多种条件,凡符合条件的企业和职工,都必须参加保险。

实行强制性失业保险的大多数国家,规定的失业保险范围比较广泛,不论其产业类别,凡依靠工作生活,具有劳动能力与有就业意愿的劳动者,正在从事有报酬的工作时期内,因受社会或经济因素环境所迫而致失业的职工,都能享受失业保险。实行任意性失业保险的国家规定的失业保险范围,仅限于产业工会已建立失业基金;因此,失业保险范围的大小则要看这些产业工会组织的情况而决定。

失业保险的保障对象一般包括所有失掉工作机会的劳动者,但是为了防止失业者产生依赖心理和不劳而获的逆选择,各国政府对失业保险的保障对象和给付条件都作了具体的严格规定。通常包括:失业者必须符合劳动年龄条件;必须是非自愿的失业;缴纳了一定期限的保险费或工作了一定时间;失业的时间在一周以上;失业者必须在职业介绍所登记等。

失业保险的目的是为保障失业者维持基本生活,促使其重新就业。因此在确定失业保险给付标准时,各国都普遍遵循以下原则:保证失业者及其家属的基本生活需要;给付标准低于失业者在职时的工资水平;给付标准与失业者的工作年限、缴费年限和原工资收入相联系。

大多数的国家规定的失业保险金标准为失业者最近一个时期的平均周工资的一定百分比。计算失业金的基本比率,最常见的为个人平均收入的40%～75%之间。每次领取失业救济金,都有3～7天的等待期。连续领取失业救济金的时间,有最长期限制,少则8周,多的高达36周,甚至更长一些,如有的国家规定最长1年,但常见的为26周。另外,考虑到通货膨胀等社会经济的变动因素,一些国家还规定了失业保险金的调整方法,以确保失业保险的保障作用。

三、工伤保险

工伤保险,亦称"职业伤害保险"或"工业伤害保险",是指国家以立法形式,对劳动者在劳动过程中因各种意外事故或职业病伤害而致死、致残时,对劳动者及其家属提供医疗服务、生活保障、经济补偿和职业康复等帮助的一种社会保险。因此,工伤保险实际上是"职业伤害"保险,既保障工伤事故,又保障法定职业病。工伤保险中的"伤",是与职业有关的负伤,表现为暂时的、部分的丧失劳动能力;"残",是指遭到伤害后,经精心医治和疗养,仍不能部分和全部复原。工伤保险的实施范围,一般没有特别严格的界定,凡是符合规定的劳动者,都有享受工伤保险的权利。

工伤保险制度有两种类型:一是使用集中公共基金的社会保险的办法。凡受工伤保险法约束的雇主,都必须向公营保险机构缴纳工伤保险费,而公营保险机构用集中起来的保险基金,支付应发的伤残抚恤金。二是企业根据法律规定所安排的各种工伤保障办法,政府并不要求雇主为职工出资保险,只要求雇主在工伤事故发生后,根据法律规定,从企业的基金中直接支付工伤职工及其家属的伤残补助金。保险费一般由雇主按其雇用的被保险人数或按工资总额的一定比例和职业危险等级缴纳,被雇者不负担。被保险人凡因执行职务而致疾病、伤残、死亡,按照伤害保险法规定,一般可享受免费医疗和服务,直至病伤痊愈时为止,并可领取一定的工伤救济金补助。

工伤保险的内容主要包括性质区分、伤害程度鉴定和给付标准。

1. 性质区分

性质区分,即社会保险机构首先要区分伤害事故的性质,属于工伤性质的伤害事故就要按工伤保险的规定予以处理。工伤的含义一般是指劳动者因生产或生产过程中的不安全、不卫生等因素致使负伤、残废。

2. 伤害程度鉴定

伤害程度鉴定,即工伤事故发生后,由社会保险的专门机构进行伤害程度鉴定,伤害程度不同,其保险金给付标准也不相同。

3. 给付标准

工伤保险的给付标准,一般是根据劳动者的原工资收入水平、被保险人缴纳的保险费、伤害程度及医疗费用来确定的。其分为医疗给付和现金给付:医疗给付,指为被保险人提供的各种医疗服务；现金给付，是为了弥补被保险人及其家属因工伤事故所造成的收入减少或中断的损失，主要包括暂时性伤残补助金给付、永久性伤残补助金给付和死亡补助金给付。补助金的高低，视丧失劳动能力的程度而定。永久性伤残补助金高于其他两种补助金。

四、医疗保险

医疗保险，是指社会成员因患病、负伤、老年及生育，需要医疗费用和造成了收入中断时，由国家和社会提供医疗服务和物质保障的一种社会保险制度。

医疗卫生事业，是国家经济和社会发展不可缺少的重要组成部分。它的建立，不仅关系到整个民族的兴旺发达，而且能改善卫生条件，增加医疗设施，促进人民的健康水平，加速社会生产的发展，它的作用是十分重要的。

与其他社会保险相比，医疗保险的保障对象更广泛，具有全民性；医疗保险的内容与其他社会保险的内容相互交叉，具有综合性；医疗保险主要是以保障社会成员的身体健康为特定内容，目的专一。

尽管世界上大多数国家都普遍建立了医疗保险制度，但由于各国的经济、社会及文化条件存在着很大的差异，因此，医疗保险模式呈现出不同的特点。归纳起来，医疗保险提供补偿的方式主要有以下三种：一是直接的医疗保险模式；其特点是国家或社会直接投资，设立医疗设施，直接为被保险人提供服务。二是间接形式的医疗保险模式；其特点是由社会保险机构与医院或开业医生签订合同，保险机构向医院或开业医生补偿医疗费用或由接受治疗的患者到指定的医院或开业医生处看病，凭收据到社会保险机构报销。三是混合形式的医疗保险模式；这种模式既有国家和社会建立的非营利性医疗机构为社会成员提供社会保障性质的医疗服务，又有私立医疗机构提供的带营利性的医疗保障服务。

五、生育保险

生育保险是指国家以立法形式，针对女性劳动者因生育子女，不能工作而暂时丧失劳动能力时的生活需要给予经济帮助的一种社会保险。有些国家对生育保险制定了单独保险立法，但大多数国家的生育补助金却是作为疾病补助金的一部分予以管理，也有少数国家把疾病保险和生育保险业务实行统一管理。享受生育保险的对象只能是女职工；有的国家对男职工虽然也有补助，如瑞典，产妇生育后回企业上班，生育补助金可以发给在家照看新生子女的男职工，但一般都是对女职工进行物质保障；生育保险一般只适用于合法的结婚者。

生育保险的给付条件是：被保险人在生育期间不再从事任何有报酬的工作，原雇主也停发了其工资；被保险人必须达到国家规定缴纳保险费期限及数额；被保险人生育前必须达到国家规定的工作时间。

生育保险保险金的给付一般分为现金给付和医疗给付两种：现金给付主要包括生育津贴、生育补助金和看护津贴，其中，生育津贴主要是补助由于生产带来的开支，如接生费、护理费及其他支出等；医疗给付是为产妇提供的各种助产医疗服务，包括一般性治疗、住院治疗，以及必要的药物供应，生育照顾，家庭护理等。大多数国家对女职工规定在其产前产后的一定期限内，发给生育补助金和给予医疗服务。补助金为工资的100%，如奥地利、德国、卢森堡、荷兰、挪威等国。如果生产期间出现并发症，补助期可以酌予延长。有些国家规定，产妇产后恢复工作，其有工作的丈夫在家照顾婴儿，亦可领取补助，如瑞典、德国。少数国家还为产妇提供护理津贴和为新婴儿提供日用品、一次性生育津贴等。

六、疾病保险

疾病保险是指国家通过立法，对于劳动者因疾病而暂时或永久丧失劳动能力时的基本生活需要，给予经济帮助的一种社会保险。疾病保险是以疾病所造成的丧失劳动能力为前提条件；致病的原因是人体内在原因（包括细菌的侵入、人体抵抗力的减弱、人体生理机能的衰老）而引起生理机能的失调，致使身体由健康状态转入不健康状态；疾病是指一般的疾病，与职业病不发生联系。

疾病保险的目的在于保障劳动者患病后能尽快得到医治，恢复劳动能力。有关疾病保险的给付条件，各国虽有不同规定，但大致都有以下几项：第一，被保险人必须因病而失去劳动能力，并停止工作进行医治；第二，被保险人因患病不能从原雇主方获得正常工资或病假工资；第三，被保险人必须达到国家规定的最低工作期限和缴足最低期限的保险费。

按照一般的惯例，疾病保险保险金的给付分为现金给付和医疗给付两种：现金给付就是以现金形式给予被保险人保险保障，包括疾病现金给付、残疾现金给付和死亡现金给付；医疗给付是指以医疗服务的形式给予被保险人保险保障，包括各种疾病的治疗、住院治疗、供应必需的药物以及提供专门的人员服务等。由于各国经济发展水平和医疗水平的不同，医疗服务的期限、范围、水平也各不相同，各国根据自己的实际情况也都有不同的规定。

第三节 社会保险的产生与发展

社会保险是社会发展到一定阶段的产物，是社会化大生产和市场经济发展的结果；它随着资本主义雇佣劳动制度的确立，社会改良主义的广泛传播而最终确立。应该说，现代社会保险制度是社会、经济、政治、思想等多种因素相互影响的产物。现代社会保险制度从其产生、发展到今天，已经有100多年的历史了。目前，全世界约有160多个国家和地区至少实行了一种社会保险制度。因此，可以说，社会保险已经成为世界各国普遍实行的一种社会政策和社会机制。

一、国外社会保险制度的产生与发展

（一）社会保险的产生

现代社会保险最早产生于德国。1883年德国颁布《疾病社会保险法》，这是世界上第一部社会保险法律，标志着现代社会保险制度的诞生。1884年德国又实行《工伤保险法》，1889年实行《养老、残疾、死亡保险法》，至此，德国建立了包括医疗保险、老年和失业保险、工伤、疾病、残障保险制度，使社会保障制度形成了一个体系。随后，欧美等工业国家也相继建立起不同项目的社会保险制度，实行社会保险计划的国家越来越多，实施的项目也逐步扩大，说明社会保险确实符合社会和经济发展的普遍需要。

（二）社会保险的发展

纵观社会保险的发展历程，大体上可以分为四个阶段：

第一阶段（从1883年到20世纪20年代末），是社会保险的初创阶段。这一阶段，以德国在1883年至1889年间制定和颁布的《疾病社会保险法》、《工伤保险法》、《养老、残疾、死亡保险法》为标志。这三个法规为世界各国建立社会保险体系奠定了基础。他们所确立的基本原则对以后世界各国建立投保资助型的社会保险提供了借鉴,而且至今仍有指导意义。随后,世界各国纷纷仿效德国建立了社会保险制度,尤其是发达的资本主义国家,社会保险体系得到初步的建立。但在这一时期,社会保险制度毕竟初步确立,还未形成完整的科学体系,社会保险的体系还不够完整,还远不是一个完善的制度;因为它的覆盖范围很窄,仅为有正常工资收入的人提供保障;它提供的保障水平很低,不足以保障被保险人的基本生活水平。

第二阶段(从 20 世纪 20 年代末到第二次世界大战),是社会保险的初步发展阶段。这一阶段是以美国 1935 年颁布的《社会保障法》为标志。如果说德国建立了社会保障制度体系的话,而美国则使得社会保障制度全球化。1929 年到 1933 年爆发的世界性的经济危机给美国经济造成了严重的创伤。为了摆脱危机,重振美国经济,缓和国内的阶级矛盾,罗斯福制定并实施了"罗斯福新政"。社会保障制度就是新政的一个重要组成部分。与凯恩斯主义相一致,罗斯福新政强调国家干预经济生活,其主要手段就是刺激总需求。1935 年,美国通过《社会保障法》,标志着美国的现代社会保障制度的诞生。美国最初的社会保障项目有五个:老年社会保险、失业社会保险、盲人救济金保险、老年人救济金保险、未成年人救济金保险。与此同时,欧洲的英国、丹麦、法国、意大利、荷兰、比利时、奥地利等国家也相继制定了各种形式的年金制度、疾病和工伤保险制度,初步完成了各类社会保险的立法工作,社会保障制度也得到了一定程度的发展。在这一时期,实行社会保险计划的国家越来越多,国家干预经济的力度加大,制定了一系列扩大社会保障支出的法律和政策;社会保险实施的项目也逐步扩大,表现为西方国家陆续建立了疾病保险、老年保险和失业保险等保障制度。但在这一时期,社会保险主要是作为政府解决由于经济危机造成的工厂倒闭、工人失业的社会问题的应急措施推出的,还没有成为国家的长期发展战略和经济发展的配套措施;社会保险的范围还不够广泛;社会保险的功能主要是为遭遇风险的劳动者提供收入补偿,如伤残津贴、失业救济金等,属于善后的措施。

第三阶段(第二次世界大战后到 20 世纪 70 年代末),是社会保险的充分发展阶段。第二次世界大战期间,许多国家的社会保险政策的执行一度停滞,但随着战后经济的复苏和高速增长,西欧各国政府开始对 30 年代的经济危机和二次世界大战进行反思,吸收了某些社会主义的思想,在制定经济和社会政策时奉行凯恩斯主义,使社会保险制度得以重建,并获得全面发展。在这一时期,欧美各国以及一些社会主义国家均完成了社会保险的体系建设,西欧和北欧一些国家在英国之后,也先后宣布实施"普遍福利政策",纷纷建立了"福利国家";尤其是 20 世纪 50—60 年代,世界范围内的经济繁荣,使得社会保障制度得到了扩张。从 1960 年到 1970 年,福利费用几乎增加了十倍。社会保险计划的实施对象已从劳动者发展成为全体社会成员;社会保险的功能逐步发展到"治疗"与"预防"并举。

第四阶段(从 20 世纪 70 年代末至今),是社会保险的改革阶段。20 世纪 70 年代,西方国家在经历了石油价格两次大幅度上升、国际金融体系的瓦解后,出现了通货膨胀加剧、经济增长停滞等一系列经济问题。但社会福利开支、社会保险和福利的项目却仍在迅速扩大,导致了政府开支增大、国家财政负担过重、投资下降、劳动力成本上升、国民赋税加重等一系列的问题,曾经使福利国家为之骄傲的社会保障制度,已成为西方国家的负担。针对社会保险与福利制度出现的这些问题,欧美国家围绕着社会保险制度的改革,提出一系列治标和治本办法,并着手实施。具体的改革办法可以概括为两点:一是开源;二是节流。其中包括:提高缴纳社会保险费的标准;增加缴费(税)项目;取消保障项目,降低待遇水平;利用年金调整机制,降低养老金增长幅度;鼓励推迟退休,以增加保险基金收入和减少开支;基金筹集模式从现收现付制到基金部分积累制。

首先实施福利政策改革的是英国,其改革指导思想是:社会保险不应由政府包办,而应公私协作;不能养成单纯依赖国家的懒汉思想,鼓励个人用劳动争取福利。其主张国家不再或应大大减少对经济生活的干预,建议恢复充分自由的市场竞争机制,把国有化保险计划和社会保障组织私有化,以便充分发挥个人和私营经济组织的积极性,使经济和社会生活更充满活力,最终消除"普遍福利"政策的种种问题。

二、我国社会保险制度的产生与发展

我国的社会主义保险制度是在20世纪50年代初期,按照计划经济体制的要求,参照当时苏联对城镇职工推行社会福利计划的社会保障模式建立起来的。应该说,它对保障职工的基本权益、发展经济、安定社会曾起到了重要作用。但随着我国经济体制由计划经济体制向社会主义市场经济体制的转变,原有的社会保险制度出现了许多问题和矛盾。因此,自20世纪80年代以后,我国开始对原有的社会保险制度进行改革。纵观我国社会保险制度,大体经历了三个发展阶段,即初创阶段(1951—1957年);发展阶段(1958—1984年);改革阶段(1984年以后)。

(一)我国社会保险制度的初创阶段(1951—1957年)

1. 企业职工社会保险制度的建立

中华人民共和国的诞生,为我国的社会主义保险制度的建立奠定了基础。1951年2月26日政务院公布了《劳动保险条例》,该条例规定了生、老、病、死、伤残、医疗等为社会保险项目,适用于国营、公私合营、私营和合作社等多种经济形式;同时还对社会保险的保险费的征集、管理支付、保障的标准以及保险业务的执行和监督都作了明确、具体规定,全国总工会是最高领导机构,劳动部是最高监督机构。企业按月缴纳全部职工工资总额的3%的劳动保险金,其中30%存于全国总工会,作为劳动保险总基金,70%存于企业基层工会,作为劳动保险基金,由全国总工会委托人民银行管理。这是我国第一部有关社会保险的法律法规,它标志着新中国的企业职工社会保险体系的建立,社会保险制度开始在中国实施。随着国家财政经济状况的逐渐好转,1953年和1956年先后对《劳动保险条例》进行了修订,扩大了实施范围,调整和提高了部分劳动保险待遇标准。

2. 国家机关、事业单位的社会保险制度的建立

国家机关、事业单位职工的社会保险,因历史条件等原因没有执行《劳动保险条例》,而是通过颁布单项法规和条例的办法逐步建立适用于机关和事业单位的社会保险制度。如1950年12月11日内务部公布了《革命工作人员伤亡褒恤暂行条例》,规定了伤残、死亡保险待遇。后来又对这个条例进行了三次修改。1952年6月27日,政务院颁发了《关于全国人民政府、党派、团体及所属事业单位的国家机关工作人员实行公费医疗预防措施的指示》,规定了医疗保险的待遇。1955年4月,国务院颁发了《关于女工作人员生育假期的通知》;同年10月,财政部、卫生部和国务院人事局联合颁发了《关于国家机关工作人员子女医疗问题》规定。1956年颁发了《中华人民共和国女工保护条例》(草案),建立了生育保险制度。1955年12月29日,国务院颁发了《国家机关工作人员退休处理暂行办法》和《国家机关工作人员退职处理暂行办法》,规定了退休退职的待遇标准。至此,国家工作人员的社会保险制度已基本建立,保险项

目包括疾病、负伤、医疗、生育、退休、死亡等。

到1957年年末,我国城镇职工的社会保险制度基本建立起来了,为以后我国社会保险的发展奠定了基础。

(二)我国社会保险制度的发展阶段(1958—1984年)

这一阶段又可以进一步分为调整(1958—1966年)、停滞(1966—1978年)和恢复(1978—1984)三个时期。

1. 调整时期(1958—1966年)

在这个时期,为了适应国民经济发展的要求,针对社会保障制度实施中存在的缺陷,劳动部会同有关部门对职工社会保险制度进行了改进、补充和完善。

(1)统一了企业和机关、事业单位职工退休、退职制度,放宽了退休、退职条件,提高了退休后的待遇标准,从而解决了企业和机关退休、退职办法不统一的矛盾。

(2)改进医疗保险制度。主要措施是:看病要收挂号费,除医院领导批准使用外的营养滋补药品一律自理。

(3)建立异地支付社会保险待遇的办法。凡领取退休费等社会保险费的职工、家属转移居住地点时,经本人申请,可以办理异地支付手续,到移居地方的工会组织领取应得待遇。

(4)规范职业病范围和职业病患者处理办法。为了保护职工的身体健康,改善劳动条件,合理解决职工患职业病后的保险待遇和职业病预防问题,卫生部制定了《职业病范围和职业病患者处理办法的规定》,于1957年2月28日发布实施。此规定将当时危害职工健康和影响生产比较严重的且职业性较明显的疾病列入职业病范围。这一规定为我国职业伤害社会保险的建立和实行提供了依据。

此外,政府还调整了学徒工的社会保险待遇,规定了被精简职工的社会保险待遇等。

2. 停滞时期(1966—1978年)

1966年到1976年的"文化大革命"给党、国家和各族人民带来了沉重的灾难,使我国在政治、经济、文化等各方面都遭受到了严重的破坏,社会保险制度也不例外,受到严重的干扰和破坏。劳动部门、工会组织被冲击,全国总工会停止了工作,劳动管理机构被撤销,社会保险工作处于无人管理的局面。由于社会保险专管机构工会组织的撤销,保险基金的征集、管理和调剂使用制度也随之停止。财政部于1969年2月颁发了《关于国营企业财务工作中几项制度的改革意见》(草案),规定:"国营企业一律停止提取劳动保险金,企业的退休职工工资、长期病号工资和其他劳保开支,在营业外列支。"企业自己解决本企业职工遇到的生、老、病、死以及伤残问题,费用由企业自负,取消了社会统筹,废除了劳保基金和企业职工社会保险金统筹制度;这样,基金制度没有了,一部分的社会统筹也没有了,使社会保险倒退为"企业保险"。这一阶段的社会保险实质上是企业保险制度,即社会保险制度转变成企业保险制度。而"企业保险"的实行,失去了社会保险固有的统筹调剂职能,结果造成企业之间在社会保险费的负担上不平衡。由于正常的退休、退职制度遭到破坏,大批具备退休、退职条件的职工滞留在单位,造成劳动力不能及时更新,企业冗员,国家机关工作人员老化,加重了国家财政负担。

3. 恢复时期(1978—1984年)

1978年12月中国共产党十一届三中全会以后,中国进入了以经济建设为中心的新的历史时期。1978年后,社会保险工作获得了新生,重新确立了它在社会经济发展中的地位和作用。在最初的几年,社会保险的主要工作是对过去的某些规定进行恢复和调整,其目的是解决

"十年动乱"造成的人民生活水平较低问题,改善人民的福利待遇。如国务院于1978年6月2日颁布《国务院关于安置老弱病残干部的暂行办法》和《国务院关于工人退休、退职的暂行办法》。这两个暂行办法对1958年退休办法作了较大的修改,如放宽了老干部的离职休养条件;适当提高了退休待遇标准,对因工致残、完全丧失劳动能力的干部和工人的退休费作了较多提高;规定了退休费和退职生活费的最低保证数。1980年3月,国家劳动总局、全国总工会联合发出《关于整顿与加强劳动保险工作的通知》。对企业社会保险管理工作进行了全面的整顿和恢复,纠正了十年动乱期间各种不符合国家社会保险政策规定的错误支付,健全企业社会保险机构,培训社会保险专业干部,整理各种管理资料等。

(三)我国社会保险制度的改革阶段(1984年以后)

进入20世纪80年代以后,中国的社会保险制度和模式尽管在经济体制改革的过程中不断进行着调整和修补,但随着我国经济体制改革和劳动制度改革的深入,其缺点和弊端日益暴露出来,已不能适应社会主义市场经济体制发展的需要了。主要表现在:

第一,"国家统包"型的社会保险与我国生产力发展水平不相适应,也与社会保险的客观要求相矛盾,导致社会保险基金来源单一,社会保险缺乏内在动机制,不能满足市场经济对社会保险功能发挥的需要。国家和企业对社会保险实行"统包",个人不缴费,不符合社会保险特征的要求,不利于被保险人自我保障意识的培养和强化,滋生了吃"大锅饭"的依赖思想,无法表现个人工作绩效与其日后享受待遇的关系必然造成保险金的极大浪费;不能很好体现国家、单位和个人共同分担责任的社会保险原则,也有悖于市场经济"效率优先"和"权利与义务对等"的理念,不利于市场经济体制的建立和发展。

第二,社会保险只有不完善不配套的行政法规,没有立法手段;由于传统的行政管理体制影响,社会保险的各子系统现都被分属于多个管理部门管理,而部门分割的管理体制,不仅形成了政出多门、各行其是、政策不一、标准各异、缺乏有效的监督等问题,而且各部门都建立一套管理机构和体系,直接介入资金运作,影响到政策执行的公正性和合理性,造成管理费用过大、成本过高,加大了国家和企业负担,从而制约着我国社会保险事业的发展。仅以养老保险为例,涉及管理部门竟达11个之多,造成既相互矛盾,又相互推诿,把社会保险这一本应属于同一社会劳动力生产和再生产的保护系统,人为地割裂,严重地影响了社会保险应有效率和作用的发挥。整个社会保障制度缺乏一个总的具体的法律依据。

第三,社会保险的支付标准不合理、办法不科学,社会保险制度覆盖面小、实施范围狭窄、保险层次单一、缴费机制不合理、缺乏社会调剂、缺乏费用控制机制等,与社会主义市场经济体制的要求不相适应。比如,养老金按工龄和标准工资计发,不与经济发展、物价指数、个人贡献挂钩,在通货膨胀的情况下,虽然采取今天补一点、明天补一点的办法,但并不能保证职工基本生活不受影响。

第四,社会化管理程度低,企业负担畸轻畸重,不利于公平竞争,妨碍企业经营机制的转移和现代企业制度的建立。在计划经济体制下,企业实行"自我保险",随着企业的退休人员逐步增多,老企业和新办企业之间退休人员的比重出现了较大的不平衡,新老企业间人工成本费用差距拉大。随着经济体制改革的深入,将企业推向市场,企业之间养老保险负担畸轻畸重的矛盾显露出来。同时,在计划经济体制下,政企不分,企业承担了不少本应由政府承担的职责。而市场经济的发展要求建立与之相适应的现代企业制度,实行政企分开,政府与企业分离,将企业从繁杂的社会事务中解脱出来,即在企业上缴了社会保险费之后,一切有关社会保险业务由政府或社会来管理；否则，国有企业经营机制的根本转换和现代企业制度的建立就是一句空话。

第五，缺乏失业保险制度，企业优胜劣汰难以实行。20世纪50年代末中国消灭了旧社会遗留下来的失业现象，又加之全国实行"大跃进"，因而有些人认为，社会主义制度"人人有饭吃，人人有工做"，中国不存在失业现象。但在市场经济体制下，优胜劣汰规则必然使经营不善的企业停产、倒闭；职工也会因各种原因遭解聘、辞退、开除，企业职工在过去所面临的工伤、疾病、生育（女职工）风险之外，还将面临失业风险。所以，建立与市场经济体制相适应的失业保险制度迫在眉睫。

为了适应以市场为导向的经济体制改革，使社会保险更加有效地为社会经济发展服务，从20世纪80年代中期开始，我国开始对社会保险制度进行一系列的改革。中国社会保险制度改革首先是从社会保险项目开始的。

1. 失业保险制度的建立与改革

我国的失业保险制度，是在新中国成立30多年之后，即改革开放以后的1986年才开始建立的。长期以来，由于受传统理论的束缚，失业保险制度一直未能建立起来。党的十一届三中全会后，为了最大限度地促进生产力的发展，充分调动广大职工的积极性、主动性和创造性，对传统的劳动制度进行改革，打破了统包统配、终身固定的体制，建立了新的劳动合同制，劳动力流动和失业现象逐渐增多。为了配合《国营企业实行劳动合同制暂行规定》、《国营企业招用工人暂行规定》、《国有企业辞退违纪职工暂行规定》和《企业破产法》的实施，国务院于1986年7月12日颁布了《国营企业职工待业保险暂行规定》，它标志着我国失业保险制度的正式建立。之后，国务院又陆续颁布了《失业保险条例》、《社会保险费征缴暂行条例》，2001年1月1日劳动和社会保障部颁布了《失业保险金申领发放暂行办法》，使我国失业保险制度进一步健全。

我国自1986年以来，失业保险改革已走过从无到有，并从初步建立到逐步完善的历程，失业保险在保障失业人员的基本生活，促进再就业，以及为改革和发展创造一个较好的外部环境等方面，发挥了应有的作用。随着经济体制改革和劳动用工制度改革的深化，它的不足之处也逐渐暴露出来，如，适用范围狭窄，资金渠道单一（个人未缴纳），统筹程度不高，救济水平较低，监督机制不健全，等等。因此，当前的主要任务是，坚持以邓小平理论、"三个代表"重要思想和科学发展观为指导，结合我国社会主义初级阶段的实际，借鉴国际上有关失业保险的经验和教训，不断创新，进一步深化失业保险制度改革，扩大失业保险实施范围，拓宽资金来源的渠道，建立由国家、企业和劳动者个人三方面共同负担保险费用的新机制，确定合理的失业保险给付标准，加强对失业保险基金的监管，完善失业保险监督机制，探索出一条既有中国特色又能适应社会主义市场经济发展的中国失业保险发展道路。

2. 工伤保险制度的改革

我国的工伤保险制度是根据1951年颁发的《劳动保险条例》建立实施的。在此之后，政府有关部门又颁布了一系列有关工伤保险的政策法规。但是，长期的一贯制，导致工伤保险制度越来越不能适应经济体制改革和生产实践的需要。而且，原有的工伤保险制度存在着不少弊病，如覆盖面不广，范围过窄；待遇水平偏低，支付标准不一；缺乏一次性补偿待遇；没有形成统一的工伤保险基金，缺乏应有的社会调剂；尚未形成社会化管理体制等。随着社会主义市场经济的发展和现代企业制度的推行，对于工伤保险的建设提出了更高的要求。因此，改革势在必行，不进行全面的改革，就无法继续发挥工伤保险制度的作用。

1990年12月中国共产党第十三届七中全会通过的《中共中央关于制定国民经济和社会发展十年规划和"八五"计划纲要》中，明确提出"改革医疗保障和工伤保险制度"。1993年中国共产党十四届三中全会通过的《中共中央关于建立社会主义市场经济体制若干问题的决定》中，提出"普遍建立企业工伤保险制度"。1996年8月12日劳动部颁布的《企业职工工伤保险试行办法》，第一次将工伤保险作为单独的制度统一制定并予以实施；它对沿用到20世纪90年代初的原有的工伤保险制度，实行了一次全面的改革，明确了我国工伤保险制度的未来框架和主要任务，着重强调了工伤保险要把工伤预防、工伤康复和工伤补偿结合起来的改革思路；扩大了工伤保险的认定范围及其对象；规定了工伤保险的认定机构；提高了工伤保险的待遇及其标准；实行浮动费率，设立工伤保险基金，并实行社会化管理服务；分清了工伤的性质及其依据。2004年1月1日国务院颁布实施了《工伤保险条例》。

此外，自1989年以后，我国许多省市进行了工伤保险制度改革试点。如，广东省于1992年1月17日颁布和实施了《广东省企业职工社会工伤保险规定》。该规定将实施范围扩大到所有企业及城镇个体工商户及其所属全部职工，并实行差别费率和浮动费率，提高了待遇标准。

目前，世界上许多国家已经建立了工伤保险制度。在进一步深化我国工伤保险制度改革的过程中，应将我国国情与借鉴国外先进经验相结合，重视工伤保险立法的作用，扩大工伤保险的适用范围和对象，工伤保险补偿待遇优厚合理，将预防工作置于优先的地位，更加重视康复和重返岗位，加强工伤保险规范管理。

3. 医疗保险制度的改革

我国原有的医疗保险制度虽然在保障广大职工身体健康，促进经济和社会的发展，维护社会安定等方面发挥了重要的作用。但是，这一制度存在着覆盖面不广，医疗费用增长过快，由国家和企业包下来，个人不负担，缺乏有效的制约机制，企业医疗保险的社会化程度低，企业医疗费负担畸轻畸重等弊端。为了推动职工医疗制度的改革，建立适应社会主义市场经济体制要求、符合中国国情的医疗保险新制度，1993年10月8日劳动部颁发了《关于职工医疗保险制度改革试点的意见》。该意见提出，要逐步建立起医疗费用由国家、用人单位和职工三方合理负担的，社会化程度较高的，覆盖城镇全体职工的医疗保险制度。1994年4月14日，国家体改委、财政部、劳动部、卫生部共同印发了《关于职工医疗制度改革的试点意见》，并在镇江、九江两市进行试点，其内容是：职工医疗保险费用由用人单位和职工共同缴纳。建立社会统筹医疗基金和职工个人医疗账户相结合的制度。职工医疗费用首先从个人医疗账户支付，个人医疗账户不足支付时，先由职工自付。经过三年多的改革，在"两江"已初步建立起一种资金来源多渠道，权利与义务相统一，社会互助共济与自我保障相结合的新型社会医疗保险制度，并在改革中取得部分成果：职工医疗保险覆盖面逐步扩大；职工基本医疗保障的效果较为明显；医疗费用增长过快势头得到初步遏制；企业负担畸轻畸重的旧格局被基本打破。在此基础上，1998年12月国务院颁布了《关于建立城镇职工医疗保险制度的决定》，2007年7月10日又颁布了《关于开展城镇居民基本医疗保险试点的指导性意见》。

未来中国医疗保险制度的进一步改革的目标是构建法定、互助、商业性质医疗保险制度三位一体的新型医疗保险体系，适应社会主义市场经济发展的需要，满足职工的基本医疗需求，将医疗保障覆盖面扩大到全体劳动者，建立起合理的医疗费用分担机制。医疗保险制度改革的基本思路是：医疗费用由国家、用人单位、职工三者共同筹措；社会统筹医疗基金与个人账户相结合;强化对职工医疗消费的有效制约。公费、劳保医疗制度及其配套改革同步进行。

4. 养老保险制度的改革

我国城镇企业职工的养老保险制度建立于20世纪50年代初期,以后几经修改补充,"文化大革命"中受到干扰和破坏,国营企业停止提取养老保险金,改在营业外列支。原有的养老保险制度存在着覆盖面不广、个人不缴费、完全由企业负担、缺乏社会调剂、计发办法不合理(退休金以职工退休前一个月的工资为计发基数)、保险结构单一(仅企业保险一个层次)、管理体制不顺等弊病。1982年开始,进行了退休费社会统筹的试点工作,先是在市县一级统筹,以后逐步发展到地市一级以至全省实行统筹。1986年7月12日国务院颁布了《国营企业实行劳动合同制暂行规定》,建立了劳动合同制职工的养老保险制度。这一规定确立了企业、个人、国家三方共同筹集养老保险基金的原则;1991年6月26日,国务院颁布《国务院关于企业职工养老保险制度改革的决定》,主要内容是:建立基本养老保险与企业补充养老保险和职工个人储蓄性养老保险相结合的制度;改变养老保险完全由国家、企业包下来的办法,实行国家、企业、个人三方共同负担,职工个人也要缴纳一定的费用;职工退休后的基本养老金计发办法目前不作变动。企业补充养老保险由企业根据自身经济能力,为本企业职工建立,所需费用从企业自有资金中的奖励、福利基金中提取。个人储蓄养老保险由职工个人根据个人收入情况自愿参加。国家提倡鼓励企业实行补充养老保险和职工参加个人储蓄性养老保险,并在政策上给予指导。

虽然,退休费用进行了社会统筹的改革,但基本养老金仍按标准工资的一定比例计发,不能适应经济体制改革深化和社会主义市场经济发展的要求,与劳动、工资制度改革互不配套,亟须进行改革。因此,劳动部于1992年5月提出了改革办法,其内容是:基本养老金由社会性养老金和缴费性养老金两部分组成,基本养老金每年随社会平均工资增长定期调整。此后,各地在养老保险制度的改革上进行了探索。与此同时,民政部颁发了《县级农村社会养老保险基本方案(试行)》的通知,内容为:农村社会养老保险以个人缴纳为主,集体补助为辅,国家给予政策扶持,其中集体补助费用主要从乡镇企业利润和集体积累中提取。农村人口,不分性别、职业一律在20周岁至60周岁之间缴费,60周岁以后领取养老保险金。农村除基本养老保险外,基层组织还可根据经济力量,自办各种形式的补充养老保险。

1994年12月27日召开了全国城镇企业职工养老保险制度改革试点工作会议。会上根据各地改革试点的经验,下发了两个改革实施方案。改革实施方案一,基本上采纳了上海市的改革方案,主要内容是:①基本养老保险实行个人缴费,由国家、单位和个人三者共同承担养老费用;②按照个人储存与统筹互济相结合的原则,建立个人养老保险账户;③养老金的计发办法是:月养老金=个人养老保险账户的储存额(本金加利息)÷120;④基本养老金按照职工生活费价格指数上升幅度调整。方案二规定:①企业缴费全部或一部分记入职工个人养老保险账户;②职工个人缴费部分全部或一部分记入职工个人养老保险账户;③基本养老金计发办法为:社会性养老金,按社会平均工资的25%计发;④缴费性养老金,个人及企业缴费每缴满一年,按缴费工资基数的1%~1.4%计发;⑤个人账户养老金,即记入职工个人养老账户的储存额一次或多次或按月领取;⑥基本养老金按当地上年社会平均工资增长率的一定比例进行调整。

在总结各地经验教训和吸收十四届三中全会精神的基础上,1995年3月,国务院发布了《关于深化企业职工养老保险制度改革的通知》,明确提出了建立新的养老保险制度的框架,主张实行社会统筹和个人账户相结合的基本保险制度,并补充以企业养老保险和个人储蓄养老保险,形成多层次的制度。基本逐步做到对各类企业和劳动者统一制度、统一标准、统一管理和统一调剂使用基金。

1995年以后,随着"统账结合"制度的基本建立及企业职工养老保险制度改革的深化,出现了一些新问题,如,养老保险基金的统筹层次低、缴费率下降、调剂能力差、基金被挪用等;同时,由于多种养老保险方法的使用,导致了政策上缺乏统一性和权威性。为此,1997年7月16日,国务院颁发了《关于建立统一的企业职工基本养老保险制度的决定》,提出了统一规范缴费的比例、统一个人账户的规模、使用和管理和统一基本养老金的计发条件和方法的"三统一原则"。《关于建立统一的企业职工基本养老保险制度的决定》构建了具有中国特色的社会主义市场经济条件下的企业基本养老保险制度新模式——社会统筹与个人账户相结合,标志着我国养老保险制度的改革进入了一个崭新的历史阶段,为进一步深化养老保险制度的改革,建立多层次的养老保险体系打下了坚实的基础。

5. 生育保险制度的改革

生育保险制度包括产假待遇和产假期间的基本生活保障两部分。我国原有的制度规定女职工生育时,产前产后共给假56天,显然是偏短了。1986年卫生部、劳动人事部、全国总工会、全国妇联联合印发了《女职工保健工作暂行规定(试行草案)》,在此基础上,国务院于1988年7月21日颁布了新的《女职工劳动保护规定》,统一了机关事业单位和企业的生育保险制度;将女职工的产假延长为90天,难产的增加产假15天。生育保险费原来是由企业筹集和负担的,造成了由于女职工人数的不同导致生育费用畸轻畸重的问题。为了均衡企业女职工生育费用负担,许多地区试行了女职工生育费用社会统筹制度。在各地试点的基础上,劳动部于1994年12月14日颁布了《企业职工生育保险试行办法》,该办法规定企业按照其工资总额的一定比例(最高不得超过1%),向社会保险经办机构缴纳生育保险费,建立生育保险基金;职工个人不缴纳生育保险费;女职工生育按照法律、法规的规定享受产假,产假期间的生育津贴(按照本企业上年度职工月平均工资计发)、检查费、接生费、手术费、住院费和药费均由生育保险基金支付。

《企业职工生育保险试行办法》的颁布,是为配合《劳动法》的贯彻实施,规范生育保险办法,为保障女职工的合法权益提供重要法律依据,标志着我国生育保险制度的发展进入了一个新阶段。

综上可见,我国社会保险制度的改革,主要围绕社会主义市场经济体制改革这一中心,坚持"四个统一",即统一立法、统一政策、统一制度、统一资金管理,在建立健全社会保险的法律法规、平衡与协调社会保险各项目的政策规定、扩大社会保险的覆盖面、克服企业保险风险分散单位过小的问题、提高保障水平、改革社会保险费的筹集、发放与社会保险资金管理办法、增加个人责任感、让职工负担部分社会保险费、减轻企业部分负担等方面进行了深入改革。总之,我国社会保险制度经过二十多年的改革,取得了很大的成绩,为社会主义市场经济体制的改革和建设作出了巨大贡献。但是,也仍存在一些问题,需要进一步深化我国社会保险制度的改革。

本章小结

1. 社会保险是一个复杂的概念,它涉及政治学、经济学、社会学、伦理学、法学等多个领域,可以从不同的侧面下定义。社会保险也是一个动态的概念,随着社会经济环境的快速变迁,社会保险的内涵和外延也在不断发生变化。

2. 社会保险作为一种特定目标的分配手段,和其他经济行为相比较,有其自身的特点、功能与作用。

3. 社会保险的分类有多种方法,可以按经营主体来划分;也可以按实施的办法来划分;还可以按实施范围、风险事故的性质来划分。其中按其风险事故的性质划分的社会保险的种类是最重要的方法。

4. 社会保险是社会发展到一定阶段的产物,是社会化大生产和市场经济发展的结果;现代模式的社会保险制度是社会、经济、政治、思想等多种因素相互影响的产物。现代社会保险制度从其产生、发展到今天,已经有一百多年的历史了。目前,社会保险已经成为世界各国普遍实行的一种社会政策和社会机制;中国社会保险制度经历了一个曲折的发展历程,目前正处于深化改革的阶段。

关键术语

社会保险　养老保险　医疗保险　失业保险

思考练习题

1. 社会保险有哪些功能和作用?
2. 社会保险有什么特点?
3. 社会保险制度的类型有哪几种?
4. 简述社会保险和商业保险的区别。
5. 为什么社会保险能促进经济的发展?
6. 我国社会保险制度改革的总体目标和基本原则是什么?

本章阅读资料

《中华人民共和国劳动法》(节选)

第三条　劳动者享有平等就业和选择职业的权利、取得劳动报酬的权利、休息休假的权利、获得劳动安全卫生保护的权利、接受职业技能培训的权利、享受社会保险和福利的权利、提请劳动争议处理的权利以及法律规定的其他劳动权利。

第五条　国家采取各种措施,促进劳动就业,发展职业教育,制定劳动标准,调节社会收入,完善社会保险,协调劳动关系,逐步提高劳动者的生活水平。

第六十二条　女职工生育享受不少于九十天的产假。

第七十条　国家发展社会保险事业,建立社会保险制度,设立社会保险基金,使劳动者在年老、患病、工伤、失业、生育等情况下获得帮助和补偿。

第七十一条　社会保险水平应当与社会经济发展水平和社会承受能力相适应。

第七十二条　社会保险基金按照保险类型确定资金来源,逐步实行社会统筹。用人单位和劳动者必须依法参加社会保险,缴纳社会保险费。

第七十三条　劳动者在下列情形下,依法享受社会保险待遇:

(一)退休;

(二)患病、负伤;

（三）因工伤残或者患职业病；

（四）失业；

（五）生育。

劳动者死亡后，其遗属依法享受遗属津贴。

劳动者享受社会保险待遇的条件和标准由法律、法规规定。

劳动者享受的社会保险金必须按时足额支付。

第七十四条 社会保险基金经办机构依照法律规定收支、管理和运营社会保险基金，并负有使社会保险基金保值增值的责任。

社会保险基金监督机构依照法律规定，对社会保险基金的收支、管理和运营实施监督。

社会保险基金经办机构和社会保险基金监督机构的设立和职能由法律规定。

任何组织和个人不得挪用社会保险基金。

第七十五条 国家鼓励用人单位根据本单位实际情况为劳动者建立补充保险。

第七十六条 国家发展社会福利事业，兴建公共福利设施，为劳动者休息、休养和疗养提供条件。用人单位应当创造条件，改善集体福利，提高劳动者的福利待遇。

第一百条 用人单位无故不缴纳社会保险费的，由劳动行政部门责令其限期缴纳；逾期不缴的，可以加收滞纳金。

第一百零四条 国家工作人员和社会保险基金经办机构的工作人员挪用社会保险基金，构成犯罪的，依法追究刑事责任。

失业保险条例

（中华人民共和国国务院令第258号）

第一章 总则

第一条 为了保障失业人员失业期间的基本生活，促进其再就业，制定本条例。

第二条 城镇企业事业单位、城镇企业事业单位职工依照本条例的规定，缴纳失业保险费。

城镇企业事业单位失业人员依照本条例的规定，享受失业保险待遇。

本条所称城镇企业，是指国有企业、城镇集体企业、外商投资企业、城镇私营企业以及其他城镇企业。

第三条 国务院劳动保障行政部门主管全国的失业保险工作。县级以上地方各级人民政府劳动保障行政部门主管本行政区域内的失业保险工作。劳动保障行政部门按照国务院规定设立的经办失业保险业务的社会保险经办机构依照本条例的规定，具体承办失业保险工作。

第四条 失业保险费按照国家有关规定征缴。

第二章 失业保险基金

第五条 失业保险基金由下列各项构成：

（一）城镇企业事业单位、城镇企业事业单位职工缴纳的失业保险费；

（二）失业保险基金的利息；

（三）财政补贴；

（四）依法纳入失业保险基金的其他资金。

第六条 城镇企业事业单位按照本单位工资总额的百分之二缴纳失业保险费。城镇企业事业单位职工按照本人工资的百分之一缴纳失业保险费。城镇企业事业单位招用的农民合同制工人本人不缴纳失业保险费。

第七条 失业保险基金在直辖市和设区的市实行全市统筹；其他地区的统筹层次由省、自治区人民政府规定。

第八条 省、自治区可以建立失业保险调剂金。

失业保险调剂金以统筹地区依法应当征收的失业保险费为基数，按照省、自治区人民政府规定的比例筹集。统筹地区的失业保险基金不敷使用时,由失业保险调剂金调剂、地方财政补贴。

失业保险调剂金的筹集、调剂使用以及地方财政补贴的具体办法,由省、自治区人民政府规定。

第九条　省、自治区、直辖市人民政府根据本行政区域失业人员数量和失业保险基金数额,报经国务院批准,可以适当调整本行政区域失业保险费的费率。

第十条　失业保险基金用于下列支出:

(一)失业保险金;

(二)领取失业保险金期间的医疗补助金;

(三)领取失业保险金期间死亡的失业人员的丧葬补助金和其供养的配偶、直系亲属的抚恤金;

(四)领取失业保险金期间接受职业培训、职业介绍的补贴,补贴的办法和标准由省、自治区、直辖市人民政府规定;

(五)国务院规定或者批准的与失业保险有关的其他费用。

第十一条　失业保险基金必须存入财政部门在国有商业银行开设的社会保障基金财政专户,实行收支两条线管理,由财政部门依法进行监督。

存入银行和按照国家规定购买国债的失业保险基金,分别按照城乡居民同期存款利率和国债利息计息。失业保险基金的利息并入失业保险基金。

失业保险基金专款专用,不得挪作他用,不得用于平衡财政收支。

第十二条　失业保险基金收支的预算、决算,由统筹地区社会保险经办机构编制,经同级劳动保障行政部门复核、同级财政部门审核,报同级人民政府审批。

第十三条　失业保险基金的财务制度和会计制度按照国家有关规定执行。

第三章　失业保险待遇

第十四条　具备下列条件的失业人员,可以领取失业保险金:

(一)按照规定参加失业保险,所在单位和本人已按照规定履行缴费义务满1年的;

(二)非因本人意愿中断就业的;

(三)已办理失业登记,并有求职要求的。

失业人员在领取失业保险金期间,按照规定同时享受其他失业保险待遇。

第十五条　失业人员在领取失业保险金期间有下列情形之一的,停止领取失业保险金,并同时停止享受其他失业保险待遇:

(一)重新就业的;

(二)应征服兵役的;

(三)移居境外的;

(四)享受基本养老保险待遇的;

(五)被判刑收监执行或者被劳动教养的;

(六)无正当理由,拒不接受当地人民政府指定的部门或者机构介绍的工作的;

(七)有法律、行政法规规定的其他情形的。

第十六条　城镇企业事业单位应当及时为失业人员出具终止或者解除劳动关系的证明,告知其按照规定享受失业保险待遇的权利,并将失业人员的名单自终止或者解除劳动关系之日起7日内报社会保险经办机构备案。

城镇企业事业单位职工失业后,应当持本单位为其出具的终止或者解除劳动关系的证明,及时到指定的社会保险经办机构办理失业登记。失业保险金自办理失业登记之日起计算。

失业保险金由社会保险经办机构按月发放。社会保险经办机构为失业人员开具领取失业保险金的单证,失业人员凭单证到指定银行领取失业保险金。

第十七条　失业人员失业前所在单位和本人按照规定累计缴费时间满1年不足5年的,领取失业保险金的期限最长为12个月;累计缴费时间满5年不足10年的,领取失业保险金的期限最长为18个月;累计缴费时间 10 年以上的,领取失业保险金的期限最长为 24 个月。重新就业后,再次失业的,缴费时间重新计算,领取失业保险金的期限可以与前次失业应领取而尚未领取的失业保险金的期限合并计算,但是最长不得超过 24 个月。

第十八条 失业保险金的标准,按照低于当地最低工资标准、高于城市居民最低生活保障标准的水平,由省、自治区、直辖市人民政府确定。

第十九条 失业人员在领取失业保险金期间患病就医的,可以按照规定向社会保险经办机构申请领取医疗补助金。医疗补助金的标准由省、自治区、直辖市人民政府规定。

第二十条 失业人员在领取失业保险金期间死亡的,参照当地对在职职工的规定,对其家属一次性发给丧葬补助金和抚恤金。

第二十一条 单位招用的农民合同制工人连续工作满 1 年,本单位并已缴纳失业保险费,劳动合同期满未续订或者提前解除劳动合同的,由社会保险经办机构根据其工作时间长短,对其支付一次性生活补助金。补助的办法和标准由省、自治区、直辖市人民政府规定。

第二十二条 城镇企业事业单位成建制跨统筹地区转移,失业人员跨统筹地区流动的,失业保险关系随之转迁。

第二十三条 失业人员符合城市居民最低生活保障条件的,按照规定享受城市居民最低生活保障待遇。

第四章 管理和监督

第二十四条 劳动保障行政部门管理失业保险工作,履行下列职责:
(一)贯彻实施失业保险法律、法规;
(二)指导社会保险经办机构的工作;
(三)对失业保险费的征收和失业保险待遇的支付进行监督检查。

第二十五条 社会保险经办机构具体承办失业保险工作,履行下列职责:
(一)负责失业人员的登记、调查、统计;
(二)按照规定负责失业保险基金的管理;
(三)按照规定核定失业保险待遇,开具失业人员在指定银行领取失业保险金和其他补助金的单证;
(四)拨付失业人员职业培训、职业介绍补贴费用;
(五)为失业人员提供免费咨询服务;
(六)国家规定由其履行的其他职责。

第二十六条 财政部门和审计部门依法对失业保险基金的收支、管理情况进行监督。

第二十七条 社会保险经办机构所需经费列入预算,由财政拨付。

第五章 罚则

第二十八条 不符合享受失业保险待遇条件,骗取失业保险金和其他失业保险待遇的,由社会保险经办机构责令退还;情节严重的,由劳动保障行政部门处骗取金额 1 倍以上 3 倍以下的罚款。

第二十九条 社会保险经办机构工作人员违反规定向失业人员开具领取失业保险金或者享受其他失业保险待遇单证,致使失业保险基金损失的,由劳动保障行政部门责令追回;情节严重的,依法给予行政处分。

第三十条 劳动保障行政部门和社会保险经办机构的工作人员滥用职权、徇私舞弊、玩忽职守,造成失业保险基金损失的,由劳动保障行政部门追回损失的失业保险基金;构成犯罪的,依法追究刑事责任;尚不构成犯罪的,依法给予行政处分。

第三十一条 任何单位、个人挪用失业保险基金的,追回挪用的失业保险基金;有违法所得的,没收违法所得,并入失业保险基金;构成犯罪的,依法追究刑事责任;尚不构成犯罪的,对直接负责的主管人员和其他直接责任人员依法给予行政处分。

第六章 附则

第三十二条 省、自治区、直辖市人民政府根据当地实际情况,可以决定本条例适用于本行政区域内的社会团体及其专职人员、民办非企业单位及其职工、有雇工的城镇个体工商户及其雇工。

第三十三条　本条例自发布之日起施行。1993年4月12日国务院发布的《国有企业职工待业保险规定》同时废止。

一九九九年一月二十二日

国务院关于深化企业职工养老保险制度改革的通知
国发〔1995〕6号

各省、自治区、直辖市人民政府，国务院各部委、各直属机构：

《国务院关于企业职工养老保险制度改革的决定》（国发〔1991〕33号）发布以来，各地区、各有关部门积极进行企业职工养老保险制度改革，在推进保险费用社会统筹、扩大保险范围、实行职工个人缴费制度和进行社会统筹与个人账户相结合试点等方面取得了一定成效，对保障企业离退休人员基本生活，维护社会稳定和促进经济发展发挥了重要作用。但是，由于这项改革尚处于探索阶段，现行的企业职工养老保险制度还不能适应建立社会主义市场经济体制的要求，必须进一步深化改革。根据《中共中央关于建立社会主义市场经济体制若干问题的决定》精神，经过调查研究和广泛征求意见，现就深化企业职工养老保险制度改革的有关问题通知如下：

一、企业职工养老保险制度改革的目标是：到本世纪末，基本建立起适应社会主义市场经济体制要求，适用城镇各类企业职工和个体劳动者，资金来源多渠道、保障方式多层次、社会统筹与个人账户相结合、权利与义务相对应、管理服务社会化的养老保险体系。基本养老保险应逐步做到对各类企业和劳动者统一制度、统一标准、统一管理和统一调剂使用基金。

二、深化企业职工养老保险制度改革的原则是：保障水平要与我国社会生产力发展水平及各方面的承受能力相适应；社会互济与自我保障相结合，公平与效率相结合；政策统一，管理法制化；行政管理与保险基金管理分开。

三、基本养老保险费用由企业和个人共同负担，实行社会统筹与个人账户相结合。在理顺分配关系，加快个人收入工资化、工资货币化进程的基础上，逐步提高个人缴费比例。提高个人缴费比例的幅度，由各省、自治区、直辖市人民政府根据本地职工工资增长等情况确定。为适应各地区的不同情况，对实行社会统筹与个人账户相结合提出两个实施办法（见附件），由地、市（不含县级市）提出选择意见报省、自治区人民政府批准，直辖市由市人民政府选择，均报劳动部备案。各地区还可以结合本地实际，对两个实施办法进行修改完善。

四、为了保障企业离退休人员基本生活，各地区应当建立基本养老金正常调整机制。基本养老金可按当地职工上一年度平均工资增长率的一定比例进行调整，具体办法在国家政策指导下由省、自治区、直辖市人民政府确定。

五、国家在建立基本养老保险、保障离退休人员基本生活的同时，鼓励建立企业补充养老保险和个人储蓄性养老保险。企业按规定缴纳基本养老保险费后，可以在国家政策指导下，根据本单位经济效益情况，为职工建立补充养老保险。企业补充养老保险和个人储蓄性养老保险，由企业和个人自主选择经办机构。

六、各地区应充分考虑到养老保险制度改革是一件涉及长远的大事，对企业与个人缴纳养老保险费的比例、发放养老金的标准和基金积累率等问题，要从我国生产力水平比较低、人口众多且老龄化问题日益突出等实际情况出发，兼顾国家、企业、个人三者利益，兼顾目前利益和长远利益，在充分测算论证的基础上进行统筹安排。要严格控制基本养老保险费的收缴比例和基本养老金的发放水平，减轻企业和国家的负担。

七、要根据国家有关规定建立健全养老保险基金的预算管理和财务、会计制度，做好缴费记录和个人账户等基础工作，严格控制管理费的提取和使用，坚持专款专用原则，切实搞好基金管理，确保基金的安全并努力实现其保值增值。当前，养老保险基金的结余额，除留足两个月的支付费用外，80%左右应用于购买由国家发行的社会保险基金特种定向债券，任何单位和个人不得自行决定基金的其他用途。养老保险基金营运所得收益，全部并入基金并免征税费。

八、各地区和有关部门应积极创造条件，提高养老保险管理服务的社会化程度，逐步将企业发放养老金改为社会化发放,技术条件和基础工作较好的地区,可以实行由银行或者邮局直接发放;暂不具备条件的地区,可以由社会保险经办机构发放。社会保险经办机构也可以通过在大型企业设立派出机构等办法,对企业离退休人员进行管理服务。同时要充分发挥各方面的积极性,逐步将主要由企业管理离退休人员转为主要依托社区进行管理,提高社会化管理水平,切实减轻企业负担。

九、要实行社会保险行政管理与基金管理分开、执行机构与监督机构分设的管理体制。社会保险行政管理部门的主要任务是制订政策、规划,加强监督、指导。管理社会保险基金一律由社会保险经办机构负责。各地区和有关部门要设立由政府代表、企业代表、工会代表和离退休人员代表组成的社会保险监督委员会,加强对社会保险政策、法规执行情况和基金管理工作的监督。

十、已经国务院批准,由国务院有关部门和单位直接组织养老保险费用统筹的企业,仍参加主管部门和单位组织的统筹,但要按照社会统筹与个人账户相结合的原则进行改革。

十一、全国城镇企业职工养老保险工作由劳动部负责指导、监督,深化企业职工养老保险制度改革的工作亦由劳动部负责推动。国家体改委要积极参与,可选择一些地方进行深化改革的试点,劳动部要积极给予支持。国家计委、国家经贸委、财政部、中国人民银行等有关部门也应按照各自的职责协同配合,搞好深化改革的工作。

深化企业职工养老保险制度改革是一项十分重要的工作,对于完善社会保障体系,促进改革、发展和稳定具有重要意义。各地区、各有关部门对这项工作要高度重视,切实加强领导,精心组织实施,积极稳妥地推进,务求抓出实效。对深化改革中出现的新情况、新问题,要及时认真地研究解决,重大问题及时报告。

附件:一、企业职工基本养老保险社会统筹与个人账户相结合实施办法之一
　　　二、企业职工基本养老保险社会统筹与个人账户相结合实施办法之二

中华人民共和国国务院
一九九五年三月一日

主要参考书目

[1] 刘金章.保险学教程[M].北京:中国金融出版社,1997.
[2] 李继熊.保险学原理[M].北京:中国财经出版社,1997.
[3] 魏华林.保险法学[M].北京:中国金融出版社,1998.
[4] 陈继儒.新编保险学[M].上海:立信会计出版社,1996.
[5] 许谨良.保险学原理[M].上海:上海财经大学出版社.1997.
[6] 潘履浮.保险管理学[M].北京:中国金融出版社,1989.
[7] 王绪谨,等.保险学[M].北京:经济管理出版社,1999.
[8] 胡文富.商业保险法通论[M].北京:中国检察出版社,1996.
[9] 孙祁祥.保险学[M].北京:北京大学出版社,2005.
[10] 刘雄.养老保险[M].北京:中国劳动社会保障出版社,2000.
[11] 方芳.中国保险业的对外开放与竞争力分析[M].北京:中国金融出版社,2005.
[12] 郭颂平.中国保险业发展报告[M].天津:南开大学出版社,2003.
[13] 中国保险学会.中国保险史[M].北京:中国金融出版社,1998.
[14] 林义.社会保险[M].北京:中国金融出版社,2003.
[15] 裴光.中国保险业监管研究[M].北京:中国金融出版社,1999.
[16] 吕学静.各国社会保障制度[M].北京:经济管理出版社,2001.
[17] 齐海鹏,金双华,刘明慧.社会保障[M].大连:东北财经大学出版社,2000.
[18] 上山道生.保险[M].北京:科学出版社,2004.
[19] 兰虹.保险学基础[M].成都:西南财经大学出版社,2003.
[20] 胡炳志,刘子操.保险学[M].北京:中国金融出版社,2005.
[21] 栗芳,许谨良.保险学[M].北京:清华大学出版社,2006.
[22] 张洪涛,等.保险学[M].北京:中国人民大学出版社,2004.
[23] 陆爱勤.国际保险新论[M].上海:华东理工大学出版社,2003.
[24] 魏华林,林宝清.保险学[M].北京:高等教育出版社,2004.
[25] 张虹,陈迪红.保险学教程[M].北京:中国金融出版社,2005.
[26] 申曙光.现代保险学教程[M].北京:高等教育出版社,2003.
[27] 吴小平.保险原理与实务[M].北京:中国金融出版社,2002.
[28] 郭士征.中国社会保险的改革与探索[M].上海:上海财经大学出版社,1998.
[29] 丁少群.保险学概论[M].西安:陕西科学技术出版社,1996.
[30] 许谨良.财产和责任保险[M].复旦大学出版社,1993.
[31] 许谨良.风险管理[M].北京:中国金融出版社,2005.
[32] 覃有土.保险法概论[M].北京:北京大学出版社,2001.
[33] 唐运祥.保险经纪理论与实务[M].北京:中国社会科学出版社,2000.

[34] 王立军.社会保险学[M].沈阳:辽宁大学出版社,1997.
[35] 徐文虎.保险学[M].上海:上海人民出版社,2001.
[36] 曾庆敏.精编法学辞典[M].上海:上海辞书出版社,2000.
[37] 兰虹.财产保险[M].成都:西南财经大学出版社,2001.
[38] 卓志.保险经营风险防范机制研究[M].成都:西南财经大学出版社,1998.
[39] 刘冬娇.人身保险[M].北京:中国金融出版社,2001.
[40] 郑功成,等.财产保险[M].北京:中国金融出版社,1999.
[41] 林增余.财产保险[M].北京:中国金融出版社,1993.
[42] 韦生琼.人身保险[M].成都:西南财经大学出版社,1997.
[43] 尹田.中国保险市场的法律调控[M].北京:社会科学文献出版社,2000.
[44] 刘愈.保险学[M].北京:科学出版社,2004.
[45] 张洪涛,庄作瑾.人身保险[M].北京:中国人民大学出版社,2004.
[46] 郑功成,许飞琼.财产保险[M].北京:中国金融出版社,2005.
[47] 袁建华.海上保险原理与实务[M].成都:西南财经大学出版社,2006.
[48] 许谨良.财产保险原理和实务[M].上海:上海财经大学出版社,2005.
[49] 所罗门·许布纳.财产和责任保险[M].北京:中国人民大学出版社,2002.
[50] 张旭初.保险经营学[M].武汉:武汉大学出版社,1986.
[51] 王海柱,等.保险管理学[M].成都:西南财经大学出版社,1993.
[52] 刘茂山.保险学原理[M].天津:南开大学出版社,1998.
[53] 潘履孚.保险学概论[M].北京:中国经济出版社,1995.
[54] 陈滔.健康保险[M].成都:西南财经大学出版社,2002.
[55] 园·乾治.保险总论[M].北京:中国金融出版社,1983.
[56] 小阿瑟·威廉姆斯.风险管理与保险[M].北京:中国商业出版社,1990.
[57] 特瑞斯·普雷切特,等.风险管理与保险[M].北京:中国社会科学出版社,1998.
[58] 庹国柱.中国农业保险与农村社会保障制度[M].北京:首都经济贸易大学出版社,2002.
[59] Hirshleifer,J. and John G. Riley.不确定性与信息分析[M].北京:中国社会科学出版社,2000.
[60] 郑功成.责任保险理论与经营实务[M].北京:中国金融出版社,1991.
[61] 万峰.人身保险基础知识[M].北京:中国金融出版社,2002.
[62] 高程德.经济法[M].上海:上海人民出版社,2002.
[63] 卓志.商业人寿保险完全手册[M].成都:西南财经大学出版社,2001.
[64] 赵兴凯,赵苑达.保险理赔案例研究与分析[M].北京:中国经济出版社,1999.
[65] 张拴林.保险学原理[M].北京:中国财政经济出版社,2004.
[66] 马鸣家.中国保险市场[M].北京:中国商业出版社,1994.
[67] 邓大松.保险经营管理学[M].成都:西南财经大学出版社,1993.
[68] 朴明根.中、日、韩三国保险制度比较[J].保险研究,2005(3).
[69] 中国保险年鉴编辑部.中国保险年鉴.2002—2006.
[70] 颜清.2003年世界保险情况概述及数据统计[J].保险研究,2005(1).
[71] 杜墨.国际保险业发展的新特点及启示[J].保险研究,2003(3).

图书在版编目(CIP)数据

保险学/颜卫忠主编.—2版.—西安:西安交通大学出版社,2013.8(2022.1重印)

普通高等教育"十二五"金融学专业规划教材

ISBN 978-7-5605-5596-6

Ⅰ.①保… Ⅱ.①颜… Ⅲ.①保险学-高等学校-教材 Ⅳ.①F840

中国版本图书馆 CIP 数据核字(2013)第 197193 号

书　　名	保险学(第二版)
主　　编	颜卫忠
责任编辑	魏照民　彭涛
出版发行	西安交通大学出版社
	(西安市兴庆南路1号　邮政编码 710048)
网　　址	http://www.xjtupress.com
电　　话	(029)82668357　82667874(发行中心)
	(029)82668315(总编办)
传　　真	(029)82668280
印　　刷	西安日报社印务中心
开　　本	787mm×1 092mm　1/16　印张 19.125　字数 456 千字
版次印次	2008年10月第1版　2013年8月第2版　2022年1月第5次印刷
书　　号	ISBN 978-7-5605-5596-6
定　　价	49.80 元

读者购书、书店添货,如发现印装质量问题,请与本社发行中心联系、调换。
订购热线:(029)82665248　(029)82665249
投稿热线:(029)82668133
读者信箱:xj_rwjg@126.com

版权所有　侵权必究